Johann Wolfgang von Goethe

Goethes Briefe

(1764 - 1779)

Verlag
der
Wissenschaften

Johann Wolfgang von Goethe

Goethes Briefe

(1764 - 1779)

ISBN/EAN: 9783957006080

Auflage: 1

Erscheinungsjahr: 2015

Erscheinungsort: Norderstedt, Deutschland

Hergestellt in Europa, USA, Kanada, Australien, Japan
Verlag der Wissenschaften in Hansebooks GmbH, Norderstedt

Cover: Tizian "Ländliches Konzert "

Goethes Briefe

Ausgewählt und in chronologischer Folge mit Anmerkungen

herausgegeben von

Eduard von der Hellen

Erster Band (1764—1779)

Stuttgart und Berlin.
J. G. Cotta'sche Buchhandlung Nachfolger
G. m. b. H.

Vorbemerkungen.

In unvergänglicher Frische zaubern die Briefe Goethes uns seine Gestalt vor Augen: den Wachsenden, der alle geistige und stoffliche Natur zu umfassen und zu genießen, zu durchschauen und darzustellen strebt; den Mann, der sie beherrscht; den Weisen, der sie betrachtet. Aber nicht nur in biographischer, litterar- und kulturhistorischer, sondern eben so sehr in rein ästhetischer Hinsicht gehören diese Briefe zu den wertvollsten Schätzen unserer nationalen wie der ganzen Weltlitteratur.

Mit vollem Recht läßt daher die im Erscheinen begriffene große Weimarische Goethe-Ausgabe die Briefe den Werken in einer besonderen Abteilung folgen: sie wird in etwa 36 starken Bänden alles bringen, was sich an Schriftstücken brieflichen Charakters von Goethe erhalten hat [1]).

Schon durch seinen Umfang ist dieses Quellenwerk allerersten Ranges auf einen engen Kreis Forschender und Genießender beschränkt, und so hat sich die Cotta'sche Buchhandlung, in treuer Pflege ihrer Tradition, zur Veranstaltung einer Auswahl entschlossen, die auf 6 Bände vom Umfang des vorliegenden berechnet ist.

1) Bis jetzt erschienen 22 Bände: I und II herausgegeben von Woldemar v. Biedermann, III von Friedrich Strehlke, VIII von Erich Schmidt, XVII—XXI von Albert Leitzmann, XXIII von Karl Schüddekopf, die übrigen 12 (IV—VII und IX—XVI) von mir; die weiteren Bände werden wie XVII—XXIII (vgl. XX, 373) auf meinen Vorarbeiten beruhen.

Bei dieser Auswahl hat mir das Ziel vorgeschwebt, Goethes Leben in seinen Briefen darzustellen. Demgemäß galt es, aus der gewaltigen Masse der überlieferten Briefe diejenigen auszuwählen, in denen sich Goethe über wesentliche Momente seines Dichtens und Trachtens, seines inneren und äußeren Lebens und Strebens in der die Entwickelung seiner Persönlichkeit am vollsten und klarsten charakterisierenden Weise äußert. Durch eine derartige Auswahl scheint mir jenes Ziel recht wohl, ja sogar besser erreicht werden zu können als durch eine vollständige Darbietung des ganzen überlieferten Stoffes. Denn einerseits ist dieser schier unübersehbar, andererseits stellt doch auch die Fülle des Ueberlieferten bereits eine Auswahl dar und zwar eine planlose, vielfach vom bloßen Zufall bestimmte, in der sehr wichtige, wenn auch vielleicht wenig umfangreiche Briefe unter einer Flut verhältnismäßig unwichtiger verschwinden oder doch nicht zu gebührender Geltung kommen. Daß für strenge Detailforschung jeder Zettel Goethes von Bedeutung sein kann, bestreite ich keineswegs: hier aber handelt es sich nicht um eine Grundlage für wissenschaftliche Einzelarbeit, sondern darum, daß dem Leser die Gestalt Goethes in möglichster Treue und Klarheit plastisch vor Augen trete.

Möge die vorliegende Auswahl für sich selber sprechen, ohne eine Begründung und Rechtfertigung im Einzelnen, die nur den Fachmann, bei Vergleichung des Ausgewählten mit dem Ausgelassenen, interessieren könnte. Nur Eines bedarf der Erklärung. In mehreren der in dieser Auswahl mitgeteilten Briefe sind größere und kleinere Stellen gestrichen, und zwar ganz besonders in den langen, vielfach aufsatzartigen Briefen Goethes aus der Leipziger Studentenzeit. Solche Auslassungen sind nach denselben Gesichtspunkten getroffen wie diejenigen ganzer Briefe und jedesmal durch drei Punkte (. . .) kenntlich gemacht, ebenso Streichungen einzelner Worte, die mir, in sehr wenigen Fällen, unerläßlich schienen: in seinen immer doch nur an bestimmte Personen oder Kreise gerichteten Briefen hat Goethe mehrfach zu Ausdrücken gegriffen, die für die Oeffentlichkeit nicht bestimmt waren und für die Verbreitung durch den Druck ungeeignet sind. Diese vereinzelten kleinen Derbheiten haben keinen so großen Wert für das Verständnis Goethes und die Anschauung seiner Persönlichkeit, daß sie in einer nicht für streng wissenschaftliche Zwecke bestimmten Publikation unentbehrlich wären. Daß unsere Frauen und unsere gereiftere Jugend beiderlei Geschlechts die Herrlichkeit dieser Briefe anstandslos genießen können, halte ich für wichtiger als die Erfüllung der nichts als pedantischen Forderung buchstäblicher Vollständigkeit und „Treue“ auch in solchen Dingen.

Ueber die in Form von Fußnoten gegebenen Anmerkungen möchte ich ebenfalls nur Weniges sagen. Sie sollen den Text der Briefe in allen Punkten erläutern, die ein gebildeter Leser nicht ohne weiteres aus dem Zusammenhang verstehen möchte, persönliche, litterarische, historische und sonstige Nennungen und Anspielungen in möglichster Kürze erklären und in biographischer Absicht hinzutragen, was der Text der Auswahl selber nicht bietet. Leser, denen hierin zu viel gethan scheint, mögen dies in freundlicher Rücksicht auf andere, weniger Unterrichtete entschuldigen, und zu ihrer Entschädigung werden auch sie manches Neue in meinen Anmerkungen finden. Solche Bereicherungen der Goethekunde an ihrer Stelle hervorzuheben und als mein Eigentum zu kennzeichnen, schien mir jedoch geschmacklos und ungerecht, da ich dann auch die vielen Belehrungen, die ich Anderen, insbesondere früheren Herausgebern verdanke, jedesmal auf ihre Quelle hätte zurückführen müssen. Dem Leser wäre damit nicht genützt und ernstgemeinter Forschung ebensowenig.

Eine Ergänzung finden die Anmerkungen in dem „Adressatenverzeichnis“ am Schluß eines jeden Bandes. Dieses nennt in alphabetischer Folge die Empfänger der in dem betreffenden Band vereinigten Briefe, unter Beifügung einiger biographischen Daten, besonders solcher, die in den Anmerkungen keinen schicklichen Platz fanden; nach diesen Daten, deren Ungleichmäßigkeit eine Folge ihres nur ergänzenden Zweckes ist, sind die Nummern der an jeden Adressaten gerichteten Briefe aufgeführt.

In allen diesen Punkten sollen die folgenden Bände ebenso eingerichtet werden wie der vorliegende. In einem anderen jedoch ist eine Abweichung von vornherein geplant: die Briefe des jungen Goethe weisen eine Orthographie und Interpunktion auf, deren Wiedergebung durch den Druck notwendig erscheint, da eine mehr oder minder weitgehende Normierung den höchst individuellen Charakter dieser Ergüsse vielfach schädigen, ihren frischesten Reiz einer gleichmachenden Pedanterie opfern würde. Daher ist in diesem ersten Bande die Schreibweise der Originale beibehalten, von einzelnen unbedingt störenden Kleinigkeiten und zweifellosen Verschreibungen abgesehen. Für die folgenden Bände jedoch ist eine Normierung zulässig und wünschenswert, da Goethes eigne Behandlung dieser Dinge immer normaler wurde, und besonders auch deshalb, weil er sich später mehr und mehr gewöhnte, seine Briefe Schreibern zu diktieren.

Stuttgart, Ende Juli 1901.

Dr. Eduard von der Hellen.

Goethes Briefe

aus den Jahren 1764—1779

Frankfurt.

1. An Buri.

Wohlgebohrner,

Insonders Hochzuehrender Herr,

Ew. Wohlgebohrn werden Sich wundern, wenn ein unbekannter sich unterstehet, bey Ihnen eine Bitte vorzubringen. Doch billig solten Sie mit allen Denjenigen, die Ihre Verdienste kennen, nicht erstaunen. Da Sie wohl wissen können, daß Ihre Eigenschafften selbst auch noch in fernern Ländern als wo ich wohne die Gemüther Ihnen eigen zu machen vermögend sind.

Sie sehen aus meiner Vorrede, daß ich zur Zeit, um nichts als Ihre Bekanntschafft anhalte, biß Sie erfahren, ob ich werth bin, Ihr Freund zu seyn, und in Ihre Gesellschafft einzugehen.

Werden Sie über meine Künheit nicht unwillig, und verzeihen Sie ihr. Ich kann nicht anders, denn wenn ich auch länger schweigen und Ihre grose Eigenschafften insgeheim verehren wolte, wie ich bißher gethan habe, so würde mir dieses die größte Betrübtnüß von der Welt erwecken. Keiner von meinen Freunden die Sie kennen, gönnt mir dieses unschätzbare Glück. Vielleicht ist auch ein kleiner Neid Schuld daran. Aber eben fällt mir die beste Ursache ein, sie wollen keinen Menschen, der meine Fehler hat in Ihre Bekanntschafft bringen, damit sie deswegen nicht zur Verantwortung gezogen werden. Ew. Wohlgebohrn werden

---

13. Buri (vgl. Adressatenverzeichnis am Schluß dieses Bandes) präsidierte der „Arkadischen Gesellschaft zu Philandria", einem schwärmerischen Tugendbunde, der bis 1771 bestand und dem sowohl Jünglinge als Jungfrauen, aber auch ältere Personen angehörten. Auszüge aus den zum Teil erhaltenen Akten sind in dem Freimaurerischen Jahrbuch „Latomia" 1873 (Bd. 29, S. 105 f.) veröffentlicht.

wißen, daß wir unsere Mängel gar gern bedecken, wenn wir einen Zutritt zu einer Persohn, die wir verehren, zu erlangen suchen. Ich aber habe es mit dem Freyer im Raabener gemein, daß ich meine Fehler voraus sage. Ich weiß zwar, daß Ihnen die Zeit bey meinem Geschwätze sehr lang werden wird, doch was hilfts, einmal müßen Sie es erfahren, entweder vor, oder nach der Bekanntschafft. Einer meiner haupt Mängel, ist, daß ich etwas heftig bin. Sie kennen ja die colerische Temperamente, hingegen vergißt niemand leichter eine Beleidigung als ich. Ferner bin ich sehr an das Befehlen gewohnt, doch wo ich nichts zu sagen habe, da kann ich es bleiben laßen. Ich will mich aber gerne unter ein Regiment begeben, wenn es so geführt wird, wie Mann es von Ihren Einsichten erwarten kann. Gleich in dem Anfange meines Briefes, werden Sie meinen dritten Fehler finden. Nemlich daß ich so bekannt an Ihnen schreibe, als wenn ich Sie schon Hundert Jahre kennete, aber was hilfts, diß ist einmal etwas, das ich mir nicht abgewöhnen kann. Ich hoffe Ihr Geist, der sich nicht an Kleinigkeiten, wie das Ceremoniel ist, bindet, wird mir es verzeihen, glauben Sie aber, daß ich niemals die schuldige Hochachtung außer Acht setze.

Noch eins fällt mir ein, ich habe auch denjenigen Fehler mit dem vor angeführten Mann gemein, nemlich, daß ich sehr ungedultig bin, und nicht gerne lange in der Ungewißheit bleibe. Ich bitte Sie entscheiden Sie so geschwind als es möglich ist.

Dieses sind die Haupt Fehler. Ihr scharfsichtiges Auge wird noch Hundert kleine an mir bemercken, die mich aber dennoch, wie ich hoffe, nicht aus Ihrer Gnade setzen sollen, sondern alles wird vor mich reden, und meine Fehler so wohl als mein Eifer werden Ihnen zeigen, daß ich bin und beständig bleiben werde

Meines Wohlgebohrnen und
Insonders Hochzuehrenden Herrn
aufrichtigst ergebener Diener
Joh. Wolfgang Goethe.

Franckfurth
d. 23den May
1764.

P. S. Solten Sie wegen meines Alters besorget seyn, so sag ich Ihnen zur Beruhigung, daß ich ohngefehr die

---

1. Bei Gottlieb Wilhelm Rabener (1714—71) in einem der „Satyrischen Briefe" („Satyren" 1751—55, dritter Teil, S. 236 f.).

Jahre des Alexis habe. Ich beschwere mich sehr über Ihn, daß Er mich bißher von einem Tag zum andern vertröstete, mich in Ihre Bekänntschaft zu bringen. Belieben Sie wie ich hoffe und Sie inständigst darum ersuche, mich mit einem Rück Schreiben zu beehren, so haben Sie die Gütigkeit, und setzen meinen Vornahmen auf die Addresse. Ich wohne auf dem grosen Hirsch Graben. Leben Sie wohl.

2. An Buri.

Mein Herr.

Ich will alle meine Entzückungen und alle meine Freuden versparen, biß ich die Ehre habe Ihnen zu sehen, denn meine Feder ist sie nicht vermögend auszudrucken. Sie sind allzugütig gegen mich, da Sie mir sobald Hoffnung machen, in Ihre Gesellschaft einzutretten, da ich dieses Glück weit von mir entfernt zu seyn glaubte. Ich bin Ihnen sehr davor verbunden.

Alexis ist einer meiner besten Freunde. Er kann Ihnen gnug aus der Erfahrung erzehlen. Ich habe Ihm eingebunden, alle nur mögliche Wahrheiten zu bekennen. Er soll keinen von meinen Fehlern auslaßen, aber auch mein Gutes nicht verschweigen. Mit allem dem aber bitte ich, daß Sie sich selbst die Mühe geben möchten, mich zu prüfen, denn so klug Alexis auch ist, so könnte ihm doch etwas verborgen bleiben, das Ihnen unangenehm seyn möchte. Ich gleiche ziemlich einem Camaeleon. Ist nun meinem Alexis zu verdencken? wenn Er mich noch nicht von allen Gesichts Puncten betrachtet hat. Genug hiervon.

Sie mögen sich aufs leugnen legen, wie Sie wollen, so verrathen Sie sich gar balde. Sie sprechen sich Vollkommenheiten ab, und eben in dem Augenblicke leuchten solche aus Ihren Handlungen hervor.

Ihre Vorsichtigkeit ist lobenswürdig. Fern daß Sie mich beleidigen sollten, so ist sie mir vielmehr angenehm, und dienet vielleicht gar zu meinem Ruhm. Wäre Ihre Gesellschafft so beschaffen, daß jeder dem es einfiele, ohne Untersuchung hineinkommen könnte, wenn er sich nur meldete, sollte es gleich der gröste Dumm Kopf seyn; wäre

---

1. Alexis war der Bundesname des Karl v. Allesina-Schweitzer (geb. 1749), nachmaligen Schöffs in Frankfurt, dessen Bekanntschaft Goethe nach langer Entfremdung 1814 erneuerte.

dieses wohl eine Ehre vor mich? O nein! Aber da Sie erst wählen, prüfen und untersuchen, so gereichet mir dieses zur grösten Freude, wenn Sie mich ia noch einnehmen solten. Sie vergleichen sich mit dem Herrn von Abgrund, aber dieses Gleichnüß ist falsch, und zwar sehr falsch. Gehen Sie die ganze Person durch, und halten Sie sich dargegen, so werden Sie lauter Merckmahle finden, die nicht miteinander übereinstimmen. Er macht ein Geheimnüß aus einer Sache, die es nicht ist, und ist in dem übertriebensten Grade mißtrauisch, Sie aber sind es mit Recht. Daß Ihre Vorsicht im geringsten nicht übertrieben ist, will ich mit einem Beyspiel beweisen.

Wir haben viele Dumm Köpfe in unsrer Stadt, wie Ihnen ohne Zweifel gar wohl bewust seyn wird. Gesetzt nun, einem solchen fiele ein, in Ihre Gesellschaft zu tretten. Er ersucht seinen Hofmeister, ihm einen Brief aufzusetzen, und zwar einen allerliebsten Brief. Dieser thuts, der iunge Herr unterschreibt sich. Dadurch bekommen Sie einen hohen Begriff von seiner Gelahrtheit, und nehmen ihn ohne Untersuchung auf, wenn Sie ihn beym Lichte betrachten, so finden Sie, daß Sie statt eines Gelehrten, Ihre Gesellschafft mit einem Rinds Kopf vermehret haben. Das ist unverantwortlich! Es ist nun gar möglich daß ich auch ein solcher bin, Ihre Vorsichtigkeit ist also wohl angewandt.

Vor diesmal schreibe ich nichts mehr, als nur noch die allergewißeste Versicherung, daß ich bin, und immer bleiben werde

Frankfurth den 2ten Junii 1764.

Meines Herrn
ergebenster Diener
Joh. Wolfg. Goethe.

3. An Cornelie Goethe.

Liebe Schwester.

Damit du nicht glaubest ich habe dich unter den schwärmenden Freuden eines starck besuchten Bades ganz ver-

---

4. Hauptrolle in dem Lustspiel „Der Geheimnisvolle“ von Johann Elias Schlegel (1719—49). 30. Buri antwortete am 23. Juni: „Nach dem Bilde, welches mir Ihr Freund, Herr von Schweitzer, von Ihnen gemacht hat, kann ich nicht anderst als Sie würdig halten, in unsere Gesellschaft mit aufgenommen zu werden.“ Daß dieses wirklich geschehen sei, ist nirgends bezeugt und unwahrscheinlich, weil sich weder in späteren Briefen noch in „Dichtung und Wahrheit“ irgendwelche Beziehung auf die Arkadia findet. 33. Goethe besuchte Wiesbaden auf einer Wanderung durch den Taunus und den Rheingau, die er wahrscheinlich in

gessen; so will ich dir, einige absonderliche Schicksaale die mir begegnet, in diesem Briefgen, zu wissen thun. Dencke nur wir haben allhier Schlangen, das hässliche Ungezieffer macht den Garten, hinter unserm Hause, gantz unsicher. Seit meinem Hierseyn, sind schon 4. erlegt worden. Und heute, lass es dir erzählen, heute morgen, stehen einige Churgäste und ich auf einer Terasse, siehe da kommt ein solches Thier mit vielen gewölbten Gängen durch das Graß daher, schaut uns mit hellen funckelnden Augen an, spielt mit seiner spitzigen Zunge und schleicht mit aufgehabenem Haupte immer näher. Wir erwischten hierauf die ersten besten Steine, warfen auf sie loß und traffen sie etliche mahl, daß sie mit Zischen die Flucht nahm. Ich sprang herunter, riß einen mächtigen Stein von der Mauer und warf ihr ihn nach, er traf und erdruckte sie, worauf wir über dieselbe Meister wurden sie aufhängeten und zwey Ellen lang befanden. Neulich verwirrten wir uns in dem Walde, und mußten 2 Stundenlang in selbigem, durch Hecken und Büsche durchkriechen. Bald stellte sich uns ein umschatteter Fels dar, bald ein düstres Gesträuch und nirgends war ein Ausgang zu finden. Gewiß wir wären biß in die Nacht gelaufen; wenn nicht eine wohlthätige Fee hier und da, an die Baüme Papagey Schwäntze, (die aber unsere kurtzsichtige Augen für Strohwische ansahen) den rechten Weeg uns zu zeigen gebunden hätte. Da wir denn glücklich aus dem Walde kamen. Dein Briefgen vom 19. Juni war mir sehr angenehm. Inliegenden Brief laß Augenblicklich dem Pap zustellen. Lebe wohl. Küsse Jf. M. von meinetwegen die Hand.

Wisb. d. 21. Jun. 1765. G.

Leipzig.

4. An Cornelie Goethe.

[Leipzig] d. 12. Octbr 1765.

Liebes Schwestergen

Es wäre unbillig wenn ich nicht auch an dich dencken wollte, id est es wäre die größte Ungerechtigkeit die jemahls

---

Begleitung seines Freundes Joh. Adam Horn, späteren Lehrers und endlich Kriegszeugschreibers in Frankfurt (1750—1806), unternahm. 28. Jf. M. ist Charitas Meixner (1750—77) aus Worms, spätere Frau Schuler, Freundin der Cornelie. 31. Goethe

ein Student, seit der Zeit da Adams Kinder auf Universität gehen, begangen hätte; wenn ich an dich zu schreiben unterließe.

Was würde der König von Holland sagen, wenn er mich in dieser Positur sehen sollte? Rief Herr von Bramarbas aus. Und ich hätte fast Lust auszurufen: Was würdest du sagen Schwestergen; wenn du mich in meiner jetzigen Stube sehen solltest? Du würdest astonishd ausrufen: So ordentlich! so ordentlich Bruder! — da! — thue die Augen auf, und sieh! — Hier steht mein Bett! da meine Bücher! dort ein Tisch aufgeputzt wie deine Toilette nimmermehr seyn kann. Und dann — Aber — ja das ist was anders. Eben besinne ich mich. Ihr andern kleinen Mädgen könnt nicht so weit sehen, wie wir Poeten. Du must mir also glauben daß bey mir alles recht ordentlich aussiehet, und zwar auf Dichter Parole. Genug! Hier schick ich dir eine Messe. — Ich bedancke mich schön. — Gehorsamer Diener, sie sprechen davon nicht. — Küsse Schmitelgen und Runckelgen von meinetwegen, die lieben Kinder! denen 3 Madles von Stockům mache das schönste Compliment von mir. Jfr. Rincklef magst du gleichfalls grüßen. Sollte Mademoisel Brevillier dich wieder kennen? So weit von Mädgen. Aber noch eins. Hier habe ich die Ehre keines zu kennen dem Himmel sey Danck! Cane pejus et angue turpius.

Mit jungen schönen W — doch was geht dich das an! Fort! fort! fort! Gnug von Mädgen.

Denck eine Geschichte vom Hencker! — Ha! Ha! Ha! — lache! — Herr Claus hat mir einen Brief an einen hiesigen Kaufmann mitgegeben! — Ich ging hin es zu bestellen. Ich fand den Mann und sein ganzes Haus ganz sittsam! — schwarz und weiß, die Weibs leute mit Stirnläppgen! so seitwärts schielerlich. Ach Schwestergen ich hätte bersten mögen. Einige Worte in sanfter und demühtiger Stille gesprochen, fertichten mich ab. Ich ging zum Tempel hinaus. Leb wohl Goethe.

---

kam im Anfang d. M. nach Leipzig und wurde am 19. als stud. jur. immatrikuliert.

5. In Holbergs Lustspiel „Bramarbas oder der großsprecherische Officier", übersetzt in Gottscheds „Deutscher Schaubühne" 1741. Vgl. 31, 17. 17. Ein Meßgeschenk. 18 f. Frankfurter Mädchen aus Corneliens Freundschaft. 24. Bei Horaz (Epist. I, 17, 30) heißt es nur cane pejus et angue („schlechter als Hund und Schlange") und zwar ohne Beziehung auf das weibliche Geschlecht. 28. Pfarrer in Frankfurt.

d. 13. October.

Ha! Ha! Ha! — Schwestergen du bist erz närrisch. ich habe gelacht. Reinecke der Fuchs Ha! Ha! Ich habe über das ganze Heldengedicht nich so gelacht wie über deinen Rost der Fuchs und der Stallmeister sein Bruder. Warrlich ich schreibe kein Trauerspiel. Wenn Voltaire gewust hätte daß er so sollte aufgeführet werden, wer weiß! — la! la! la! wenn Rostens Haar Feuer gefangen hätte! Ha! da wäre es gegangen wie dort da mann einst in der Provinz Zairen fürstellte. Es fiel ein Licht herab und Croßmanns Turban fing an zubrennen. Die Comödiantin welcher das seidene Sacktuch gehörte wovon die Kopfbinde verfertiget war sprang herfür rupfte dem Sultan die Haube vom Kopfe und löschte! — Aber — Ha! Ha! ich kan für lachen nicht mehr Ha! Ha! —

Nach Schrift an den Vater.

Herrn Raht Lange habe ich nur ein einzigmahl gesehen. Er scheint ein störriger wunderlicher Mann zu seyn aber nicht grob. Sie ist die höflichste artigste Frau der Welt. Dr. Francken hab ich gesprochen, seine Mienen sein Gesicht seine Handlungen seine Seele stimmen alle darin überein daß sie insgesammt aufrichtig sind. Der beste Mann von der Welt. Multarum rerum hic notitiam aquisivi. Multas narravit, quas ex ore tam sincero audire noluissem. Multas de quarum veritate libentissime si possem dubitare vellem — Die Universität! — Der Hof! — Nescire expedit. Den Brief à Küstner empfing und bestellte. Ich ward höflich empfangen. Wenn Sie Schöff Olenschl. sehen dancken Sie ihm ja, daß er mich zu Prof. Böhmen wieß. Par ipsi rependere nequeo.

---

4. Ein komisches Heldengedicht in Alexandrinern von Horn (vgl. zu 4, 33), nach dem Vorbild von Popes „Lockenraub" und „auf eine wahre Geschichte gegründet". Cornelie hatte sich also auch in diesem damals beliebten Stil versucht. 5 8. v. Rhost, ein Frankfurter Patriziersohn. 10. Von Voltaire. 17. Joh. Gottfried Lange, kursächsischer Hofrat (1705—78). 20. Heinr. Gottlieb Francke, Professor der Moral, Politik und des Staatsrechts (1705—81). 23—26. „Vieler Dinge Kenntnis habe ich hier erworben. Viele hat er erzählt, die ich aus einem so reinen Munde lieber nicht gehört hätte. Viele, deren Wahrheit ich sehr gern, wenn ich könnte, bezweifeln möchte." 27. „Es ist besser, hierüber in Unkenntnis zu bleiben." 27. Aus Frankfurt, Kaufmann in Leipzig. 29. Dr. Joh. Daniel v. Olenschlager, Schöff und Bürgermeister in Frankfurt (1711—78). 30. Joh. Gottlob Böhme, Hofrat, Professor für Geschichte und Staatsrecht (1717 bis 80). Er bekämpfte Goethes Neigung, sich in philologische und poetische Studien zu verlieren, und fesselte ihn an das erwählte Fach. Seine Frau unterstützte ihn durch scharfe Kritik der dichterischen Versuche Goethes. 30. „Ich kann es ihm nicht mit Gleichem vergelten."

Mich dünckt daß ich in meinem Brief den Orckan bemerkt habe, er war unerhört. Hier deckte er die Buden ab. Frau Profeßor Böhme sorgt mit für meine Haußhaltung. Schleifer daß ist erschröcklich. Ich muß mit dem guten Papier spaarsam seyn, ich habe wenig drum nehm ich schlechtes.

Ich werde an den alten Recktor schreiben. Es wird mir nicht schweer fallen. Ich thue jetzt nichts als mich des Lateins befleisen! — Noch eins! Sie können nicht glauben was es eine schöne sache um einen Profeſſor ist. Ich binn ganz entzückt geweßen da ich einige von diesen leuten in ihrer Herrlichkeit sah. Nil istis splendidius, gravius, ac honoratius. Oculorum animique aciem ita mihi perstrinxit, autoritas, gloriaque eorum, ut nullos praeter honores Professurae alios sitiam. Vale. Vale.

Schwestergen.

Sage Jfr Tanten dass ich chestens an sie schreiben werde. An die liebe Jfr Meixnern, mache das schönste Compliment das du in deinem Köpfgen gedencken kanst. „Mein Bruder läßt sie grüßen" das ist nichts. Uebe deine Erfindungskraft du hast ja sonst gute Einfälle. Schreibe mir bald Engelgen. Aber nichts mehr von Füchsgen und stallmeistern sonst verplatz ich. Und was wäre das Schade wenn der am lachen stürbe der sich noch jezo ganz ernsthaft nennen kann

Deinen Lieben Bruder
Goethe.

5. An Riese.

Leipzig 20. Oktober 1765.
Morgens um 6.

Riese, guten Tag!

den 21. Abends um 5.

Riese, guten Abend!

Gestern hatte ich mich kaum hingesetzt um euch eine Stunde zu widmen, als schnell ein Brief von Horn kam

---

1. Am 5. Oktober. 3. Eine Frankfurter Predigerfamilie. 6. Joh. Georg Albrecht in Frankfurt, Rektor des Gymnasiums, bei welchem Goethe Privatunterricht gehabt hatte. 11—14. „Nichts Glänzenderes, Würdigeres und Geehrteres als sie. Meiner Augen und meines Geistes Schärfe hat ihr Ansehen und ihr Ruhm so geblendet, daß ich nach keinen anderen Ehren außer nach denen einer Professur dürste. Lebwol. Lebwol." 16. Goethes Onkel, der Advokat Dr. Joh. Jost Textor (1739—92) war damals verlobt mit Corneliens Altersgenossin Maria Magdalena Möller, der Tochter eines Frankfurter Buchhändlers, die er am

und mich von meinem angefangnen Blate hinweg riß. Heute werde ich auch nicht länger bey euch bleiben. Ich geh in die Commoedie. Wir haben sie recht schön hier. Aber dennoch! Ich binn unschlüßig! Soll ich bey euch bleiben? Soll ich in die Commödie gehn? — Ich weiß nicht! Geschwind! Ich will würfeln. Ja ich habe keine Würfel! — Ich gehe! Lebt wohl!

Doch halte! nein! ich will da bleiben. Morgen kann ich wieder nicht, da muß ich ins Colleg, und Besuchen und Abends zu Gaste. Da will ich also jetzt schreiben. Meldet mir was ihr für ein Leben lebt? Ob ihr manchmahl an mich denkt. Was ihr für Professor habt. & cetera und zwar ein langes & cetera. Ich lebe hier, wie — wie — ich weiß selbst nicht recht wie. Doch so ohngefähr

So wie ein Vogel, der auf einem Ast
Im schönsten Wald, sich, Freiheit athmend wiegt.
Der ungestört die sanfte Luft genießt.
Mit seinen Fittichen von Baum zu Baum
von Bußch zu Bußch sich singend hinzuschwingen.

Genug stellt euch ein Vöglein, auf einem grünen Aestlein in allen seinen Freuden für, so leb ich.

Heut hab ich angefangen Collegia zu hören.

Was für? — Ist es der Mühe wehrt zu fragen? Institutiones imperiales. Historiam iuris. Pandectas und ein privatissimum über die 7 ersten und 7 letzten Titel des Codicis. Denn mehr braucht man nicht, das übrige vergißt sich doch. Nein gehorsamer Diener! das ließen wir schön unterwege. — Im Ernste ich habe heute zwei Collegien gehört, die Staatengeschichte bey Professor Böhmen, und bei Ernesti über Cicerons Gespräche vom Redner. Nicht wahr das ging an. Die andre Woche geht Collegium philosophicum et mathematicum an. —

Gottscheden hab ich noch nicht gesehen. Er hat wieder

---

17. Febr 1766 heiratete, vgl. 11,23. 17,21. Möglich ist aber auch, daß diese Jungfer Tante identisch ist mit der 31,1 und 38,25 genannten Miss Aunt. Jedenfalls ist hier eine dieser Tanten gemeint und nicht jenes pietistische Fräulein v. Klettenberg, zu dem Goethe erst nach der Rückkehr aus Leipzig innere Fühlung gewinnen konnte.

11. Als stud. jur. in Marburg. **30.** Böhme vgl. zu 7,30. Joh. August Ernesti, Prof. der Theologie und Philologie (1707—81). **32.** Bei Joh. Heinr. Winckler, Prof. der alten Sprachen und der Physik (1703—70). **33.** Joh. Christoph Gottsched (1700—12. Dez. 1766), der von Lessing entthronte litterarische Gesetzgeber, heiratete in zweiter Ehe eine Jungfer Neueneß. Er dozierte seit 1724

geheurathet. Eine Jfr. Obristleutnantin. Ihr wißt es doch. Sie ist 19 und er 65 Jahr. Sie ist 4 Schue groß und er 7. Sie ist mager wie ein Häring und er dick wie ein Federsack. — Ich mache hier große Figur! — Aber noch zur Zeit bin ich kein Stutzer. Ich werd es auch nicht. — Ich brauche Kunst um fleißig zu sein. In Gesellschaften, Concert, Comoedie, bei Gastereyen, Abendessen, Spazierfahrten so viel es um diese Zeit angeht. Ha! das geht köstlich. Aber auch köstlich, kostspielig. Zum Henker das fühlt mein Beutel. Halt! rettet! haltet auf! Siehst du sie nicht mehr fliegen? Da marschierten 2 Louisdor. Helft! da ging eine. Himmel! schon wieder ein paar. Groschen die sind hier, wie Kreuzer bei euch draußen im Reiche. — Aber dennoch kann hier einer sehr wohlfeil leben. Die Messe ist herum. Und ich werde recht menageus leben. Da hoffe ich des Jahrs mit 300 Rthr. was sage ich mit 200 Rthr. auszukommen. NB. das nicht mitgerechnet, was schon zum Henker ist. Ich habe kostbaaren Tißch. Merkt einmahl unser Küchenzettel. Hüner, Gänße, Truthahnen, Endten, Rebhühner, Schnepfen, Feldhüner, Forellen, Haßen, Wildpret, Hechte, Fasanen, Austern pp. Das erscheinet Täglich. nichts von anderm groben Fleisch ut sunt Rind, Kälber, Hamel pp. das weiß ich nicht mehr wie es schmeckt. Und die Herrlichkeiten nicht teuer, gar nicht teuer. — Ich sehe, daß mein Blat bald voll ist und es stehen noch keine Verse darauf, ich habe deren machen wollen. Auf ein andermahl. Sagt Kehren daß ich ihm schreiben werde. Ich höre von Horn, daß ihr euch ob absentiam puellarum forma elegantium beklagt. Laßt euch von ihm das Urteil sagen daß ich über euch fällete. Goethe.

---

an der Leipziger Universität. Am 6. Nov. 1765 schrieb Goethe über ihn an Riese: „Er hat wieder geheurathet, der alte Bock! Ganz Leipzig verachtet ihn. Niemand geht mit ihm um.“ Goethe suchte ihn erst im Frühjahr 1766 auf, als Schlosser (s. zu 31,15. 32,8) auf der Durchreise in Leipzig weilte. Vgl. die berühmte Schilderung dieses Besuches im 7. Buch von „Dichtung und Wahrheit“. Gottscheds Verdienste wurden lange unterschätzt, neuerdings übertrieben.

27 Frankfurter Jugendfreund, der auch in Marburg studierte. „über das Fehlen hübscher Mädchen“.

6. An Cornelie Goethe.

Leipzig d. 6. Dec. 1765.
la veille du jour de ta naissance

Mädgen,

Ich habe eben jetzo Lust mich mit dir zu unterreden; und eben diese Lust bewegt mich an dich zu schreiben. Sey stoltz darauf Schwester, daß ich dir ein Stück der Zeit schencke die ich so nohtwendig brauche. Neige dich für diese Ehre die ich dir anthue, tief, noch tiefer, ich sehe gern wenn du artig bist, noch ein wenig! Genug! Gehorsamer Diener. Lachst du etwann Närrgen, daß ich in einem so hohen Tone spreche. Lache nur. Wir Gelehrten, achten — was! Meinst du etwa 10 rh. nicht. Nein wir gelehrten achten euch andern Mädgen so — so wie Monaden. Warrlich seitdem ich gelernt habe daß mann ein Sonnenstäubgen in einige 1000 teilgen teilen könne, seitdem sage ich, schäm ich mich daß ich jemahls einem Mädgen zugefallen gegangen binn, die vieleicht nicht gewußt hat, daß es thiergen giebt, die auf einer Nadelspitze einen Menuet tanzen können. Transeat. Doch daß du siehst wie brüderlich ich handle; so will ich dir auf deine närrischen Briefe antworten. Eure kleine Gesellschaft mag ganz gut sein; grüß mir die lieben Mädgen — O zum Henker! Da wiedersprech ich mir ja selbst. Du siehst schwester daß es mir mit den Monaden kein Ernst ist. Grüße Herrn Bißmannen und Herrn Tymen. Sage Jfr. Tanten daß ich auf einen Brief von ihr hoffe. Du bist eine Närrin mit deinem Grandison. Ich kann nicht finden was Marty H. gesagt hat. Aber mercke dirs, du sollst keine Romanen mehr lesen, als die ich erlaube. Ich habe der Sache nachgedacht und halte es für meine Schuldigkeit dir zu sagen was ich davon dencke. Ich will euch ehestens eine kleine Abhandlung schicken die ich davon schreiben werde. Aber laß dirs nicht Angst seyn, Grandison Clarissa und Pamela sollen vielleicht ausgenommen werden. An guter Unterhaltung im Lesen soll dirs aber nicht fehlen ich will deßwegen an den Papa schreiben.
Was! mit deinem schönschreiben! Danck dem Himmel daß

---

24. Bißmann und Thym, Musik= und Rechenlehrer. 25. Vgl. zu 8, 16. 26. Grandison, Clarissa und Pamela, drei Romane in 19 Bänden von Samuel Richardson, dem Begründer des englischen Familienromans (1689—1771).

du einen Buchstaben von mir zu sehen bekommst. Du hast nichts zu thun, da kannst du dich hinsetzen und zircklen, ich aber muß alles in Eile thun. Du willst daß ich meine Tisch Gesellschafft beschreiben soll. Ich will anfangen, aber ganz nun wohl nicht. Dr. Ludwig unser Wirth. Ein Mann dem 50 Jahre, vieles ausgestandene Elend, und die große Menge seiner Geschäfte, nichts von der Munterkeit die er im 20. Jahre gehabt wegnehmen können. Er ist ohne Façon, schwätzt schröcklich viel von Mädgen, und ist ein auserordentlich Leutseeliger und wohltätiger Mann. Seine Liebe zur Geselschaft hat ihn bewogen ein ziemlich groses Hauß zu mieten, wo er eine Menge Magisters und andere Leutgen beherbergt. Eben dieß ist auch die Ursache seines Tisches den er hält. Magister Morus. Ein Teolog. Ein sehr artiger und geschickter Junger Mann: er redet wenig allein sieht immer freundlich aus. Magister Herrmann Ein Mediciner sein Nachbaar ist gleichfalls keiner der beredesten aber macht immer ein verdrißliches Gesicht. Aber sonst ist es ein sehr schöner Mann, ich will dir ihn freyen. Hier hast du sein Portrait, es schmeichelt gewiß nicht. Ohngefähr 4½ Fuß hoch. Vom Gesichte zu reden. Es besteht wie das Gesicht anderer Menschen aus Augen, Nase pp aber die Zusammensetzung davon, ach die entzückt. Finstere schwarze Augen, die von den herabhangenden Augenbrauen beschattet werden, keine sonderlich schöne Nase, die durch das eingedrückte der Wangen sehr erhöht wird, ein aufgeworfener Mund, der so wie das Kinn mit einem schwarzen stachelichen Barte besetzt ist, sonst ist eine ziemlich starcke Röhte über sein ganzes Antliz verbreitet. Seine Reisen haben ihn nicht klüger gemacht. Er flieht die Welt, weil sie sich nicht nach ihm richten will. Die andern auf ein andermahl.

Schwester schicke zu Schweitzern, er hat den Graf P. noch. Erkundige dich ob die Heuraht des Herrn Löper gewiß ist. Nachbar Max hat an mich geschrieben. Großen Dank für deine Ermahnungen.

---

5. Christian Gottl. Ludwig, Hofrat und Prof. der Medizin (1709—73), hielt in seinem Hause den Mittagstisch, an dem Goethe teilnahm. 14. Samuel Friedrich Nathanael Morus (1736—92), war Theologe und Philologe; er wurde 1771 Professor der alten Sprachen in Leipzig. 16. Zu unterscheiden von dem in einigen späteren Briefen dieses Bandes genannten Juristen Hermann, und im übrigen unbekannt. 33. Vgl. zu 3, 1. Die 1755 erschienene, viel gelesene „Geschichte des Grafen P." von Joh. Gottl. Pfeil. 34. Kaufmann in Frankfurt. 35. Friedrich

Schreibe mir oft denn du hast Zeit, alles was merckwürdiges in der Stadt vorgehet.

Antwort auf den Brief vom 21. Nov.

Was willst du von mir lernen? Willst du etwan wissen daß die fallenden Cörper in ungleichen Zahlen geschwinder werden. Oder daß die Quadratwurzel von 16, 4 ist. Was machtest du mit denen Sachen? Nein ich will dich was bessers lehren. So wollen wir es machen Schwester. Schreib deine Briefe auf ein gebrochenes Blat und ich will dir die Antwort und die Critick darneben schreiben. Aber lasse dir vom Vater nicht helfen. Das ist nichts. Ich will sehen wie du schreibst.. Mercke diß: schreibe nur wie du reden würdest, und so wirst du einen guten Brief schreiben..

Es ist heute dein Geburtstag, ich sollte dir poetisch glückwünschen. Aber ich habe keine Zeit mehr, auch keinen Platz mehr. Werde klüger so wie du älter wirst. Leb wohl.

Antwort auf den Brief vom 6. Xbr.

Du sagsts! – — — — — —

Erzähle mir doch ausführlicher von dem jüngfraülichen Concerte. Auch von dem Teater, dem Trauerspiele, das sie gespielet haben pp. Ich gehe manchmahl in die Comödie Ich wünschte daß ich dich mitnehmen könte. Dein Leibstück den Kaufmann von London habe ich spielen sehen. Beym grösten Teil des Stücks gegähnt, aber beym Ende geweint. Ferner Miß Saara, Zayre, Cenie, Die Poeten nach der Mode, die Verschwörung wieder Venedig pp. Sie haben hier einen Acteur, der Brückner heist, sogut wie Versac und eine Actrice Starcken, so gut wie Madam de Rosne. Neulich sah ich Tartüffen. Top! da fiel mir ein Kerl ein der eben so aussieht. Kähtst du ihn, er macht so kleine Augen! Ha! Ha! ha! Ein Schurcke wie der andre Ich will jetzo von was anders reden, nehmlich von dem, was ich dir am nohtwendigsten glaube, das ist von deiner jetzigen Unterhaltung im Lesen. Du bist über die Kinder-

---

Maximilian Moors (1747—82), später Advokat in Frankfurt, Bruder des Adressaten von Brief Nr. 13.

25. Von George Lillo. 27 f. Von Lessing, Voltaire, Madame de Graffigny Christian Felix Weiße, Thomas Otway und (31) Molière. 29 f. Joh Gottfried Brückner (1730—86); de Versac, Leiter des französischen Theaters in Frankfurt; Johanne Christiane Starke (geb. 1732) und Mad. Derones in der Versacschen Gesellschaft.

jahre, du mußt also nicht nur zum Vergnügen, sondern zur Besserung deines Verstandes und deines Willens lesen. Bitte dir vom Papa Zeit dazu aus, er wird dir sie geben. Zuerst sollst du den Zuschauer lesen laß dir ihn durch Herrn Ohme Textor von der Stadt Bibliotheck schaffen. Dieses Buch ließ mit Aufmercksamkeit. Du wirst viel gutes darinn finden. Allein ich muß dich auch lesen lernen. Nichtwahr, das kommt dir wunderlich für, daß ich so rede. Ich kenne dich, ich weiß wie und warum du liesest. Siehe so must du es machen. Nimm ein Stück nach dem andern, in der Reihe, ließ es aufmercksam durch, und wenn es dir auch nicht gefällt, ließ es doch. Du must dir Gewalt antuhn (Ich sag es noch einmahl: wenn du haben willst daß ich für dich sorgen soll; so must du mir folgen, und nicht nur Vergnügen beym Lesen suchen.) Wenn du es gelesen hast; so mach das Buch zu und stelle Betrachtungen darüber an. Im Anfange wird es dir schweer fallen, aber bald wird es leichter gehen wie mit dem Schreiben. Fange damit an aber balde. Schreibe wie er dir gefällt, deine Gedancken über einzelne Stücke. Manchmahl werde ich Stücke aussuchen, und dein Urteil darüber erforschen. Dieses ist besser und dir nützlicher als wenn du 20 Romanen gelesen hättest. Diese verbiete ich dir hiermit völlig, den einzigen Grandison ausgenommen den du noch etlichemahl lesen kannst, aber nicht obenhin, sondern bedächtig. Sonnst kannst du auch die beyden Magazinen der Fr. v. Beaumont lesen, sie sind sehr gut (das dritte: Magasin pour les jeunes Dames) lese nicht. Die Briefe der Fr. von Montier von eben der Fr. von Beaumont sind auch lesenswert. Die Lettres de Md. Montague gleichfalls. Im Italienischen den Pastor fido doch der ist manchmahl schweer, laß dir ihn vom Vater erklären. Ferner Epistole di Cicerone. Der Papa hat sie. Wenn du Tassos Gerusaleme liberata verstehst, lese sie auch. Sonst kanst du das Buch J studii delle donne stückweise für dich nehmen, das ganze möchte für dich zu lang seyn. Bey jedem auf die Sprache, die Sachen und

---

4. Die englische moralische Wochenschrift The Spectator, die Addison und Steele 1711—12 herausgegeben hatten. 5. Vgl. zu 8, 18. 26. Das Magasin des enfants und das M. des adolescents der Madame le Prince de Beaumont in London. 31. Schäferdrama von Giambattista Guarini (1537 bis 1612). Der Vater hatte 1740 eine längere Reise durch Italien gemacht und eine italienische Beschreibung derselben verfaßt mit Hilfe eines in Frankfurt lebenden Sprachmeisters Giovinazzi.

die Wendungen womit die Sachen gesagt sind gesehen. Nur das mercke bey Ciceros briefen du must sie aussuchen. Sonst ließ italienisch was du willst, nur den Decameron vom Boccacio nicht. Französch nim Les Lettres de Pline. Von den Comödien des Moliere will ich dir einen Auszug machen. So weit für dießmahl. Der Papa wird mit meinen Anstalten zufrieden seyn. Du siehst ich studiere doppelt für mich und für dich. Die Stunden die mir frey bleiben, sorg ich für dich, belohne mich, und folge. Noch eins. Laß das Liebe Mädgen die Runckel von dem was du ließt, auch genießen. Es ist mit für sie, daß ich arbeite. Nimm die Stücke des Zuschauers ließ sie ihr vor, frag ihre Gedancken und schreibe mir es. Auch das was sie sonsten denckt, alle ihre Gesinnungen, ich will für sie sorgen. Ich habe euch gar zu lieb. Siehe ich schreibe bey Nacht für euch. Aber ich höre keine Hippine. Es ist schon 12. Noch was. Ich will auser dem Briefwechsel mit dir, noch einen mit euch beyden anfangen, und euch so viel ich kann zu nutzen suchen. Du hast zeit dazu. Ihr sollt mich auch lieb haben, und alle Tage wünschen: o wär er doch bald bey uns. Leb wohl. G.

7. An Cornelie Goethe.

[Leipzig] d. 12. Dec. 65 abends um 8.

Liebe Schwester

Es ist heute des Großpapas Geburtstag und du wirst sitzen und schmaußen, mitlerweile ich armer Mensch mit einem Gänse Flügelgen und einer Semmel zufrieden seyn muß. Doch ich will mich vergnügen, indem ich an dich schreibe...

Beyliegender Brief enthält ein Neujarsgedicht an den Grospapa. Steck ihn am Neujahrstage zu dir, und des abends wenn sie alle beysammen sind; so überreich ihn, aber nicht eher und mache wenn du kannst daß ihn Herr Ohme Textor laut ließt. Bemercke dann der ganzen Gesellschafft Gemühtsbewegungen und schreibe mir sie treulich.

---

16. Ein Nachtwächterhorn? 24. Joh. Wolfgang Textor, Dr. jur., Wirklicher Geh. Rat und Stadtschultheiß in Frankfurt (1693—1771). Die Namen Johann Wolfgang waren in der Textorschen Familie traditionell: schon Goethes Urgroßvater führte sie, ein gelehrter Jurist, dessen großes Werk Jus publicum statuum Imperii vor nunmehr 200 Jahren (1701) im Cotta'schen Verlag erschien.

Daß sich aber ja niemand gelusten lässet den Brief vorher etwa zu eröffnen.

Noch verschiedenes von Leipzig. Man kann sie jetzo die Maulbeer stadt nennen, indem rings herum solche Bäume und Hecken gepflanzet sind, die zwar sehr von den Preusen ruiniret worden, doch aber jetzo wieder soviel als möglich hergestellet sind. Es ist hier eine Mahler Academie in der Vestung Pleisenburg in 3 Zimmern recht niedlich angeleget. Herr Oeser ein geschickter Mann im Mahlen und radiren hat die Aufsicht, und Herr von Hagedorn die Oberaufsicht darüber .

Du kannst dem Vater sagen wieviel Louisdor ich noch habe. Aber vorher must du es ausrechnen. Höre zu. Wenn ich noch einmahl so viel hätte als ich habe, und darüber noch die hälfte Ein Drittel, und drey sechstel von dem was ich habe; so würde ich Hundert Louisd. haben. Es ist leicht auszurechnen. (Meine Beinkleider bekomme ich erst in der Neujahrs Messe.) Ich habe wenig ferien die meisten Collegia werden durch die Messe fortgelesen. Ich besuche Fr. Prof. Böhmen sehr oft, die auserordentlich gütig gegen mich ist, ich habe auch schon mehr als 6 mahl dort gespeißt. Ich habe durch sie und ihren Gemahl viele Particularitäten von Gellerten erfahren. Am Sontage war ich bey Hofraht Langen Abends bey Tische. Es ist ein unerträglich närrischer Man. Meine Tisch Gesellin war Mad. Linken. Sie ist mit hofraht Lange verwandt eine sehr schöne Frau, die einen Schöps zum Manne hat. Sie ist sehr artig

d. 23. Dec.

Eben erhalte ich eure Briefe. Was ist das? Wie froh. Siehe gleich einen Fehler! davor statt dafür. Das Trauerspiel ist von Voltairen und heist Mahomet ou le Fanatisme. Nein Schwester spiele nicht mit, es ist unschicklich. Was! Hast du keine Zeit gehabt? ich will dich lehren so unfleißig zu sein. Mad. Beaumont läßt in dem letzten Magazin die Grundsätze ihrer Religion zu sehr blicken, so daß man schon fest sitzen muß wenn man es

---

9. Vgl. das Adressatenverzeichnis dieses Bandes. 10. Christian Ludwig (1712—80), Kunstschriftsteller und Legationsrat, ein jüngerer Bruder des Dichters Friedrich v. Hagedorn. 23. Christian Fürchtegott Gellert (1716—69), bei dem Goethe Litterargeschichte hörte und ein poetisches Praktikum mitmachte. 24. Vgl. zu 7, 17. 26. Schwägerin Langes, Frau eines Apothekers. 33. Dieselbe Tragödie, die Goethe 1800 übersetzte.

mit Nutzen leßen will. Was denckst du, Gellert hat uns die ersten zu lesen empfohlen. Nichts vom Decameron, Papst hin Pabst her. Der Vater müßte sie dann selbst aussuchen .

8. An Cornelie Goethe.

Chere Soeur

Il faut que vous aiez, vous autres filles, un certain charme secret, dont vous nous ensorcelèz quand il vous plait. Que ce charme vienne de la complaisance que nous avons pour votre sexe, ou qu'il consiste dans cet air de flatterie que vous scavez feindre quand il vous semble necessaire, cela m'est indifferant; suffit que je l'ai senti en plusieures occasions et je le sens en t'ecrivant ces lignes. J'avois pris le dessein, de gronder dans cette lettre, d'une maniere à te faire peur. J'avois deux, trois, quatre raisons; justes raisons, en poche, dont une auroit suffi pour gronder terriblement; Mais tu ecris, tu demandes pardon, st! voila mes raisons qui s'envolent. Je m'assieds et au lieu d'ecrire que je suis faché, j'ecris que je t'aime, et que je te pardonne.

Ton récit du festin de noce est reussi assez bien, mais pourtant, tu n'as pas sçu peindre toutes les circonstances d'une maniere si vive et si exacte que je l'avois souhaitté et que j'avois lieu de l'attendre de ton addresse. Toutefois il faut que je loue la diligence dont tu écris, et la priere que je joins aux louanges scavoir que tu veuilles bien continuer tes recits, peut te faire foix de ce que ta maniere d'ecrire ne me deplait pas toutafait. A quelque autre chose. Je suis à plaindre de ce que mes prieres ne produisent point d'effet sur toi en matiere de la lecture; cependant ne crains pas d'entendre alavenir des reproches de moi car je vais bannir cet article, comme inutile, de mes lettres. Mais pour cette fois il faut que je dise encore quelque chose, en reponse du trait de ta lettre, ou tu dis, que le festin et ses circonstances t'aient empechè

---

21. Die Hochzeit des Oheims Joh. Jost Textor am 17. Febr. 1766, vgl. Anm. zu 8, 16.

de penser à la lecture. En disant cela, ma soeur, tu prends un certain air, l'air de cour, qui n'ont pas droit de prétendre du pardon. Peutetre que ta conscience t'aura peint les reproches que tu merites. Mais passons cet article . .

Je vais dire encore quelques mots de notre chere, petite amie, que j'aime tant. Quand je forme des souhaits, que ma soeur cherchat a rendre la lecture plus utile a son coeur et a son esprit, qu'elle n'a fait j'usqu'ici; c'est aussi pour le bien de la chere Runkel que je le souhaite. Combien ne pouroit on attendre de son charmant genie, si on le cultivoit avec soin; si on arrangoit ses pensees delicates et ses sentiments nobles par les oeuvres les plus exellents de la religion, de la morale, et du bon gout. Tu me montres quelques foibles rayons d'esperance, en m'ecrivant dans une de tes dernieres lettres que tu lis en compagnie avec elle les lettres de Mad. Gomez. Je te loue et ma joie seroit incomparable, si tu continuois a satisfaire a mes souhaits. Ecris moi quelque fois les raisonnemens de ma petite et les tiens sur certaines matieres, je ne manquerai pas de joindre les miens aux votres. Croyez ma chere que je vous ai fortement au coeur. C'est une si jolie creature q'une fille, que je ne puis souffrir à en voir des gatées; ie voudrois cepourquoi les pouvoir rendre toutes bonnes. On prend apresant tant des soins pour ammeliorer les ecoles, pourquoi ne penset on pas aux ecoles de filles. Qu'en pense tu? J'ai eu la pensee, de devenir maitre d'une ecole du beau sexe après mon retour en ma patrie. Ce ne seroit pas si mauvais, qu'on pense, toutefois je serois plus utile a ma patrie qu'en faisant l'avocat. Mais il faudroit prendre garde de ne pas mener dans mon ecole de si belles filles, comme ma cher Runkel en est, autrement je serois en danger de jouer, l'amour Precepteur.

En regardant la quantité des feuilles que j'ai deja

---

6. Lisette Runckel, vgl. 6, 18. 15, 10. 18. Einer französischen Romanschriftstellerin (1686–1771). 27. Seitens der Vorläufer des Philanthropinisten Basedow, die den althumanistischen, auf lateinische Nachahmung gerichteten Schulbetrieb verwarfen und nicht nur den Stoff, sondern auch die Methode des Unterrichts, vor allem die des sprachlichen, reformieren wollten; zu den heftigsten Gegnern dieser Modernen gehörte Goethes Lehrer Ernesti, vgl. 9, 30. 36. Der größte Teil dieses Briefes, der mehr den Charakter eines Exercitiums hat, ist hier ausgelassen

rempli de mon griffonage; ie ne puis retenir un petit reproche que tu merites. Tu ecris toujours des lettres si courtes, et on voit, que, d'ecrire c'est toujours un travail pour toi. J'ai tant a faire, et j'ecris de si longues lettres. C'est pour me divertir que je fais cela. Fais dememe. Je te pardonnerai, si tu n'ecris pas toujours de ta propre main. Qui est ce qui t'empèche de faire ecrire tes pensees par l'ecrivain qui ecrit si joliment et si vitement. J'attends une lettre, telle que je la souhaite, grande, exacte, remplie meme des plus petites circonstances, par la voie d'Horn, a la foire prochaine. Je m'approche insensiblement au pied de ma lettre. J'ecrirois encore plus si la page n'etoit pas remplie. Adieu. Mes compliments respectueux a mes chers parens. Adieu.

Leipzig, ce 14. du Mars 1766. Goethe.

9. An Riese.

Lieber Riese.

Ich habe euch lange nicht geschrieben. Verzeiht es mir. Fragt nicht nach der Ursache! Die Geschäfte waren es wenigstens nicht. Ihr lebt vergnügt in Marburg, ich lebe hier eben so. Einsam, Einsam, ganz einsam. Bester Riese diese Einsamkeit hat so eine gewisse Traurigkeit in meine Seele gepräget.

Es ist mein einziges Vergnügen,
Wenn ich entfernt von jedermann,
Am Bache, bey den Büschen liegen,
An meine Lieben denken kann.

So vergnügt ich aber auch da bin, so fühle ich dennoch allen Mangel des gesellschaftlichen Lebens. Ich seufze nach meinen Freunden und meinen Mädgen, und wenn ich fühle daß ich vergebens seufze

Da wird mein Herz von Jammer voll,
Mein Aug wird trüber,
Der Bach rauscht jetzt im Sturm vorüber,
Der mir vorher so sanft erscholl.

---

9. J. A. Wolf, im Dienst des Vaters. 11. Horn bezog Ostern 1766 die Leipziger Universität, vgl. 20, 9.

Kein Vogel singt in den Gebüschen,
Der grüne Baum verdorrt
Der Zephir der mich zu erfrischen
Sonst wehte, stürmt und wird zum Nord,
Und trägt entrißne Blüten fort.
Voll zittern flieh ich dann den Ort,
Ich flieh und such in öden Mauern
Einsames Trauern.

Aber wie froh bin ich, ganz froh. Horn hat mich durch seine Ankunft einem Teil meiner Schwermuht entrissen. Er wundert sich daß ich so verändert bin.

Er sucht die Ursach zu ergründen,
Denkt lächlend nach, und sieht mir ins Gesicht.
Doch wie kann er die Ursach finden,
Ich weiß sie selbsten nicht.

Euer Brief redet von Geyern. Glaubt denn der ehrliche Mann, daß hier die Auditores hundert Weise säßen. Er war ja ehemals in Leipzig. Aber, nicht wahr, wie leer waren seine Hörsäle.

Ich muß doch ein wenig von mir selbst reden.

Ganz andre Wünsche steigen jetzt als sonst
Geliebter Freund in meiner Brust herauf.
Du weißt, wie sehr ich mich zur Dichtkunst neigte,
Wie großer Haß in meinem Bußen schlug,
Mit dem ich die verfolgte, die sich nur
Dem Recht und seinem Heiligthume weihten
Und nicht der Mußen sanften Lockungen
Ein offnes Ohr und ausgestreckte Hände
Voll Sehnsucht reichten. Ach du weißt mein Freund,
Wie sehr ich (und gewiß mit Unrecht) glaubte,
Die Muße liebte mich und gäb mir oft
Ein Lied. Es klang von meiner Leyer zwar
Manch stolzes Lied, das aber nicht die Musen,
Und nicht Apollo reichten. Zwar mein Stolz
Der glaubt es, daß so tief zu mir herab
Sich Götter niederließen, glaubte, daß
Aus Meisterhänden nichts Vollkommners käme,
Als es aus meiner Hand gekommen war.

16. Vielleicht Christian Gottlieb Geyser (1740–1803), der in Leipzig die Rechte studiert hatte, später unter Oesers Leitung sich der Kunst widmete, Lehrer an seiner Zeichenschule und sein Schwiegersohn wurde.

Ich fühlte nicht, daß keine Schwingen mir
Gegeben waren, um empor zu rudern.
Und auch vielleicht, mir von der Götter Hand,
Niemals gegeben werden würden. Doch
Glaubt ich, ich hab sie schon und könnte fliegen.
Allein kaum kam ich her, als schnell der Nebel
Von meinen Augen sank, als ich den Ruhm
Der großen Männer sah, und erst vernahm,
Wie viel dazu gehörte, Ruhm verdienen.
Da sah ich erst, daß mein erhabner Flug,
Wie er mir schien, nichts war als das Bemühn
Des Wurms im Staube, der den Adler sieht
Zur Sonn sich schwingen und wie der hinauf
Sich sehnt. Er sträubt empor, und windet sich,
Und ängstlich spannt er alle Nerven an
Und bleibt am Staub. Doch schnell entsteht ein Wind,
Der hebt den Staub in Wirbeln auf. Den Wurm
Erhebt er in den Wirbeln auf. Der glaubt
Sich groß, dem Adler gleich, und jauchzet schon
Im Taumel. Doch auf einmal zieht der Wind
Den Odem ein. Es sinkt der Staub hinab,
Mit ihm der Wurm. Jetzt kriecht er wie zuvor.

Werdet nicht über meinen Galimathias böse. Lebt wohl. Horn will meinen Brief einschließen. Grüß den Kehr. Schreibt. Habt mehr Collegia in Zukunft. Horn soll 5 nehmen. Ich 6. Lebt wohl. Gewöhnt euch keine academistische Sitten an. Liebt mich. Lebt wohl. Lebt wohl.

Leipzig d. 28. Ap. 1766. Goethe.

10. An Cornelie Goethe.

le soir du premier iour des Paques 1766. [Leipzig, 30. März.]

Ma chere soeur

It is ten o clok

Thus may we see, how the world wags:
'T'is but an hour ago since it was nine;
And after an hour 'twill be eleven;
And so from hour to hour we ripe and ripe,
And then from hour to hour we rot and rot.

Ne suis je pas un personnage singulier! Je voulois

t'ecrire qu'il etoit apresant dix heures et dabord il me vient de vers de Shakespeare en tete, et je les jette sur le papier. Il est donc deja un peu tard, mais non obstant cela je pense, de causer un peu avec toi.

Vous aurez passè ce jour premier des Paques en agreables divertissements, en vous assemblant chez Mr. le Grandpere. Vous aurez senti toute la joie, inseparable d'une compagnie, qui s'entend bien. Je n'ai pas manquè a me divertir, moi; mais mon divertissement etoit tout à fait d'une autre façon que le vôtre. Seul, dans le plus beau des jardins. Tantot me promenant, dans des vastes et sombres allees, encore impenetrable au soleil, quoique depouillees par l'hiver, tantot assis au pieds d'une statue qui ornoit un berceau, d'une verdure qui ne meurt jamais, tantot debout, regardant d'un seul coup d'oeil l'entree de six diverses allées sans pouvoir atteindre des yieux la sortie d'aucune; Ce sont les situations, aux quelles je passai mon apres midi. Je ne scaurois le dire, une promenade solitaire, a pour moi des agremens sans nombre. Mon esprit qui se plait a des reveries

Finds tongues in trees, books in the running brooks,
Sermons in stones and good in every thing.

Mais non obstant, ma Soeur, que j'aime ces divertissements sombres et solitaires; je ne suis pas toutafait mal a mon aise, en me voyant au milieu d'une troupe coiffee, frisee, gallonnee, babillardee comme aparement je la trouve au concert. Je n'y manque pas de faire mes reflexions. Ah ma soeur, quelles creatures sont ce que ces filles saxonnes! Une quantité en est folle, la plus part n'en est pas trop sage, et toutes sont coquettes. Peutetre que je fais tort à quelq'unes, mais n'importe, je trouve ma regle generalement vraie. Des Exceptions? Oh! Pour les pouvoir faire, il faudroit chercher en Diogene. — Une des plus grandes fautes de nos Dames, c'est qu'elle parlent trop sans savoir trop.

---

2. Aus „Wie es Euch gefällt“ (II, 7), so auch das nächste Citat (II, 1); 23,1. 2 dagegen aus „Ende gut, Alles gut“ (I, 1). Goethe kannte Shakespeare damals noch nicht unmittelbar aus seinen Werken, sondern teils aus einer englischen Anthologie (Dodds Beauties of Shakespeare), teils aus deutschen Bearbeitungen und Uebersetzungen.

— — — — — be check'd for silence;
But never tax'd for speech — — — —

dit un grand Poete. — Mais les filles, me dira certain Monsieur; les filles ne sont pas faites, a parler de quelque chose importante, tout ce qu'elle parlent sont des riens; mais j'aime toujours mieux une fille pui parle d'un rien q'une fille qui parle rien. Que pense tu de ce galant homme qui a une si jolie idee de ton sexe, et qui ose la prononcer d'un ton energique dans un cercle d'une vingtaine de Dames. Allons Mesdames les Saxonnes, à vous le dè, encore une fois. Vous prennez de soins extravaguans, de votre exterieur; toutefois vous n'en etes gueres plus belles. L'excès tant du port, et du maniement que de la parure du corps merite toujours moins l'approbation du bon gout, a mesure qu'il s'eloinge d'une manière naturelle, de s'habiller ou de porter son corps. Mais je leur passerois volontairement toutes ces fautes, si elles n'etoit couronnees de la plus grande et la plus meprisable folie qu'on peut trouver chez une femme; savoir de la coqueterie. Ce desir de plaire par des moiens indignes d'une Dame d'esprit et d'honneur est ici tres a la Mode. On se croiroit presque à Paris. Le beau sexe est porté generalement a aimer les choses qui occupent les sens, il regarde la beauté, et toute autre apparence exterieure, comme le plus grand merite dont il est capable, qui peut s'en etonner, s'il cherche a s'en donner autant qu'il peut. Notre foible sexe les admire, et plus foible encore, les suit, par cela — Adieu.

the 11. of May.

My french speech interrupted, by some speedily affair, shall remain unfinish'd untill an other time, I think to they great pleasure. I'll say thee the cause thereof: The father as he writes in an appendix to Luptons letter, would see if I write as good english as Lupton german. I know it not, but if he should write better then I, that is no wunder, if I should

35. Goethes Vater halte seinem ehemaligen Diener und Sekretär Pfeil zur Errichtung einer Pension für junge Engländer und Franzosen verholfen, die in Frankfurt Deutsch lernten. Der hier Genannte ist wahrscheinlich identisch mit dem in „Dichtung und Wahrheit" (Buch 6) geschilderten Jugendfreund Corneliens.

have been as long a time in England as he was in Germany, I would laugh of ten thousand scoolmasters. Let us speak a little, sister, the father may judge. Lupton is a good fellow, a marry, invetious fellow as I see it in his letter, which is wroten with a spirit of jest, much laudably moderated by the respect, he owes to his master. But one can sec, that he is not yet acquainted, with the fair and delicate manners of our language. Not withstanding he writes well. For the present state of the improvement of my english speaking, it goes as good as it can. My Born and his Tutor and I, when we are assembled we speak nothing then english. I learn much by that conversation. But that lovely Freind is gone to Graitze in Voigtland to be inoculated, God may give he return saved and in good health.

Any words of my self. Sister I am a foolish boy. Thou knowst it; why should I say it? My soul is changed a little. I am no more a thunderer as I was at Francfort. I make no more: J'enrage. I am as meek! as meek! Hah thou believest it not! Many time I become a melancholical one. I know not whence it comes. Then I look on every man with a starring owl like countenance. Then I go in woods, to streams, I look on the pyed daisies on the blue violets, I hear the nightingales, the larks, the rooks and daws, the cuckow; And then a darkness comes down my soul; a darkness as thik as fogs in the October are. Often has Horn the great hounour to follow me, I go Tete a tete with him in the Gardens. A male Tete a tete! T' is pity! But hark ye! In like a situation of my soul, I make english verses (a science more than Lupton) english verses, that a stone would weep . . .

the 14. of May.

Often Sister I am in good humor. In a very good humor! Then I go to visit pretty wifes and pretty maiden. St! Say nothing of it to the father. — But why should the father not know it. It is a very good scool for a young fellow to be in the company and acquaintance of young virtuos and honest

11. Jakob Heinrich v. Born, der damals in Leipzig studierte, trat Goethe später noch einmal nahe, in Wetzlar; er starb 1782 als Hof- und Justizrat in Leipzig. 13. In Greiz war damals eine berühmte Blatternimpfanstalt.

ladies. The fear to be hatred by them makes us fly many excesses seducing by his outward side, and therefore periculous to the Youth. Look Sister, that is the State of my present life: I seek to do nothing of what I could not give reason, to my superiors which are my God and my parents; I seek further to please to the uttermost part of men, wise and fools, great and littles, I am diligent, I am mirthy, and I am luky. Adieu.

11. An Trapp.

Mon cher Trapp.

Vous savez bien ramener les gens à leur devoir, duquel ils se sont éloignés en les contraignant d'une façon, qui ne leurs fait pas sentir que vous les contraignez. Vous m'entendez cher ami? vous souriez de ce que j'ai eu scu si bien penetrer votre intention, et ce même souris me fait esperer le pardon de la faute que j'ai commise en ne vous écrivant pas tout le temps que je suis à Leipsic. C'etoit faute d'industrie et non pas faute de memoire. Comment pourrois je oublier Wormbs et les agreables habitans de cette bien aimée. O vous savez trop que Worms me tient au coeur. Vous connoissez ma passion pour la belle Charitas que vous l'avez crue le plus fort motif de m'amener à Vous ecrire en me donnant par Stern le doux espoir, de me faire entendre des nouvelles, qui touchent de plus pres votre charmante nièce. Votre offre a encore plus de pouvoir sur moi, parce que je suis tout a fait delaissé par ce mechant Muller.

Muller! je suis faché de ce malicieux
Ce n'est plus cet ami si tendre en ses adieux,
Qui m'aimant autrefois, relevoit ma foiblesse
Se joignit à ma joie et chassa ma tristesse.
Aujourd'hui tout changé, il rit de mes soupirs,
Et dans un noir chagrin fait changer mes plaisirs.

---

10. Die korrektere Orthographie in Nr. 11 und 12 erklärt sich daraus, daß ältere Abdrücke der verlorenen Handschriften die Vorlage bilden 20. Goethe war im Frühling oder Sommer 1765 in Worms gewesen. 23 Vgl. zu 5, 28 24 Sebastian Stern war Trapps Hauswirt in Frankfurt. 28. Dieser Müller scheint ein Landsmann und Schulkamerad Trapps gewesen zu sein.

Jamais il ne m'ecrit des nouvelles agreables
Sans qu'il y fasse entrer un recit qui m'accable;
Et qui d'un coup mechant, adroitement porté
Ne m'ôte le bonheur, que lui même a donné.
Le cruel! Il connoit mon coeur sensible et tendre,
Il connoit le repos qu'il y pourroit repandre,
Il scait bien qu'un ami s'il ne peut nous aider,
Devroit en nous plaignant pourtant nous soulager.
Le fait il? Oh que non! ma douleur est estreme,
Je suis faible il est vrai. Est on fort quand on aime?
Mais il ne cherche rien que de combler mes maux,
Et me dit en riant: Ha, tu as des rivaux.
Je ne le scais que trop, sans qu'il le dise encore.
Tout qui la vit l'admire, qui la connoit l'adore;
Mais faut il eveiller, l'idée plein d'effroi;
Un rival est plus digne de cet enfant que moi.
Soit! Si je ne le suis, je vais chercher de l'être.
Chassons le vil honneur! que l'amour soit mon maitre.
J'ecouterai lui seul, lui seul doit me guider,
Au sommet du bonheur par lui je vais monter.
Au sommet de la science monté par l'industrie,
Je reviens, cher ami, pour revoir ma patrie.
Et viens voir en depit de tout altier censeur;
Si elle est en état d'achever mon bonheur.
Mais il faut jusque la que votre main m'assiste
Laissez parler toujours ce docte moraliste.
Ecrivez moi! Que fait l'enfant autant aimé?
Se souvient il de moi? Ou m'a il oublié?
Ah ne me cachez rien, qu'il m'eleve ou m'accable.
Un poignard de sa main, me seroit agreable.
Ecrivez, c'est allors, que de mon coeur cheri.
Comme elle est mon amante, vous serez mon ami.

Je suis avec toute affection possible
Leipsic cher Trapp
ce 2. du Juin 1766. Le votre Goethe.

12. An Trapp.

Monsieur mon cher ami!

Vous me confondez! Est ce donc vous même qui autre fois mon rival m'enviates tout jusques au plaisir d'être regardé par ma maitresse, vous qui quelques fois sentites la rage au coeur, parceque j'aspirois au même bonheur que vous; est donc vous même, qui m'apprennez aujourd'hui le plus souhaitté et le plus inattendu evenement, que me met au comble de la joie.

Elle a donc vu ma lettre, elle n'a donc pas été fachée de ce coeur farouche, de cet amour ardent, de mes sentimens impetueux, elle même a souhaitté de posseder ces lignes miserables.

Ah pourquoi ne les lui avez pas données sans me demander! Comment avez vous pu croire, que je ne serois pas ravi du sort agreable de ma lettre, d'être gardée par les mains de celle que j'aime, et que je refuserois a mes vers le bonheur d'être si proche d'Elle, que je souhaite moi même si ardement. Donnez lui la lettre, mais dites lui pour quel usage je souhaiterois qu'elle la gardat. Quelle se souvienne quelquefois, en regardant ces lignes, d'un amant malheureux qui l'aime sans attendre jamais le fruit de son amour, qui lui souhaite la vie la plus heureuse, sans esperer de pouvoir contribuer à son bonheur quelque peu de chose. Je n'aurois jamais eu la hardiesse de dire si hautement mes sentimens, si elle ne les avait pas reçus si gracieusement.

Vous me dites des compliments de sa part! seroitce bien possible, qu'elle eut tant pensé a moi.

Dites lui — Mais que pourriez vous lui dire qu'elle ne sent pas encore. Elle connoit mon coeur. Conservez moi son amitié et la votre. Adieu!

Leipzig, ce 1. d'Octb. 1766. Goethe.

13. An Moors.

Mein lieber Moors,

Endlich schreibe ich dir. Die verworrenen Umstände in denen ich mich befinde, werden mich entschuldigen, daß ich so lange unschlüssig gewesen bin, was ich tuhn sollte. Ich habe mich endlich entschlossen, dir alles zu entdecken, und Horn hat die Mühe über sich genommen, es dir zu schreiben,

---

36. Am 3. Oktober, gedruckt u. a. in G. v. Loepers Ausgabe von „Dichtung und Wahrheit" II, 295 f.

eine Sache, die mir dennoch nicht die angenehmste gewesen wäre. Du weißt also alles. Du wirst daraus gesehen haben, daß dein Goethe noch nicht so bestrafenswerth ist, als du glaubst. Denke als Philosoph, und so mußt du denken wenn du in der Welt glücklich sein willst, und was hat alsden meine Liebe für eine scheltenswürdige Seite? Was ist der Stand? Eine eitle Farbe die die Menschen erfunden haben, um Leute die es nicht verdienen mit anzustreichen. Und Geld ist ein ebenso elender Vorzug in den Augen eines Menschen der denkt. Ich liebe ein Mädgen, ohne Stand und ohne Vermögen, und jezo fühle ich zum allererstenmale das Glück das eine wahre Liebe macht. Ich habe die Gewogenheit meines Mädchens nicht denen elenden kleinen Trakasserien des Liebhabers zu danken, nur durch meinen Charakter, nur durch mein Herz habe ich sie erlangt. Ich brauche keine Geschenke um sie zu erhalten, und ich sehe mit einem verachtenden Aug auf die Bemühungen herunter, durch die ich ehemals die Gunstbezeugungen einer W. erkaufte. Das fürtreffliche Herz meiner S. ist mir Bürge, daß sie mich nie verlassen wird, als dann wenn es uns Pflicht und Nothwendigkeit gebieten werden uns zu trennen. Solltest du nur dieses fürtreffliche Mädchen kennen, bester Moors, du würdest mir diese Thorheit verzeihen, die ich begehe, indem ich sie liebe. Ja Sie ist des großen Glückes werth, das ich ihr wünsche, ohne jemals hoffen zu können etwas dazu beyzutragen. Lebe wohl. Ich werde an deinen Bruder schreiben, es ist kein Stolz, es ist Nachlässigkeit die mich ihn vergessen gemacht hat. Ich muß dir noch am Ende im namen der Freundschaft das heiligste Stillschweigen auflegen. Laß es keinen Menschen wissen, keinen ohne ausnahme. Du kannst denken welches Uebel daraus entstehen könnte. Lebe wohl.

Leipzig d. 1. Oct. 1766. Goethe.

---

10 Käthchen Schönkopf, s. das Adressatenverzeichnis dieses Bandes. — Man beachte, daß Nr. 12 und 13 vom gleichen Tage sind, jene von Charitas Meixner erfüllt, diese von Käthchen Schönkopf; im 13. Buch von Dichtung und Wahrheit nennt Goethe es „eine sehr angenehme Empfindung, wenn sich eine neue Leidenschaft in uns zu regen anfängt, ehe die alte noch ganz verklungen ist". 18. Die Identität dieser Jugendliebe mit dem in „Dichtung und Wahrheit" geschilderten „Gretchen" ist mindestens wahrscheinlich. 21. Horn schrieb an Moors, Goethe liebe Käthchen „zärtlich, mit den vollkommen redlichen Absichten eines tugendhaften Menschen, ob er gleich weiß, daß sie nie seine Frau werden kann". 27. Max, s. zu 12,35.

14. An Cornelie Goethe.

Leipzig ce 27. du 7bre. 1766.

Bon jour ma petite savante.

Vraiment tu merites ce nom, a l'egard de ta lettre admirable . . .

Il y avoit un temps, ou je me melois à lire et à ecrire de l'italien, j'avois quelque connoissance de cette langue, j'appris bien de paroles, un petit peu de la Syntaxe, et rien de plus. Malgrè cela, je chiffonnois tantot une lettre, tantot un air. J'avois composé, l'Opera comique La Sposa rapita, et bien d'autres choses. Mais ma prose n'alloit pas en trop bon train faute d'avoir lu trop de vers et naturellement les lettres qu'il me falloit ecrire pour mon pere etoit rarement de son gout. Souvent il se mit a me railler sur quelque mots, je ne savois le faire mieux, j'enrageois, je brulai mes papiers et depuis ce temps la, je n'ai jamais pu me resoudre, de commencer mes lettres par ‚Signor'. J'ai recommencè quelque fois ici mon etude italien, mais je savois trop peu pour m'aider moi méme, je n'avois point de dictionaire, je ne connoissois ni les tours de cette langue ni ses regles, et je l'ai cepourquoi quittée pour le francois et l'anglois, et je ne saurois la reprendre, que sous la condouite d'un maitre habile.

Ce qui regarde ma melancholie, elle n'est pas si forte, comme je l'ai depeinte, il y a quelque fois des manieres poetiques dans mes descriptions qui aggrandisent les faits. Pour mon visage, il ne faut pas, qui'l soit si effroyable, car entre nous, il y a des belles filles qui se plaisent a me voir.

Tu prends le parti des Dames Lipsiennes. Tu as raison de le faire contre celui, qui les meprisera generalement, mais ce n'est pas la ton frere qui fait cela. Il est vrai, que l'education ici ne vaut pas un sou, que cette éducation ne peut produire rien de solide, qu'il y a ici la plus grande partie des demoiselles, sans prin-

---

10. Schon als Knabe, wahrscheinlich 1760, schrieb Goethe einen Briefroman in sieben Sprachen: Lateinisch, Griechisch, Englisch, Französisch, Italienisch, Deutsch und Judendeutsch. Weder von ihm noch von dem hier genannten Libretto hat sich etwas erhalten. Vgl. zu 14, 31.

cipes et sans gout. Mais il y a meme encore des filles qui meritent si bien l'estime que l'amour, avec les quelles tu aimerois à converser toi meme ma petite savante, et qui quoiqu'elles te donneroit la preference dans le savoir ne te la donneroit jamais en question de la bonté du coeur et de la vertu.

Juste ciel que tu es devenue savante! Je ne me melerai jamais a la venir, a te donner quelques conseils sur la lecture, car tu sais plus que moi . . .

Qu'est ce que ce Telemaque? C'est un poeme epique, dont le stile, quoiqu'en prose, est absolument poetique, tout plein de metaphres, de Tropes, de peintures. Le conseillerois tu à quelq'un d'apprendre L'anglois de Milton et de Young, L'italien de Tasse et d'Arioste, l'allemand de Gesner et de Klopstok? Quel stile naturel, ordinaire peut on esperer, formant son gout sur un livre, qui conserve partout un stile magnifique, elevé. Je connois bien les fautes qui en reviennent. On est ebloui des beautés de ce livre, on veut l'imiter, mais nous ne sommes pas des Fenelons pour l'imiter bien et apropos. On s'accoutume a un language precieux, qui tire quelquefois au ridicule . . .

the 12. of Octbr.

French enough! Let us write english! I shall become haughthy sister, if thou doest praise me in like a manner. Truely, my english knowledge is very little, but i'll gather all my forces, to perfection it. Visiting my letters, ye shall have found many faults, ye may pardon. The few you have marked, have been caused, by lack of attention. I 've found that Adieu in many english lettres, and I did then adopt it.

Presently I 'll speak of a pretty argument: Of maids! Jes sister, of maids. Forstly, I 'll give thee notice, of that, I 'm not much pleased to speak of, and secondly I 'll turn my babbling to those, I am so fond of. The honnour to sit in the first paragraph shall have Miss. Bethmann. Ye wait, the dear father and thou, for a long description, of her beeing here; but I can 't give You a complet notice thereof. I did

10. Goethe las Fénélons prosaisches Epos Les aventures de Télémaque als Kind in Benjamin Neukirchs Uebersetzung. 31. Vgl. 25, 9. 37. Elisabeth Simonetta Bethmann aus Frankfurt.

see her, four or five times, and four or five times she was a goose. Set her to Paris and she shall be also one . . .

Miss Aunt (while I am once writing of maids) shall have the honnour, to be put near Miss Bethmann. Heaven defend us! What follies in our family, since I am gone! Take heed sister, thou art presently the next pretendant at! One is marrying him to a mad wife, wise as Rabener says. The other inamoured, of a black horrid Mars. Oh, she shall excuse herself, by Venus. But I did believe him an antidote of love, and she can love him! Hang him! — The ugly figure! Ha! 'tis consolation for me, a maid shall also love me, notwithstandig I am no Adonis. If she would have been in love, with D. Schlosser I 'd have excused her, but in like a manner! I 'm furiosly astonish'd. — What would the king of Holland say? — But sister, let us dam no man. I 've courage enough to take her party. Think her education sister, and then dam her if thou darest. A maiden, of no great natural genius, she lives her first Years in the company of her parents and sisters. They are all honnest men, but how form a womens heart to his heappyness they understand not. A writing, a reconing master are chosen to make her wise, and a Catechismus Candidat, to make her good. Pretty leaders in the way of live. Th'occasion to read good books she had not, and to seek it she loved not. She relish'd by that no pleasure of the soul, corporal, grosser joys, dance, companies pp were her paradise, and she learned never to be her own companion, to amuse her spiritually with herself. Finally she is no maid of a moral character, and could 't be 't.

Can we impute to her, when she begins to be in love, with a man she saw every day, a man, who conform to her folly, can speak half a day of triffles, of the news stirring in the city pp and who did by that means captivate her benevolance, another a wise man would not have attaind; and if a man has once the

4. Goethes Tante Anna Christine Textor heiratete (vgl. 38, 25) am 5. Mai 1767 den späteren Oberst und Stadtkommandanten G. H. C. Schuler in Frankfurt (1743—1819). Vgl. zu 8, 16. 9. Vgl zu 2, 4. 15. Derselbe, der 1773 Cornelie heiratete. Joh. Georg Schlosser (1739—99) war seit 1762 Advokat in seiner Vaterstadt Frankfurt. Vgl. 32, 6. 17. Vgl. zu 6, 5.

benevolance of a maid, and has th' occasion to see her often, he must be the highest blokhead of the universe, if he could not take also her love. I'm very curious to hear the end of that strange story. In Parenthesi. Dr. Schlosser thinks no more on her, he lives, as he writes, in a kind of insensibility, in his rugged Treptow. I've an english correspondance with him. Lassen Sie uns nun, Meine Herren zu dem zweeten Paragraphen übergehen, und kürzlich noch von artigen Mädgen reden. La petite Runkel, est donc tombéè dans la faute commune des petites filles. He bien il faudra prendre patience, et esperer qu'elle en revienne si vite, comme en revint ma soeur. Fais lui mes complimens. Porte mes respects à Mdlle Brevillier, dis lui: que je serois au comble de la joie, si elle ne cessat de me mettre au rangs de ses amis. Dis a toutes les autres petites filles, que je connus autre fois, que je ne manquerai jamais, a etre leur serviteur. Particulierement baise de ma part la petite Shmiedel. Ecris moi un peu comment Mlle Sarasin se comporte. Horn est toujours amoureux d'elle, de sorte qu'il s'est mis en tete, d'aimer une fille iҫi qui lui resemble beaucoup .

J'ai commencé de former le Sujet d'Ynkle et d'Jariko pour le Theatre, mais j'y ai trouvé beaucoup plus de difficultés que je ne croiois, et je n'espere pas, d'en venir a bout.

J'ai eté tres applaudi, a cause d'un plan de la Tragedie Der Trohnfolger Pharaos. On me presse pour y mettre la main; mais je ne saurois m'y resoudre . . .

Vor einigen Tagen, ward das neue Komödien Haus, das mit vielem Pracht und Geschmack, auf der Ranstädter Pastey angelegt ist, eingeweyet. Der Bau ist eine Unternehmung einiger Privatpersonen, denen der Hof den Platz dazu geschenckt hat. Das Stück womit es eröffnet ward ist Hermann, ein Trauerspiel von Schlegeln.

---

6. Er war seit kurzem Geheimsekretär des Herzogs Friedrich Eugen von Württemberg, der ein preußisches Dragonerregiment in Treptow a. d. Rega in Pommern kommandierte. Im Jahre 1769 übernahm er wieder die Frankfurter Advokatur. 14. Vgl. 6, 22. 23. Ein auch von Bodmer, Gellert, Geßner u. a. behandelter Stoff. (Ein Engländer verkauft eine Indianerin, die ihm das Leben rettete, aus Habsucht in die Sklaverei; also ein vollkommenes Gegenstück zur Geschichte des Grafen von Gleichen in der „Stella".) 28. Vgl. 39, 8. Von beiden hier genannten Fragmenten ist nichts erhalten. 36. Joh. Elias Schlegel (1718—49).

Wenige Tage vorher, ward ein gleich neues, aber ganz unterschiednes Gebäude fertig, nähmlich die reformirte Kirche. Sie ist sehr einfach, aber sehr schön, und das merckwürdigste darinne ist eine fürtreffliche Orgel . . .

Fritze Hofmann war mir die Meße eine unerwartete Erscheinung. Wir gingen an Langens Gewölwe vorbey, als auf einmahl eine fette und ziemlich kernhaffte Figur die aber zugleich etwas düttig aussah auf uns zu kam. Sie wendete sich zu Hornen, ich besah sie mit Verwunderung, erkannte endlich einige Züge, und rief überlaut aus: Fritze! bist du's. — Er hielt sich nicht lange hier auf, und wir konnten also die einem Landsmanne gebürende Ehrenbezeigungen nicht beobachten, ob wir ihn gleich einmal Abends mit zu Tische nahmen, wo er aber niemanden ansah, nichts redete, und also von einigen aus der Gesellschafft für einen Philosophen, von andern für einen Schöps gehalten wurde. Er wird in Berlin schon zugestutzt werden, und ich befürchte, vielleicht nur zu sehr, denn ich glaube es ist jetzo in ganz Europa kein so gottloser Ort als die Residenz des Königs in Preusen.

Ich fange an mit den Leipzigern, und mit Leipzig ziemlich unzufrieden zu werden. Ich binn aus der Gnade derjenigen, denen ich sonst meine Aufwartung machen durfte gefallen, und das deßwegen weil ich meines Vaters Raht gefolgt habe und nicht spielen will. Man hält mich daher, für einen in der Gesellschafft überflüssigen Menschen, mit dem nichts anzufangen ist; ich hätte mir sogar neulich in einem Haar über die nähmliche Materie den Unwillen der Frau Hofr. Böhme zuziehen können. Ich binn dieses gantze halbe Jahr über von keinem als Böhmens und Langens zu Gaste gebeten worden.

Noch eine andere Ursache warum man mich in der grosen Welt nicht leiden kann. Ich habe etwas mehr Geschmack und Kenntniß vom Schönen, als unsere Galanten Leute und ich konnte nicht umhin ihnen offt in großer Gesellschafft, das armseelige von ihren Urteilen zu zeigen.

Nichtsdestoweniger lebe ich so vergnügt und ruhig als möglich, ich habe einen Freund an dem Hofmeister des Grafen von Lindenau, der aus eben den Ursachen wie ich, aus der

---

5. Ein Frankfurter. 8. Vgl. „duttend" 50, 9. 38. Behrisch, s. das Adressatenverzeichnis. — Graf Karl Heinr. Aug. v. Lindenau, geb. 1755, starb 1842 als preußischer General und Oberstallmeister.

grosen Welt entfernt worden ist. Wir trösten uns mit einander, indem wir in unserm Auerbachs Hofe, dem Besitztume des Grafen, wie in einer Burg, von allen Menschen abgesondert sitzen, und ohne Misantropische Philosophen zu seyn, über die Leipziger lachen, und wehe ihnen, wenn wir einmahl unversehns aus unserem Schloß, auf sie, mit mächtiger Hand, einen Ausfall tuhn. Lebe wohl.

Leipzig,
d. 18. Octb. 1766. Goethe.

15. An Cornelie Goethe.

Leipzig d. 11. May. 1767.

Liebste Schwester,

Beschämt, von allen Seiten beschämt schreibe ich dir, Eine Stunde nach Fleischers Ankunft, und bin willens, nicht eher aufzuhören, biß ich Dir alles, alles, was ich schon längst hätte schreiben sollen geschrieben habe. Du glaubst ich habe keine Entschuldigungen. Immer genug Schwester, um, wenn du deine Güte noch dazu in die Wagschaale legst, alle Vorwürfe zu überwiegen die du mir machen könntest. Aber keine Vorwürfe Schwester, ein zärtliches Mädgen muß nicht zancken, und daß du ein zärtliches Herz hast das beweißt jede Zeile die du schreibst. Nun so höre denn was ich zu meiner Entschuldigung sagen kann. Denke dir einen Menschen, der von einer verdrüßlichen Kranckheit, und von seinen Arbeiten, zu eben der Zeit befreyt wird, da die Sonne den späten Früling zu uns brachte. Du kannst die Freude nur halb fühlen, die ich empfand, da ich die Natur mit mir vom Kranckenbette aufstehen sah, ich vergaß alles um mich herum, biß mich eine rauhe Luft und ein dicker Backen zu Hause zu bleiben nöhtigten. Kaum war ich wieder davon erlößt, als mir das unwichtige Amt eines Opponenten aufgetragen ward, das mir aber doch wichtig genug war, um bei meinem ersten öffentlichen eintritt in die Ackademische Welt nicht zu stolpern, mich mit ziemlicher Behutsamckeit darauf vorzubereiten. Diß ist vorbey und die kleine Faulheit, die manchesmal in meinen Händen liegt

13. Der Buchhändler Joh. Friedr. Fleischer aus Frankfurt, in dessen Begleitung Goethe im Oktober 1765 nach Leipzig gereist war. 31. Bei der juristischen Doktorpromotion des Chr. G. Hermann aus Plauen, am 7. Mai. Vgl. Adressatenverzeichnis sowie 42, 26. 48, 20.

ist durch deinen letzten Brief gänzlich gehoben, ich binn bereit, dir auf alle Fragen zu antworten wie du es begehrst. Und ich hoffe daß du nach geendigter Lesung dieses Briefs, völlig mit mir ausgesöhnt seyn wirst.

Je suis exedé de ta lettre, de tes ecrits, de ta maniere de penser. Je n'y vois plus la petite fille, la Corneille, ma soeur, mon ecoliere, j'y vois un esprit mur, une Riccoboni, une etrangere, un Auteur du quel je puis apprendre a mon tour. Oh ma soeur, point de ces lettres a la venir, ou je me tais. Ne crois pas que je parle en flateur; le ton d' entousiaste, qu'il me falut prendre, apres avoir lu cet entretien en forme de lettre, part des vrais sentiments de mon coeur, qui n'a de longtemps senti tant de vraie joie qu'en voiant sa soeur si proche de la perfection.

Si j'avois connu tes talens entiers, je n'aurois jamais comparé Mlle Lussan a toi, elle etoit bonne Historienne, charmante parleuse, mais il lui manquent ces sentiments, que j'admire en toi. Poursuis, poursuis ma soeur, ton coeur simple, ta droiture extraordinaire, ta naiveté vaincra l'etude du monde, le savoir et la critique de ton frere. Je t'avoue, je ne saurois pas de tout mon art produire une scene, comme la nature t'en a dictée une. J'adore dieu, ma soeur, Leipsig ne me fournira une seule, qui puisse etre mise en comparaison avec toi. Entens, le caractere de celles que je connois, ou de pres ou de loin, et juge toi meme.

Mdlle Breitkopf, elevée parmi les livres, a lu beaucoup, et s'en vante peu. Son genie vif, guidé par cette lecture produit des tres jolies choses, mais on y remarque trop l'air etudié, faute de ce stile simple que j'admire en toi. Je l'aime bien, a cause de la franchise de ses façons. Elle a bien de bonté envers moi, je la vois rarement, mais c'est dans sa compagnie que je trouve un plaisir infini

---

8. Verfasserin italienischer Romane in Briefform. 17. Einer französischen Romanschriftstellerin (1682—1758), mit der Goethe sie in einer hier ausgelassenen Stelle des Briefes Nr 14 verglichen hatte. 29. Theodore Sophie Constanze, spätere Frau Dr. Oehme (1747—1819), Tochter des Buchdruckers Joh. Gottl. Immanuel Breitkopf in Leipzig, in dessen Haus Goethe schon seit einem Jahre viel verkehrte. Vgl. 46, 7.

Quoique morte, j'aime, j'estime la conseillere Böhme, plus que touttes les belles vivantes. Je t'en veux tracer le charactere, quoique foiblement. Elle avoit le coeur grand et droit, une tendresse extraordinaire, et un genie pliable, meme envers ceux, dont le devoir auroit eté de se plier devant elle, tres peu de caprices, qui meme ne partoint que de l'indisposition ou elle se trouva depuis longtemps. Elle travailla, avec un zele de mere, pour me corriger de temps en temps, des fautes quelle me remarquoit. Au commencement elle le fit avec beaucoup de circonspection, mais voyant que je l'acceptois comme je dus, elle me parla des lors tres franchement. Elle eut du plaisir en me voyant corrigé sitot de ce quelle avoit trouvé mauvais, et eut la bonté de me nommer son fils obeissant. En verité j'ai toujours suivi ses avis, ses conseils, et ce n'est qu'en haissant le jeux que je l'ai offensé.

La petite Schoenkopf merite ne pas etre oubliée entre mes connoissances vivantes. C'est une tres bonne fille, qui à sa droiture de coeur joint une naiveté agreable, quoique son education ait eté plus sevére, que bonne. Elle est mon oeconome, quand il s'agit, de mon linge, de mes hardes, car elle entend tres bien cela, et elle sent du plaisir de m'aider de son savoir, et je l'aime bien pour cela. N'est ce pas ma soeur, je suis asses drole, j'aime toutes ces filles la. Qui pourroit s'en defendre, si elles sont bonnes; car pour la beauté, elle ne me touche pas; et vraiment touttes mes connoissances sont plus bonnes que belles. Je pourrois parler pour le present quelques mots, de Mesdem. Kustner, mais ce sont des gooses, a dont je n'aime pas a m'entretenir. Et voila deja mes connoissances finies, elles sont un peu bornees, mais c'est assez pour moi. Je trouve entre tout entretien, l'entretien d'une fille le plus agreable, si seulement je lui trouve du bon sens, ie les aime touttes, sans m'attacher a aucune, touttes me veulent bien, aucune m'aime, voila tout ce qui me faut, et me voila content.

Eine von deinen Handlungen, meine lang gelobte

---

1. Die Hofrätin Böhme (vgl. zu 7, 30) war am 17. Febr. 1767 gestorben.
31. Töchter des schon 7, 27 genannten, aus Frankfurt gebürtigen Kaufmanns.

Schwester, die ich schelten muß, ist deine Indiscretion in der Sache von Hornen. Ich schreibe dir, daß er eben so gar betrübt über den Verlust der Sarasin nicht sey, und im Scherz füge ich dazu, daß er hier schon Gelegenheit hätte sich seines Schadens zu erholen. Dieses nimmst du im ganzen Ernste auf, doch das hätte ich dir verziehen; allein alsdenn gehst du hin, und erzählst es, nicht etwa einer verschwiegenen Freundinn, sondern einem närrischen eingebildeten, plauderhafften Mädgen, die sich eine Pflicht daraus machen wird, es in der Stadt herumzutragen; und noch dazu erzälst du es ihr so ernstlich daß Sie sogar den Nahmen wissen will. Nein gute Schwester, du must mir verzeihen, wenn ich dich versichre daß das sehr unvernünftig war, und daß ich in dem Augenblicke meine kluge Schwester nicht kenne. Ich halte nichts höher als die Freundschafft, und wenn nun andre Leute die Sache so ernsthaft aufnähmen wie du, und man ihm deßwegen Vorwürfe machte, wer wäre wohl an dem Unheil Schuld als ich. Ihr guten Mädgen, wir sind klüger als ihr denckt, wir leben hier in der angenehmsten Freiheit, und müsten Tohren seyn wenn wir uns euch unterwürfen, denn es ist keine Sclaverey beschwerlicher als euch zu dienen.

Werde nicht böse daß ich gekiffen habe, du bist selbst schuld daran. Nun zu was muntererm, zu meinen Gedichten.

Ich bin vergnügt daß sie euch gefallen haben, ich hatte aber erwartet, daß du mir mehrere Nachricht schreiben würdest was dir vorzüglich gefallen, und dann was dir mißfallen, denn deine Spötterey über meine Weißheit kam sehr ungelegen. Ich muß dir bekennen daß ich lieber von einem Mädgen als von einem Kriticker gerichtet werden will . . .

Ich habe von meinem zehenten Jahre, angefangen Verse zu schreiben, und habe geglaubt sie seyen gut, jetzo in meinem 17ten sehe ich daß sie schlecht sind, aber ich bin doch 7 Jahre älter, und mache sie um 7 Jahre besser. Hätte mir einer anno 62. von meinem Joseph gesagt, was ich jetzt selbst davon sage, ich würde so niedergeschlagen worden seyn, daß ich nie eine Feder angerührt hätte.

Vorm Jahre als ich die scharfe Critick von Clodiusen

---

3. Vgl. 32, 20. 36. Biblisches Gedicht, nicht erhalten, vgl. 47, 35.
34. Christian August Clodius, Prof. der Philosophie in Leipzig (1738–84), Halle

über mein Hochzeitgedichte laß, entfiel mir aller Muht und ich brauchte ein halbes Jahr Zeit biß ich mich wieder erholen und auf Befehl meiner Mädgen einige Lieder verfertigen konnte. Seit dem November habe ich höchstens 15 Gedichte gemacht, die alle nicht sonderlich groß und wichtig sind, und von denen ich nicht eins Gellerten zeigen darf, denn ich kenne seine jetzige Sentiments über die Poesie. Man lasse doch mich gehen, habe ich Genie; so werde ich Poete werden, und wenn mich kein Mensch verbessert, habe ich keins; so helfen alle Criticken nichts. Mein Freund, der Gellerten sehr genau kennt, sagt oft wenn ich ihm ein Stück bringe: das sollte er Gellerten zeigen, wie würde der ihm ein saubres Loblied singen. Ich weiß nicht ob das nicht Gründe genug sind, daß man mich dispensiren könnte ihm etwas zu zeigen, ist's aber nicht anders, so will ich ihm etwas durch eine dritte Hand schicken, er soll es öffentlich striegeln, ich will zuhören, und euch alles schreiben.

Shakespears Romeo and Juliet.

Love is a smoke raised with the fume of sighs,
Beeing purg'd, a fire sparkling in lovers eyes,
Beeing vex'd, a sea nourish'd with lovers tears;
What is it else a madness most discreet,
A choaking gall, and a preserving sweet.

I' m astonish'd on the history of Miss Aunt. I kannot say what I think there of, for I kan scarce think any thing. Would God that, that Marriage, form'd by Love alone may be happier then the other formd only by interest. I can not hope the new marryed shall be happy, and that by reasons I am now unable to explain, by reasons who seldom did betray me. I pity the good old grandfather, it must be the greatest misery to a wise man, to be forced, to consent in the follies of youth. I fear our family has been tourbed, by that adventure by dividing herself in parties as it must happen, in like an occasion. O how I hate that manner of division.

Goethes Gedicht zu der 17, 21 erwähnten Hochzeit arg zerzaust, als Nachfolger Gellerts im poetischen Praktikum. 11. Behrisch. 20—24. Worte Romeos I, 1. 25. Vgl. zu 31, 4. 32. Den Vater der nunmehrigen Frau Schuler.

Du bist begierig etwas von meinen Trauerspielen zu wissen, und darauf muß ich dir sagen, daß ich bißher auf nichts als auf die Plane gedacht weil ich die Ausführung für meine noch zu schwache Schultern unmöglich fühle. Mein Belsazer ist zu Ende, aber ich muß von ihm sagen was ich von allen meinen Riesen Arbeiten sagen muß, die ich als ein ohnmächtiger Zwerg unternommen habe. Der Plan vom Tronfolger Pharaos hat viel tragisches, und die Erschlagung der Erstgeburt in Egypten durch den Engel ist das Süjet. Ich würde dir ihn schicken wenn er so leserlich geschrieben wäre daß du ihn dechiffriren oder Horn ihn abschreiben könnte. Ich schicke dir dafür etliche andere Producktionen, die ich aber nicht gerne wollte publick werden lassen, du kannst sie guten Freunden zeigen; nur niemanden eine Abschrift davon gegeben.

Fais lire les vers suivants a ma mere.

An meine Mutter.

Obgleich kein Gruß, obgleich kein Brief von mir,
So lang dir kömmt, laß keinen Zweifel doch
Ins Herz, als wär die Zärtlichkeit des Sohns,
Die ich dir schuldig bin, aus meiner Brust
Entwichen. Nein, so wenig als der Fels
Der tief im Fluß, vor ewgem Ancker liegt,
Aus seiner Stätte weicht, obgleich die Fluht,
Mit stürmschen Wellen bald, mit sanften bald
Darüber fließt, und ihn dem Aug entreißt.
So wenig weicht die Zärtlichkeit für dich
Aus meiner Brust, obgleich des Lebens Strom,
Vom Schmerz gepeitscht bald stürmend drüber fließt,
Und, von der Freude bald gestreichelt, still
Sie deckt, und sie verhindert daß sie nicht
Ihr Haupt der Sonne zeigt, und ringsumher
Zurückgeworfne Strahlen trägt, und dir
Bey jedem Blicke zeigt, wie dich dein Sohn verehrt.

... Ich muß jetzo mein langes Schreiben schließen weil Bach bald kommen wird, das Paquet abzuholen. Ich hoffe du wirst nun mit mir versöhnt seyn, mein Brief ist

---

5. Fragment dieses schon im Okt. 1765 fast fertigen Trauerspiels in einem hier ausgelassenen Teil des Briefs Nr. 6. Vgl. auch 47, 33. 8. Vgl. 32, 28.

doch ziemlich ansehnlich, wie du ihn verlangen kannst. Wenn du mir auch gleich so bald nicht wieder schreiben solltest, so schicke mir doch wenigstens etwas von deinen neusten Arbeiten, ich gefalle mir gar sehr sie zu lesen. Grüße die kleine Runckel, und sage ihr, sie sollte ja meine Amine nicht lesen, wie ich nicht wollte, daß Brevillier sie hätte, und spielte, weil gar nichts dran ist. Apropos, ich will dir hier ein unvollendetes Schäferspiel schicken, das lest, aber ich muß es wieder haben, lebt wohl.

d. 15. May 1767.

16. An Cornelie Goethe.

[Leipzig, August 1767.]

Mon petit bon, bon,

Je ne dirai rien de la joie que m'a causée ta lettre, et mon silence te pourra prouver, que j'en sens trop, pour en pouvoir dire quelque chose.

Ce n'est pas pour repondre que j'ecris, ce sont quelque brins que je te jette pour le dejeuner, si tu ne les trouves pas suffisans au diner . . .

Apropos ma soeur de mes vers (Si tu poursuis de tant me louer, je ne parlerai de rien autre) Behrish en donne une nouvelle edition au jour, qui surpassera tout ce qu'on a vu de tel. Tu scais que tous les ans au Mois d'Aout, j'ai compilé un Volume de mes oevres annuaires de 500 pages in quarto magiore. Pour ne pas desister toutafait de ce bon institut, le grand conseil poetique s'assembla, ou furent lues toutte les poesies qui sortirent de ma plume depuis que je rode autour de la douce Pleise. Conclu fut que le tout seroit condamné à l'obscurité eternelle de mon coffre, hormis douze pieces, qui seroit ecrites en pleine magnificence, inconnue jusque lors au monde, sur 50 feuilles in octavo minore, et que le titre seroit A n n e t t e en depit de grecs qui avoit donné les noms des neuf muses aux livres d'Herodote, et de Platon qui nomma ses dialogues de l'immortalité de l'ame Phaedon, qui etoit son ami et

---

5. Die erste Gestalt des gleich erwähnten Schäferspiels „Die Laune des Verliebten", in dem der Name wiederkehrt; vgl. 46, 34. 6. Frankfurter Jugendfreund. 23 und 30. Vgl. 42, 17. 31. Käthchen Schönkopf hieß mit vollem Namen Anna Katharina. Vgl. 44, 8. 47, 27. 61, 15.

n'avoit beaucoup plus de part a ces dialogues, qu'Annette n'a a mes poesies .

Un Poete qui n'est pas mauvais est heureux autant que caché, le public le louera quand il se fait voir. Mais la gloire est un plaisir qui ote le repos, et du plaisir sans repos qu'est ce? Il faut finir ma soeur. J'ai barbouillé furieusement, les griffes du diable ne le feroit pire. Mais si ma lettre n'est pas longue tu auras le plaisir de lire longtemps, avant que de la finir. Bon soir et bonne nuit.

Je suis drolement gai. Ta lettre n'y a pas contribué peu. Je me porte a merveille. Qu'une chose charmante que la santé. Dieu me l'a donnée, le Diable ne me l'otera pas! Adieu ma soeur! tout le monde dit que mon visage maigre s'arrondit peu a peu. J'en suis ravi, mais je le serois plus si Mdme D'Izenheim voudroit bien faire un testament en ma faveur, et mourut allors au plutot. Je lui en serois bien obligé. Voila ma petite que ton frere est sot. Punctum.

17. An Cornelie Goethe.

[Leipzig, August 1767.]

Pour ma soeur.

Oui pipi tu as raison. J'ai peché en t'appellant bonbon. Quoique je puisse encore me defendre un peu, j'aime a me rendre, pour m'epargner le tems. Pipi sera donc un nom plus favorable, et plus juste. Eh bien donc pipi, puisque pipi y a, parlons serieusement. J'aime tes remarques sur ma lettre, je te vois tres profonde dans la grammaire, et je suis ravi de t'entendre juger si bien de regles du grotesque et de la caricature.

Je t'envois une tete estombee; c'est de cette façon que je fais tous mes desseins, n'etant pas encore trop sûr dans les hachures et mes contours etant trop chantournés. Je travaille beaucoup pour avancer dans cet art penible, et le dessein des tetes d'apres bosse m'occupe apresant.

---

16. Eine im übrigen unbekannte reiche Frau. 22. Vgl. 40, 11. 31. Goethe hatte schon im Anfang seines Leipziger Aufenthaltes Oesers Bekanntschaft gemacht (s. 16, 9), seinen Unterricht aber erst seit Herbst 1766 genossen.

Le pere m'a recommandé un certain Reinhard, qui a ecrit sur la proportion du corps. Jamais argent a eté si mal emploié. Je prie le pere de ne pas lire ce sot. Le traité est si miserable comme les estampes. Pour te rapporter une seule betise de cet homme la, entre mille, il dit que la proportion de l'homme, etant la plus parfaite qui puisse etre, il en suive que la femme s'eloignante de cette proportion soit la creature la plus laide du monde, et qu'on ne la nommoit belle que par Abus. Or que tout le monde, depuis Adam jusqu'a moi, a eté convaincu, qu'il n'y ait rien de joli au monde que la figure de la femme, chose qui pourra se prouver tous les jours; il s'en suit donc que le Docteur est fou en les trouvant laides et qu'il meriteroit pour cela d'etre logé aux petites maisons.

Ta demande de voir le livre charmant de 50 feuilles (dont tu fais 500 pages) a eté proposée au conseil, la chose n'est pas encore decidée quelq'uns etant pour et les autres contre. Peutetre que la chose se terminera a la prochaine session le dimanche vingtieme d'apres Trinité.

Pour les Paisages d'apres Nature tu pouras attendre encore quelque petit peu, ma capacité n'est pas encore montee a ce degré. J'ai commencé un, que tu auras apres sa perfection.

Aprospos le docteur Hermann est devenu senateur de cette ville. Voila que ce que c'est que de monter.

Je finirai ici le temps etant ecoulé, je te tracerai seulement encore quelque petite tete.

18. An Behrisch.

[Leipzig, 13. Oktober 1767.]

Noch so eine Nacht, wie diese, Behrisch, und ich komme für alle meine Sünden nicht in die Hölle. Du magst ruhig geschlafen haben, aber ein eifersüchtiger Liebhaber, der ebensoviel Champagner getruncken hatte, als er brauchte um sein Blut in eine angenehme Hitze zu setzen und seine Einbil-

---

1. Chr. Tobias Reinhard († 1792) „Ausmessung des menschlichen Körpers" 1767. 26. Vgl. zu 34, 31. 29. Am Schluß des Briefs, wie auch vorher, sind Mädchenköpfe mit Bleistift gezeichnet.

dungskraft aufs äuserste zu entzünden! Erst konnt ich nicht schlafen, wälzte mich im Bette, sprang auf, raßte; und dann ward ich müde und schlief ein; aber wie lange, da hatte ich dumme Träume von langen Leuten, Federhüten, Tobackspfeifen, Tours d'adresse, Tours de passe passe, und darüber wachte ich auf, und gab alles zum Teufel. Darnach hatte ich eine ruhige Stunde, hübsche Träume. Die gewöhnlichen Minen, die Wincke an der Tühre, die Küsse im Vorbeyfliegen, und dann auf einmal, Ft. Da hatte sie mich in einen Sack gesteckt. Ein rechter Taschenspielerstreich. Meerschweingen hext man wohl vorm Peters tohre hinein, aber einen Menschen wie mich das ist unerhört. Aber so unwahrscheinlich es mir vorkam, so wahr fühlte ich es. Ich philosophirte im Sacke und jammerte ein duzend Allegorien im Geschmack von Schäckespear wenn er reimt. Darnach schien mirs als wenn ich weg wäre, weg von ihr, aber nicht aus dem Sacke, ich wünschte mich in Freiheit und wachte auf. Der verfluchte Sack lag mir im Kopfe. Da kam mirs auf einmal ein, daß ich dich nicht wiedersehen würde (denn das hatte ich mir fest vorgenommen und binn es noch halb schlüssig) und das fühlte ich, in einem Augenblick, da ich dem Teufel nicht 6 Pfennige gegeben hätte meine kleine aus seinen Krallen zu kaufen, in einem Fieberparoxismus da mir der Kopf taumelicht war. Ich riß mein Bett durch einander, verzehrte ein Stückgen Schnupftuch und schlief biß 8 auf den Trümmern meines Bettpallastes. Das hieß recht wie bey einer Henckermahlzeit, der Teufel geseegne es euch. Sonst ist mir alles wohl bekommen, ausser die Dosis Taschenspielerkünste, wofür Sie sich beym Meister in meinem Nahmen abfinden können. Thu es immer Behrisch und räche mich und dich. Ich will weise seyn, das heißt bei einem Liebhaber stille seyn, es ist eine neue Aquisition zur Pistolen Sammlung die ich diese Messe angefangen habe. Denn ein Schmollen ein Lärm würde mich nichts helfen! Sie hat solche maulstopfende Redensarten die du kennst, und da bleibt der Ankläger wie ein benêt stehen wenn Sie ihm so was zu geniesen giebt. Sage du ihr immer auch was, alles was du gestern zu mir sagtest, gebe ihr deutlich zu verstehen daß du ihre Liebe zu mir so mittelmäsig glaubest als die Freundschaft zu dir. Sie wird tolle werden, denn sie weiß daß du sehr tonum persuadendi über mich hast. Ja apropos wann willst du hinunter gehen. Ich werde nicht unten seyn, denn eine gewisse Art von Kälte kann auf diese und die nächsten Tage nicht schaden, und wenn sie sich übermorgen drüber beklagt, so schiebe ich die Schuld auf's Wetter.

Lebe also wohl und komme im Kohte nicht um. Wolltest du mich vor deiner Abreise noch einmal sehen, so komme um 5. 6. zu mir, aber NB nach der Affaire von unten.

Da hast du Annetten. Es ist ein verwünschtes Mädgen. Der Sack! Der Sack!

19. An Cornelie Goethe.

[Leipzig, 12. Oktober 1767.]

Meine Schwester,

Es ist heute schon Montag in der Zahlwoche und ich habe noch keinen Brief an dich angefangen. Das elendeste Octoberwetter das wir diese Messe über gehabt haben, wäre sehr geschickt gewesen, Briefe, Gedichte und andre unglückliche Geburten auszubrüten; hätte uns nicht der Hof immer hübsch auf den Beinen, selbst im größten Kohte, erhalten. Bald läßt er sich etwas auf der Akademiebibliotheck vorlesen, und das muß man doch auch hören, bald besucht er die Mahlerakademie, und da muß man als ein ehrwürdiges Mitglied zugegen seyn, so geht ein Morgen, ein Nachmittag nach dem andern, ohne daß man weiß wohin. Hätte ich nicht die meisten Arbeiten für den lieben Vater vor der Messe performirt, müßte ich auch sehr in der Schuld bleiben.

Gewiß Schwester, du verdienst einen recht langen Brief. Ich habe heute frühe alles durchgelesen, was du mir dieses Jahr über geschrieben hast, und finde, daß ich Ursache habe sehr beschämt zu seyn. Ich will auch die heutigen Vorlesungen versäumen, und mich mit dir unterhalten, obgleich Gellert dieses Amt heute mit verrichten wird. Zuförderst muß ich von deinen Ausarbeitungen reden, von denen ich bißher, auf eine etwas unhöfliche Weise sehr stille geschwiegen habe. Ich muß dich nohtwendig loben, und glaube daß du viel Gutes dencken und schreiben würdest, wenn deine Einbildungs Kraft, deine Art eine Geschichte zu betrachten und deine Erzählungs Art in eine andre, aber doch nicht sehr

---

6. Nach Dessau. 8. Vgl. 40, 31. 16. Kurfürst Friedrich August III. weilte mit vielen fürstlichen Verwandten seit dem 3. Okt. in Leipzig.

veränderte Richtung gebracht würden. Ich kann mich hierüber nicht deutlicher erklären, ohne äuserst weitläufig zu werden, habe Geduld biß ich zu euch komme, da will ich dir hierinn wie in verschiednen andern Wissenschafften Unterricht geben, die ich nur für dich, und wenige Mädgen gesammelt habe. Dieses nur kann ich dir einstweilen sagen; ich finde daß deine Ideen über die meisten Gegenstände noch sehr brouillirt sind. Du hast zwar feine Empfindungen, wie jedes Frauenzimmer das dir ähnlich ist, aber sie sind zu leicht gefült und zu wenig überlegt. Ferner sagst du manchmal Dinge, die ich mit aller meiner Mädgenkänntniß nicht debrouilliren kann, wie sie ein Mädgen sagen kann. Ferner mercke ich daß verschiedne Lecktüren deinen Geschmack in verschiednen Dingen mercklich verdorben haben, der denn wie der meisten Frauenzimmer Geschmack bigarrirt wie ein Harlekinskleid ist, deßwegen wollte ich dich bitten, das Jahr über das wir noch von einander seyn werden, so wenig als möglich zu lesen, viel zu schreiben; allein nichts als Briefe, und das wenn es seyn könnte, wahre Briefe an mich, die Sprachen immer fort zu treiben und die Haushaltung, wie nicht weniger die Kochkunst zu studiren, auch dich zum Zeitvertreibe auf dem Claviere wohl zu üben, denn dieses sind alles Dinge, die ein Mädgen, die meine Schülerinn werden soll nohtwendig besitzen muß (die Sprachen ausgenommen, die du als einen besondern Vorzug besitzest). Ferner verlange ich daß du dich im Tanzen perfecktionirst, die gewöhnlichsten Kartenspiele lernst, und den Putz mit Geschmack wohl verstehest. Diese letzten Erforderniße werden dir von einem so strengen Moralisten wie ich bin, äuserst seltsam vorkommen zumal da mir alle dreye fehlen; allein sey ohne Sorgen, und lerne sie nur, den Gebrauch und den Nutzen davon sollst du schon erfahren; doch dieses muß ich dir nur gleich sagen, ich verlange nicht nur daß du, (besonders die beyden ersten), im geringsten nicht lieben, sondern vielmehr fliehen sollst, demohngeachtet aber mußt du sie wohl wissen. Wirst du nun dieses alles nach meiner Vorschrifft getahn haben, wenn ich nach Hause komme; so garantire ich meinen Kopf, du sollst in einem kleinen Jahre das vernünftigste, artigste, angenehmste, liebenswürdigste Mädgen, nicht nur in Franckfurt, sondern im ganzen Reiche seyn. Denn unter uns, draussen bei euch residirt die Dummheit ganz feste noch. Ist das nicht ein herrliches Versprechen! Ja, Schwester, und ein Versprechen das ich halten kann und will. Und sage, wenn ich bey meinem hiesigen Aufenthalt auch nichts gelernt hätte, als so ein groses Werck auszuführen, würde ich nicht ein großer Man seyn. Mittlerweile hofmeistre ich hier an meinen Mädgen, und mache allerhand Versuche, manchmal gerähts manchmal nicht. Die Mdll. Breitkopf habe ich fast ganz aufgegeben, sie hat zu viel gelesen und da ist Hopfen und Malz verlohren. Lache nicht über diese närrisch scheinende Philosophie, die Sätze die so paradox scheinen, sind die herrlichsten Wahrheiten, und die Verderbniß der heutigen Welt liegt nur darinne daß man sie nicht achtet. Sie gründen sich auf die verehrungswürdigste Wahrheit: Plus que les moeurs se raffinent, plus les hommes se depravent

Um 2 Uhr.

Ich komme von Tische, und bringe ein Compliment, eine Dancksagung und die Marlimuster für dich, von meiner kleinen Wirtin mit, sie hat sie zum letzten und zum längsten gehabt und einen ansehnlichen Gebrauch davon gemacht. Ich habe ihr insinuirt, sie könnte mir immer zur Danckbaarkeit ein paar Manschetten nehen. Wir wollen sehn was sie tuhn wird. Sie ist ein recht gutes Mädgen, das ich sehr liebe, sie hat die Hauptqualität daß sie ein gutes Herz hat, das durch keine allzugrose Lecktüre verwirrt ist, und läßt sich ziehen. Ich werde Ehre mit ihr einlegen, sie hat schon ganz erträgliche, auch manchmal artige Briefe schreiben lernen, aber mit der Orthographie wills nicht fort. Ueberhaupt muß man die beym sächsischen Frauenzimmer nicht suchen. Da lob ich mir meine Schwester. Ich schicke dir also die Muster zurück, mit dem besten Dancke, daß du mir Gelegenheit geben wollen meine Mädgen zu obligieren. Sie bewundern alle die Ordnung deiner Muster.

Nun von meinen bißher verfertigten Dingen. Das Schäferspiel scheint dich zu interessiren, es freut mich sehr, daß es sowohl dir als meinen Critickern gefallen hat, ob ihr gleich alle die darinn überfließende Fehler bemerckt habt. In dem Briefe vom 26. Juni schreibst du deine Meinung darüber die deiner Empfindung viel Ehre macht. Das Lob das du mir giebst, hält, ohne daß du es wustest, die Critick

---

6. Vgl. zu 35, 29. 17. Für Handarbeiten in einer großmaschigen Gaze. 34. „Die Laune des Verliebten“, s. 40, 3.

von dem Hauptfehler des Stücks das ich dir damals sandte. Du sagst indem du von Aminen redest: et en verité mon frere tu la fais trop tendre. Fürtrefflich! Es war der Hauptfehler in dem Charackter der Amine der das ganze Ding verunstaltete. Sie war zu zärtlich, zu gütig, oder es besser auszudrücken, zu einfältig, debonnaire, und machte das Stück schläffrig. Dem habe ich abgeholfen, da ich ihr bey ihrer Zärtlichkeit, ein gewisses Feuer, eine Liebe zur Lust gab, die sie interessanter macht, und doch nicht mit Eglens Charackter vermischt, denn zwischen beyden bleibt noch eine merckliche Nüance.

Ich arbeite nun schon acht Monate daran, aber es will noch nicht pariren, ich lasse mich nicht dauern ganze Situationen zwey, dreymal zu bearbeiten, weil ich hoffen kann daß es ein gutes Stückgen mit der Zeit werden kann, da es sorgfältig nach der Natur copirt ist, eine Sache die ein dramatischer Schrifftsteller als die erste seiner Pflichten erkennen muß. Es hat in allem neun oder zehn Auftritte und ist noch zweymal so starck geworden, als das Stück das du hattest. Wenn man denckt fertig zu seyn, gehts erst recht an. — Sonst habe ich aber gar nichts dieses halbe Jahr gemacht, eine Ruhe die man allen jungen Dichtern rahten sollte. Einige Kleinigkeiten, einige Oden damit ich dich nicht belästigen will sind alles was ich aufweisen kann. Manchmal mach' ich Madrigals und das sind meistenteils Naivetäten von meinem Mädgen und Freunden . .

Ich schickte euch gern die Annette wenn ich nicht befürchten müßte daß ihr mir sie abschriebt. Denn auch sogar das Büchelgen das ich sosehr ausgeputzt und verbessert habe, wollte ich niemanden communicirt haben. Bißhierher hat es zwölf Leser und zwo Leserinnen gehabt, und nun ist mein Publicum aus. Ich liebe gar den Lärm nicht.

Belsazer, Isabel, Ruth, Selima, ppppp haben ihre Jugendsünden nicht anders als durch Feuer büsen können. Dahin denn auch Joseph wegen der vielen Gebete die er Zeitlebens getahn hat verdammt worden ist. Ich war lange willens ihn aufs Waysenhaus an Bogatzkyen zu schencken, der hätte ihn herausgeben können. Es ist ein erbauliches Buch, und der Joseph hat nichts zu tuhn als zu beten.

---

27. Vgl. 40, 31. 44, 8. 33. Vgl. zu 39, 5. 35. Vgl. zu 37, 36. 37. Der Pietist Carl Heinrich v. Bogatzky in Halle war schon 1754 gestorben; ein Erbauungsbuch von ihm besaß und schätzte Goethes Mutter.

Wir haben hier manchmal über die Einfalt des Kindes gelacht das so ein frommes Werk schreiben konnte. Doch ich darf nicht viel von Kind reden, es ist noch nicht vier Jahre daß er zur Welt kam

Mittwochs frühe.

Ich will heute diesen Brief zu endigen suchen, ich habe schon viel geschrieben, aber noch nicht so viel als ich mir vorgesetzt hatte. Jetzo will ich dir ein wenig von meiner jtzigen Lebensart Nachricht geben. Sie ist sehr philosophisch, ich habe dem Concerte, der Commödie, dem Reiten und Fahren gänzlich entsagt, und alle Gesellschafften von jungen Leuten verlassen die mich zu einem oder dem andern bringen könnten. Es wird dieses von grosem Nutzen für meinen Beutel seyn. Die Woche gehe ich von Hause zu Tische und von Tische nach Hause, und das wird im Winter und schlechten Wetter so fortgehen. Sonntags gehe ich um 4 Uhr zu Breitkopfs und bleibe biß 8 daselbst. Die ganze Familie sieht mich gern, das weiß ich, und deßwegen komme ich auch, und dann wieder nach Hause und das so in infinitum. Manchmal besuche ich Hermannen, der mich auch ganz lieb hat, so weit es ihm sein Amt zuläßt, und bey gutem Wetter laufe ich eine gute Meile von der Stadt auf ein Jagdhauß esse Milch und Brodt und komme noch vor Abends wieder. Dieses ist das ganze Diarium meines Lebens, wie es hoffentlich noch ein ganzes Jahr aussehen soll, denn ich habe mich mit aller Mühe dahingebracht daß meine Umstände von mir abhängen. Meine Gesundheit hängt nicht so sehr von mir ab. Ich lebe sehr diät, das ist wohl eins, aber Docktor Quiet und Docktor Merrymän haben hier eine so starcke Praxin daß ich bißhierher noch nicht unter ihre Cur habe kommen können. Ich binn nur aus Laune heiter wie ein Aprilltag, und kann immer 10 gegen 1 wetten daß morgen ein dummer Abendwind Regenwolcken heraufbringen wird. Die guten Studia die ich studiere machen mich auch manchmal dumm. Die Pandeckten haben mein Gedächtniß dieses halbe Jahr her geplagt und ich habe warrlich nichts sonderlich behalten. Unser Docente hat's auch sauber gemacht und ist biß ins 21. Buch gekommen. Das ist noch weit: denn ein andrer war an Michael

---

17. Vgl. zu 35, 29. 20. Vgl. zu 42, 26. 29. Scherzhafte Personifikationen der Ruhe und Heiterkeit.

im 13ten. Das übrige mögen die Herren sehen wo sie es herkriegen. So ist mirs auch mit den Institutionen mit der Historia Juris gegangen, die Narren schwätzen im ersten Buche einem zum Eckel die Ohren voll und die letzten da wissen sie nichts, das macht weil die Herren vornherein ihren Autorem etwas ausgearbeitet haben, aber nicht sonderlich weitgekommen sind. Zum Exempel in der Historia Juris sind wir biß auf die Zeiten des zweeten Punischen Kriegs gekommen. Da kannst du dir eine Vorstellung von einem Studioso Juris machen, was der vollständiges wissen kann. Ich lasse mich hängen ich weiß nichts. Wenn du auch dieses Stück meines Briefs nicht verstehst, so laß es den Vater lesen, es wird ihm so unangenehm seyn wie mir. Meine zwey Bogen wären nun voll, ich habe dir aber noch manches zu sagen. Vielleicht wenn ich Zeit habe mache ich einen kleinen Appendicem. Leipzig d. 14. Octbr. 1767.

20. An Behrisch.

Leipzig, d. 16. Octbr. 67.

Gott weiß, ich binn so dumm, so erzdumm, daß ich gar nicht weiß wie dumm ich binn. Meynst du denn, ich könnte mir einbilden daß du fort bist. Das hab ich mir noch gar nicht gesagt. Ich komme zwar nicht mehr in Auerbachshof, wo ich sonst alle Tage lag, und das sollte doch eine merckliche Aenderung in meinen Umständen machen; aber, es kömmt mir so vor als wenn ich eben nicht jtzt wollte, oder du mir nicht Audienz geben könntest; und daß mirs, wenn ich gleich Heute nicht hinauf ginge, doch Morgen nicht versagt wäre hinauf zu gehn; und so vertröst' ich mich von einem Tage zum andern, und geh einmal in's Rosentahl, einmal nach Waren, wo ich gestern Salvavenia beynahe ersoffen wäre. Hernach geh ich einmal zu meiner Kleinen, spiele der Abwechslung wegen einige Scenen aus des Goldonis Verliebten, die Sie zur mehreren Erbauung drüben nachlesen können. Ich habe heute wieder so einen dummen Auftritt gehabt, über einen dummen Zahnstocher, das nicht der Mühe wehrt war; aber heutzutage da's einem um die Situationen so Noht tuht, sieht mann überall wo mann sie herkriegt, und die kriegt ich nun vom Zahnstocher.

---

22. Vgl. 31, 2.

Es ist eine schöne Sache um's Genie. Darnach versöhnt ich mich wieder um ihr deinen Brief geben zu können. Aber warrlich nur des Briefs wegen, ich hätte mich sonst nie wieder versöhnt. Und da gab ich ihr den Brief, den laß sie, und verstand ihn nicht, da ging's ihr wie mir. Warrlich die Stelle von sittsam seyn und von nie geküsst haben, das ist griechisch für mich. Der einzige Horn, der sonst so duttend ist, der will's verstanden haben, und meynt das wäre eine Liebeserklärung in terminis. Auf alle Fälle will ich mir nicht den Kopf zerbrechen, denn das tuht weh, sagte meine Mutter.

Uebrigens hielte ich einen kleinen Dialog, mit meinem Mädgen, an der Küchentühre, der sich besonders gut ausnahm. Da sagte sie denn, wenn ich an dich schriebe, so sollte ich dir schreiben, daß Sie am Hinausgehen nicht Schuld gewesen wäre, das wär' das erste, und zweytens, daß Sie dir für die Erspaarung des Abschieds danckte, weil sie gewiß geweint haben würde, weil sie dich lieb hätte, und da drückte sie mir die Hände und hatte die Tränen in den Augen die eigentlich deinem Abschiede bestimmt waren. Und da war sie fertig. Ich meynte aber es stündte noch mehr im Briefe, auf das mann noch mehr antworten könnte; da meynte sie, darauf könnte ich selbst antworten, und du dir zur Noht selbst weil du wohl wüßtest wie sie dächte. Ueber die reitzende Creatur hätte sie gelacht, und bedanckte sich recht schöne daß du sie auf die Gedancken gebracht hättest warum sich so viele in sie verliebten. Das hätte sie weg daß du einer von den ansehnlichsten Philosophen seyst die sie je gekannt hätte. Ferner freute sie das Zutrauen daß du ihr die Briefe an deinen Freund so sehen liesest, und hinten drein kam der Refrein: daß sie am dummen Hinausgehen nicht schuld gewesen wäre. Punctum. Was macht denn Mamsell Auguste? die ist mir heute eingefallen, quer hinein, und da dacht ich du mußt fragen wie lebt sie? Kommen hinführo noch Briefe an mich? Hölle! das gute Mädgen haben wir seit guten 4 Wochen ganz vergessen, und wenn je ein Mädgen verdient hat, daß man an Sie denckt, so hat's die verdient. Mercke dir das. Und wenn Sie herkömmt so verlieb ich mich in sie das ist schon ausgemacht,

8. „dutten" = „saugen", daher „duttend" wohl so viel wie säuglingsmäßig, kindlich, einfältig. Vgl. 33, 8. 33. Tochter des Pfarrers in Eilenburg bei Leipzig, vgl. 59, 24 f. 60, 14 f. 35. Als Vermittler ihrer Korrespondenz mit Behrisch.

wo ich's nicht schon binn, und da spielen wir einen Roman vice versa, das wird schöne seyn. Gute Nacht ich binn besoffen wie eine Bestie.

Leipzig d. 17. Octbr. 67.

Es ist noch ebensoviel Zeit, daß ich dir noch einen Brief mit der heutigen Post schicken kann.

Gestern binn ich sehr närrisch gewesen, das sehe ich aus meinem Briefe, sollte ich wohl heute gescheuter seyn? Ich weiß nicht. Du hättest immer schweigen können, daß du drüben zu früh angekommen bist, es hilft uns nichts und ärgert uns nur; besonders den Horn, dem es unaufhörlich im Kopfe liegt daß du nicht noch hinunter gegangen bist. Apropos von wegen unten. Der Herr Langer ist der Mutter und Tochter ums Tohr begegnet, mit dem Grafen, an dem sie ihn gleich kannten, Herr Langer soll sie scharf angesehen, und sich etlichemal nach meinem Mädgen umgesehen haben, woraus die Alte nach ihrer Weltkänntniß schließen will, er sey von verliebter Complexion, die Tochter zerbricht sich den Kopf nicht drüber, und schreibt es auf Rechnung ihres Reitzes, von dem Sie seit deinem Briefe eine hohe Idee gekriegt hat. Sie mag aber haben was für einen Begriff sie will von ihrer Schönheit (das ist das wahre von der Construction) so weiß sie alle Reitzungen so gegen mich zu gebrauchen die kleine Zauberinn, daß sie mich mehr als jemals festhält. Es scheint als wenn sie sich gewisse Zeitpunkte zu nutze machte, sich immer tiefer in mein Herz zu graben . . .

Auf den Montag fangen die guten Studia mit Macht an, ich habe jetzo eben soviel Dummheit im Kopfe als ich brauche um fleisig zu seyn. Doch mein Schäferspiel soll nicht vergessen werden, du sollst's bald kriegen, du wirst's nicht mehr kennen es ist ganz geändert. Ich habe einen Plan zu einem neuen Romeo gemacht weil mir Weissens seiner beym Durchlesen gar nicht gefallen hat; Gott bewahre einen für der Idee ihn auszuführen

---

12. Zu Schönkopfs, um sich vor der Abreise nach Dessau zu verabschieden, wohin er als Prinzenerzieher berufen war. 13. Ernst Theodor Langer (1744 bis 1820), Behrischs Nachfolger als Hofmeister des Grafen Lindenau, 1781 Lessings Nachfolger als Bibliothekar in Wolfenbüttel. 31. Vgl. 46, 34. 32. Shakespeares „Romeo und Julia“ in der Bearbeitung von Chr. Felix Weiße, am 6. Mai 1767 in Leipzig zuerst aufgeführt. Goethes Bearbeitung für das Theater entstand 1811.

21. An Behrisch.

Leipzig d. 2. Nov. 67.

Daß du vom Sonnabend keinen Brief empfingst, wird dich gewundert haben, ohne wichtige Ursachen unterlasse ich es gewiss nie; aber es war auch eine wichtige Ursache, eine mit der wichtigsten, dem Halsbrechen so verwandte, kurz ich binn vom Pferde gestürzt, oder eigentlicher, ich habe mich vom Pferde gestürzt, da es mit mir, einem sehr ungeschickten Reuter durchging, um es nicht etwa zu einem Schleifen, oder sonstigem Stürzen kommen zu lassen. Das ist ein Paragraf in dem die Figur meines Gehirns modelirt ist, verwirrt, und unzusammenhängend. Es ist eine betäubende Sache um ein groses unverhoftes Glück. Dieses, daß ich nicht den Hals gebrochen habe hat mich glaub ich so im Kopfe schwindlend gemacht. Aber, Gott sey Danck, ich habe mir keinen Schaden getahn, denn du kannst wohl rahten, daß ich ein aufgestoßnes Kinn, eine zerschlagne Lippe, und ein geschellertes Auge nicht unter die grosen Schäden rechne. So lange sich mein Mädgen nicht über die Verunzierung dieses Gesichts beschweert, so lang hats gute Weege. Wenn du diese Geschichte auf eine lächerliche Weisse erzält haben willst so laß sie dir von Hornen erzälen. Was aber das allercomischte ist, ist, daß er im Anfang der erschrockenste und beängstigste war.

Das ist ein trauriger Brief, ein rechter ängstlicher Ton gegen meine launischen, närrischen Briefe. So ist's. Eine Wetterfahne die sich dreht, immer dreht, und seit einiger Zeit da der Wind meist aus Norden kömmt sich weniger dreht, aber doch immer so, daß gerne die Welt aus der Jahrszeit hinaus seyn möchte — Aber Gott versteht mich.

Meine Liebe läßt dich grüssen, ich liebe sie immer wie steets, sie mich? Ich glaub's einsweilen. Ich lebe nach deiner Vorschrifft so diät, als ein ängstlicher Junger Mensch auf Befehl seines Docktors bey gewissen Vorfallenheiten. Seit dem verfluchten Abend, da wir Schnupftuchsdeserts hatten, habe ich keinen bei ihr zugebracht.

So leb ich, fast ohne Mädgen, fast ohne Freund, halb elend; noch einen Schritt und ich binns ganz.

Liebe ist Jammer, aber ieder Jammer wird Wollust, wenn wir seine klemmende, stechende Empfindung die unser

Herz ängstigt durch Klagen lindern, und zu einem sanften Kützel verwandlen; ach da geht keine Wollust über den Jammer der Liebe, wenn ein Freund unser Elend hört unsre Tränen sieht, und das was wir davon zu viel haben, gottgleich wegnimmt, und durch Mittleid unsre Wunde heilt; es ist auch Wollust das Jücken einer erst zugeheilten Wunde. Aber kein Krancker kann durch eines unempfindlichen Artztes grausames „es hat nicht viel zu sagen“ mehr geängstigt werden, als ein Seelenkrancker durch einen gefühllosen Freund. Ein zurücktretendes Uebel ist das gefährlichste, und es muß zurücktreten, für Schrecken zurücktreten; wenn der Krancke eine warme, sanfte Hand zu fassen hofft und eine kalte, kalte zu fassen kriegt. O das sind Allegorien. Die Einbildungskraft gefällt sich in dem weiten geheimnißvollen Felde der Bilder herumzuschweifen, und da Ausdrücke zu suchen, wenn Wahrheit den nächsten Weg nicht gehen darf oder gerne gehen möchte. Du verstehst mich

22. An Behrisch.

[Leipzig] Dienstags d. 10. Nov. 67.

Es ist gut daß ich heute einen Brief von dir gekriegt habe. Sieh ich antworte auch gleich, ob du gleich dieses Blat erst Sonnabends kriegen sollst.

Abends um 7 Uhr.

Ha Behrisch da ist einer von den Augenblicken! Du bist weg, und das Papier ist nur eine kalte Zuflucht, gegen deine Arme. O Gott, Gott. Laß mich nur erst wieder zu mir kommen. Behrisch, verflucht sey die Liebe. O sähst du mich, sähst du den elenden wie er raßt, der nicht weiß gegen wen er raßen soll, du würdest jammern. Freund, Freund! Warum hab ich nur Einen?

um 8 Uhr.

Mein Blut läuft stiller, ich werde ruhiger mit dir reden können. Ob vernünftig? das weiß Gott. Nein, nicht vernünftig. Wie könnte ein Toller vernünftig reden. Das bin ich. Ketten an diese Hände, da wüßte ich doch worein ich beissen sollte. Du hast viel mit mir ausgestanden, stehe noch das aus. Das Geschwätze, und wenn dir's Angst wird, dann bete, ich will Amen sagen, selbst kann ich nicht beten. Meine — Ha! Siehst du! Die ist's schon wieder.

Könnte ich nur zu einer Ordnung kommen, oder käme Ordnung nur zu mir. Lieber, lieber.

Horn war da, ich hatte ihn herbestellt mir etwas vorzulesen, ich habe ihn abweisen lassen, er glaubt ich liege im Bette. Der muß mich nicht stören wenn ich mit dir rede. Er ist ein guter Junge, aber wenn's auf's stören ankömmt, da ist er ein Meister drinne. — Tausend Sachen, und nicht die rechte. — O Behrisch. Behrisch! Mein Kopf.

Ich habe mir eine Feder geschnitten um mich zu erholen. Laß sehen ob wir fortkommen. Meine Geliebte! Ah sie wird's ewig seyn. Sieh Behrisch in dem Augenblicke da sie mich rasen macht fühl ich's. Gott, Gott warum muß ich sie so lieben. Noch einmal angefangen. Annette macht — nein nicht macht. Stille, stille, ich will dir alles in der Ordnung erzählen.

Am Sonntage, ging ich nach Tische zu Docktor Hermann, und kehrte um drey zu Schönkopfs zurück. Sie war zu Obermanns gegangen, ich wünschte mich zum erstenmale in meinem Leben hinüber, wußte aber kein Mittel, und entschloß mich zu Breitkopfs zu gehen. Ich ging, und hatte oben keine Ruhe. Kaum war ich eine Viertelstunde da, so sagt' ich der Mamsell, ob sie nichts an Obermanns wegen der Minna zu bestellen hätte. Sie sagte nein. Ich insistirte. Sie meynte, ich könnte da bleiben, und ich, daß ich gehen wollte. Endlich, von meinen Bitten erzürnt schrieb sie ein Billiet an Mams. Obermann gab mir's und ich flog hinunter. Wie vergnügt hoffte ich zu seyn. Weh ihr! Sie verdarb mir diese Lust. Ich kam. Mams. Obermann erbrach das Billiet, es enthielt folgendes: „Was sind die „Manspersonen für seltsame Geschöpfe. Veränderlich, ohne „zu wissen warum. Kaum ist Herr Goethe hier so giebt „er mir schon zu verstehn daß ihm Ihre Gesellschafft lieber „ist als die meinige. Er zwingt mich ihm etwas aufzu„tragen und wenn es auch nichts wäre. So böse ich auch „auf ihn deßwegen binn, so weiß ich ihm doch Danck, daß „er mir Gelegenheit giebt Ihnen zu sagen, dass ich be„ständig sey

Die Ihrige."

---

19. Joh. Wilhelm Obermann, Kaufmann in Leipzig, dessen Tochter mit Käthchens Bruder musizierte. 24. Am 28. Nov. wirkte Goethe in einer Aufführung von Lessings „Minna" im Obermannschen Hause mit, vgl. zu 58, 2 und 68, 9.

Mamsell Obermann nach dem sie den Brief gelesen hatte versicherte mir daß sie ihn nicht verstünde, mein Mädgen laß ihn und anstatt daß sie mich für mein Kommen belohnen, mir für meine Zärtlichkeit dancken sollte, begegnete sie mir mit solchem Kaltsinn daß es der Obermann so wohl, als ihrem Bruder mercklich werden mußte. Diese Aufführung die sie den ganzen Abend, und den ganzen Montag fortsetzte verursachte mir solches Aergerniß, daß ich Montags Abends in ein Fieber verfiel, das mich diese Nacht mit Frost und Hitze entsetzlich peinigte, und diesen ganzen Tag zu Hause bleiben hieß — Nun! O Behrisch, verlange nicht daß ich es mit kalten Blute erzähle. Gott. — Diesen Abend schicke ich hinunter, um mir etwas holen zu lassen. Meine Magd kommt und bringt mir die Nachricht, daß Sie mit Ihrer Mutter in der Commödie sey. Eben hatte das Fieber mich mit seinem Froste geschüttelt, und bey dieser Nachricht wird mein ganzes Blut zu Feuer! Ha! In der Comoedie! Zu der Zeit da sie weiß daß ihr Geliebter kranck ist. Gott. Das war arg; aber ich verzieh's ihr. Ich wuste nicht, welch Stück es war. Wie? sollte sie mit d e n e n in der Comödie seyn. Mit d e n e n! Das schüttelte mich! Ich muß es wissen. — Ich kleide mich an und renne wie ein toller nach der Comödie. Ich nehme ein Billiet auf die Gallerie. Ich bin oben. Ha! ein neuer Streich. Meine Augen sind schwach, und reichen nicht biß in die Logen. Ich dachte rasend zu werden, wollte nach Hause laufen, mein Glas zu holen. Ein schlechter Kerl, der neben mir stand riß mich aus der Verwirrung, ich sah daß er zwey hatte, ich bat ihn auf das höflichste, mir ein's zu borgen, er taht's. Ich sah hinunter, und fand ihre Loge — Oh Behrisch —

Ich fand ihre Loge. Sie saß an der Ecke, neben ihr ein kleines Mädgen, Gott weiß wer, dann Peter, dann die Mutter. — Nun aber! Hinter ihrem Stuhl Herr Ryden, in einer sehr zärtlichen Stellung. Ha! Dencke mich! Dencke mich! auf der Gallerie! mit einem Fernglaß — das sehend! Verflucht! Oh Behrisch, ich dachte mein Kopf spränge mir für Wuht. Mann spielte Miß Sara. Die Schulzen machte die Miß, aber ich konnte nichts sehen, nichts hören, meine

---

27 Ein schlichter Mann. 33. Käthchens Bruder Adam Peter. 34. Peter Friedrich Ryden aus Livland, seit kurzem Student in Leipzig. 38. Lessings „Miß Sara Sampson". Caroline Schulze, spätere Frau Kummerfeld (1743—1815).

Augen waren in der Loge, und mein Herz tanzte. Er lehnte sich bald hervor, daß das kleine Mädgen das neben ihr saß nichts sehen konnte. Bald trat er zurück, bald lehnte er sich über den Stuhl und sagte ihr was, ich knirschte die Zähne und sah zu. Es kamen mir Tränen in die Augen, aber sie waren vom scharfen Sehen, ich habe diesen ganzen Abend noch nicht weinen können. Hernach dacht ich an dich, ich schwöre es dir, an dich, und wollte nach Hause gehen, und dir schreiben, und da hielt mich der Anblick wieder, und ich blieb. Gott, Gott! Warum mußte ich sie in diesem Augenblicke entschuldigen. Ja das taht ich. Ich sah wie sie ihm ganz kalt begegnete, wie sie sich von ihm wegwendete, wie sie ihm kaum antwortete, wie sie von ihm importunirt schien, das alles glaubte ich zu sehen. Ah mein Glas schmeichelte mir nicht so wie meine Seele, ich wünschte es zu sehen! O Gott und wenn ich's würcklich gesehen hätte, wäre Liebe zu mir nicht die letzte Ursache, der ich dieses zuschreiben sollte.

Es schlägt neune, nun wird sie aus seyn die verdammte Comoedie. Fluch auf sie. Weiter in meiner Erzälung. So saß ich eine Viertelstunde und sah nichts als was ich in den ersten fünf Minuten gesehen hatte. Auf einmal faßte mich das Fieber mit seiner ganzen Stärcke, und ich dachte in dem Augenblicke zu sterben; ich gab mein Glaß an meinen Nachbaar, und lief, ging nicht aus dem Hause — und binn seit zwey Stunden bey dir. Kennst du einen unglücklicheren Menschen, bey solchem Vermögen, bey solchen Aussichten, bei solchen Vorzügen, als mich, so nenne mir ihn und ich will schweigen. Ich habe den ganzen Abend vergebens zuweinen gesucht, meine Zähne schlagen an einander, und wenn man knirscht, kann man nicht weinen.

Wieder eine neue Feder. Wieder einige Augenblicke Ruhe. O mein Freund. Schon das dritte Blat. Ich könnte dir tausend schreiben, ohne müde zu werden. Ohne fertig zu werden. Welcher Elender hat sich je satt geklagt.

Aber ich liebe sie. Ich glaube ich träncke Gift von ihrer Hand. Verzeih mir Freund. Ich schreibe warlich im Fieber, warrlich im Paroxismus. Doch laß mich schreiben. Besser ich lasse hier meine Wuht aus, als daß ich mich mit dem Kopf wider die Wand renne.

Ich habe eine Viertelstunde auf meinem Stuhle geschlafen. Ich binn würcklich sehr matt. Aber das Blatt muß diesen Abend noch voll werden. Ich habe noch viel zu sagen.

Wie werde ich diese Nacht zu bringen? dafür graut's mir. Was werde ich morgen tuhn? das weiß ich. Ich werde ruhig seyn biß ich ins Hauß trete. Und da wird mein Herz zu pochen anfangen, und wenn ich sie gehen oder reden höre, wird es stärcker pochen, und nach tische werd' ich gehen. Seh ich sie etwa, da werden mir die Tränen in die Augen kommen, und werde dencken: Gott verzeih dir wie ich dir verzeihe, und schencke dir alle die Jahre, die du meinem Leben raubst; das werde ich dencken, sie ansehen, mich freuen daß ich halb und halb glauben kann daß sie mich liebt, und wieder gehen. So wird's seyn morgen, übermorgen, und immer fort.

Sieh Behrisch, die Sara sah ich einmal mit ihr. Wie unterschieden von heute. Es waren ebendieselben Scenen, eben die Acteurs, und ich konnte sie heute nicht ausstehn. Ha! alles Vergnügen liegt in uns. Wir sind unsre eigne Teufel, wir vertreiben uns aus unserm Paradiese.

Ich habe wieder geschlafen, ich binn sehr matt. Wie wird's morgen seyn. Mein armer Kopf dreht sich. Morgen, will ich ausgehen, und sie sehn. Vielleicht hat ihre ungerechte Kälte gegen mich nachgelassen. Hat sie's nicht so binn ich gewiss, einen gedoppelten Anfall von Fieber morgen abend zu kriegen. Es sey! Ich binn nicht mehr Herr über mich. Was taht ich neulich als ich von meinem unbändigen Pferde weggerissen ward? Ich konnte es nicht einhalten, ich sah meinen Todt, wenigstens einen schröcklichen Fall vor Augen. Ich wagt' es, und stürzte mich herunter. Da hatte ich Herz. Ich binn vielleicht nicht der herzhafteste, binn nur gebohren in Gefahr herzhaft zu werden. Aber ich binn jetzt in Gefahr, und doch nicht herzhaft. Gott! Freund! weißt du was ich meyne? Gute Nacht. Mein Gehirn ist in Unordnung. O wäre die Sonne wieder da! Unzufriedenheit! Ich weiß warrlich nicht mehr was ich schreibe.

Mitwochs früh.

Ich habe eine schröckliche Nacht gehabt. Es träumte mir von der Sara. Oh Behrisch, ich bin etwas ruhiger.

---

27. Vgl. 52, 6.

aber nicht viel. Ich werde sie heute sehen. Wir probieren unsre Minna bey Obermanns und sie wird drüben seyn. Ha, wenn sie fortführe sich kalt gegen mich zu stellen! Ich könnte sie strafen. Die schröcklichste Eifersucht sollte sie quälen. Doch nein, nein, das kann ich nicht.

Abends um 8.

Gestern um diese Zeit, wie war das anders als jetzt. Ich habe meinen Brief wieder durchgelesen und würde ihn gewiß zerreissen, wenn ich mich schämen dürfte, vor dir in meiner eigentlichen Gestalt zu erscheinen. Dieses heftige Begehren, und dieses eben so heftige Verabscheun, dieses Rasen und diese Wollust werden dir den Jüngling kentlich machen, und du wirst ihn bedauern.

Gestern machte das mir die Welt zur Hölle, was sie mir heute zum Himmel macht — und wird so lange machen, biß es mir sie zu keinem von beyden mehr machen kann.

Sie war bey Obermanns und wir waren eine viertelstunde allein. Mehr braucht es nicht um uns auszusöhnen. Umsonst sagt Schäckespear Schwachheit dein Nahme ist *Weib*, eh würde man sie unter dem Bilde des Jünglings kennen. Sie sah ihr Unrecht ein, meine Kranckheit rührte sie und sie fiel mir um den Hals, und bat mich um Vergebung, ich vergab ihr alles. Was hätte ich zu vergeben, in Vergleich des was ich ihr in diesem Augenblicke vergeben haben würde.

Ich hatte Stärcke genug ihr meine Narrheit mit der Comödie zu verbergen. Siehst du, sagte sie, wir waren gestern in der Comödie, du mußt darüber nicht böse seyn. Ich hatte mich ganz in die Ecke der Loge gerückt, und Lottchen neben mich gesetzt, daß er ja nicht neben mich kommen sollte. Er stand immer hinter meinem Stuhle, aber ich vermied so viel ich konnte mit ihm zu reden, ich plauderte mit meiner Nachbarinn in der nächsten Loge, und wäre gern bey ihr drüben gewesen. — O Behrisch, das alles, hatte ich mir gestern überredet, daß ich es gesehn hätte und nun sagte sie es mir. Sie! Um meinen Hals gehangen. Ein Augenblick Vergnügen ersetzt tausende voll Quaal, wer möchte sonst leben, mein Verdruß war vorbey, ein vergangenes Uebel ist ein Gut. Die Erinnerung überstandener Schmerzen, ist Vergnügen. Und so ersetzt! mein

---

2. Vgl. zu 54, 24. 19. Hamlet I, 2. 30. Vgl. 55, 32.

ganzes Glück in meinen Armen. Die schöne Schaam, die sie ohngeachtet unsrer Vertraulichkeit so oft ergreift, daß die mächtige Liebe, sie wider das Geheiß der Vernunft in meine Arme wirft; die Augen die sich zu drücken, so oft sich ihr Mund auf den meinigen drückt; das süße Lächeln in den kleinen Pausen unsrer Liebkosungen, die Röhte, die Schaam, Liebe, Wollust, Furcht auf die Wangen treiben, dies zitternde Bemühen sich aus meinen Armen zu winden, das mir durch seine Schwäche zeigt, daß nichts als Furcht sie je herausreissen würde. Behrisch, das ist eine Seeligkeit, um die man gern ein Fegfeuer aussteht. Gute Nacht, mein Kopf schwindelt mir wie gestern, nur von was anders. Mein Fieber ist heute ausgeblieben, so lang es so gutes Wetter bleibt wird es wohl nicht wieder kommen. Gute Nacht.

Freytags um 11. Nachts.

Mein Brief hat eine hübsche Anlage zu einem Werckgen, ich habe ihn wieder durchgelesen, und erschröcke vor mir selbst. Ich weiß nicht warum ich jetzt schreibe. Gute Nacht. Es war nur um dir gute Nacht zu sagen.

Sonnabends.

Ich hoffe daß dieses das letzte Blat seyn wird. Noch einige Punckte, auf deinen Brief.

Von Augusten ist noch kein Brief da. Das gute Mädgen. Wäre sie hier, ich wollte sie trösten. Trösten, im eigentlichen Verstande. Sieh, ich habe sie lieb, ob ich gleich ihr zu Liebe nicht das Fieber kriege. Guter Junge, ich will sie noch sehen. Sie wird wohl so gut seyn und warten biß ich nach Dreßden komme, und geht sie nach Eulenburg; so geb ich mich für einen Stud. Theol. aus und besuche den Papa. Ach ich bin sehr närrisch . . .

Annette grüßt dich. Ich dencke, nun hörte ich auf. Zwey Bögen. Lieber Gott was für ein Geschreibe. Ich hab's wieder durchgelesen, und glaube, daß es dich von jedem Fremden divertiren würde, allein deinen Freund wirst du bedauern. Es ist wahr ich bin ein groser Narr, aber auch ein guter Junge, Annette meynts, meynst du es nicht auch.

---

24 Vgl. zu 50, 33. **30.** Vgl. Goethes späteres Auftreten beim Pfarrer Brion in Sesenheim („Dichtung und Wahrheit" Buch 10).

23. An Behrisch.

Leipzig d. Merz 1768.

Wenn dir an einem Briefe von mir etwas gelegen war, so tahtest du wohl zu schreiben, denn du hättest gewiss lange warten sollen. Doch du hast lange gewartet; aber Kind, weisst du denn warum? Ein schönes Compliment vom Docktor deinem Bruder und vom Prinzen dem kleinen. Nicht wahr das hättest du nie vermuhtet, ich binn in Dreßden gewesen, auf zwölf Tage, die Gallerie zu sehen, die habe ich gesehen, was man gesehen heisst. Deine Brüder sind wohl, und haben mich wohl bewirthet. Dresden ist ein Ort, der herrlich ist, und wenn mirs erlaubt wäre ein kleines Supplement daran zufügen, so wünschte ich mich nie heraus.

Viel Mühe und Jammer kostete es mich Augusten auszufragen, und nach vieler Mühe erfuhr ich daß sie fort war, das war dumm.

Könnte man nicht erfahren wer das alberne Heurahtsprojekt ausgedacht hat, und was das für ein jämmerlicher Ton ist in dem du mit Augusten stehst.

Was macht Annette? Ey, ey! Giebts eine Annette in der Welt? Weisst du's auch noch? ich dächte du hättest es längst vergessen, wenigstens hast du in 3 guten Monaten nichts nach ihr gefragt, und ich binn auch so höflich gewesen dir nichts von ihr zu schreiben.

Gut wenn du es wissen willst wie es mit uns steht, so wisse. Wir lieben einander mehr als jemals ob wir einander gleich seltner sehen. Ich habe den Sieg über mich erhalten sie nicht zu sehen, und nun dacht ich gewonnen zu haben, aber ich bin elender als vorher, ich fühle daß die Liebe sich selbst in der Abwesenheit erhalten wird. Ich kann leben ohne sie zu sehen, nie, ohne sie zu lieben. Allen Verdruß den wir zusammen haben mache ich. Sie ist ein Engel, und ich binn ein Narr.

Höre Behrisch, ich kann ich will das Mädgen nie verlassen, und doch muss ich fort, doch will ich fort; Aber sie soll nicht unglücklich seyn. Wenn sie meiner wehrt bleibt, wie sie's jetzt ist! Behrisch! Sie soll glücklich seyn. Und

---

6. Heinrich Wolfgang Behrisch, Dr. med., Arzt in Dresden, später in Dessau. 14. Vgl. zu 50, 33. 59, 24.

doch werd' ich so grausam seyn, und ihr alle Hoffnung benehmen. Das muss ich. Denn wer einem Mädgen Hoffnung macht, der verspricht. Kann sie einen rechtschaffnen Mann kriegen, kann sie ohne mich glücklich leben, wie fröhlich will ich seyn. Ich weiß was ich ihr schuldig binn, meine Hand und *mein* Vermögen gehört ihr, sie soll alles haben was ich ihr geben *kann*. Fluch sey auf dem, der sich versorgt eh das Mädgen versorgt ist, das er *elend* gemacht hat. Sie soll nie die Schmerzen fühlen, mich in den Armen einer andern zu sehen, biß ich die Schmerzen gefühlt habe, sie in den Armen eines andern zusehen, und vielleicht will ich sie auch da mit dieser schröcklichen Empfindung verschonen. Es ist sehr verworren was ich geschrieben habe, aber du magst dich herausdencken. Du kennst mich.

Schicke mir doch mein Büchlein Annette mit der nächsten Post. Du brauchst es doch nicht, und ich habe doch wieder an den Gedichten geändert und neue gemacht . . .

Mein Schäferspiel hat schröckliche Correckturen gelitten, und ist seiner Endigung nah. Du sollsts auch haben. Wenn du geschickt bist sollst du bald wieder einen Brief kriegen. Adieu.

24. An Behrisch.

[Leipzig] d. 26. Apr. 1768.

Lange nicht geschrieben Behrisch, lange nicht, und doch immer ebenderselbe wie ich war. Siehe ich habe dich noch so lieb als ich dich hatte und Netten noch so lieb als ich sie hatte, mehr noch beyde wenn ich die Wahrheit sagen soll, denn stärcker ist eine Leidenschafft wenn sie ruhiger ist, und so ist meine. O Behrisch ich habe angefangen zu leben! Daß ich dir alles erzählen könnte! Ich kann nicht, es würde mich zu viel kosten. Genug sey Dirs, Nette, ich, wir haben uns getrennt, wir sind glücklich. Es war Arbeit, aber nun sitz ich wie Herkules, der alles getahn hat, und betrachte die glorreiche Beute umher. Es war ein schröcklicher Zeitpunckt bis zur Erklärung, aber sie kam die Erklärung und nun — nun kenn ich erst das Leben. Sie ist das beste, liebenswürdigste Mädgen, nun kann ich dir schwören, daß ich nie nie aufhören werde das für sie zu

15. Vgl. zu 40, 31. 44, 8. 18. Vgl. zu 40, 8. 46, 34. 51, 30. 62, 17.

fühlen was das Glück meines Lebens macht, das zu dencken was ich dir neulich geschrieben habe, und das zu wollen. Behrisch, wir leben in dem angenehmsten freundschafftlichsten Umgange, wie du und sie; keine Vertraulichkeit mehr, nicht ein Wort von Liebe mehr, und so vergnügt, so glücklich, Behrisch sie ist ein Engel. Es sind heute zwey Jahre daß ich ihr zum erstenmal sagte, daß ich sie liebte, Zwey Jahre Behrisch und noch. Wir haben mit der Liebe angefangen und hören mit der Freundschafft auf. Doch nicht ich. Ich liebe sie noch, so sehr, Gott so sehr. O daß du hier wärest, daß du mich trösten, daß du mich lieben könntest. Ich käme gern zu dir, recht gerne; aber deine Umstände, sie sind nicht vortheilhaft für Freunde die dich besuchen wollen. Da hast du eine Landschaft, das erste Denckmal meines Nahmens, und der erste Versuch in dieser Kunst. Bessere nachfolgende werden es rechtfertigen, ich hoffe weiter zu kommen.

Da hast du das Lustspiel, du wirst es kaum mehr kennen. Horn will, ich soll nichts mehr dran korrigiren aus Furcht es zu verderben, und er hat fast recht. Es mag gut seyn, es fehlt nur noch ein Auftritt daran, der siebente der nicht fertig ist. Schreibe bald deine Gedancken Adieu.

Frankfurt.

25. An Oeser.

Theuerster Herr Professor,

Zwölf Tage bin ich nun wieder in meiner wehrten Vaterstadt, von Anverwandten, und Freunden, und Bekanndten umgeben die sich über meine Ankunft teils freuen, teils verwundern, und alle sich bemüen, dem neuen Ankömling, dem halben Fremdling gefällig zu seyn, und ihm eine Stadt die zusehr Antithese von Leipzig ist um viel Annehmlichkeiten für ihn zu haben, durch einen freundschafftlichen

---

14. Vgl. 42,22. 17. Vgl. 61,19. 22. Am 28. August 1768 verließ Goethe nach fast dreijährigem Aufenthalt Leipzig und kehrte, von heftiger Krankheit kaum genesen, nach Frankfurt zurück.

Umgang erträglich zu machen. Wir wollen sehen wieweit sie's bringen, jetzo kann ich nichts sagen, ich binn zu zerstreut, und mit meiner neuen Einrichtung zu sehr beschäfftigt, als daß mein Herz für das was ich verlohren habe, und für das was ich hier wieder finde, viel Empfindung haben sollte. Ich schreibe Ihnen auch für dießmal nichts, als daß meine Ankunft nach einer glücklichen Reise, eine erwünschte Ruhe über meine Famielie verbreitet hat, daß meine Kranckheit, die nach dem Ausspruch meiner hiesigen Aerzte nicht so wohl in der Lunge als in denen dazu führenden Teilen liegt, sich täglich zu bessern scheint. Daß Ihr Tischer nachdem er sich einige Tage bey uns aufgehalten, mit guten Empfelungsschreiben an den Ort seiner Bestimmung, in der Hoffnung seine Sache so gut als möglich auszuführen gereißt ist, und sich Ihnen und Ihrem ganzen Hause bestens empfelen läßt. Und das sey für diesesmal alles. Jede danckbaare Empfindung für alles was ich Ihnen schuldig binn, sey biß zu einer ruhigern und glücklichern Zeit aufgehoben, sobald ich diese so sehr erwartete Epoche werde erreicht haben, will ich Ihnen einen längern und bessern Brief schreiben; mitlerweile erhalten Sie mir Ihre Liebe, Ihre Freundschafft die mir so sehr geschmeichelt, die mich so sehr aufgemuntert hat, erhalten Sie mich in dem Andencken Ihrer verehrungswürdigen Gattin und Ihrer liebenswürdigen Kinder, und aller meiner Freunde; Herrn Kreuchauff, Herrn Gervinus, Herrn v. Hardenberg, Herrn v. Lieven, Herrn Huber, bitte ich insbesondere meiner Ergebenheit zu versichern, und meinem Successor Herrn Gröning den schnellsten Fortgang in der Kunst zu wünschen. Ich binn mit der beständigen Hochachtung,

Theurester Herr Professor

Franckfurt am Mayn, Dero ergebenster
am 13. Sept. 1768. JWGoethe.

---

12. Joh. Christian Jung, Aufwärter und Modelltischler der Oeserischen Zeichenschule, hatte Goethe auf der Heimreise begleitet. 24. Elisabeth, geb. Hoburg. 25. Vor allen Friederike, vgl. Adressatenverzeichnis. 26 f. Franz Wilh. Kreuchauf, Kaufmann und Kunstsammler (1727—1803). Michael Huber, Prof. der französischen Sprache (1727—1804). Die anderen vier Genannten waren Goethes Mitschüler bei Oeser: Carl August v. Hardenberg, der spätere preußische Staatskanzler (1750—1822); Georg Gröning, später Bürgermeister in Bremen (1745—1825).

26. An Käthchen Schönkopf.

[Frankfurt, September 1768.]

Mademoiselle,

Herr Goethe dem bekanndt ist, daß Scheere, Messer, und Pantoffeln, diejenigen Mobielien sind die am meisten bey Ihnen auszustehen haben, schicket Ihnen hiermit, eine mittelmäsige Scheere, ein gutes Messer, und Leder zu zwey Paar Pantoffeln. Sie sind alle von gutem Stoffe, dauerhafft, und mein Herr hat ihnen noch überdieß die möglichste Gedult anbefohlen, doch aber glaubt ich nicht daß Klingen und Leder solange bey Ihnen aushalten werden als Er. Nehmen Sie mir's nicht übel, ich sage wie ich's dencke, drittehalbjahre das können Sie weder von einem Pantoffel noch von einem Messer, noch von — das lass ich dahin gestellt seyn — verlangen, denn grausam gehen Sie mit allem um was sich unter Ihre Herrschafft begiebt oder begeben muß. Zerreisen und zerbrechen Sie alles, biß Ostern, da steht Ihnen neue Waare zu diensten, und erinnern Sie Sich manchmal, bey diesen Kleinigkeiten, daß mein Herr noch beständig wie sonst Ihnen ergeben ist. Selbst hat er nicht an Sie schreiben wollen, um sein Gelübde, nie vor dem ersten eines Monats Ihnen einen Brief zu schicken, nicht zu brechen. Mittlerweile, das ist, zwischen heut und dem ersten October, empfielt er sich durch mich ganz ergebenst, und ich nehme diese Gelegenheit, mich Ihnen gleichfalls zu empfelen.

Michel, sonst Herzog genannt,
nach Verlust seines Herzogtums aber, wohlbestallter Pachter
auf des gnädigen Herren hochadelichen Rittergütern.

27. An Schönkopf.

[Frankfurt] d. 1. Octb. 1768.

Ihr Diener Herr Schönkopf, wie befinden Sie sich Madame, Guten Abend Mamsell, Petergen guten Abend.

---

2. In einem damals sehr beliebten Lustspiel „Herzog Michel" von Joh. Christian Krüger (1722—50) hatte Goethe auf dem Liebhabertheater (vgl. zu 54, 24) die Titelrolle gegeben, einen Knecht Michel, der auf den Erlös einer gefangenen Nachtigall Lustschlösser baut. 31. Peter: der schon 55, 33 erwähnte Bruder (geb. 1756).

NB. Sie müssen sich vorstellen daß ich zur kleinen Stubentühre hereinkomme. Sie Herr Schönkopf sitzen auf dem Canapee am warmen Ofen, Madame in Ihrem Eckgen hinterm Schreibetisch, Peter liegt unterm Ofen, und wenn Käthgen auf meinem Platze am Fenster sitzt; so mag sie nur aufstehen, und dem Fremden Platz machen. Nun fange ich an zu discouriren.

Ich binn lange Aussengeblieben, nicht wahr? fünf ganze Wochen, und drüber dass ich Sie nicht gesehen, daß ich Sie nicht gesprochen habe, ein Fall der in drittehalb-jahren nicht ein einzigmal passirt ist, und hinführo leider offt passiren wird. Wie ich gelebt habe, das mögten Sie gerne wissen. Eh das kann ich Ihnen wohl erzälen, mittelmäsig sehr mittelmäsig.

Apropos, daß ich nicht Abschied genommen habe werden Sie mir doch vergeben haben. In der Nachbarschafft war ich, ich war schon unten an der Türe, ich sah die Laterne brennen, und ging biß an die Treppe, aber ich hatte das Herz nicht hinaufzusteigen. Zum letztenmal, wie wäre ich wieder herunter gekommen.

Ich tuhe also jetzt was ich damals hätte tuhn sollen, ich dancke Ihnen für alle Liebe und Freundschafft, die Sie mir so beständig erwiesen haben, und der ich nie vergessen werde. Ich brauche Sie nicht zu bitten Sich meiner zu erinnern, tausend Gelegenheiten werden kommen, bey denen Sie an einen Menschen gedencken müssen, der drittehalb Jahre ein Stück Ihrer Familie ausmachte, der Ihnen wohl offt Gelegenheit zum Unwillen gab, aber doch immer ein guter Junge war, und den Sie hoffentlich manchmal vermissen werden. Wenigstens ich vermisse Sie offt

Darüber will ich weggehen, denn das ist immer für mich ein trauriges Capitel. Meine Reise ging glücklich, und mittelmäsig, alles habe ich hier gesund angetroffen ausser meinen Großvater der zwar wieder an der, durch den Schlag gelähmten Seite ziemlich hergestellt ist, aber doch mit der Sprache noch nicht fortkann. Ich befinde mich so gut als ein Mensch der in Zweifel steht ob er die Lungensucht hat oder nicht, sich befinden kann; doch geht es etwas besser, ich nehme an Backen wieder zu, und da ich hier weder Mädgen noch Nahrungssorgen habe die mich plagen könnten, so hoffe ich von Tag zu Tage weiter zu kommen.

Hören Sie, Mamsell, hat Ihnen mein Verwalter neulich die geringen Kleinigkeiten zugestellt die ich Ihnen auf Abschlag schickte, und wie haben Sie sie aufgenommen, die übrigen Commissionen sind alle nicht vergessen, wenn sie gleich nicht alle ausgerichtet sind. Das Halstuch ist mit dem größten Gusto fertig, und wird mit ehster Gelegenheit folgen, Verlangen Sie eins von inliegender Farbe, so dürfen Sie nur befehlen, und auch was für eine Farbe sie drauf haben wollen. Der Fächer ist in der Arbeit, er wird fleischfarb der Grund, mit lebendigen Blumen. Halten die Schue noch? Machen Sie mit Ihrem Schuster aus ob er sie, wenn sie recht fest gemahlt sind, so in acht nehmen will daß er sie nicht verdirbt, wenn er sie macht, und dann schicken Sie mir Ihr Schuemuster und da will ich Ihnen mahlen so viel Sie wollen, und von was Farben Sie wollen, denn es geht geschwind. Was andre Dinge mehr sind wird die Zeit fügen. Schreiben Sie mir wann Sie wollen nur noch vorm ersten November, denn da schreibe ich wieder an Sie und mehr, ich weiß doch Lieber Herr Schönkopf daß Sie nicht selbst schreiben, aber treiben Sie Käthgen ein Bißgen, daß ich bald Nachricht von euch kriege. Nicht wahr Madam das wäre unbillig wenn ich nicht wenigstens alle Monate einen Brief aus dem Hause bekäme, wo ich bißher alle Tage drinne war. Und schreibt ihr mir nicht; so tuhts nichts, den ersten November schreib ich wieder.

Empfelungen, an Mad. Obermann Herrn Obermann Madslle. Obermann ganz besonders, Herrn Reich, Herrn Junius, ferner Madslle Weidmann die Sie um Vergebung bitten müssen daß ich nicht Abschied genommen habe. Adieu alle zusammen. Käthgen, wenn Sie mir nicht schreiben so sollen Sie sehen.

fortgeschickt d. 3ten Octbr.

28. An Käthchen Schönkopf.

Franckfurt am 1. Nov. 68.

Meine geliebteste Freundin,

Noch immer so munter, noch immer so boshafft. So geschickt das gute von einer falschen Seite zu zeigen, so

---

1. Vgl. Nr. 26. 27. f. Obermanns: s. zu 54, 19. Reich (s. Adressaten-

unbarmhertzig einen Leidenden auszulachen, einen Klagenden zu verspotten, alle diese liebenswürdige Grausamkeiten enthält Ihr Brief; und konnte die Landsmännin der Minna anders schreiben.

Ich dancke Ihnen für eine so unerwartet schnelle Antwort, und bitte Sie auch inskünftige, in angenehmen muntern Stunden an mich zu dencken, und wenn es seyn kann an mich zu schreiben; Ihre Lebhafftigkeit, Ihre Munterkeit, Ihren Witz zu sehen, ist mir eine der grössten Freuden, er mag so leichtfertig, so bitter seyn als er will.

Was ich für eine Figur gespielt habe, das weiss ich am besten, und was meine Briefe für eine spielen, das kann ich mir vorstellen. Wenn man sich erinnert, wie's andern gegangen ist, so kann man ohne Wahrsager Geist rahten, wie's Einem gehn wird; Ich binn's zufrieden, es ist das gewöhnliche Schicksaal der Verstorbenen, dass Ueberbliebene und Nachkommende auf ihrem Grabe tanzen.

Was macht denn unser Principal, unser Direckteur, unser Hofmeister, unser Freund Schoenkopf?

Gedenckt er noch manchmal an seinen ersten Ackteur, der doch diese Zeit her, in allen Lust und Trauerspielen, die schweeren und beschweerlichen Rollen eines Verliebten und Betrübten, so gut, und so natürlich als möglich, vorgestellt hat. Hat sich noch niemand gefunden, der meine Stelle wieder begleiten mögte, ganz mögte sie wohl nicht wieder besetzt werden; zum Herzog Michel finden Sie eher zehn Ackteurs, als zum Don Sassafras einen einzigen. Verstehen Sie mich?

Unsre gute Mama hat mich an Starckens Handbuch erinnern lassen, ich werde es nicht vergessen. Sie haben mich an Gleimen erinnern lassen; ich werde nichts vergessen. Ich dencke in Abwesenheit so gut als gegenwärtig, dem Verlangen derer die ich liebe gnüge zu tuhn. Ihre Bibliotheck fällt mir sehr offt ein, ehstens soll sie vermehrt werden, verlassen Sie Sich drauf. Halte ich gleich nicht immer was ich verspreche, so tue ich doch offt mehr als ich verspreche.

Sie haben Recht, meine Freundinn, dass ich jetzt für

---

verzeichnis) und Joh. Friedrich Junius (1725—91) waren Buchhändler in Leipzig; Marie Luise Weidmann (1715—93) Mitbesitzerin der Weidmann-Reichschen Buchhandlung.

3. Vgl. zu 54,21. 27. Unbekannte Rolle. 29. „Tägliches Handbuch in guten und bösen Tagen" 1739, von H. Fr. Stark, Prediger in Frankfurt.

das gestraft werde, was ich gegen Leipzig gesündigt habe, mein hiesiger Aufenthalt ist so unangenehm, als mein Leipziger angenehm hätte seyn können, wenn gewissen Leuten gelegen gewesen wäre, mir ihn angenehm zu machen. Wenn Sie mich schelten wollen, so müssen Sie billig seyn, Sie wissen was mich unzufrieden, launisch, und verdrüsslich machte, das Dach war gut, aber die Betten hätten besser seyn können, sagt Franziska.

Apropos was macht unsre Franziska, verträgt sie sich bald mit Justen? Ich dencke's. So lange der Wachtmeister noch da war, nun da dachte sie an ihr Versprechen, jetzt da er nach Persien ist, eh nun, aus den Augen aus dem Sinn, da nimmt sie lieber einen Diener, den sie sonst nicht mochte, als gar keinen. Grüssen Sie mir das gute Mädgen. Sie formalisiren Sich über das ganz besondere Compliment an Ihre Nachbarinn. Was für Sie übrig bleibt? Was das für eine Frage ist. Sie haben meine ganze Liebe, meine ganze Freundschafft, und das allerbesonderste Compliment ist doch noch lange nicht der tausendste Teil davon, das wissen Sie auch, ob Sie gleich zur Plage, oder Unterhaltung, Ihres Freundes (denn beydes heisst bey Ihnen einerley) tuhn als ob Sie es nicht wüssten, wie Sie es in mehr Stellen Ihres Briefes getahn haben, z. E. in der Stelle vom Abschied pp. das ich übergehe.

Zeigen Sie diesen Brief, und wenn ich bitten darf alle meine Briefe, Ihren Eltern, und wenn Sie wollen, Ihren besten Freunden, aber niemand weiter; Ich schreibe, wie ich geredet habe, aufrichtig, und dabey wünschte ich, dass es niemand, wer es falsch auslegen könnte zu sehen kriegte. Ich binn wie immer, unaufhörlich

ganz der Ihrige
JWGoethe.

29. An Friederike Oeser.

Franckfurt am 6. Nov. 1768.

Mamsell,

So launisch, wie ein Kind das zahnt;
Bald schüchtern, wie ein Kaufmann den man mahnt,

---

8. „Minna von Barnhelm" II, 2. 9. Bei der zu 54, 24 erwähnten Aufführung hatte Goethe den Wachtmeister gespielt, Constanze Breitkopf die Franziska, Horn den Just. 16. Vgl. 66, 28.

Bald still, wie ein Hypochondrist,
Und sittig, wie ein Mennonist,
Und folgsam, wie ein gutes Lamm;
Bald lustig, wie ein Bräutigam,
Leb' ich, und binn halb franck und halb gesund,
Am ganzen Leibe wohl, nur in dem Halse wund;
Sehr missvergnügt, dass meine Lunge
Nicht so viel Athem reicht, als meine Zunge
Zu manchen Zeiten braucht, wenn sie mit Stolz erzählt,
Was ich bey Euch gehabt, und was mir jetzt hier fehlt.

Da sucht man nun mit Macht mir neues Leben,
Und neuen Muht und neue Krafft zu geben;
Drum reichet mir mein Docktor Medicinä
Extrackte aus der Cortex Chinä,
Die junger Herrn erschlaffte Nerven
An Augen, Fus und Hand
Auf's neue stärcken, den Verstand
Und das Gedächtniss schärfen.

Besonders ist er drauf bedacht,
Durch Ordnung wieder einzubringen,
Was Unordnung so schlimm gemacht,
Und heisst mich meinen Willen zwingen.

„Bey Tag, und sonderlich bey Nacht,
„Nur an nichts reitzendes gedacht!"
Welch ein Befehl für einen Zeichnergeist,
Den jeder Reitz bis zum Entzücken reisst,
Des Bouchers Mädgen nimmt er mir
Aus meiner Stube, hängt dafür
Mir eine abgelebte Frau,
Mit riesigem Gesicht, mit halbzerbrochnem Zahne,
Vom fleissig kalten Gerhard Dow
An meine Wand, langweilige Tisane
Setzt er mir statt des Weins dazu.

O sage Du,
Kann man was traurigers erfahren?
Am Körper alt, und jung an Jahren,
Halb siech, und halb gesund zu seyn?

---

32. Gerstenabkochung.

Das giebt so melanchol'sche Laune,
Und ihre Pein
Würd' ich nicht los, und hätt' ich sechs Alraune.
Was nützte mir der ganzen Erde Geld?
Kein krancker Mensch geniesst die Welt.

Und dennoch wollt' ich gar nicht klagen,
Denn ich binn schon im Leiden sehr geübt;
Hätt' ich nur das, was uns die Plagen,
Die Last der Kranckheit zu ertragen,
Mehr Krafft als selbst die Tugend giebt;
Verkürzung grauer Regenstunden,
Balsam'sches Pflaster aller Wunden,
Gesellschafftsgeister die man liebt.

Zwar hab ich hier an meiner Seite
Beständig rechte gute Leute,
Die mit mir leiden, wenn ich leide,
Sie sorgen mir für manche Freude,
Es fehlt mir nur an mir, um recht beglückt zu seyn.
Und dennoch kenn' ich niemand, der die Pein
Des Schmerzens so behende stillt, die Ruh
Mit Einem Blick der Seele schenckt, wie Du.

Ich kam zu Dir, ein Todter aus dem Grabe,
Den bald ein zweyter Todt zum zweytenmal begräbt;
Und wem er nur einmal recht nah um's Haupt geschwebt,
Der bebt
Bey der Erinnerung, gewiss so lang er lebt.
Ich weiss wie ich gezittert habe;
Doch machtest Du mit Deiner süssen Gabe,
Ein Blumenbeet mir aus dem Grabe;
Erzähltest mir wie schön, wie kummerfrey,
Wie gut, wie süss Dein seelig Leben sey,
Mit einem Ton von solcher Schmeicheley,
Dass ich, was mir das Elend jemals raubte,
Weil Du's besas'st selbst zu besitzen glaubte.
Zufrieden reisst ich fort, und was noch mehr ist, froh,
Und ganz war meine Reise so.

Ich kam hierher, und fand das Frauenzimmer
Ein bissgen — ja man sagt's nicht gern — wie immer,

---

37. Kollektiv = die Frauen und Mädchen.

Gnug bis hierher hat keine mich gerührt.
Zwar sag ich nicht was einst Herr Schübler
Von Hamburgs Schönen prädicirt,
Doch binn ich auch ein starcker Grübler,
Seitdem Ihr Mädgen mich verführt,
Die ich wohl schweerlich je vergesse;
Und da begreiffst Du wohl, daß jede leicht verliert,
Die ich nach Eurem Maasstab messe.
Du lieber Gott! an Munterkeit ist hie
An Einsicht, und an Witz Dir keine einz'ge gleich,
Und Deiner Stimme Harmonie
Wie käme die heraus in's Reich.

So ein Gespräch, wie unsers war, im Garten,
Und in der Loge noch, mit diesem seltnen Zug,
So aufgeweckt, und doch so klug,
Ja, darauf kann ich warten.

Binn ich bey Mädgen launisch froh;
So sehn sie sittenrichtrisch sträflich,
Da heisst's: der Herr ist wohl aus Bergamo?
Sie sagen's nicht einmal so höflich.
Zeigt man Verstand, so ist auch das nicht recht.
Denn will sich einer nicht bequemen
Des Grandisons ergebner Knecht
Zu seyn, und alles blindlings anzunehmen
Was der Dicktator spricht,
Den lacht man aus, den hört man nicht.

Wie seyd Ihr nicht so gut, so Euch zu bessern willig,
Auf eigne Fehler streng, und gegen fremde billig,
Und zum Gefallen ohnbemüht,
Ist niemand den Ihr nicht gewönnet.
Ah, man ist Euer Freund, so wenig man Euch kennet,
Man liebt Euch, eh man's sich versieht;
Mit einem Mädgen hier zu Lande
Ist's aber ein langweilig Spiel,
Zur Freundschafft fehlt's ihr am Verstande,
Zur Liebe fehlt's ihr am Gefühl.

---

2. Daniel Schiebeler (1741—71), dessen komische Oper „Lisuart und Dariolette", komponiert von Joh. Adam Hiller, Goethe in Leipzig gehört hatte 19. Aus einer Romanze Schiebelers. 23 Vgl. zu 11, 26.

Drauf ging ich ganz gewiss, hätt ich nicht so viel Laune,
Bräch' ich mir nicht gar manche Lust vom Zaune,
Lacht ich nicht da wo keine Seele lacht.
Und dächt ich nicht, dass Ihr schon offt an mich gedacht.

Ja, dencken müsst Ihr offt an mich, das sage
Ich Euch, besonders an dem Tage
Wenn Ihr auf Euerm Landgut seyd,
Dem Ort der mir so manche Plage
Gemacht, dem Ort der mich so sehr erfreut.

Doch Du verstehst mich nicht, ich will es Dir erklären,
Ich weiss doch Du verzeihst es mir.
Die Lieder die ich Dir gegeben, die gehören
Als wahres Eigentuhm dem schönen Ort und Dir.

Wenn mich mein böses Mädgen plagte,
Wenn der Verdruss mich aus den Mauern jagte,
War ich verwegen gnug, und wagte
Dich aufzusuchen eh es tagte,
Auf Deinen Feldern die Du liebst,
Die Du mir offt so schön beschriebst.

Da ging ich nun in Deinem Paradiese,
In jedem Holz, auf jeder Wiese,
Am Fluss, am Bach, das hoffende Gesicht
Vom Morgenstrahl geschminckt, und sucht' und fand Dich nicht.

Dann schlug ich, angereitzt von launischem Verdrusse,
Den armen Frosch, am sonnbestrahlten Flusse,
Dann jagt' ich ringsumher, und fing
Bald einen Reim bald einen Schmetterling.

Und mancher Reim, und mancher Schmetterling
Entging
Der ausgestreckten Hand, die mitten
In ihrem Haschen stille stand,
Wenn aus dem Wald, von Stimmen oder Tritten
Den Schall, mein lauschend Ohr empfand.

---

7. Dölitz. 12. Die älteren Leipziger Lieder, die nur einen Teil der 20 bei Breitkopf 1770 gedruckten und von dessen Sohn in Musik gesetzten „Neuen Lieder" bildeten.

Am Tage sang ich diese Lieder,
Am Abend ging ich wieder heim,
Nahm meine Feder, schrieb sie nieder
Den guten und den schlechten Reim.

Offt kehrt ich noch mit immer schlechterm Glücke
Auf die fatale Flur zurücke,
Biss mir zuletzt das günstige Geschicke
Noch einen Tag den ich nicht hoffte gab.
Doch ich genoss sie kaum die süssen letzten Stunden,
Sie waren gar zu nah am Grab.
Ich sage nicht, was ich empfunden,
Denn mein prosaisches Gedicht
Stimmt diesesmal sehr zur Empfindung nicht.

Du hast die Lieder nun, und zur Belohnung
Für alles was ich für Dich litt,
Besuchst Du Deine seelge Wohnung;
So nimm sie mit;
Und sing sie manchmal an den Orten
Mit Lust wo ich aus Schmerz sie sang,
Dann denck an mich, und sage: dorten
Am Flusse wartete er lang,
Der Arme der so offt mit ungewognem Glücke
Die schönen Felder fühllos sah!
Käm er in diesem Augenblicke,
Eh nun, jetzt wär' ich da.

Jetzt, dächt ich nun, wär's hohe Zeit zum Schliessen,
Denn wenn man so zwey Bogen Reime schreibt,
Da wollen sie zuletzt nicht fliessen.
Doch warte nur wenn mich die Laune treibt,
Und Deine Gunst mir sonst versichert bleibt,
So schreib ich Dir noch manchen Brief wie diesen.

Willst Du mir die Geschwister grüssen,
So schliesse Richtern auch mit ein.
Leb wohl! Und wird das Glück Dein Freund beständig seyn
Wie ich; so wirst Du steets des schönsten Glücks geniessen.

Goethe.

---

33. Schüler Oesers, der im Herbst 1767 Goethe in Miniatur malte.

30. An Oeser.

Franckfurt, am 9. Nov. 1768.

Hochgeehrtester Herr Professor,

Das Aussenbleiben Ihres Junges, hat diesen Brief, den ich so balde zu schreiben schuldig war, um einen Monat und drüber verzögert. Mit ihm hoffte ich ein Paquet Briefe, und ein Paquet Kleinigkeiten nach Leipzig zu schicken, die nun auf eine andre Gelegenheit warten mögen.

Wenn Sie nicht mehr Nachricht von ihm haben als ich; so werden Sie unruhiger seyn als ich; denn ich dencke immer, er hat entweder an Sie geschrieben, oder ist durch einen andern Weeg zu Ihnen zurückgekehrt. Bald hoffe ich's zu erfahren; ein guter Freund hat es auf sich genommen, sich in Grehweiler zu erkundigen wie es mit ihm und seinen Sachen steht.

Meine Gesundheit fängt an, wieder etwas zu steigen, und doch ist sie noch nicht viel übers Schlimme. Inliegender Brief, den ich mich unterstanden habe an Ihre Mademoiselle Tochter zu schreiben, sagt mehr von diesem Punckte, und mehr von meinem übrigen Leben.

Die Kunst ist, wie sonst, fast jetzt meine Hauptbeschäfftigung, ob ich gleich mehr drüber lese, und dencke, als selbst zeichne, denn jetzt da ich so allein lauffen soll, fühle ich erst meine Schwäche; es will gar nicht mit mir fort Herr Professor, und ich weiss vor der Hand nichts anders, als das Lineal zu ergreifen, und zu sehen, wie weit ich mit dieser Stütze in der Baukunst und in der Perspecktiv kommen kann.

Was binn ich Ihnen nicht schuldig, Theuerster Herr Professor, dass Sie mir den Weeg zum Wahren und Schönen gezeigt haben, dass Sie mein Herz gegen den Reitz fühlbaar gemacht haben. Ich binn Ihnen mehr schuldig, als dass ich Ihnen dancken könnte. Den Geschmack den ich am Schönen habe, meine Kentnisse, meine Einsichten, habe ich die nicht alle durch Sie? Wie gewiss, wie leuchtend wahr, ist mir der seltsame, fast unbegreifliche Satz geworden, dass die Werckstatt des grossen Künstlers mehr den keimenden Philosophen, den keimenden Dichter entwickelt, als der

3. Vgl. zu 63, 9.

Hörsaal des Weltweisen und des Kritickers. Lehre tuht viel, aber Aufmunterung tuht alles. Wer unter allen meinen Lehrern hat mich jemals würdig geachtet mich aufzumuntern, als Sie. Entweder ganz getadelt, oder ganz gelobt, und nichts kann Fähigkeiten so sehr niederreissen. Aufmunterung nach dem Tadel, ist Sonne nach dem Regen, fruchtbaares Gedeyen. Ja Herr Professor, wenn Sie meiner Liebe zu den Musen nicht aufgeholfen hätten, ich wäre verzweifelt. Sie wissen was ich war da ich zu Ihnen kam, und was ich war da ich von Ihnen ging, der Unterschied ist Ihr Werck. Ich weiss wohl, es war mir wie Prinz Biribinckern nach dem Flammenbaade, ich sah ganz anders, ich sah mehr als sonst; und was über alles geht, ich sah was ich noch zu tuhn habe, wenn ich was seyn will. Sie haben mich gelehrt demütig ohne Niedergeschlagenheit, und stolz ohne Präsumtion zu seyn.

Ich würde kein Ende finden, zu sagen was Sie mich gelehrt haben; verzeihen Sie meinem danckbaaren Herzen diese Apostrophe, diese Sentenzen; das habe ich mit allen tragischen Helden gemein, dass meine Leidenschafft sich sehr gerne in Tiraden ergiesst, und wehe dem der meiner Lava in den Weeg kömmt.

Die Gesellschafft der Musen, und eine fortgesetzte schrifftliche Unterredung mit meinen Freunden, wird mir diesen Winter ein kränckliches einsames Leben angenehm machen, das ohne sie für einen Menschen von zwanzig Jahren eine ziemliche Folter seyn möchte.

Mein Freund Seekatz ist einige Wochen vor meiner Ankunft gestorben. Meine Liebe für die Kunst, meine Danckbarkeit gegen die Künstler, werden Ihnen das Maas meines Schmerzens angeben. Sollte Herr Creissteuereinnehmer Weisse die Gefälligkeit für mich haben wollen, einige Nachrichten von seinem Leben und seiner Kunst in die Bibliotheck einzurücken: so wollte ich sie Ihnen zusenden. Haben Sie die Gütigkeit, ihn bey Gelegenheit darum zu ersuchen. Idris habe ich eben gelesen, meine Gedancken hiervon ein andermal. Meine Eltern grüssen

12. In Wielands „Geschichte des Biribinkers“ aus den „Abenteuern des Don Sylvio von Rosalva“ 1764. 28. Joh. Konrad Seekatz, Hofmaler in Darmstadt, geb. 1719. Er hatte 1759 in Goethes Elternhause für den Königsleutnant Grafen Thorane gemalt und war darin oft zu Gast gewesen. 31. Christian Felix Weiße gab 1765—1806 die Leipziger „Neue Bibliothek der schönen Wissenschaften und der freien Künste“ heraus. 36. Wielands heroisch-komisches Gedicht „Idris“ 1768.

Sie und Ihre Famielie, mit der Liebe und Danckbaarkeit, die sie einem Manne schuldig sind, dem ihr Sohn soviel schuldig ist. Leben Sie wohl. Ich binn

Theuerster Herr Professor Der Ihrige

Goethe.

31. An Käthchen Schönkopf.

Franckf. am 30. Dec. 68.

Meine beste, ängstliche Freundinn.

Sie werden ohne Zweifel zum neuen Jahre, durch Hornen die Nachricht von meiner Genesung erhalten haben; und ich eile es zu bestättigen. Ja meine Liebe, es ist wieder vorbey, und inskünftige müssen Sie Sich beruhigen wenn es ja heissen sollte: Er liegt wieder! Sie wissen meine Constitution macht manchmal einen Fehltritt, und in acht Tagen hat sie sich wieder zurechte geholfen; diesmal war's arg, und sah noch ärger aus als es war, und war mit schröcklichen Schmerzen verbunden. Unglück ist auch gut. Ich habe viel in der Kranckheit gelernt, das ich nirgends in meinem Leben hätte lernen können. Es ist vorbey, und ich binn wieder ganz munter, ob ich gleich drey volle Wochen nicht aus der Stube gekommen binn, und mich fast niemand besucht, als mein Docktor, der, Gott sey danck, ein liebenswürdiger Mann ist. Ein närrisch Ding um uns Menschen, wie ich in muntrer Gesellschafft war, war ich verdrüsslich, jetzt binn ich von aller Welt verlassen, und binn lustig; denn selbst meine Kranckheit über, hat meine Munterkeit meine Famielie getröstet, die gar nicht in einem Zustande war, sich, geschweige mich zu trösten. Das Neujahrslied, das Sie auch werden empfangen haben, habe ich in einem Anfall von groser Narrheit gemacht, und zum Zeitvertreibe drucken lassen. Uebrigens zeichne ich sehr viel, schreibe Mährgen, und binn mit mir selbst zufrieden. Gott gebe mir das neue Jahr was mir gut ist, das geb er uns allen, und wenn wir nichts mehr bitten als das; so können wir gewiß hoffen dass er's uns giebt. Wenn ich nur biss in Aprill komme, ich will

---

21. Dr Joh. Friedrich Metz (1721—82), seit 1765 Arzt in Frankfurt und in enger Beziehung zu den dortigen Pietisten, heilte Goethe durch Anwendung eines geheimnisvollen Salzes von einem sehr beängstigenden Magenleiden. 27. Vgl. zu Nr. 259. 28. „Wer kömmt, wer kauft von meiner Waar'?“

mich gern hinein schicken lassen. Da wird's besser werden hoffe ich, besonders kann meine Gesundheit täglich zu nehmen, weil man nun eigentlich weiss was mir fehlt. Meine Lunge ist so gesund als möglich, aber am Magen sitzt was. Und im Vertrauen man hat mir zu einer angenehmen vergnüglichen Lebensart Hoffnung gemacht, so daß meine Seele sehr munter und ruhig ist. Sobald ich wieder besser binn, werde ich ausgehen in fremde Lande, und es soll nur auf Sie und noch jemand ankommen, wie bald ich Leipzig wiedersehen soll; Inzwischen dencke ich nach Franckreich zu gehen, und zu sehen wie sich das französche Leben lebt, und um französch zu lernen. Da können Sie Sich vorstellen was ich ein artiger Mensch seyn werde, wenn ich wieder zu Ihnen komme. Manchmal fällt mir's ein, dass es doch ein närrscher Streich wäre, wenn ich trutz meiner schönen Projeckten vor Ostern stürbe. Da verordnete ich mir einen Grabstein, auf dem Leipziger Kirchhof, dass ihr doch wenigstens alle Jahr am Johannes, als meinem Nahmens Tag, das Johannismänngen, und mein Denckmal besuchen möget. Wie meynen Sie?

Empfelen Sie mich Ihren Eltern zu beständiger Freundschafft; Küssen Sie Ihre liebe Freundinn, und dancken Sie ihr für den Anteil den sie an mir nimmt; ich werde bald an sie schreiben.

Ihre Nachbarinn bedaur' ich; sollte das nicht den grösten Strich in die Rechnung des verliebten Paars machen? Die armen Leute! Sie sind in grosser Noth, und unser Herr Gott mag ihnen helfen oder nicht, so werden sie's ihm nicht dancken, das werden Sie erleben, und darnach sagen Sie: hat's Goethe nicht gesagt. Es ist gar zu ein gros Ding um den Ehstand heut zu Tage, und kein's von beyden, wenigstens gewiss Eins von beyden, hat nicht für einen Sechser Ueberlegung. Heiliger Andreas, komm, und tuh ein Wunder, oder es giebt eine Sau. **NB.** dass niemand den Artickel sieht als wem er nütz ist. Leben Sie wohl meine Liebe, ich binn, kranck wie Gesund

ganz der Ihrige

Goethe.

---

11. Nach Straßburg zum Abschluß der in Leipzig abgebrochenen Studien, was sich jedoch um ein Jahr hinausschob. 22. Friederike Oeser. 25. Jungfer Obermann.

32. An Käthchen Schönkopf.

Franckf. am 1sten Juni, 1769.

Meine Freundinn,

Aus Ihrem Brief an Hornen habe ich Ihr Glück, und Ihre Freude gesehen, was ich dabey fühle, was ich für eine Freude darüber habe, das können Sie Sich vorstellen, wenn Sie Sich noch vorstellen können wie sehr ich Sie liebe. Grüssen Sie Ihren lieben Docktor, und empfelen Sie mich Seiner Freundschafft. Warum ich so lange nicht geschrieben habe, das könnte wohl strafbar seyn wenn Sie meine Briefe mit Ungedult erwartet hätten; das wusste ich aber, und drum schrieb ich nicht, es war bißher eine Zeit für Sie, da ein Brief von mir sowenig Ihrer Aufmercksamkeit werth war als die Erlanger Zeitung, und alles zusammengenommen so binn ich doch nur ein abgestandner Fisch, und ich wollte schwören — Doch ich will nicht schwören, Sie möchten glauben es wäre mein Ernst nicht. Horn fängt an sich zu erholen, wie er ankam, war gar nichts mit ihm zu thun. Er ist so zärtlich, so empfindsam für seine abwesende Ariane, dasß es komisch wird. Er glaubt im Ernste was Ihr Brief ihm versichert dasß Constantie bleich für Kummer geworden wäre. Wenns auf's bleich werden ankommt, so sollte man dencken er liebte nicht starck denn er hat röthere Backen als iemals. Wenn ich ihm versichre: Fieckgen würde sich an ihrer Freundinn Exempel spieglen, und nach und nach einsehen lernen pp, so flucht er mir den Hals voll; und schickt mich mit meinen Exemplen zum Teufel; er schwört dasß die Buchstaben der Zärtlichkeit die seine mächtige Liebe in ihr Herz geschrieben unauslöschlich seyn. Der gute Mensch bedenckt nicht dasß Mädgen Herzen nicht Marmor sind, und daß sie auch nicht Mormor seyn dürffen. Das liebenswürdigste Herz ist das welches am leichtsten liebt, aber das am leichtsten liebt vergisst auch am leichtsten. Doch er denckt daran nicht, und hat recht, es ist eine gräßliche Empfindung seine Liebe sterben zu sehen. Ein unerhörter Liebhaber ist lange nicht so unglücklich als ein verlassener, der erste

---

3. Im Mai hatte sich Käthchen mit Dr. Kanne verlobt, vgl. Adressatenverzeichnis und 61, 4. 20 und 23. Jungfer Breitkopf hieß mit vollem Namen Theodore Sophie Constanze. Die Freundin ist die soeben mit einem andern verlobte Adressatin.

hat noch Hoffnung, und fürchtet wenigstens keinen Hass, der andre, ja der andre — wer einmal gefühlt hat was das ist aus einem Herzen verstossen zu werden das sein war, der mag nicht gerne daran dencken geschweige davon reden.

Constantie ist ein gutes Mädgen, ich wünsch ihr einen Tröster; keinen von den leidigen, die sagen: Ja, es ist nun einmal so, man muss sich zufrieden geben; sondern so einen Tröster, der einem durch die Sache tröstet, indem er einem alles wieder ersetzt was man verlohren hat. O sie wird nicht lange eines mangeln. Geben sie drauf acht liebe Freundinn, wenn Sie jemanden sehen der sie so führt, und mit ihr spazieren geht, und — nun das wissen Sie ja was alles dazugehört, woran man merckt, dass es nicht iust ist; so schreiben Sie mir's, Sie können Sich leicht vorstellen, warum es mich freuen wird.

Meine Lieder sind immer noch nicht gedruckt, ich wollte Ihnen gerne wenn sie fertig wären, ein Exemplar davon schicken; aber ich habe nur niemanden in Leipzig dem ich es auftragen könnte. Wenden Sie die Paar Groschen die sie kosten werden an mich, und lassen Sie manchmal Petern eins spielen, wenn Sie an mich dencken wollen. Wie ich die Lieder machte, da war ich ein andrer Kerl als ich ietzt binn. Das arme Füchslein! Wenn Sie sehen sollten was ich den ganzen Tag treibe, es ist ordentlich lächerlich.

Das Schreiben wird mir sauer, besonders an Sie. Wenn Sie es nicht aparte befehlen so kriegen Sie keinen Brief wieder vor dem October. Denn meine liebe Freundinn ob Sie mich gleich Ihren lieben Freund und manchmal Ihren besten Freund nennen, so ist doch um den besten Freund immer ein langweilig Ding. Kein Mensch mag eingemachte Bohnen solang man frische haben kann. Frische Hechte sind immer die besten, aber wenn man fürchtet dass sie gar verderben mögen, so salzt man sie ein, besonders wenn man sie verführen will. Es muss Ihnen doch komisch vorkommen wenn Sie an all die Liebhaber dencken, die sie mit Freundschaft eingesalzen haben, grose und kleine, krumme und grade, ich muß selbst lachen wenn ich dran dencke. Doch Sie müssen die Correspondenz mit mir nicht ganz abbrechen, für einen Pöckling binn ich doch immer noch artig genug.

17. Sie erschienen zur Ostermesse 1770, vgl. zu 72, 12.

Apropos dass ich's nicht vergesse, da schicke ich Ihnen was, machen Sie mit was Sie wollen, entweder für Sie auf den Kopf, oder für jemand anders um die Hände. Das Halstuch und der Fächer sind noch nicht um einen Fingerbreit weiter. Sehen Sie, ich binn aufrichtig, wenn ich was mahlen will so bleibt mir's im Halse stecken. Nur in Frühlingstagen schneiden Schäfer in die Bäume, nur in der Blumenzeit bindet man Kränze, verzeihen Sie mir, die Erinnerung ist mir zu traurig, wenn ich das für Sie thun soll was ich gethan habe, ohne mehr zu seyn als ich binn.

Ich habe Ihnen immer gesagt dass mein Schicksaal von dem Ihrigen abhängt. Sie werden vielleicht bald sehn wie wahr ich geredet habe, vielleicht hören Sie bald eine Nachricht die Sie nicht vermuthen. Grüßen Sie Ihre lieben Eltern, und wer zu Ihrer Familie gehört. Empfelen Sie mich dem Obereinnehmer. Ich binn so viel als möglich

Ihr ergebenster Freund
G.

33. An Käthchen Schönkopf.

F. d. 26. Aug. 1769.

Meine liebe Freundinn,

Ich dancke Ihnen für den Anteil den Sie an meiner Gesundheit nehmen, und ich muß Ihnen zum Troste sagen, dass das letzte Gerücht von meiner Kranckheit, eben nicht so ganz gegründet war, ich befinde mich erträglich, freylich manchmal weniger als ich es wünschen mögte. Sie können Sich vorstellen dass es nichts als Indisposition war, warum ich Ihnen so lange nicht geschrieben habe, vielleicht werden bald andre Ursachen Sie abhalten mir zu schreiben. Es ist sonderbaar, heut vor einem Jahre sah ich Sie zum letztenmal, es ist ein närrisches Ding um ein Jahr, was alles sein Gesicht in einem Jahre verändert; ich wette wenn ich Sie wiedersehen sollte, ich kennte Sie nicht mehr. Vor drey Jahren hätte ich geschworen es würde anders werden als es ist. Man soll für nichts schwören behaupt ich. Es war eine Zeit da ich nicht fertig werden konnte mit Ihnen zu reden, und ietzt will all mein Witz nicht hinreichen, eine

---

10. Joh. Georg Richter, Oberzoll- und Tranksteuereinnehmer in Leipzig (1715—93).

Seite an Sie zu schreiben. Denn ich kann mir nichts dencken was Ihnen angenehm seyn könnte. Wenn Sie mir einmal schreiben, dass Sie glücklich sind, dass Sie ohne Ausnahme glücklich sind, das wird mir angenehm seyn. Glauben Sie das? Horn lässt Sie grüssen, er ist unglücklicher als ich. Wie aber alles wunderlich ausgetheilt ist, so hilft ihm seine Narrheit sehr zur Cur von seiner Leidenschafft. Leben Sie wohl liebe Freundinn, Grüssen Sie mir die liebe Mutter und Peter. Ich binn heute unerträglich. Wenn ich in Leipzig wäre, da säße ich bei Ihnen und machte ein Gesicht. Wie Sie sich dergleichen Specktackel noch erinnern können. Doch nein, wenn ich ietzt bey Ihnen wäre, wie vergnügt wollte ich leben. O könnte ich die dritthalb Jahre zurückrufen. Kätgen, ich schwöre es Ihnen liebes Käthgen ich wollte gescheuter seyn.

G.

34. An Käthchen Schönkopf.

Franckfurt am 12. Dec. 1769.

Meine liebe, meine theure Freundinn,

Ein Traum hat mich diese Nacht erinnert, daß ich Ihnen eine Antwort schuldig binn. Nicht als wenn ich es so ganz vergessen hätte, nicht, als wenn ich nie an Sie dächte, nein meine Freundinn, ieder Tag sagt mir was von Ihnen und von meinen Schulden. Aber es ist seltsam, und es ist eine Empfindung die Sie vielleicht auch kennen werden, die Erinnerung an Abwesende, wird durch die Zeit, nicht ausgelöscht, aber doch verdeckt. Die Zerstreuungen unsers Lebens, die Bekanntschafft mit neuen Gegenständen, kurz jede Veränderung unsers Zustandes, thun unserm Herzen das was Staub und Rauch einem Gemählde thun, sie machen die feinen Züge ganz unkenntlich, dass man nicht weiss wie es zu geht. Tausend Dinge erinnern mich an Sie, ich sehe tausendmal Ihr Bild, aber so schwach, und offt mit so wenig Empfindung, als wenn ich an iemand fremdes gedächte, es fällt mir offt ein, dass ich Ihnen eine Antwort schuldig binn, ohne dass ich den geringsten Zug empfinde Ihnen zu schreiben. Wenn ich nun Ihren gütigen Brief lese, der schon etliche Monate alt ist, und Ihre Freundschafft sehe, und Ihre Sorge für einen Unwürdigen da erschröcke ich vor mir selbst, und empfinde erst, was für eine traurige Veränderung in meinem Herzen vorgegangen seyn muss, dass ich ohne Freude dabey seyn kann, was mich sonst in den Himmel gehoben haben würde. Verzeihen Sie mir das! Kann man einem Unglücklichen verdencken dass er sich nicht freun kann. Mein Elend hat mich auch gegen das Gute stumpf gemacht, was mir noch übrig bleibt. Mein Körper ist wieder hergestellt, aber meine Seele ist noch nicht geheilt, ich binn in einer stillen unthätigen Ruhe, aber das heisst nicht glücklich seyn. Und in dieser Gelassenheit, ist meine Einbildungskrafft so stille, dass ich mir auch keine Vorstellung von dem machen kann was mir sonst das liebste war. Nur im Traum erscheint mir manchmal mein Herz wie es ist, nur ein Traum vermag mir die süssen Bilder zurückzurufen, so zurückzurufen dass meine Empfindung lebendig wird, ich habe es Ihnen schon gesagt, diesen Brief sind Sie einem Traume schuldig. Ich habe Sie gesehen, ich war bey Ihnen, wie es war, das ist zu sonderbaar als dass ich es Ihnen erzählen möchte. Alles mit einem Wort, Sie waren verheurahtet. Sollte das wahr seyn? Ich nahm Ihren lieben Brief, und es stimmt mit der Zeit überein; wenn es wahr ist, o so möge das der Anfang Ihres Glückes seyn.

Wenn ich uneigennützig darüber dencke, wie freut das mich, Sie meine beste Freundinn, Sie, noch vor jeder Andern, die Sie beneidete, die sich mehr dünckte als Sie, in den Armen eines liebenswürdigen Gatten zu wissen, Sie vergnügt zu wissen, und befreyt von jeder Unbequemlichkeit, der ein lediger Stand, und besonders Ihr lediger Stand ausgesetzt war. Ich dancke meinem Traum dass er mir Ihr Glück recht lebhafft geschildert hat, und das Glück Ihres Gatten, und seine Belohnung dafür dass er Sie glücklich gemacht hat. Erhalten Sie mir seine Freundschafft, dadurch dass Sie meine Freundinn bleiben, denn auch biss auf die Freunde müssen Sie jetzt alles gemein haben. Wenn ich meinem Traum glauben darf, so sehen wir einander wieder, aber ich hoffe noch sobald nicht, und was an mir liegt will ich seine Erfüllung hinauszuschieben suchen. Wenn anders ein Mensch etwas wider das Schicksaal unternehmen kann. Ehmals schrieb ich Ihnen etwas räthselhafft, von dem was mit mir werden würde, jetzt läßt sich's deutlicher sagen, ich werde den Ort meines Aufenthalts verändern, und weiter von Ihnen wegrücken. Nichts soll mich mehr an Leipzig erinnern, als ein ungestümmer Traum, kein Freund der daher kömmt, kein Brief. Und doch mercke ich, dass mich es nichts helfen wird: Geduld, Zeit und Entfernung, werden das thun was sonst nichts zu thun vermag, sie werden ieden unangenehmen Eindruck auslöschen, und unserer Freundschafft, mit dem Vergnügen, das Leben wiedergeben, dass wir uns nach einer Reihe von Jahren, mit ganz andern Augen, aber mit eben dem Herzen wiedersehen werden. Biss dahin leben Sie wohl. Doch nicht ganz biss dahin. Binnen Einem viertel Jahre, sollen Sie noch einen Brief von mir haben, der Ihnen den Ort meiner Bestimmung, die Zeit meiner Abreise melden wird, und Ihnen das zum Ueberfluss noch einmal sagen kann was ich Ihnen schon tausendmal gesagt habe. Ich bitte Sie mir nicht mehr zu antworten, lassen Sie mir's durch meinen Freund sagen, wenn Sie noch was an mich haben sollten. Es ist das eine traurige Bitte, meine beste, meine Einzige von Ihrem ganzen Geschlechte, die ich nicht Freundinn nennen mag, denn das ist ein nicht bedeudtender Tittul gegen das was ich fühle. Ich mag Ihre Hand nicht mehr sehen, so wenig als ich Ihre Stimme hören mögte, es ist mir leid genug dass meine Träume so geschäfftig sind. Sie sollen noch Einen Brief haben; das will ich heilig halten, und von meinen Schulden will ich einen Theil abtragen, den andern müssen Sie mir noch nachsehen. Dencken Sie, wir kämen ja aus aller Konnexion wenn ich diesen letzten Punckt noch richtig machte. Das grosse Buch das Sie verlangen sollen Sie haben. Es freut mich dass Sie dieses von mir verlangt haben, es ist das herrlichste Geschenck das ich Ihnen geben könnte, ein Geschenck das mein Andencken am längsten, und am würdigsten bey Ihnen erhalten wird. Kein Hochzeitgedicht kann ich Ihnen schicken, ich habe etliche für Sie gemacht, aber entweder, druckten Sie meine Empfindungen zu viel oder zu wenig aus. Und wie konnten Sie von mir zu einem freudigen Feste ein würdiges Lied begehren. Seit — ia seit langer Zeit, sind meine Lieder so verdrüsslich, so übel gestellt als mein Kopf, wie Sie an den meisten sehen können, die schon gedruckt sind, und an den übrigen auch sehen werden, wenn sie gedruckt werden sollten.

Hagedornen und einige andere Bücher werde ich Ihnen ehstens schicken, möchten Sie ein Gefallen an diesem liebenswürdigen Dichter finden wie er es verdient. Uebrigens empfelen Sie mich Ihrer lieben Mutter, dem nunmehr nicht mehr kleinen Bruder, der ohnezweifel ein starcker Musickus geworden seyn wird. Grüßen Sie mir alle lieben Freunde, und erneuern Sie mein Andencken, einigermassen um Sich her.

Leben Sie wohl, geliebteste Freundinn, nehmen Sie diesen Brief, mit Liebe und Gütigkeit auf, mein Herz musste doch noch einmal reden, zu einer Zeit, wo ich nur durch einen Traum von der Begebenheit benachrichtiget war, die mir es hätte verbieten können. Leben Sie tausendmal wohl, und denken Sie manchmal an die zärtlichste Ergebenheit

Ihres

Goethe.

35. An Käthchen Schönkopf.

Frankf. d. 23. Jan. 1770.

Meine liebe Freundinn,

Wahrhafftig es war mein ganzer Ernst da ich meinen letzten Brief schriebe, keine Feder wieder anzusetzen, Ihnen zu schreiben; Aber, es war sonst auch offt mein ganzer Ernst, etwas nicht zu thun, und Käthgen konnte mich es thun machen wie es ihr beliebte, und wenn die Frau Docktorinn eben die Gabe behält, nach ihrem Köpfgen die Leute zu gouverniren, so werd ich auch wohl an Mad. Kanne schreiben müssen, und wenn ich es auch tausendmal mehr verschworen hätte, als ich es gethan habe. Wenn ich mich recht erinnere so war mein letzter Brief einigermassen in einer traurigen Gestalt, dieser geht schon wieder aus einem noch munterern Tone, weil Sie mir biss auf Ostern Aufschub gegeben haben. Ich wollte Sie wären kopulirt und Gott weiss was noch mehr. Aber im Grunde schiert mich's doch, das können Sie sich vorstellen.

Ich weiss nicht ob Sie die Bücher von mir bekommen haben. Es war nicht zeit sie einbinden zu lassen. Und das kleine französche lassen Sie sich rekommandirt seyn. Sie haben eine Uebersetzung davon, und ich weiss doch dass sie ein bissgen Französch lernen.

Dass ich ruhig lebe, das ist alles was ich Ihnen von mir sagen kann, und frisch und gesund, und fleisig, denn ich habe kein Mädgen im Kopfe. Horn und ich sind noch immer gute Freunde, aber wie es in der Welt geht, er hat seine Gedancken, und seine Gänge, und ich habe meine Gedancken und meine Gänge, und da vergeht eine Woche und wir sehen uns kaum einmal.

Aber alles wohl betrachtet, Franckfurt binn ich nun endlich satt, und zu Ende des Merzens geh ich von hier weg. Zu Ihnen darf ich nun noch nicht kommen das merck ich; denn wenn ich Ostern käme so wären Sie vielleicht noch nicht verheurahtet. Und Käthgen Schönkopf mag ich nicht mehr sehen; wenn ich sie nicht anders sehen soll, als so. Zu Ende Merzens geh ich also nach Strasburg, wenn Ihnen daran was gelegen ist, wie ich glaube. Wollen Sie mir auch nach Strasburg schreiben? Sie werden mir eben keinen Possen thun. Denn Käthgen Schönkopf — nun ich weiss ja am besten, dass ein Brief von Ihnen mir so lieb ist als sonst eine Hand.

Sie sind ewig das liebenswürdige Mädgen, und werden auch die Liebenswürdige Frau seyn. Und ich, ich werde Goethe bleiben. Sie wissen was das heisst. Wenn ich meinen Nahmen nenne, nenne ich mich ganz, und Sie wissen, dass ich, so lang als ich Sie kenne, nur als ein Theil von Ihnen gelebt habe.

Ehe ich von hier weg gehe, sollen Sie das restirende Buch bekommen; und einen Fächer und ein Halstuch bleibe ich Ihnen schuldig biss ich aus Franckreich zurückkomme.

In Strasburg werde ich bleiben, und da wird sich meine Adresse verändern wie die Ihrige, es wird auf beyde etwas vom Doctor kommen.

Von Strasburg ziehe ich nach Paris, und hoffe mich da sehr wohl zu befinden, und vielleicht eine gute Zeit da zu bleiben. Und hernach — das weiss Gott, ob daraus was wird. Nun auf Ostern wird dann hoffentlich Ihre Verbindung vor sich gehen. Eh nun wenn es Ostern nicht ist so ist's Michäl, und wenn es ja Michael nicht geschähe, so häng ich mich gewiss nicht.

Wenn ich Ihnen den Fächer und das Halstuch selbst brächte, und noch sagen könnte Mdlle Schönkopf oder Käthgen Schönkopf wie sich's nun weissen würde. Eh nun da wär ich auch Docktor und zwar ein französcher Docktor. Und am Ende wäre doch Frau Docktor C. und Frau Docktor G. ein herzlich kleiner Unterschied.

Inzwischen leben Sie schöne wohl und grüssen Sie

mir Vater Schönckopf und die liebe Mutter und Freund Petern.

Mit Breitkopfs binn ich fast aus aller Connexion, wie mit aller Welt. Ich habe zwar, erst kurz Briefe, aber es ist mir nicht um's Herz zu antworten.

Stenzel liebt noch den Riepel den Pegauer zum Sterben, mir kömmt es einfältig vor, und ärgerlich, Sie können Sich dencken warum.

Die Trauben sind sauer sagte der Fuchs. Es könnte wohl noch gar am Ende eine Ehe geben, und das wär ein Specktackel, aber ich wüsste doch noch eine Ehe, die ein noch grösserer Specktackel wäre. Und doch ist sie nicht unmöglich, nur unwahrscheinlich.

Wir haben uns hier schön eingericht. Wir haben ein ganzes Haus, und wenn meine Schwester heurahtet, so muss sie fort, ich leide keinen Schwager, und wenn ich heurahte so theilen wir das Haus, ich und meine Eltern, und ich kriege 10 Zimmer alle schön und wohl meublirt im Franckfurter Gusto.

Nun Käthgen, es sieht doch aus als wenn Sie mich nicht mögten, freyen Sie mir eine von Ihren Freundinnen, die Ihnen am ähnlichsten ist. Denn was soll das herumfahren. In zwei Jahren binn ich wieder da. Und hernach. Ich habe ein Haus, ich habe Geld. Herz was begehrst du? Eine Frau!

Adieu liebe Freundinn. Heut war ich einmal lustig, und habe schlecht geschrieben. Adieu meine beste.

36. An Hermann.

Lieber Herr Assessor

Ich dancke Ihnen für das Denkzettelgen. Ich sehe, daß Sie mich noch lieben und das freut mich sehr, da ich Sie noch immer sehr liebe und offt an Sie dencke. Daß ich nicht geschrieben habe, wird Ihnen verständlich seyn. Neues Leben, neue Bekanntschafften, und hernach können Sie sich vorstellen, wie viel einer zu thun hat, seine Wissenschaften in Ordnung zu bringen, der drey Jahre zu Leipzig die guten Studien zu studiren sich angelegen seyn ließ.

---

6. Constanze Breitkopf. — Horn. Riepel = Rüpel. Pegau ein kleiner Ort bei Leipzig, das sächsische Schöppenstedt. 27. Weitere Briefe an Käthchen Schönkopf sind nicht überliefert. Im März 1776 sah Goethe sie wieder, vgl. Nr. 191.

Gegen Ende März will ich meinen Flug weiter nehmen. Zuerst nach Strasburg, wo ich gerne mögte meine iuristischen Verdienste gekrönt haben. Von da marschire ich (salvis accidentibus) nach Paris. Und von da — das weiß Gott. — Und Sie behalten mich in bleibendem Andenken, bis ich einmal wiederkomme.

Wenn unter meinen Liedern Ihnen etwas gefallen hat, so freut michs. Daß ich mit der Zeit was bessers machen werde, hoffe ich; mit uns Quasi modo genitis muß man Geduld haben. Mahlerey und Musik und was Kunst heißt, ist noch immer meinem Herzen so nah als ehmals. Was macht Oeser? Ich habe lange nichts von ihm gehört; sagen Sie ihm das freundschaftlichste Kompliment. Ich werde noch einmal an ihn schreiben, eh ich von hier gehe.

Herr Reich hat mir die „Dialogen des Diogenes" auf der Post geschickt, und ich habe sie auf der Post gelesen, es war das liebste Geschenk, das er mir hätte machen können. Die Kupfer sind exzellent, und das Buch ist von Wielanden. Man muß seinen Namen nennen, denn den Charakter, die Laune dieses Mannes zu schildern oder zu beurtheilen, ist nichts für uns. Ueber große Leute sollte Niemand reden, als wer so groß ist wie sie, um sie übersehen zu können. Ein kleiner, wenn er zu nah steht, sieht einzelne Theile gut, aber nichts vom Ganzen, und wenn er das Ganze übersehen will, so muß er sich zu weit entfernen, und da reichen seine Augen nicht an die Theile. Verzeihen Sie mir diese Allegorie. Grüßen Sie den Herrn Obereinnehmer Richter, dem ich ehestens schreiben werde, und lieben Sie mich. Ich bin wie im Gartenhaus, wie in der grünen Stube, wie immer

Frfurt, am 6. Febr. 1770.

Ihr Goethe.

37. An Reich.

Franckf. am 20. Febr. 70.

Theuerster Herr Reich,

Es giebt gemischte Empfindungen, die Mendelssohn so richtig zeichnen, und Wieland so süsse mahlen kann, und

---

15. Vgl. Adressatenverzeichnis. — Wielands „*Σωκράτης μαινόμενος* oder die Dialogen des Diogenes von Sinope. Aus einer alten Handschrift" 1770.
27. Vgl. zu 80, 16. 34. Moses Mendelssohns (1729—86) Schrift „Ueber die Empfindungen" erschien 1755.

von denen wir andre schweigen müssen. Davon war es eine die mich überfiel, als ich Ihren lieben Brief, mit dem angenehmsten Geschencke erhielt.

Nichts war mir neu. Denn dass Wieland so ein Autor ist, dass Sie so ein Verleger und so gütig gegen mich sind, das weiss ich seitdem ich Sie und Wielanden kenne; allein in dem Grade! unter diesen Umständen! war mir alles neu. Meine Danckbaarkeit werden Sie leicht nach dem Werth Ihrer Freundschafft, nach der Fürtrefflichkeit des Buchs, und nach dem Vergnügen messen können, das man in dieser Franckfurter Hungersnoth des guten Geschmacks, sehr lebhafft fühlen muss, wenn man ein neues Buch geschwind in die Hände kriegt. Und auch darum lasse ich meine Erkänntlichkeit gerne schweigen; denn wahrhafftig Sie müssten sehr müde werden Dancksagungen anzuhören, wenn Ihre besondere Gütigkeit nicht gleich iedem den Sie verbinden ein ehrfurchtsvolles Stillschweigen auflegte.

Oesers Erfindungen haben mir eine neue Gelegenheit gegeben, mich zu seegnen, dass ich ihn zum Lehrer gehabt habe. Fertigkeit oder Erfahrung vermag kein Meister seinem Schüler mitzutheilen, und eine Uebung von wenigen Jahren thut in den bildenden Künsten nur was mittelmässiges; auch war unsre Hand nur sein Nebenaugenmerck; er drang in unsre Seelen, und man musste keine haben um ihn nicht zu nutzen.

Sein Unterricht wird auf mein ganzes Leben Folgen haben. Er lehrte mich, das Ideal der Schönheit sey Einfalt und Stille, und daraus folgt, dass kein Jüngling Meister werden könne. Es ist ein Glück wenn man sich von dieser Wahrheit nicht erst durch eine traurige Erfahrung zu überzeugen braucht. Empfehlen Sie mich meinem lieben Oeser.

Nach ihm und Schäckespearen, ist Wieland noch der einzige, den ich für meinen ächten Lehrer erkennen kann, andre hatten mir gezeigt dass ich fehlte, diese zeigten mir wie ichs besser machen sollte.

Meine Gedancken über den Diogenes werden Sie wohl nicht verlangen. Empfinden und schweigen ist alles was man bey dieser Gelegenheit thun kann; denn sogar loben soll man einen grosen Mann nicht, wenn man nicht so gros

---

6. Wielands persönliche Bekanntschaft machte Goethe erst in Weimar. 18. Die Kupferstiche zu Wielands „Dialogen des Diogenes". 27. Nach Winckelmann.

ist wie er. Aber geärgert habe ich mich schon auf Wielands Rechnung, und ich glaube mit Recht. Wieland hat das Unglück offt nicht verstanden zu werden, vielleicht ist manchmal die Schuld sein, doch manchmal ist sie es nicht, und da muss man sich ärgern wenn Leute ihre Missverständnisse dem Publiko für Erklärungen verkaufen. Jüngst sagte ein Recensent: die Rede vom Mann im Monde sey eine feine Satyre auf die Philosophie der damaligen Zeiten, und ihre Torheit. Wem könnte so was einfallen? — doch ia! Er hat einen Gesellschaffter an dem Uebersetzer des Agathon. Tableau des moeurs de l'ancienne Grece! So ohngefähr wird der Tittel seyn. Ich glaube der Mensch hielte das Buch für eine Archaiologie.

Ich weiss nicht ob sich Wieland auch drüber ärgert, wenigstens hätte er's Ursach.

Wenn Sie diesem grosen Autor, Ihrem Freunde schreiben, oder ihn sprechen, so haben Sie die Gütigkeit, ihm einen Menschen bekannt zu machen, der zwar nicht Mann's genung ist seine Verdienste zu schätzen, aber doch ein genung zärtliches Herz hat sie zu verehren; mit dessen aufrichtigster Empfindung er sich auch nennt

Ihren ergebensten Diener
Goethe.

Straßburg.

38. An Limprecht.

Strasburg am Charfreytag 1770
den 12. April.

Lieber Limprecht

Ich zweifle nicht einen Augenblick, daß Er jetzo Geld brauchen wird; denn es ist mir heute sehr quer eingefallen, Ihm die Louisd'or zu schicken. Es ist doch mehr als nichts, denk ich, wenn's gleich nicht viel ist; nehm' Er's wenigstens als ein Zeichen an, daß das Vergangene nicht vergessen ist.

---

11. Wielands lehrhafter Roman „Geschichte des Agathon" (erschienen 1766–67) trug in der französischen Uebersetzung von Frénays (1768) den Titel „Histoire d'Agathon ou tableau des moeurs de la Gréce". 27. „Er" respektvolle Anrede an den Aelteren. Vgl. Adressatenverzeichnis.

Ich bin wieder Studiosus und habe nun, Gott sey Dank, so viel Gesundheit, als ich brauche, und Munterkeit im Ueberfluß. Wie ich war, so bin ich noch, nur daß ich mit unserm Herre Gott etwas besser stehe, und mit seinem lieben Sohn Jesu Christo. Draus folgt denn, daß ich auch etwas klüger bin und erfahren habe, was das heißt: die Furcht des Herrn ist der Weisheit Anfang. Freilich singen wir erst das Hosianna dem, der da kommt; schon gut! auch das ist Freude und Glück: der König muß erst einziehn, eh er den Thron besteigt.

Uebrigens wünsche ich zu hören, daß sich Ihre Umstände gebessert haben. Sie haben immer viel Last in der Welt gehabt, und noch zuletzt mit Ihren Augen und mir. Nicht meine Krankheit meyn' ich; das war ein Liebesdienst und Liebesdienste werden niemals sauer; aber wenn ich mich erinnere, was für ein unerträglicher Mensch ich den letzten ganzen Sommer war, so nimmt mich's Wunder, wie mich jemand hat ertragen können. Doch ich verdiente Mitleiden; ich hatte auch meine liebe Last.

Leben Sie wohl und nehmen Sie den Brief auf, wie ich ihn schreibe und schicke, das heißt: ohne Umstände und mit ganzem Herzen.

Grüßen Sie alle Freunde und seyn Sie der meinige.

Goethe.

Strasburg d. 19. April 1770.

Gestern empfieng ich Ihren lieben Brief vom 28. Merz und also einige Tage nach dem seltsamen Einfall, den ich Ihnen, wie er Charfreytagsnacht mir eingekommen und ausgeführt worden ist, hier überschicke.

Es ist mir lieb zu hören, daß Sie leben und predigen, und wenn Sie sich darauf legen, so müssen Sie sich auch ohne Augen durch die Welt bringen können. Man sagt, Demokrit habe sich geblendet, um durch diesen gefährlichen Sinn nicht zerstreut zu werden, und wahrhaftig, wenn er's thun konnte, so that er nicht unrecht; ich gäbe manchmal was drum blind zu seyn. Und doch, wenn es ist wie es war, daß Sie Dämmerung sehen, wo andre Tag haben, so verliehren Sie nicht viel. Es ist ja doch alles Dämme-

---

1. Immatrikuliert erst am 19. d. M. Durch den Einfluß des Fräuleins v. Klettenberg, vgl. Nr. 41.

rung in dieser Welt, ein Bißgen mehr oder weniger, dafür läßt sich Trost finden.

Ich bin anders, viel anders, dafür danke ich meinem Heilande; daß ich nicht bin, was ich seyn sollte, dafür danke ich auch. Luther sagt: „Ich fürchte mich mehr für meinen guten Werken als für meinen Sünden" Und wenn man jung ist, ist man nichts ganz.

Funfzehn Tage bin ich nun hier, und finde Strasburg nicht ein Haar besser noch schlimmer als alles was ich auf der Welt kenne, das heißt sehr mittelmäßig und das doch gewisse Seiten hat, die einen zum Guten und Bösen in Bewegung setzen und aus seiner gewöhnlichen Lage bringen können. Adieu.

Goethe.

39. An Katharina Fabricius.

Saarbrück am 27. Jun. [1770.]

Wenn das alles aufgeschrieben wäre, liebe Freundinn, was ich an Sie gedacht habe, da ich diesen schönen Weeg hierher machte, und alle Abwechselungen eines herrlichen Sommertags, in der süsesten Ruhe genoß; Sie würden mancherley zu lesen haben, und manchmal empfinden, und offt lachen. Heute regnet's, und in meiner Einsamkeit finde ich nichts reitzenders als an Sie zu dencken; an Sie; das heißt zugleich an alle die Sie lieben, die mich lieben und auch sogar an Käthgen, von der ich doch weiß daß sie sich nicht verläugnen wird, daß sie gegen meine Briefe seyn wird, was sie gegen mich war, und daß sie — Genug, wer sie auch nur als Silhouette gesehn hat, der kennt sie.

Gestern waren wir den ganzen Tag geritten, die Nacht kam herbey und wir kamen eben aufs Lothringische Gebürg, da die Saar im lieblichen Thale unten vorbey fließt. Wie ich so rechter Hand über die grüne Tiefe hinaussah und der Fluß in der Dämmerung so graulich und still floß, und lincker Hand die schweere Finsterniß des Buchenwaldes vom Berg über mich herabhing, wie um die dunckeln Felsen

---

8. Quinze jours. Genau 17, seit dem 2. d. M. 24. Nicht Käthchen Schönkopf, sondern die Adressatin. 28. Goethe befand sich auf diesem größeren Ausflug in Gesellschaft seiner neuen Freunde: des Juristen Joh. Konrad Engelbach (1744—1802) und des Mediziners Friedr. Leopold Weyland (1750—85), zweier geborenen Elsässer.

durchs Gebüsch die leuchtenden Vögelgen still und geheimnißvoll zogen; da wurds in meinem Herzen so still wie in der Gegend und die ganze Beschwerlichkeit des Tags war vergessen wie ein Traum, man braucht Anstrengung um ihn im Gedächtniß aufzusuchen.

Welch Glück ist's ein leichtes, ein freyes Herz zu haben! Muth treibt uns an Beschweerlichkeit, an Gefahren; aber grose Freuden werden nur mit groser Mühe erworben. Und das ist vielleicht das meiste was ich gegen die Liebe habe; man sagt sie mache mutig. Nimmermehr. Sobald unser Herz weich ist, ist es schwach. Wenn es so ganz warm an seine Brust schlägt, und die Kehle wie zugeschnürt ist, und man Trähnen aus den Augen zu drücken sucht, und in einer unbegreifflichen Wonne dasitzt wenn sie fließen. O da sind wir so schwach daß uns Blumenketten fesseln, nicht weil sie durch irgend eine Zauberkrafft starck sind, sondern weil wir zittern sie zu zerreißen.

Mutig wird wohl der Liebhaber der in Gefahr kömmt sein Mädgen zu verlieren, aber das ist nicht mehr Liebe, das ist Neid. Wenn ich Liebe sage, so versteh ich die wiegende Empfindung, in der unser Herz schwimmt, immer auf Einem Fleck sich hin und her bewegt, wenn irgend ein Reiz es aus der gewöhnlichen Bahn der Gleichgültigkeit gerückt hat. Wir sind wie Kinder auf dem Schaukelpferde immer in Bewegung, immer in Arbeit, und nimmer vom Fleck. Das ist das wahrste Bild eines Liebhabers. Wie traurig wird die Liebe, wenn man so schenirt ist, und doch können Verliebte nicht leben ohne sich zu scheniren.

Sagen Sie meinem Fränzgen daß ich noch immer ihr binn. Ich habe sie viel lieb, und ich ärgerte mich offt daß sie mich so wenig schenirte; man will gebunden seyn, wenn man liebt.

Ich kenne einen guten Freund, dessen Mädgen offt die Gefälligkeit hatte bey Tisch des Liebsten Füße zum Schemmel der ihrigen zu machen. Es geschah einen Abend daß er aufstehen wollte eh es ihr gelegen war, sie drückte ihren Fuß auf den seinigen, um ihn durch diese Schmeicheley fest zu halten; unglücklicher Weisse kam sie mit dem Absatz auf seine Zehen, er stand viel Schmerzen aus, und doch kannte

---

29. Franziska Jakobea Krespel, Freundin der Adressatin und Corneliens, Tochter eines Juwelenhändlers in Frankfurt.

er den Werth einer Gunstbezeugung zu sehr um seinen Fus zurückzuziehen.

40. An Trapp.

[Straßburg] d. 28ten Jul. [1770.]

Nichts weiß ich! Das wissen Sie dächt ich, lang, und fragen mich doch immer zu, und verwundern sich wenn ich nicht antworte. So gern ich mich mit meinen Freunden, und besonders mit Ihnen unterrede so sehr hält mich mein unstetes Leben davon ab; komme ich ia dann einmal an die zubeantwortenden Briefe, und finde Fragen und Untersuchungen, denen ich nicht gewachsen binn, so nimmt meine Faulheit gerne daher eine Ursache, und schiebt eine Antwort ins weite. Ich lebe etwas in den Tag hinein, und dancke Gott dafür, und manchmal auch seinem Sohne wenn ich darf, daß ich in solchen Umständen binn die mir es aufzulegen scheinen. Wie wollen Sie nun daß ich Ihnen rahten soll, in einer Angelegenheit rathen soll, die so weit über meine Erfahrung geht; und noch dazu da ich nicht weiß, wie noch welche Person.

Was bliebe mir also übrig? Abzuhandlen, ob es gut sey, sich zu verheurathen oder nicht. Lieber Freund, diese allgemeinen Betrachtungen machen weder den einen noch den andern gescheuter als er ist, und Ihren Special Fall, kenne ich viel zu wenig, um nur Einen richtigen Gedancken haben zu können. Ueberhaupt ist dieses eine von denen Gelegenheiten, wo unsre Klugheit, Weißheit, Grübeley, oder Unglauben, wie Sie es nennen wollen, am wenigsten ausrichtet. Wer nicht wie Elieser, mit völliger Resignation in seines Gottes überall einfliesende Weißheit, das Schicksaal einer ganzen zukünftigen Welt dem Tränken der Kameele überlassen kann, der ist freylich übel dran, dem ist nicht zu helfen. Denn wie wollte dem zu rahten seyn der sich von Gott nicht will rahten lassen.

Freylich wird es Ihnen gehen, lieber Freund, wie uns iungen Herren allen. Wir wollen unsre Väter nicht für uns freyen lassen, und sind nicht leicht auf dem Felde zu beten, wenn unsre Braut im Anzuge ist. Unsre Neigungen?

---

2. Nr. 39—44 sind unvollständig erhalten in einem Konzeptheft von Goethes Hand, das sich im Nachlaß der Frau v. Stein gefunden hat, nebst anderen, hier ausgelassenen Briefen. 27 und 35. Vgl. 1 Mose 24 und 28. 29.

Was wir thun sollen in Absicht auf sie? Narren sind sie diese unreife Bewegungen unsers Herzens, und Sie wissen ia was geschieht wenn man sich von solchen Compagnons bey der Nase herumführen läßt.

Ich könnte nun manches schöne Blümgen, manchen guten moralischen Gedancken, auch wohl manchen politischen bey dieser Gelegenheit anbringen, wenn ich den Wehrt der Worte nicht so gut kennte. Reflexionen sind eine sehr leichte Waare, mit Gebet dagegen ist's ein sehr einträglicher Handel; eine einzige Aufwallung des Herzens im Nahmen des, den wir inzwischen einen Herren nennen, biß wir ihn unsern Herrn betitteln können, und wir sind mit unzähligen Wohltahten überschüttet.

Noch etwas. Wie steht's mit Ihrer Gesundheit? ich bitte Sie sorgen Sie doch für diesen Leib mit anhaltender Treue. Die Seele muß nun einmal durch diese Augen sehen, und wenn sie trüb sind, so ist's in der ganzen Welt Regenwetter.

Vielleicht weiß ich das so gut, als iemand. Es war eine Zeit da mir die Welt so voll Dornen schien, als Ihnen ietzo. Der Himmels Arzt hat das Feuer des Lebens in meinem Körper wieder gestärckt, und Muth und Freude sind wieder da.

Es wird mit Ihnen auch noch so werden, wenn es ihr bestes ist. Leben Sie wohl. Und wenn Sie Sich auch nicht ganz in mich finden können, so braucht Sie das nicht zu bekümmern; überzeugen Sie Sich nur von der Wahrheit vollkommen, daß ich Ihr treuer Freund bin.

41. An Susanna v. Klettenberg.

[Straßburg] d. 26. Aug. [1770.]

Gnädge Fräulen.

Ich binn heute mit der kristlichen Gemeine hingegangen, mich an des Herren Leiden und Todt zu erinnern, und Sie können rathen, warum ich mich diesen Nachmittag [mit Ihnen] unterhalten, und einen so saumseeligen Brief, endlich im Ernste treiben will. Es geht unsern besten Freunden mit uns, wie es Gott selbst zu gehen pflegt; zu ieder Liebe gehört eine Sammlung, und ich wollte ausgeworffne Schaupfennige ehe wieder gesammelt haben, als zerstreute Gedancken, und besonders hier, unter denen Umständen worinn ich mich ietzo befinde.

Und doch scheinen sie nicht wenig zu versprechen. Die viele Menschen die ich sehe, die vielen Zufälle die mir queerüber kommen, geben mir Erfahrungen und Kenntnisse von denen ich mir nichts habe träumen lassen. Uebrigens ist mein Körper iust so gesund um eine mäßige, und nötige Arbeit zu tragen, und um mich bey Gelegenheit zu erinnern daß ich weder an Leib noch an Seele ein Riese binn.

Mein Umgang mit denen frommen Leuten hier ist nicht gar starck, ich hatte mich im Anfange sehr starck an sie gewendet; aber es ist als wenn es nicht seyn sollte. Sie sind so von Herzen langweilig wenn sie anfangen, daß es meine Lebhafftigkeit nicht aushalten konnte. Lauter Leute von mäsigem Verstande, die mit der ersten Religions-empfindung, auch den ersten vernünftigen Gedanken dachten, und nun meynen das wäre alles, weil sie sonst von nichts wissen; dabey so hällisch und meinem Graffen so feind, und so kirchlich und pünctlich, daß — ich Ihnen eben nichts weiter zu sagen brauche.

Es kömmt noch was dazu. Die Vorliebe für unsre eignen Empfindungen und Meynungen, die Eitelkeit eines ieden Nase dahin drehen zu wollen wohin unsre gewachsen ist; Fehler denen solche Leute die eine gute Sache haben mit der größten Sicherheit nachhängen.

Wie offt habe ich ** die Sache seiner Grillen und die Sache Gottes vermischen hören wenn er meinen Vetter ausschalt. Ich habe den Mann gern wir sind gute Freunde; aber schon als Hausvater ist er zu streng, und Sie können sich dencken was herauskommt wenn er die feinern Pflichten der Religion von seinen iungen rohen Leuten beobachtet haben will.

Eine andre Bekandtschafft, grad das Widerspiel von dieser, hat mir bisher nicht wenig genutzt. Ich soll durch alle Klassen gehn, so scheints gnädge Fräulen.

Herr ** ein Ideal für Mosheimen oder Jerusalemen, ein Mann, der durch viel Erfahrung mit viel Verstand ge-

18. Dem Hallischen Pietismus anhängend (Spener u. Francke), im Gegensatz zu dem von Frl. v. Klettenberg und den Ihrigen verehrten Grafen Nikolaus Ludwig v. Zinzendorf (1700—60), dem Stifter der Brüdergemeinde zu Herrnhut. 26. 27. 33: nicht mit Sicherheit festgestellte Personen. 36. Salzmann? siehe Adressatenverzeichnis. — Joh. Lorenz Mosheim (1693—1755) und Joh. Friedr Wilh. Jerusalem (1709—89), berühmte Theologen in Göttingen und Braunschweig

gangen ist; der bey der Kälte des Bluts womit er von ieher die Welt betrachtet hat, gefunden zu haben glaubt: daß wir auf diese Welt gesetzt sind besonders um ihr nützlich zu seyn, daß wir uns dazu fähig machen können, wozu denn auch die Religion etwas hilfft; und daß der Brauchbaarste der beste ist. Und alles was draus folgt.

Uebermorgen ist mein Geburtstag; schweerlich wird eine neue Epoque von ihm angehen; dem sey wie ihm wolle so betet mit mir, für mich, daß alles werde, wie's werden soll.

Die Jurisprudenz fangt an mir sehr zu gefallen. So ists doch mit allem wie mit dem Merseburger Biere, das erstemal schauert man, und hat mans eine Woche getruncken, so kann mans nicht mehr laßen. Und die Chymie ist noch immer meine heimlich Geliebte.

Es ist doch immer noch der alte Geck! der

42. An Katharina Fabricius.

[Straßburg] am 14. Octb. [1770.]

Soll ich Ihnen wieder einmal sagen daß ich noch lebe, und wohl lebe, und so vergnügt als es ein Mittelzustand erlaubt, oder soll ich schweigen, und lieber gar nicht, als beschämt an Sie dencken? Ich dächte nein. Vergebung erhalten, ist für mein Herz eben so süße als Danck verdienen, ia noch süßer denn die Empfindung ist uneigennütziger. Sie haben mich nicht vergessen, das weiß ich; Ich habe Sie nicht vergessen, das wissen Sie, ohngeachtet eines Stillschweigens dessen Dauer ich nicht berechnen mag. Ich habe niemals so lebhafft erfahren was das sey, vergnügt ohne daß das Herz einigen Anteil hat, als ietzo, als hier in Strasburg. Eine ausgebreitete Bekanntschafft unter angenehmen Leuten, eine aufgeweckte muntre Gesellschafft, iagt mir einen Tag nach dem andern vorüber, läßt mir wenig Zeit zu dencken, und gar keine Ruhe zum Empfinden, und wenn man nichts empfindet, denckt man gewiß nicht an seine Freunde. Genung mein ietziges Leben ist vollkommen wie eine Schlittenfahrt, prächtig und klinglend, aber

12. Ueber dieß Getränk beschwerte sich Goethe im Anfang der Leipziger Zeit in einem hier ausgelassenen Brief an die Schwester. 14 Die Alchimie, deren Pflege bei der Adressatin und in ihrem Kreise neben der Religion betrieben wurde. 16. Unvollständig, s. zu 93, 2. 35. Vgl. Nr. 169.

eben so wenig fürs Herz, als es für Augen und Ohren viel ist.

Sie sollten wohl nicht rahten wie mir ietzo so unverhofft der Einfall kömmt, Ihnen zu schreiben, und weil die Ursache so gar artig ist, muß ich's Ihnen sagen.

Ich habe einige Tage auf dem Lande bey gar angenehmen Leuten zugebracht. Die Gesellschafft der liebenswürdigen Töchter vom Hause, die schöne Gegend, und der freundlichste Himmel, weckten in meinem Herzen iede schlafende Empfindung, iede Erinnerung an alles was ich liebe; daß ich kaum angelangt binn, als ich schon hier sitze und an Sie schreibe.

Und daraus können Sie sehen, in wie fern man seiner Freunde vergessen kann wenn's einem wohl geht. Es ist nur das schwärmende, zu bedaurende Glück, das uns unsrer selbst vergessen macht, das auch das Andencken an Geliebte verdunckelt; aber wenn man sich ganz fühlt, und still ist und die reinen Freuden der Liebe und Freundschafft genießt, dann ist durch eine besondere Sympatie, iede unterbrochne Freundschafft, iede halbverschiedne Zärtlichkeit wieder auf einmal lebendig. Und Sie, meine liebe Freundinn, die ich unter vielen vorzüglich so nennen kann, nehmen Sie diesen Brief als ein neues Zeugniß daß ich Sie nie vergessen werde. Leben Sie glücklich etc.

43. An Friederike Brion.

Str. am 15. Ocbr. [1770.]

Liebe liebe Freundinn,

Ob ich Ihnen was zu sagen habe, ist wohl keine Frage; ob ich aber iust weiß warum ich eben ietzo schreiben will, und was ich schreiben mögte, das ist ein anders; soviel merck ich an einer gewißen innerlichen Unruhe, daß ich gerne bey Ihnen seyn mögte; und in dem Falle ist ein Stückgen Papier so ein wahrer Trost, so ein geflügeltes Pferd, für

---

6. In Sesenheim beim Pfarrer Joh. Jakob Brion (1717—87), in dessen Familie Goethe durch den ihr verwandten Freund Weyland (s. zu 91, 2.) eingeführt war. Die Töchter: Maria Salomea, geb. 1750, später Frau des Pfarrers Marx zu Diersburg in Baden (= Olivie in „Dichtung und Wahrheit"); Friederike, s. Adressatenverzeichnis; ferner Sophie, geb. 1756, während die älteste der vier Töchter schon damals an den Pfarrer Godel zu Eichstätten in Baden verheiratet war. 26. Das Konzept (vgl. zu 93, 2) beginnt mit einem anderen, durch Einklammerung getilgten Eingang und setzt dann mit „Liebe liebe Freundinn" neu ein.

mich, hier, mitten in dem lärmenden Strasburg, als es Ihnen, in Ihrer Ruhe nur seyn kann, wenn Sie die Entfernung von Ihren Freunden recht lebhafft fühlen.

Die Umstände unserer Rückreise können Sie Sich ohngefähr vorstellen, wenn Sie mir beym Abschiede ansehen konnten, wie leid er mir that; und wenn Sie beobachteten, wie sehr Weyland nach Hause eilte, so gern er auch unter andern Umständen bey Ihnen geblieben wäre. Seine Gedancken gingen vorwärts, meine zurück, und so ist natürlich daß der Diskurs weder weitläuffig noch interessant werden konnte.

Zu Ende der Wanzenau machten wir Spekulation den Weeg abzukürzen, und verirrten uns glücklich zwischen den Morästen, die Nacht brach herein, und es fehlte nichts, als daß der Regen, der einige Zeit nachher ziemlich freygebig erschien, sich um etwas übereilt hätte; so würden wir alle Ursache gefunden haben, von der Liebe und Treue unsrer Prinzessinnen vollkommen überzeugt zu seyn.

Unterdessen war mir die Rolle, die ich, aus Furcht sie zu verliehren, beständig in der Hand trug, ein rechter Talisman der mir die Beschweerlichkeiten der Reise alle hinwegzauberte. Und noch? O, ich mag nichts sagen, entweder Sie können's rathen, oder Sie glaubens nicht.

Endlich langten wir an, und der erste Gedancke, den wir hatten, der auch schon auf dem Weeg unsre Freude gewesen war, endigte sich in ein Projeckt, Sie balde wiederzusehen.

Es ist ein gar zu herziges Ding um die Hoffnung, wiederzusehen. Und wir andern mit denen verwöhnten Herzgen, wenn uns ein Bissgen was leid thut, gleich sind wir mit der Arzeney da, und sagen: Liebes Herzgen, sey ruhig, du wirst nicht lange von Ihnen entfernt bleiben, von denen Leuten, die du liebst; sey ruhig liebes Herzgen! Und dann geben wir ihm inzwischen ein Schattenbild, daß es doch was hat, und dann ist es geschickt und still wie ein kleines Kind, dem die Mama eine Puppe statt des Apfels giebt, wovon es nicht essen sollte.

Genung, wir sind hier, und sehen Sie daß Sie Unrecht hatten! Sie wollten nicht glauben daß mir der Stadtlärm, auf Ihre süße Landfreuden mißfallen würde.

Gewiß Mamsell, Strasburg ist mir noch nie so leer vorgekommen als ietzo. Zwar hoff ich es soll besser werden, wenn die Zeit das Andencken unsrer niedlichen und Muthwilligen Lustbaarkeiten ein wenig ausgelöscht haben wird, wenn ich nicht mehr so lebhafft fühlen werde, wie gut, wie angenehm meine Freundinn ist. Doch sollte ich das vergessen können oder wollen? Nein, ich will lieber das Wenig Herzwehe behalten, und offt an Sie schreiben.

Und nun noch vielen Dank, noch viele aufrichtige Empfelungen Ihren Teuern Eltern; Ihrer lieben Schwester, viel hundert — was ich Ihnen gerne wieder gäbe.

44. An Anna Margaretha Textor.

[Straßburg, Februar 1771.]

Theuerste Grosmama

der Todt unsers lieben Vaters, schon so lange täglich gefürchtet, hat mich doch unbereitet überrascht.

Ich habe diesen Verlust mit einem vollen Herzen empfunden; und was ist die Welt um uns herum, wenn wir verlieren was wir lieben.

Mich, nicht Sie zu trösten, schreib ich Ihnen, Ihnen die Sie ietzo das Haupt unserer Familie sind, bitte Sie um Ihre Liebe, und versichre Sie meiner zärtlichsten Ergebenheit.

Sie haben länger in der Welt gelebt als ich, und müßen in Ihrem eignen Herzen mehr Trost finden, als ich kenne. Sie haben mehr Unglück ausgestanden als ich, Sie müßen weit lebhaffter fühlen als ich's sagen kann, daß die traurigste Begebenheit durch die Hand der Vorsicht die angenehmste Wendung zu unsrer Glückseeligkeit nimmt; daß die Reihe von Glück und Unglück im Leben in einander gekettet ist wie Schlaff und Wachen, keins ohne das andre, und eins um des andern willen, daß alle Freude in der Welt nur geborgt ist.

Sie haben Kinder und Enckel vor sich sterben sehn, an dem Morgen ihres Lebens Feyerabend machen, und nun begleiten Ihre Tränen einen Gemahl zu der ewigen Sabbaths Ruhe, einen Mann, der seinen Wochenlohn redlig verdient hat. Er hat ihn nun. Und doch hat der liebe Gott indem er vor ihn sorgte, auch für Sie, für Uns gesorgt. Er hat uns nicht den muntern freundlichen glück-

---

12. Der Großvater (s. zu 15, 24. 65, 34) war am 6. Februar 1771 gestorben.

lichen Greiß entrissen der mit der Lebhafftigkeit eines Jünglings die Geschäffte des Alters verrichtete, seinem Volke vorstund, die Freude seiner Familie war. Er hat uns einen Mann genommen dessen Leben wir schon einige Jahre an einem Seidenfaden hängen sahen, dessen feuriger Geist die unterdrückende Last eines krancken Körpers mit schweerer Aengstlichkeit fühlen mußte, sich frey wünschen mußte, wie sich ein Gefangner aus dem Kercker hinauswünscht.

Er ist nun frey und unsre Tränen wünschen ihm Glück und unsre Traurigkeit versammelt uns um Sie liebe Mama, uns mit Ihnen zu trösten, lauter Hertzen voll Liebe! Sie haben viel verlohren, aber es bleibt Ihnen viel übrig. Sehen Sie uns, lieben Sie uns und seyn Sie glücklich. Genießen Sie noch lange auch der zeitlichen Belohnung, die Sie so reichlich an unserm krancken Vater verdient haben, der hingegangen ist es an dem Ort der Vergeltung zu rühmen, und der uns als Denckmale seiner Liebe zurückgelassen hat, Denckmale der vergangnen Zeit, zur traurigen aber doch angenehmen Erinnerung. Und so bleibe Ihre Liebe für uns wie sie war, und wo viel Liebe ist, ist viel Glückseeligkeit. Ich bin mit recht warmem Herzen Ihr zärtlicher Enckel J. W. Goethe.

45. An Salzmann.

[Sesenheim, Ende Mai 1771.]

Unserm Herrn Gott zu Ehren geh ich diesmal nicht aus der Stelle; und weil ich Sie solang nicht sehen werde, denck ich, ist es gut wenn du schreibst wie dir's geht. Nun gehts freylich so ziemlich gut, der Husten hat sich durch Kur und Bewegung ziemlich gelöst, und ich hoffe er soll bald ziehen. Um mich herum ist's aber nicht sehr hell, die Kleine fährt fort traurig kranck zu seyn, und das gibt dem Ganzen ein schiefes Ansehn. Nicht gerechnet conscia mens, leider nicht recti, die mit mir herum geht. Doch ists immer Land. Ach wenn alles wäre wie's seyn sollte, so wären Sie auch da. Schreiben Sie mir doch auf den Freytag. Und wenn Sie mir wollten eine Schachtel mit 2 Pfunden gutem Zuckerbeckerwesen (Sie verstehen besser als ich was Maidle gern essen) packen lassen und mit schicken, so würden Sie zu

29. Friederike. — Die Datierung von Nr. 45—49 ist unsicher.

süsseren Mäulern Anlaß geben, als wir seit einiger Zeit Gesichter zu sehen gewöhnt sind.

Schicken Sies nur mit meiner Adresse unter die Gewerbslaub dem Säckler Schöll Freytags frühe, der wird's besorgen.

Getanzt hab ich und die Aelteste, Pfingstmontags, von zwei Uhr nach Tisch bis 12 Uhr in der Nacht, an einem fort, ausser einigen Intermezzos von Essen und Trinken. Der Herr Amt-Schulz von Reschwoog hatte seinen Saal hergegeben, wir hatten brave Schnurranten erwischt, da giengs wie Wetter. Ich vergaß des Fiebers, und seit der Zeit ist's auch besser.

Sie hätten's wenigstens nur sehen sollen. Das ganze mich in das Tanzen versunken.

Und doch wenn ich sagen könnte: ich bin glücklich, so wäre das besser als das alles.

Wer darf sagen ich bin der unglückseligste? sagt Edgar. Das ist auch ein Trost, lieber Mann. Der Kopf steht mir wie eine Wetterfahne, wenn ein Gewitter heraufzieht und die Windstöße veränderlich sind.

Adieu! Lieben Sie mich. Sie sollen bald wieder von mir hören.

Goethe.

46. An Salzmann.

[Sesenheim, 5. Juni 1771.]
Mittewoch Nachts.

Ein paar Worte ist doch noch immer mehr als nichts. Hier sitz ich zwischen Thür und Angel. Mein Husten fährt fort; ich bin zwar sonst wohl, aber man lebt nur halb, wenn man nicht Athem holen kann. Und doch mag ich nicht in die Stadt. Die Bewegung und freie Luft hilfft wenigstens was zu helfen ist, nicht gerechnet —

Die Welt ist so schön! so schön! Wer's genießen könnte! Ich bin manchmal ärgerlich darüber, und manchmal halte ich mir erbauliche Erbauungsstunden über das Heute, über diese Lehre, die unsrer Glückseligkeit so un-

---

4. Die Frau Pfarrerin Brion war eine geborene Schöll. 6. Maria Salomea, als die älteste der noch nicht verheirateten Töchter, s. zu 97, 6. 9. Dorf bei Sesenheim. 10. Musikanten. 17. Vgl. „König Lear" III, 6 und IV, 1 (in ungenauer Anlehnung).

entbehrlich ist, und die mancher Professor der Ethick nicht faßt und keiner gut vorträgt. Adieu. Adieu. Ich wollte nur ein Wort schreiben, Ihnen für's Zuckerdings danken und Ihnen sagen daß ich Sie liebe. Goethe.

47. An Salzmann.

[Sesenheim, Mitte Juni 1771.]

Ich komme, oder nicht, oder — das alles werd ich besser wissen wenn's vorbey ist als jetzt. Es regnet draußen und drinne, und die garstigen Winde von Abend rascheln in den Rebblättern vorm Fenster, und meine animula vagula ist wie's Wetter-Hähngen drüben auf dem Kirchthurm; dreh dich, dreh dich, das geht den ganzen Tag, obschon das bück dich! streck dich! eine Zeit her aus der Mode kommen ist. Punctum. Meines Wissens ist das das erste auf dieser Seite. Es ist schwer gute Perioden, und Punkte zu seiner Zeit zu machen, die Mädgen machen weder Komma noch Punctum, und es ist kein Wunder wenn ich Mädgen-Natur annehme.

Doch lern ich schön griechisch; denn daß Sies wissen, ich habe in der Zeit daß ich hier bin meine griechische Weisheit so vermehrt, daß ich fast den Homer ohne Uebersetzung lese.

Und dann bin ich 4 Wochen älter, Sie wissen daß das viel bei mir gesagt ist, nicht weil ich viel sondern vieles thue.

Behüt mir Gott meine lieben Eltern,
Behüt mir Gott meine liebe Schwester,
Behüt mir Gott meinen lieben Herrn Aktuarius,
Und alle fromme Herzen.
Amen! Goethe.

48. An Salzmann.

[Sesenheim, Ende Juni 1771.]

Nun wär es wohl bald Zeit dass ich käme, ich will auch und will auch, aber was will das Wollen gegen die

9. 10. Aus einem bei dem römischen Geschichtschreiber Spartianus überlieferten Gedicht des Kaisers Hadrian, = mein unstetes Seelchen.

Gesichter um mich herum. Der Zustand meines Herzens ist sonderbaar, und meine Gesundheit schwanckt wie gewöhnlich durch die Welt, die so schön ist als ich sie lang nicht gesehen habe.

Die angenehmste Gegend, Leute die mich lieben, ein Zirckel von Freuden! Sind nicht die Träume deiner Kindheit alle erfüllt? frag ich mich manchmal, wenn sich mein Aug in diesem Horizont von Glückseeligkeiten herumweidet; Sind das nicht die Feengärten nach denen du dich sehntest? — Sie sinds, sie sinds! Ich fühl es lieber Freund, und fühle dass man um kein Haar glücklicher ist wenn man erlangt was man wünschte. Die Zugabe! die Zugabe! die uns das Schicksaal zu ieder Glückseeligkeit drein wiegt! Lieber Freund, es gehört viel Muth dazu, in der Welt nicht missmuthig zu werden. Als Knab pflanzte ich ein Kirschbäumgen im Spielen, es wuchs und ich hatte die Freude es blühen zu sehen, ein Maifrost verderbte die Freude mit der Blüthe und ich mußte ein Jahr warten, da wurden sie schön und reif; aber die Vögel hatten den größten Theil gefressen eh ich eine Kirsche versucht hatte; ein ander Jahr warens die Raupen, dann ein genäschiger Nachbar, dann das Meelthau; und doch wenn ich Meister über einen Garten werde, pflanz ich doch wieder Kirschbäumgen; trotz allen Unglücksfällen gibts noch so viel Obst, daß man satt wird. Ich weiß noch eine schöne Geschichte von einem Rosenheckchen, die meinem seligen Großvater passirt ist, und die wohl etwas erbaulicher als die Kirschbaumshistorie, die ich nicht anfangen mag, weil es schon spät ist.

Machen Sie sich auf ein abentheuerlich Ragout, Reflexionen, Empfindungen, die man unter dem allgemeinen Titel Grillen eigentlicher begreifen könnte, gefaßt.

Leben Sie wohl und wenn Sie mich bald wieder sehen wollen, so schicken Sie mir einen Wechsel mich auszulösen, denn ich habe mich hier festgesessen.

Im Ernste seyn Sie so gut und geben Sie der Ueberbringerin eine Louisdor mit, ich hatte mich auf so lange Zeit nicht gefaßt gemacht. Sie schreiben mir doch, da sind Sie so gut und stecken sie in den Brief und binden es der Trägerin wohl ein. Adieu lieber Mann verzeihen Sie mir alles.

Ihr

Goethe.

49. An Salzmann.

[Straßburg, Mitte August 1771.]

Die Augen fallen mir zu, es ist erst neun. Die liebe Ordnung. Gestern Nachts geschwärmt, heute früh von Projekten aus dem Bette gepeitscht. O es sieht in meinem Kopfe aus wie in meiner Stube, ich kann nicht einmal ein Stückchen Papier finden als dieses blaue. Doch alles Papier ist gut Ihnen zu sagen daß ich Sie liebe, und dieses doppelt; Sie wissen wozu es bestimmt war.

Leben Sie vergnügt bis ich Sie wieder sehe. In meiner Seele ist's nicht ganz heiter; ich bin zu sehr wachend, als daß ich nicht fühlen sollte, daß ich nach Schatten greife. Und doch — Morgen um 7 Uhr ist das Pferd gesattelt und dann Adieu!

Frankfurt.

50. An Röderer.

[Frankfurt] am 21ten Sept. 1771.

Wie mir's geht, wird Ihnen Herr Hafner sagen, und wie angenehm es mir ist schrifftliche Zeugnisse zu sehen, daß Ihre Liebe, Ihr Vertrauen zu mir, durch die Entfernung eher vermehrt als verringert worden ist, brauch ich wohl nicht zu erhärten, da Ihnen bekandt ist, wie sehr ich da Anteil nehmen muß, wo ich Geist und Bewegung fühle.

Es war uns nicht gegeben, näher bekanndt zu werden, und durch den Umgang uns wechselsweise zu nutzen, und doch sind wir vielleicht besser verbunden als manche Jugendgesellen, hier gilt kein Verjährungsrecht, ein einziger Aufblick läßt uns ein wechselseitiges Interesse erkennen; ein einziger Tapp im Dunkeln ist offt mehr wehrt als ein Spaziergang am schönsten Sonnentag.

Es freut mich daß mein Reden unter Ihnen mit ἐξουσία gesalbt war, und daß der Geist alles des was lebt,

---

13. Nachdem sich Goethe am 6. August 1771 durch öffentliche Verteidigung der von ihm eingereichten Thesen die juristische Licentiatenwürde (— nicht die formell unterschiedene eines Dr. juris —) erworben hatte, verließ er Straßburg um die Mitte des Monats. 15. Isaak Haffner (1751—1831), Theologe in Straßburg. 29. Freiheit etwas zu thun, Macht, Gewalt.

meine Worte zum fruchtbaren Regen geschickt hat, lechzenden Pflanzen Munterkeit und Elasticität zu erneuern.

Die Gelegenheit die Sie finden praktisch an die Baukunst zu gehen, ist fürtrefflich. Wenn der Künstler nicht zugleich Handwerker ist, so ist er nichts, aber das Unglück! unsre meiste Künstler sind nur Handwerker. So lang's denn da bey alletags Gebäuden bleibt, da geht's noch so ziemlich; sobald Pallast oder Monument auffsteigen soll, ist ihr Feenstab zu schwach. Und dazu braucht man eigentlich den Baumeister, ieder Bauer giebt dem Zimmermann die Idee zur Schöpfung seiner Leimen Hütte; wer soll Jupiters Wohnung in die Wolken thürmen? wenn es nicht Vulkan ist, ein Gott wie er.

Ja der Künstler muß eine so große Seele haben, wie der König für den er Sääle wölbt, ein Mann wie Erwin, wie Bramante.

Das größte Meisterstück der deutschen Baukunst, das Sie täglich vor Augen haben, das Sie mit Muse bey genialischen Stunden durchdenken können, wird Ihnen nachdrücklicher als ich sagen, daß der grose Geist sich hauptsächlich vom kleinen darin unterscheidet, daß sein Werk selbstständig ist, daß es ohne Rücksicht auf das was andre getahn haben, mit seiner Bestimmung von Ewigkeit her zu coexistiren scheine; da der kleine Kopf durch übelangebrachte Nachahmung, seine Armuth und seine Eingeschränktheit auf einmal manifestirt.

Wie manchmal, von diesem Standorte betrachtet, sinken die größten Gebäude ins kleine, wie Bürgershäuser vom Münster gesehen.

Leben Sie wohl, denken Sie auch auf dem Münster an mich. Und wenn Sie meinen Namen in einem der Eckpfosten sehen, so ahnden Sie Sich dahinauf zu mir, in iene Zeiten zurück, da wir uns noch nicht kannten, und fühlen Sie alle Wonne die ich fühlte. Damals wünscht ich mir viel Menschen um mich wie ich Sie ietzt kenne. Leben Sie wohl.

Goethe.

Wenn Sie es als Theolog übers Herz bringen können, so versagen Sie mir Ihre Stimme nicht, da ich bey der Gesellschaft durch Herrn Jung um einen Ehrentag des edlen Schakspears ansuche.

---

14. 15. Die Erbauer des Münsters in Straßburg und der Peterskirche in Rom. 37. Joh. Heinr. Jung gen. Stilling (1740—1817), vormals Kohlenbrenner, Schneider, Schullehrer, zur Zeit stud. med., nachmals berühmter Augenarzt und endlich Professor der Staatswirtschaft. 38. Die wahre Größe Shakespeares hatte Goethe

51. An Herder.

[Frankfurt, Herbst 1771.]

Daß ich Ihnen geben kann, was Sie wünschen, und mehr als Sie vielleicht hoffen, macht mir eine Freude, deren Sie mich so wenig als eines wahren Enthusiasmus fähig glauben können, nach dem Bilde, das Sie sich einmal von mir haben machen müssen. Genug, ich habe noch aus Elsaß zwölf Lieder mitgebracht, die ich auf meinen Streifereien aus denen Kehlen der ältesten Mütterchens aufgehascht habe. Ein Glück! denn ihre Enkel singen alle: „Ich liebte nur Ismenen.“ Sie waren Ihnen bestimmt, Ihnen allein bestimmt, so daß ich meinen besten Gesellen keine Abschrift aufs dringendste Bitten erlaubt habe. Ich will mich nicht aufhalten, etwas von ihrer Fürtrefflichkeit, noch von dem Unterschiede ihres Werthes zu sagen. Aber ich habe sie bisher als einen Schatz an meinem Herzen getragen; alle Mädchen, die Gnade vor meinen Augen finden wollen, müssen sie lernen und singen; meine Schwester soll Ihnen die Melodien, die wir haben (sind NB. die alten Melodien, wie sie Gott erschaffen hat) sie soll sie Ihnen abschreiben. Und nun geschwind Adieu, daß ich ans Abschreiben komme.

Nun bin ich fertig, und warte, bis die Post abgeht. Ich hoffe, die Lieder sollen Ihnen Freude machen. Und hiermit Adieu. Von Celtischen, Galischen Sachen soll nächstens etwas folgen. Es fehlen mir noch gewisse Bücher, die ich aber bald kriegen muß. Einige Gravamina über Ihren Brief, mit dem ich, im ganzen, sehr zufrieden zu sein Ursache hab'. Eins zum voraus: machen Sie künftig ein Couvert; es sind einige Stellen versiegelter als die Offenbarung Johannis.

Weiter nichts für diesmal. Ich bin

Ihr Goethe.

Meine Schwester macht mich noch einmal ansetzen. Ich soll Sie grüßen, und Sie auf den 14. October invitiren,

---

durch Herder in Straßburg erkennen gelernt, der ihn daneben für Ossian (vgl. zu 107, 25) und das Volkslied sowie unter neuen Gesichtspunkten für Homer und die Bibel begeisterte. — Ob Goethes (in den Werken gedruckte) Rede „Zum Shakespeares Tag“ bei der Williamsfeier des Salzmannischen Kreises zum Vortrag gelangte, ist nicht bekannt. Wahrscheinlich geschah es bei der 107, 1 bezeichneten Feier.

9. Aus einem modernen Singspiel. 23. Vgl. zu 107, 25. 28. Durch Siegelung des zusammengefalteten Briefbogens unleserlich gemacht.

da Shakespeares Namenstag mit großem Pomp hier gefeiert werden wird. Wenigstens sollen Sie im Geiste gegenwärtig sein, und wenn es möglich ist, Ihre Abhandlung auf den Tag einsenden, damit sie einen Theil unsrer Liturgie ausmache.

Meine Eltern empfehlen sich Ihrem Andenken.

52. An Herder.

[Frankfurt, Ende Sept. oder Anfang Oct. 1771.]

Ich zwinge mich, Ihnen in der ersten Empfindung zu schreiben. Weg Mantel und Kragen! Ihr Niesewurzbrief ist drei Jahre alle Tageserfahrungen werth. Das ist keine Antwort drauf, und wer könnte drauf antworten? Mein ganzes Ich ist erschüttert, das können Sie denken, Mann, und es fibrirt noch viel zu sehr, als daß meine Feder stet zeichnen könnte. Apollo von Belvedere, warum zeigst du dich uns in deiner Nacktheit, daß wir uns der unsrigen schämen müssen. Spanische Tracht und Schminke! Herder, Herder, bleiben Sie mir, was Sie mir sind. Bin ich bestimmt, Ihr Planet zu sein, so will ichs sein, es gern, es treu sein. Ein freundlicher Mond der Erde. Aber das — fühlen Sie's ganz — daß ich lieber Mercur sein wollte, der letzte, der kleinste vielmehr unter siebnen, der sich mit Ihnen um Eine Sonne drehte, als der erste unter fünfen, die um den Saturn ziehn.

Adieu, lieber Mann. Ich lasse Sie nicht los. Ich lasse Sie nicht! Jacob rang mit dem Engel des Herrn. Und sollt' ich lahm drüber werden! Morgen soll Ihr Ossian gehn. Jetzt eine Stunde mit Ihnen zu sein, wollt ich mit — bezahlen.

Ich lese meinen Brief wieder. Ich muß ihn gleich siegeln; morgen kriegten Sie ihn nicht.

53. An Salzmann.

Sie kennen mich so gut, und doch wett' ich, Sie rathen nicht warum ich nicht schreibe. Es ist eine Leidenschaft,

---

1. Vgl. zu 105, 38. 26. Der schottische Gelehrte James Macpherson (1737—96) hatte auf Grund alter gaelischer Volkslieder die „Gesänge Ossians“ herausgegeben. Die ganz besonders von Herder gehegte und geförderte Begeisterung jener Zeit für volkstümliche Urpoesie stellte Ossian neben Homer und das Alte Testament. Vgl. Goethes im „Werther“ verwendete Uebersetzungen daraus.

eine ganz unerwartete Leidenschaft, Sie wissen wie mich dergleichen in ein Cirkelgen werfen kann, daß ich Sonne, Mond und die lieben Sterne darüber vergesse. Ich kann nicht ohne das seyn, Sie wissens lang, und koste was es wolle, ich stürze mich drein. Diesmal sind keine Folgen zu befürchten. Mein ganzer Genius liegt auf einem Unternehmen worüber Homer und Schäkespear und alles vergessen worden. Ich dramatisire die Geschichte eines der edelsten Deutschen, rette das Andenken eines braven Mannes, und die viele Arbeit die mich's kostet, macht mir einen wahren Zeitvertreib, den ich hier so nöthig habe, denn es ist traurig an einem Ort zu leben wo unsre ganze Wirksamkeit in sich selbst summen muß. Ich habe Sie nicht ersetzt, und ziehe mit mir selbst im Feld und auf dem Papier herum. In sich selbst gekehrt, ist's wahr, fühlt sich meine Seele Essorts die in dem zerstreuten Straßburger Leben verlappten. Aber eben das wäre eine traurige Gesellschaft, wenn ich nicht alle Stärke die ich in mir selbst fühle auf ein Object würfe, und das zu packen und zu tragen suchte, so viel mir möglich, und was nicht geht, schlepp ich. Wenn's fertig ist sollen Sie's haben, und ich hoff Sie nicht wenig zu vergnügen, da ich Ihnen einen edeln Vorfahr (die wir leider nur von ihren Grabsteinen kennen) im Leben darstelle. Dann weiß ich auch Sie lieben ihn auch ein bisgen weil ich ihn bringe.

Sehr einfach wie Sie sehen ist meine Beschäftigung, da meine Praxis noch wohl in Nebenstunden bestritten werden kann. Wie oft wünsch ich Sie um Ihnen ein Stückgen Arbeit zu lesen, und Urteil und Beyfall von Ihnen zu hören. Sonst ist alles um mich herum todt. Wie viel Veränderungen dennoch mit mir diese Monate vorgegangen, können Sie ahnden, da Sie wissen wie viel Papier zum Diarium meines Kopfes zu einer Woche gehörte.

Frankfurt bleibt das Nest. Nidus wenn Sie wollen. Wohl um Vögel auszubrüteln, sonst auch figürlich spelunca, ein leidig Loch. Gott helf aus diesem Elend. Amen.

Ich suchte Ihren Brief vom 5. Oktober und fand noch eine Menge die zu beantworten sind. Lieber Mann,

---

8. Götz von Berlichingen. Diese erste Fassung wurde 1832 zum erstenmal gedruckt als „Geschichte Gottfriedens von Berlichingen mit der eisernen Hand dramatisirt." 27. Als Advokat.

meine Freunde müssen mir verzeihen, mein nisus vorwärts ist so stark, daß ich selten mich zwingen kann Athem zu holen, und rückwärts zu sehen, auch ist mir's immer was trauriges, abgerissene Faden in der Einbildungskraft anzuknüpfen.

Herr Silbermann hat mir das Münsterfundament geschickt. Danken Sie ihm vielmal und versichern Sie ihn aller Ergebenheit die ich seiner sonderbaren Gefälligkeit schuldig bin.

Mit den Rissen mag es anstehen.

Wollten Sie so gütig seyn das Manuscript der Comödia von ô Feral oder wer es sonst hat, zurück zu nehmen, (wenn's die Leute nicht mehr brauchen) und unter meiner adresse versiegelt an Herrn Herder zu senden. Grüßen Sie Lersen und Jungen; ich hab ihre Briefe erhalten. Sie sollen mich lieb behalten.

Viel Empfehlungen

[Frankfurt] am 28. November 1771.

Goethe.

54. An Salzmann.

[Frankfurt, Dezember 1771.]

Lieber Mann,

Der Pedell hat schon Antwort: Nein! der Brief kam etwas zur ungelegenen Zeit, und auch das Cärimoniel weggerechnet, ist mirs vergangen Doktor zu seyn. Ich hab so satt am Lizentieren, so satt an aller Praxis, daß ich höchstens nur des Scheins wegen meine Schuldigkeit thue, und in Teutschland haben beide Gradus gleichen Wehrt.

Ich danke Ihnen für Ihre Vorsorge, wollten Sie das mit einem Höflichkeitssäftgen Herrn Professor andeuten, würden Sie eine Nach-Post bringen, so viel als eine Gelegenheitsvisite. Fahren Sie fort mich zu lieben und an mich zu denken.

---

1. „Drang". 6. In einem vorhergehenden Brief hatte Goethe um „eine flüchtige Copie" desselben gebeten. Vgl. 121, 4. — Joh. Andreas Silbermann (1712—83) war Orgelbauer und Altertumsforscher in Straßburg. 12. Friedrich Wilhelm O Feral aus Dresden studierte mit Goethe in Straßburg, ebenso der gleich genannte Theologe Franz Christian Lersé (1749—1800) und Jung-Stilling (vgl. zu 105, 37). 17. Unvollständig nach älterem Druck. Die Handschriften der Briefe Goethes an Salzmann gingen 1870 beim Brande der Straßburger Stadtbibliothek zu Grunde. 27. Vgl. zu 104, 13. 29. Wahrscheinlich Treitlinger, als derzeitigem Dekan der juristischen Fakultät.

Der arme ô Feral jammert mich. Er war eine treue Seele.

Goethe.

55. An Salzmann.

[Frankfurt] Am 3. Februar 1772.

Berlichingen und das beygeschlossene habe ich erhalten, es freut mich Ihr Beyfall und ich danke für Ihre Mühe.

Mit der gelehrten Anzeige habe ich keinen Zusammenhang, als daß ich den Director kenne und hochschätze, und daß ein Mitinteressent mein besonderer Freund ist. Halten Sie sie ja; keine in Deutschland wird ihr in Aufrichtigkeit, eigener Empfindung und Gedanken vortreten. Die Gesellschaft ist ansehnlich und vermehrt sich täglich. So viel davon.

Wollen Sie bei Gelegenheit meinen Violoncellmeister Buschen fragen, ob er die Sonaten für zwei Bässe noch hat, die ich mit ihm spielte, sie ihm abhandeln und bald möglichst mir zuschicken. Ich treib die Kunst etwas stärker als sonst.

Das Diarium meiner übrigen Umstände ist wie Sie wissen für den geschwindesten Schreiber unmöglich zu führen. Inzwischen haben Sie aus dem Drama gesehen, daß die Intentionen meiner Seele dauernder werden, und ich hoffe sie soll sich nach und nach bestimmen. Aussichten erweitern sich täglich und Hindernisse räumen sich weg, daß ich es mit Zuversicht auf diese Füße schieben kann wenn ich nicht fortkomme. Ein Tag mag bei dem andern in die Schule gehen. Denn einmal vor allemal die Minnorennitaet läßt sich nicht überspringen. Leben Sie wohl und denken Sie an mich wenns Ihnen wohl geht. Dem neuen Paar viel Glück! Es hat mir sehr gefreut. Der Frau * * und Herrn und Frau * * und allen Lieben Leuten, ut supra.

Goethe.

---

5. Eine andere Abschrift hatte Herder Ende 1771 erhalten. 8. Die „Frankfurter Gelehrten Anzeigen“ waren kürzlich in den Besitz des Buchhändlers Joh. Konrad Deinet übergegangen und wurden durch die eifrige Thätigkeit einer Anzahl litterarisch und wissenschaftlich bedeutender Männer (besonders in Frankfurt, Darmstadt und Gießen) ein angesehenes Rezensionsorgan, an dem sich bald auch Goethe lebhaft beteiligte. Joh. Heinr. Merck (s. Adressatenverzeichnis) führte während des ersten Halbjahres die „Direktion“, d. h. Redaktion, dann übernahm sie Joh. Georg Schlosser. Vgl. zu 121, 28. 15. Vgl. Goethes Anmerkung S. 112.

Wetzlar.

56. An Herder.

[Wetzlar, Mitte Juli 1772.]

Noch immer auf der Woge mit meinem kleinen Kahn, und wenn die Sterne sich verstecken, schweb' ich so in der Hand des Schicksals hin, und Muth und Hoffnung und Furcht und Ruh wechseln in meiner Brust. Seit ich die Kraft der Worte στηθος und πραπιδες fühle, ist mir in mir selbst eine neue Welt aufgegangen. Armer Mensch, an dem der Kopf alles ist! Ich wohne jetzt in Pindar, und wenn die Herrlichkeit des Pallasts glücklich machte, müßt' ichs sein. Wenn er die Pfeile ein- übern andern nach dem Wolkenziel schießt, steh' ich freilich noch da und gaffe, doch fühl' ich indeß, was Horaz aussprechen konnte, was Quintilian rühmt, und was Thätiges an mir ist, lebt auf, da ich Adel fühle und Zweck kenne. Ειδως φυα, ψεφηνος ανηρ μυριαν αρεταν ατελει νοω γευεται, ουποτ ατρεκει κατεβα ποδι. μαθοντες ꝛc. Diese Worte sind mir wie Schwerter durch die Seele gangen. Ihr wißt nun, wie's mit mir aussieht, und was mir Euer Brief in diesem Philoktetschen Zustande worden ist.

Seit ich nichts von Euch gehört habe, sind die Griechen mein einzig Studium. Zuerst schränkt' ich mich auf den Homer ein, dann um den Sokrates forscht' ich in Xenophon und Plato. Da gingen mir die Augen über meine Unwürdigkeit erst auf, gerieth an Theokrit und Anakreon, zuletzt zog mich was an Pindarn, wo ich noch hänge.

---

1. Um sich für eine ordentliche juristische Laufbahn weiter vorzubereilen, übersiedelte Goethe im Mai 1772 nach Wetzlar, wo er am 25. d. M. als Praktikant am Reichskammergericht eingeschrieben wurde. 6. „Brust" (Sitz des Mutes und der Leidenschaften) und „Zwerchfell" (Sitz des Verstandes). 14. Das Citat ist wunderlich gemischt aus Pindar, Ol. II, 86 (die beiden ersten und das letzte Wort) und Nem. III, 41. 42. Das umschließende Citat hat in seiner Vollständigkeit den Sinn: Wahre Weisheit ist angeborene Gabe der Natur; wer nur gelernt hat, krächzt wie ein geschwätziger Rabe. — Vor dem mittleren Stück fehlen die Worte ὃς δὲ διδάκτ' ἔχει („wer nur Erlerntes hat"), woran sich die weiteren, von Goethe unvollständig und in Umstellung gegebenen Sätze des Originals anschließen = „der schwankt hin und her, ein Sohn der Finsternis, genießt tausendfache Trefflichkeit mit unfruchtbarem Sinn und schreitet nie mit sichrem Schritt daher". 22. Gleich nach Beendigung des „Götz" in seiner ersten Gestalt, noch im Jahre 1771, schrieb Goethe an Herder: „Jetzo studir' ich Leben und Tod eines andern Helden, und dialogisir's in meinem Gehirn. Noch ist's nur dunkle Ahndung. Den Sokrates, den philosophischen Heldengeist" u. s. w.

Sonst hab' ich gar nichts gethan, und es geht bei mir noch alles entsetzlich durch einander. Auch hat mir endlich der gute Geist den Grund meines spechtischen Wesens entdeckt. Ueber den Worten Pindars επικρατειν δυνασθαι ist mir's aufgegangen. Wenn du kühn im Wagen stehst, und vier neue Pferde wild unordentlich sich an deinen Zügeln bäumen, du ihre Kraft lenkst, den austretenden herbei, den aufbäumenden hinabpeitschest, und jagst und lenkst, und wendest, peitschest, hältst, und wieder ausjagst, bis alle sechzehn Füße in einem Takt ans Ziel tragen — das ist Meisterschaft, επικρατειν, Virtuosität. Wenn ich nun aber überall herumspaziert bin, überall nur dreingeguckt habe[1]), nirgends zugegriffen. Drein greifen, packen ist das Wesen jeder Meisterschaft. Ihr habt das der Bildhauerei vindicirt, und ich finde, daß jeder Künstler, so lange seine Hände nicht plastisch arbeiten, nichts ist. Es ist alles so Blick bei Euch, sagtet Ihr mir oft. Jetzt versteh' ichs, thue die Augen zu und tappe. Es muß gehn oder brechen. Seht, was ist das für ein Musicus, der auf sein Instrument sieht! χειρες ααπτοι, ητορ αλκιμον das ist alles, und doch muß das alles eins sein, nicht μυριαν αρεταν ατελει νοω γευειν. Ich möchte beten, wie Moses im Koran: „Herr mache mir Raum in meiner engen Brust!"

Es vergeht kein Tag, daß ich mich nicht mit Euch unterhalte und oft denke, wenn sich's nur mit ihm leben ließe. Es wird, es wird! der Junge im Küras wollte zu früh mit, und Ihr reitet zu schnell. Genug, ich will nicht müßig sein, meinen Weg ziehen und das Meinige thun; treffen wir einander wieder, so giebt sich's Weitere.

Seit vierzehn Tagen les' ich Eure „Fragmente" zum erstenmal; ich brauch' Euch nicht zu sagen, was sie mir sind. Daß ich Euch, von den Griechen sprechenden, meist erreichte, hat mich ergötzt, aber doch ist nichts wie eine

---

[1]) Ich kann schreiben, aber keine Federn schneiden, drum krieg' ich keine Hand, das Violoncell spielen, aber nicht stimmen 2c. [Anm. Goethes.]

4. Pindar, Nem. VIII, 4. 5. Vollständig: „Wonnig ist es, die Gunst der Stunde nie verfehlend, in allem Handeln der edleren Begierden Herr sein zu können". 20. „Unnahbare Hände" (oft bei Homer) und „mutiges Herz" (Homer und Pindar). 21. Vgl. zu 111, 14: „tausendfache Trefflichkeit mit unfruchtbarem Sinn genießen". 26. Georg im „Götz". — Goethe hatte in Straßburg unter der herben Schärfe Herders schwer gelitten, ohne sich in seiner Dankbarkeit gegen den älteren, reiferen Freund beirren zu lassen. 30. Die „Fragmente über die neuere deutsche Literatur" erschienen 1767.

Göttererscheinung über mich herabgestiegen, hat mein Herz und Sinn mit warmer heiliger Gegenwart durch und durch belebt, als das wie Gedank' und Empfindung den Ausdruck bildet. So innig hab' ich das genossen.

Laßt uns, ich bitte Euch, versuchen, ob wir nicht öfter zu einander treten können. Ihr fühlt, wie Ihr den umfassen würdet, der Euch das sein könnte, was Ihr mir seid. Laßt uns nur nicht dadurch, daß wir nothwendig manchmal aneinander gerathen müssen, nicht dadurch wie Weichlinge abgeschreckt werden; stoßen sich unsre Leidenschaften, können wir keinen Stoß aushalten? Das gilt mich mehr als Euch. Genug, habt Ihr was wider mich, so sagts. Grad und ernst, oder bös, grinsend, wie's kommt. — So will ich Euch auch sagen, daß ich letzt über Eure Antwort auf die „Felsweihe" aufgebracht worden bin, und hab' Euch einen intoleranten Pfaffen gescholten; das „Götzenpriester" und „frecher Hand den Namen einzwang," war nicht recht. Hatte ich unrecht, einen Traueraccord vor Eurem Mädchen zu greifen, mußtet Ihr mit Feuer und Schwert drein tilgen? Ich weiß wohl, das ist Eure Art, Ihr werdet nicht davon lassen; gut. Nur macht im Fall der Walter-Shandyschen Nothwehre nicht so lange Pausen. Was den Punkt betrifft, soll Euch künftig in dem Recht, Euerm Mädchen melancholische Stunden zu machen, kein Eingriff geschehn. Und so hätt' ich das auch vom Herzen.

Von unsrer Gemeinschaft der Heiligen sag' ich Euch nichts. Ich bin νεοφυτος, und im Grund bisher nur neben allen hergegangen; mit Mercken bin ich fest verbündet, doch ist's mehr gemeines Bedürfniß als Zweck.

Von „Berlichingen" ein Wort. Euer Brief war Trostschreiben; ich setzte ihn weiter schon herunter als Ihr. Die Definitiv, „daß Euch Shakespeare ganz verdorben 2c." erkannt' ich gleich in ihrer ganzen Stärke; genug, es muß eingeschmolzen, von Schlacken gereinigt, mit neuem edlerem Stoff versetzt und umgegossen werden. Dann soll's wieder vor Euch erscheinen. Es ist alles nur gedacht. Das ärgert

15. Das Gedicht „Fels-Weihegesang an Psyche", d. h. an Karoline Flachsland; vgl. zu 122, 35. Herders „Antwort" war ein langes, an Karoline gesandtes Gedicht, in dem Goethe „ein irrer Götzenpriester" hieß. 21. Auch den humoristischen Roman „Tristram Shandy" des Engländers Lorenz Sterne (1713—68) hatte Goethe durch Herder kennen gelernt. 26. Den zu kritischer Thätigkeit an den „Frankfurter Gelehrten Anzeigen" Verbundenen, s. zu 110, 9. 27 Hier so viel wie „Novize".

mich genug. „Emilia Galotti“ ist auch nur gedacht, und nicht einmal Zufall oder Caprice spinnen irgend drein. Mit halbweg Menschenverstand kann man das Warum von jeder Scene, von jedem Wort, möcht' ich sagen, auffinden. Drum bin ich dem Stück nicht gut, so ein Meisterstück es sonst ist, und meinem eben so wenig. Wenn mir im Grunde der Seele nicht noch so vieles ahndete, manchmal nur aufschwebte, daß ich hoffen könnte „wenn Schönheit und Größe sich mehr in dein Gefühl webt, wirst du Gutes und Schönes thun, reden und schreiben, ohne daß du's weißt, warum.“ —

Lebt wohl. Eben krieg' ich Nr. 54 Frankfurter Zeitung.

57. An Kestner.

[Wetzlar, 8. August 1772.]

Morgen nach fünf erwarte ich Sie, und heute — Sie könnten's vermuthen, so viel sollten Sie mich schon kennen — heute war ich in Atspach. Und morgen gehen wir zusammen, da hoff ich freundlichere Gesichter zu kriegen. Inzwischen war ich da, hab Ihnen zu sagen dass Lotte heut Nacht sich am Mondbeschienenen Tahl innig ergötzt, und Ihnen eine gute Nacht sagen wird. Das wollt ich Ihnen selbst sagen, war an Ihrem Haus, in Ihrem Zimmer war kein Licht, da wollt ich nicht Lärm machen. Morgen früh trincken wir Caffee unterm Baum in Garbenheim wo ich heute zu Nacht im Mondschein ass. Allein — doch nicht allein. Schlafen Sie wohl. Soll ein schöner Morgen seyn.

58. An Kestner.

[Wetzlar, 6. September 1772.]

Ich habe gestern den ganzen Nachmittag gemurrt dass Lotte nicht nach Atspach gangen ist, und heute früh hab ichs fortgesetzt. Der Morgen ist so herrlich und meine Seele so ruhig, daß ich nicht in der Stadt bleiben kann, ich will nach Garbenheim gehn. Lotte sagte gestern, sie wollte heut etwas weiter als gewöhnlich spazieren — Nicht dass ich euch draussen erwarte, — aber wünsche? Von ganzem Herzen und hoffe — zwar etwas weniger, doch just so viel dass es die Ungewißheit des Wunsches so halb und halb balanzirt. In der Ungewissheit denn will ich meinen Tag zubringen, und hoffen und hoffen. Und wenn ich den Abend allein hereingehn muß — so wissen Sie wies einem Weisen geziemt — und wie weise ich binn.

59. An Kestner.

[Wetzlar, 10. September 1772.]

Er ist fort Kestner wenn Sie diesen Zettel kriegen, er ist fort. Geben Sie Lottchen innliegenden Zettel. Ich war sehr gefasst aber euer Gespräch hat mich aus einander gerissen. Ich kann Ihnen in dem Augenblick nichts sagen, als leben Sie wohl. Wäre ich einen Augenblick länger bey euch geblieben, ich hätte nicht gehalten. Nun binn ich allein, und morgen geh ich. O mein armer Kopf.

60. An Charlotte Buff.

[Wetzlar, 10. September 1772.]

Wohl hoff ich wiederzukommen, aber Gott weis wann. Lotte wie war mirs bey deinen reden ums Herz, da ich wusste es ist das letztemal dass ich Sie sehe. Nicht das letztemal, und doch geh ich morgen fort. Fort ist er. Welcher Geist brachte euch auf den Diskurs. Da ich alles sagen durfte was ich fühlte, ach mir wars um hienieden zu thun, um Ihre Hand die ich zum letztenmal küsste. Das Zimmer in das ich nicht wiederkehren werde, und der liebe Vater der mich zum letztenmal begleitete. Ich binn nun allein, und darf weinen, ich lasse euch glücklich, und gehe nicht aus euern Herzen. Und sehe euch wieder, aber nicht morgen ist nimmer. Sagen Sie meinen Buben er ist fort. Ich mag nicht weiter.

61. An Charlotte Buff.

[Wetzlar, 11. September 1772.]

Gepackt ists Lotte, und der Tag bricht an, noch eine Viertelstunde so binn ich weg. Die Bilder die ich vergessen habe und die Sie den Kindern austeilen werden, mögen entschuldigung seyn, dass ich schreibe, Lotte, da ich nichts zu schreiben habe. Denn Sie wissen alles, wissen wie glück-

8. 18. Vgl. 137, 10.

lich ich diese Tage war. Und ich gehe, zu den liebsten besten Menschen, aber warum von Ihnen. Das ist nun so, und mein Schicksal, dass ich zu heute, morgen und übermorgen nicht hinzusetzen kann — was ich wohl offt im Scherz dazusetzte. Immer fröliges Muths liebe Lotte, Sie sind glücklicher als hundert, nur nicht gleichgültig, und ich, liebe Lotte, binn glücklich dass ich in Ihren Augen lese, Sie glauben ich werde mich nie verändern. Adieu tausendmal adieu. Goethe.

Frankfurt.

62. An Kestner.

Freytags [Frankfurt, 25. September 1772.]

Lotte hat nicht von mir geträumt. Das nehm ich sehr übel, und will dass sie diese Nacht von mir träumen soll, diese Nacht, und solls Ihnen noch dazu nicht sagen. Die Stelle hat mich in Ihrem Briefe geärgert als ich ihn wiederlas. Nicht einmal von mir geträumt, eine Ehre die wir den gleichgültigsten Dingen widerfahren lassen, die des Tags uns umgeben. Und — ob ich um sie gewesen binn mit Leib und Seel! und von ihr geträumt habe Tag und Nacht.

Bey Gott ich binn ein Narr wenn ich am gescheutsten binn, und mein Genius ein böser Genius der mich nach Wolpertshausen kutschirte, und doch ein guter Genius. Meine Tage in Wetzlar wollt ich nicht besser zugebracht haben, und doch geben mir die Götter keine solche Tage mehr, sie verstehn sich aufs strafen und den Tantalus — Gute Nacht. Das sagt ich auch eben an Lottens Schattenbild.

Sonnabends nach Tische.

Das war sonst die Zeit, dass ich zu ihr ging, War das Stündgen wo ich Sie antraff, und ietzt habe ich volle Zeit zu schreiben. Wenn Sie nur sehn sollten wie fleissig ich binn. So auf einmal das alles zu verlassen, das alles wo meine Glückseligkeit von vier Monaten lag.

---

22. Einem Dorf bei Wetzlar. Auf einem dort veranstalteten ländlichen Tanzfest der Wetzlarer Gesellschaft hatte Goethe am 3. Pfingsttage 1772 Lotte kennen gelernt. 26. Die an der Wand seines Zimmers befestigte Silhouette.

Ich fürchte nicht dass ihr mich vergeßt, und doch sinn ich auf wiedersehen. Hier mags denn gehn wies kann, und ich will Lotten nicht eher wiedersehn als bis ich ihr Confidence machen kann, daß ich verliebt binn, recht ernstlich verliebt.

Was machen meine lieben Bubens, was macht der Ernst. Es wäre besser ich schriebe euch nicht, und liesse meine Imagination in Ruhe, — doch da hängt die Silhouette das ist schlimmer als alles. Leben Sie wohl.

63. An Kestner.

Dienstags [Frankfurt, 6. October 1772.]

Morgen früh geht ab Cattun und gelehrte Zeitung, und für die Bubens Bilder, dass iedes was habe. Unsere Spektakels mit den Pfaffen werden täglich grösser. Sie prostituiren sich immer mehr und wir rencheriren drauf. Wollte ich sässe noch zu Lottens Füssen, und die Jungen krabelten auf mir herum. Wie stehts im teutschen Haus, ist noch fried und einigkeit unter den Leuten. Lebt die Dorthel noch immer so fort. Wär ich ietzt in Wetzlar ich hätte der Lotte was zu vertrauen, wovon Sie nichts wissen dürfen. Adieu lieber Kestner, grüssen Sie mir die Dorthel — den braven Kielmannsegg auch. Ists denn wahr daß ihr noch Hundert Jahr in Wetzlar bleibt? man sagt im Publiko, die Visitation ginge wieder bald zusammen, endigte mit denen Suspensis, drauf rückte die zweyte Klasse ein, und Hanover bleibt da! — Es ist nicht des Reichs dass michs kümmert. Geben Sie die 4 f. für Zeitung Bornen. Er soll auf Ordre sie bewahren. Goethe.

64. An Charlotte Buff.

[Frankfurt, 8. Oktober 1772.]

Danck Ihrem guten Geist goldne Lotte, der Sie trieb mir eine unerwartete Freude zu machen, und wenn er so

---

7. Der Jüngste, geb. 1767. 13. Vgl. zu 124, 28. 16. Dem Deutsch-Ordenshaus, der Dienstwohnung des Amtmanns Buff. 18. Dorothea (geb. 1754), Tochter des Advokat und Hofrat Joh. Ferd. Wilh. Brandt in Wetzlar. 21. Baron Kielmannsegge aus Mecklenburg (geb. 1750), Praktikant am Reichskammergericht. 25. In diesem Fall würden Kestner und Lotte in Goethes Nähe geblieben sein. 26. Vgl. zu 24, 11. Das Jahresabonnement auf die Frankfurter Gelehrten Anzeigen betrug vier Gulden.

schwarz wäre wie das Schicksaal, danck ihm. Heut eh ich zu Tisch ging grüsst ich Ihr bild herzlich, und bey Tisch — ich wunderte mich über den seltsamen Brief, brach ihn auf und steckt ihn weg. O liebe Lotte seit ich Sie das erstemal sah, wie ist das alles so anders, es ist noch eben diese Blütenfarbe am Band, doch verschossner kommt mirs vor, als im Wagen, ist auch natürlich. Danck Ihrem Herzen dass Sie mir noch so ein Geschenck machen können, ich wollt aber auch in die finstersten Hölen meines Verdrusses – Nein Lotte Sie bleiben mir, dafür geb Ihnen der reiche im Himmel seine schönsten Früchte, und wem er sie auf Erden versagt dem lass er droben im Paradiese wo kühle Bäche fliessen zwischen Palmbäumen und Früchte drüber hängen wie Gold — indessen wollt ich wäre auf eine Stunde bey Ihnen.

Noch was, eh ich zu Bette gehe, unsre beyden Verliebten, sind auf dem Gipfel der Glückseeligkeit. Der Vater ist unter höchst billigen Bedingungen zufrieden, und es hängt nun von Nebenbestimmungen ab. Gleichfalls liebe Lotte! Gute Nacht.

65. An Kestner.

[Frankfurt, Anfang November 1772.]

Der unglückliche Jerusalem. Die Nachricht war mir schröcklich und unerwartet, es war grässlich zum angenehmsten Geschenck der Liebe diese Nachricht zur Beylage. Der unglückliche. Aber die Teufel, welches sind die schändlichen Menschen die nichts geniessen denn Spreu der Eitelkeit, und Götzen Lust in ihrem Herzen haben, und Götzendienst predigen, und hemmen gute Natur, und übertreiben und verderben die Kräffte, sind schuld an diesem Unglück, an unserm Unglück. Hohle sie der Teufel ihr Bruder. Wenn der verfluchte Pfaff sein Vater nicht schuld ist, so verzeih mirs Gott, dass ich ihm wünsche er möge den Hals brechen wie Eli. Der arme iunge! wenn ich zurückkam vom Spaziergang und er mir begegnete hinaus im Mondschein, sagt ich

---

16 Joh. Georg Schlosser und Cornelie Goethe. Vgl. zu 31,15. 32,5. 86,15. 110,10. 22. Karl Wilh. Jerusalem (geb. 1747), Sohn des Abtes in Braunschweig (vgl. 93,30), war schon als Student in Leipzig mit Goethe bekannt geworden und begegnete ihm in Wetzlar wieder, wohin er als Sekretär des Braunschweigischen Gesandten kam. Am 30. Okt. 1772 erschoß er sich aus unglücklicher Liebe und gekränktem Ehrgeiz. Vgl. zu 122,4. 20. 33. Vgl. 1. Sam. Kap. 4.

er ist verliebt. Lotte muss sich noch erinnern daß ich drüber lächelte. Gott weis die Einsamkeit hat sein Herz untergraben, und — seit sieben iahren kenn ich die Gestalt, ich habe wenig mit ihm geredt, bei meiner Abreise nahm ich ihm ein Buch mit das will ich behalten und sein Gedencken so lang ich lebe.

Danck euch ihr Kinder alle, das ist heilsamer herrlicher Trost, wenn ich euer Andenken seh, und eure Freude. Es war doch gut dass es so zusammen kam, leben und Todt, Trauer und freud. Wie anders wie anders als wie sich Goue sollte erschossen haben. Lebt wohl. Grüsst Lotten tausendmal. Wie glücklich seyd ihr.

66. An Kestner.

[Friedberg, 10. November 1772.]

Ich binn der rechte. Ausgeschickt auf eine Local Commission, phantasir ich übers Vergangne und zukünftige. Gestern Abend war ich noch bey euch und ietzo sitz ich im leidigen Friedberg und harre auf einen Steindecker, mit dem ich die Reparatur meines verwünschten Schlosses akkordiren will. Der Weg hierher ward mir sehr kurz, wie ihr denken könnt, und wie ich heut vom Cronprinzen hinauffuhr, und ich die Deutschhaus Mauern sah, und den Weeg den ich so hundertmal, und es dann rechts ein in die Schmidtgasse lenckte. Ich wollte ich hätte gestern Abend förmlich Abschied genommen, es war eben so viel und ich kam um einen Kuß zu kurz, den sie mir nicht hätte versagen können. Fast wär ich heute früh noch hingegangen, Schlosser hielt mich ab, dafür spiel ich ihm nächstens einen Streich, denn ich will doch nicht allein leiden. Gewiß Kestner, es war Zeit dass ich gieng. Gestern Abend hatt ich rechte hängerliche und hangenswerthe Gedanken auf dem Canapee —

Der Steindecker war da und ich binn so weit als vorher, und es ist ein Packet von meinem Vater ankommen darnach ich geschickt habe, das mag auch erbaulichs Zeug

---

11. Aug. Friedr. v. Goue (1743–89), wie Jerusalem Mitglied der Braunschweigischen Gesandtschaft. Das Gerücht seines Selbstmordes ging dem Tode Jerusalems kurz vorauf. Er war auch als Schriftsteller thätig und schrieb unter vielem anderem ein Trauerspiel „Masuren oder der junge Werther" (1775), dessen Handlung zum Teil auf Wetzlarer Erlebnissen beruht. 16. Goethe war vom 6.–10. in Wetzlar, mit Schlosser. 20. Gasthof in Wetzlar.

enthalten. Indessen binn ich doch wieder bey euch gewesen und meine Seele ist noch bey euch und bey meinen Kleinen. Wenn der Mensch geboren wäre reine Freuden zu geniessen —

Der Brief meines Vaters ist da, lieber Gott wenn ich einmal alt werde, soll ich dann auch so werden. Soll meine Seele nicht mehr hängen an dem was liebenswerth und gut ist. Sonderbar, dass da man glauben sollte ie älter der Mensch wird, desto freyer er werden sollte von dem was irrdisch und klein ist. Er wird immer irrdischer und kleiner. — Sie sehen ich binn schön im Train zu radotiren, aber Gott weis es ist nichts anders als mich mit Ihnen zu beschäfftigen und zu vergessen, wer, wo, und was ich binn.

Schlosser kommt eben von einer Ambassade wieder, die Liebe giebt ihm die Protokolle ein, er inquirirte in die innersten Höllenwinkel, inzwischen bleibt alles wies ist, und wir richten mit lauffen und treiben grade so viel aus, daß wir einer ansehnlichen Visitations Deputation nicht den Rang ablaufen.

Und wenn ich wieder dencke wie ich von Wetzlar zurückkomme, so ganz über meine Hoffnung Liebempfangen geworden zu seyn; binn ich viel ruhig. Ich gestehs Ihnen es war mir halb angst, denn das Unglück ist mir schon offt wiederfahren. Ich kam mit ganzem, vollem, warmem Herzen, lieber Kestner da ists ein Höllenschmerz wenn man nicht empfangen wird wie man kommt. Aber so — Gott geb euch ein ganzes Leben wie mir die paar Tage waren.

Das Essen kommt, und Gute Nacht.

Noch einmal gute Nacht. Empfelen Sie mich dem alten lieben Papa, und meinen Buben. Lotten erinnern Sie im Concert an mich, auch Dortelgen.

Noch etwas. Lotte hat ein Meubel das ihr zu gros ist. Ich hab sie gebeten mir zu erlauben es in ein kleineres zu vertauschen schicken Sie mirs doch wohl eingepackt auf der fahrenden.

67. An Kestner.

[Frankfurt, 14. November 1772.]

Euern lieben Andenckevollen Brief hab ich heute kriegt, und muß nur wenigstens euch dagegen sagen wie viel michs freut, und wie lieb ich euch habe.

---

30. Vgl. zu 117, 18. 31. Einen Kamm, vgl. 124, 18. 127, 24.

Lotte weis wohl dass sie sagen darf was sie will, ich armer Teufel binn immer im höchsten desavantage, demohngeachtet ist sie Lotte, und es bleibt beym alten.

Da ist ein Exemplar Baukunst für Falcken. Wie stehts mit meinen Köpfen. Treiben Sies ia

68. An Sophie v. La Roche.

[Darmstadt, etwa 20. November 1772.]

Warum auch nur ein Wort darüber, dass Ihr Brief nicht gleich auf den meinigen folgte, kenn ich nicht Ihr Herz, und weis ich nicht, dass es in Neigung und Freundschafft unveränderlich bleibt.

Seit den ersten unschätzbaaren Augenblicken, die mich zu Ihnen brachten, seit ienen Scenen der innigsten Empfindung, wie offt ist meine ganze Seele bey Ihnen gewesen. Und drauf in der Glorie von häuslicher mütterlicher Glückseeligkeit, umbetet von solchen Engeln Sie zu schauen, was mehr ist mit Ihnen zu leben! Meine Armuth an Worten, meine Unfähigkeit mich laut zu freuen, haben mir allein ausdrücken können was ich fühlte, und Sie Sie wissen am besten was Ihr Herz für mich spricht.

Sie klagen über Einsamkeit! Ach dass das Schicksaal der edelsten Seelen ist, nach einem Spiegel ihres selbst vergebens zu seufzen. Sie werden es nicht immer, und schon ietzt, mit welchem ganzen Gefühl sehen Sie zween Töchter unter Ihren Augen werden, die, wenn sie Ihnen nicht alles sind, doch alles sind was die liebe Gottheit Sterblichen von Glückseeligkeit zu schencken vermag. Dass aber auch des Menschen Schicksaal ist, dass der Reiche nicht lebendig fühlt seinen Reichtum! Glauben Sie Ihren Freunden, wie überwohl der Austeiler des ganzen es mit Ihnen gemeint hat; wir nur wissen was Sie haben, denn wir empfinden nicht was Ihnen fehlt. Hundertmal freuen wir uns im Geiste nach über die Augenblicke die wir in Gegenwart der schönsten Natur in dem seeligsten Zirkel genossen.

---

4. Goethes soeben im Druck erschienene, den Manen Erwins von Steinbach (vgl. 105, $_{14}$) gewidmete kleine Schrift „Von deutscher Baukunst". Vgl. 109, $_{6}$. — Ernst Friedr. Hektor Falcke (1751—1809), Jurist, Sohn des Bremischen Gesandten in Wetzlar, später Bürgermeister in Hannover. 5. Silhouetten der Familie Buff oder überhaupt von Wetzlarer Personen. 23. Luise, spätere Hofrätin Möhn, und Maximiliane Euphrosyne (1756—93), Anfang 1774 verheiratet mit dem aus Mailand gebürtigen Frankfurter Kaufmann Peter Anton Brentano († 1797).

Mad. Merck empfand die volle Wärme Ihres Briefs, und grüßt Sie herzlich durch mich, erwartet auch sehnlich einen Brief von Mdlle. Max.

Merck sagt mir dass Sie von Jerusalems Todte, einige Umstände zu wissen verlangen. Die vier Monate in Wetzlar sind wir nebeneinander herumgestrichen, und ietzo acht Tage nach seinem Todte war ich dort. Baron Kielmansegg, einer der wenigen denen er sich genähert, sagte mir: „das was „mir wenige glauben werden, was ich Ihnen wohl sagen „kann, das ängstliche Bestreben nach Wahrheit und mora„lischer Güte, hat sein Herz so untergraben, dass misslungne „Versuche des Lebens und Leidenschafft, ihn zu dem trau„rigen Entschlusse hindrängten."

Ein edles Herz und ein durchdringender Kopf, wie leicht von auserordentlichen Empfindungen, gehen sie zu solchen Entschliessungen über, und das Leben — was brauch, was kann ich Ihnen davon sagen. Mir ist's Freude genug, dem abgeschiednen Unglücklichen, dessen Taht von der Welt so unfühlbaar zerrissen wird, ein Ehrenmaal in Ihrem Herzen errichtet zu haben.

Ich hoffe Mlle. Max wird erlauben dass ich manchmal schreibe, ich will ihre Güte nicht missbrauchen.

Leben Sie wohl, und wenn Sie fühlen könnten, wie sehr ich an allem Anteil nehme was von Ihnen kömmt, Sie würden manchen Augenblick Beruf zu einem Briefe an mich empfinden und Mlle. Max würde länger bey ihren köstlichen Nachschrifften verweilen. Goethe.

69. An Kestner.

[Darmstadt, 29. November 1772.]

Ich danck euch lieber Kestner für die Nachricht von des armen Jerusalems Todt, sie hat uns herzlich interessirt. Ihr sollt sie wieder haben wenn sie abgeschrieben ist.

Merck läßt euch grüssen, auch seine Frau, die immer darauf besteht ihr müsstet ein recht braver Mensch seyn. Henry geht alle Abend in die Komödie und kümmert sich nichts um die Welt. Euer Grus an die Flachsland hat

---

1. Luise Franziska, geb. Charbonnier, aus der französischen Schweiz gebürtig. 4. Vgl. zu 118, 22. 7. Vgl. zu 117, 21. 34. Mercks kleiner Sohn († 1780). 35. Marie Caroline, Tochter des 1754 gestorbenen Amtsschaffners

mir einen Kuss getragen, ich bitte euch grüsst öfter, so mag ich gern Porteur seyn. Ich soll euch sagen, dass sie euch tausendfaches Liebesglück wünscht, und alle möchten Lotten kennen. Ich pflege viel von ihr zu erzählen da denn die Leute lächlen und argwohnen es mögte meine Geliebte seyn, biss Merck versichert, von der Seite sey ich ganz unschuldig. Grüsse mir Dorteln und Carolinen und alle meine Bubens. Gestern fiel mir ein an Lotten zu schreiben. Ich dachte aber, alle ihre Antwort ist doch nur: wir wollens so gut seyn lassen, und erschiessen mag ich mich vor der Hand noch nicht. An Gottern hab ich eben geschrieben, und ihm eine Baukunst geschickt. Goethe.

70. An Herder.

[Darmstadt, 5. December 1772.]

Sollt ich nun auch dem Liebes-Boten kein Zettelgen von mir anhängen! Nein so arm sind wir noch nicht Herder. Gott weis, wie wir dich lieben, und ein Ries Papier hättest du an den Unterredungen mit dir diese Zeit. Ich danke dir für deine Briefe und den Seegenswunsch überbracht von Ossian. Wir sind die Alten, ein wenig herüber hinüber modifizirt thut nichts zur Sache. Und wenn du aufs Frühjahr kommst wirds herrlich seyn. Mein Vater läßt dich grüssen, und du sollst unter sein Dach treten mit Gastliebe, das versteht sich von selbst, ich habe nun mein Gewissen gegen ihn befreyt. — Meine Schwester Caroline ist Engel, und wie sie dich liebt, ich bringe dich ihr, darüber haben wir schon viel Paradiese geträumt.

Indessen leb wohl, und lass zu uns fliessen aus deinem Herzen guts und liebs. Auch die Paulus Galle mit der du uns zu Zeiten ankifsst o Dechant ist uns köstlicher denn Myrrhen, thut wohl wie Striegel und härin Tuch dem aus dem Bade steigenden. –

Joh. Friedr. Flachsland zu Reichenweier im Elsaß, seit dem 25. Aug. 1770 mit Herder verlobt, verheiratet am 2. Mai 1773. Vgl. 113, 15.

7. Dorothea Brandt (s. zu 117, 18) und Lottens ältere Schwester Karoline (geb. 1751). 11. Friedr. Wilh. Gotter (1746—97), Jurist und Dichter, war über Goethes Wetzlarer Aufenthalt hinaus Gothaischer Legationssekretär daselbst. 14. Beilage zu einem Brief der Braut. 21. Zur Hochzeit. 25. Herders Braut. 28. Durch Abreißen des Siegels sind die Worte „Galle mit" und „ankifsst" dergestalt beschädigt, daß nur die Buchstaben „Ga it" und „ifsst" leserlich sind, diese aber vollkommen zweifellos. Meine Vermutung stützt sich auf zahlreiche ähnliche Ausdrücke Goethes gegen Herder und über ihn; vgl. auch 37, 23 „gekifsen".

Ich binn jetzt ganz Zeichner habe Muth und Glück. Freute mich von Herzen, wie du anteil an Erwinen nahmst.

Merck versifizirt und druckt. Wir bespiegeln uns in einander und lehnen uns an einander, und theilen Freud und Langeweile auf dieser Lebensbahn. Und du säume nicht zu kommen. Goethe.

71. An Kestner.

[Frankfurt, 15. December 1772.]

Gestern Abend lieber Kestner unterhielt ich mich eine Stunde mit Lotten und euch in der Dämmerung, darüber wurds Nacht, ich wollte zur Thür hinaustappen, und kam einen Schritt zu weit rechts, tappte Papier — es war Lottens Silhouette, es war doch eine angenehme Empfindung; ich gab ihr den besten Abend und ging.

Eben fiel mir's auch ein sie soll mir das Meubel nun schicken, lieber Kestner sorgt mir dafür dass sies euch giebt, und packt mirs wohl in eine Schachtel, und lasst sie ein Papiergen schneiden, wie gros er seyn soll, lasst ihr keine Ruhe ich schreib euch keine Sylbe biss ich den Kamm habe. Denn wir sind arme sinnliche Menschen, ich möchte gern wieder was für sie, was von ihr in Händen haben, ein sinnliches Zeichen wodurch die geistliche unsichtbaare Gnadengüter pp. wies im Cathechismus klingt.

Euer Brief macht mir viel Freude, lieber Kestner schickt mir eine Silhouette im grosen von Lenchen, ich habe sie recht lieb. Verderbt mir das Mädgen nicht. Seit ich von Darmstadt wieder hier binn, binn ich ziemlichen Humors, und arbeite brav. Abenteuerlich wie immer, und mag herauskommen was kann. NB. mit Ende dieses Jahrs hören wir samt und sonders auf die Zeitung zu schreiben, dann wird's ein recht honettes Stück Arbeit geben. Macht das bekannt soweit eure Leute an uns teil nehmen.

---

2. Vgl. zu 121, 4. 3. Die „Rhapsodie“, eine satirische Anweisung, als Poet sein Glück zu machen, die unter dem Pseudonym Reimharts des Jüngeren 1773 erschien. 14. Vgl. 120, 31. 19. Vgl. 148, 13. 24. Einer jüngeren Schwester Lottens (geb. 1756). 26. Seit einer Woche. 28. Vgl. zu 110, 8. 117, 13. Die litterarisch revolutionären Rezensionen hatten die gehoffte Wirkung auf das große Publikum nicht finden können, dagegen vielfach Anstoß erregt, besonders in orthodoxen Kreisen, und über den daraus entstehenden Mißhelligkeiten verlor ein Teil der Mitarbeiter die Lust. Der Professor der Theologie in Gießen Karl Friedr. Bahrdt übernahm nunmehr die Leitung, nach ihm (1775) Chr. H. Schmid (vgl. zu 127, 32).

Daſſ Lotte Jemand lieber hat als mich auſſer euch, das ſagt ihr könnte mir einerley ſeyn, der zweyte oder der zwanzigſte iſt eins. Der erſte hat immer 99 Teil vom ganzen, und ob dann einer das hundertſte Teil allein hat oder mit zwanzigen Teilt iſt ziemlich eins, und daſſ ich ſie ſo lieb habe iſt von ieher uneigennützig geweſen.

Grüſt mir Carolinen recht viel.

Klinckern hab ich nicht geſehn, aber viel mehr guts davon gehört als der Frankfurter Rezenſent davon ſagt. Eure Briefe kommen nicht in fall verbrannt zu werden. Ich habe ſchon dran gedacht. Aber zurück kriegt ihr ſie auch nicht. Wenn ich ſterbe will ich ſie euch vermachen.

Wenn Lotte eine recht gute Stunde hat grüſſt ſie von mir, der ich euch von Herzen liebe. Goethe.

72. An Keſtner.

[Frankfurt, 25. December 1772.]

Criſttag früh. Es iſt noch Nacht lieber Keſtner, ich binn aufgeſtanden um bey Lichte Morgens wieder zu ſchreiben, das mir angenehme Erinnerungen voriger Zeiten zurückruft; ich habe mir Coffee machen laſſen den Feſttag zu ehren und will euch ſchreiben biſſ es Tag iſt. Der Türner hat ſein Lied ſchon geblaſen ich wachte drüber auf. Gelobet ſeyſt du Jeſu Chriſt. Ich hab dieſe Zeit des Jahrs gar lieb, die Lieder die man ſingt; und die Kälte die eingefallen iſt macht mich vollends vergnügt.

Ich habe geſtern einen herrlichen Tag gehabt, ich fürchtete für den heutigen, aber der iſt auch gut begonnen und da iſt mirs fürs enden nicht Angſt. Geſtern Nacht verſprach ich ſchon meinen lieben zwey Schattengeſichtern euch zu ſchreiben, ſie ſchweben um mein Bett wie Engel Gottes. Ich hatte gleich bey meiner Ankunſt Lottens Silhouette angeſteckt, wie ich in Darmſtadt war ſtellen ſie mein Bett herein und ſiehe Lottens Bild ſteht zu Häupten das freute mich ſehr, Lenchen hat jetzt die andere Seite ich danck euch Keſtner für das liebe Bild, es ſtimmt weit mehr mit dem überein was ihr mir von ihr ſchriebt als alles

---

7. Vgl. zu 123, 7. 8. Den neuen humoriſtiſchen Roman „The expedition of Humphry Clinker“ von Tobias Smollet, in deutſcher Ueberſetzung rezenſiert Frankf. Gel. Anz. 1. Dez. 1772.

was ich imaginirt hatte; so ist es nichts mit uns die wir rathen phantasiren und weissagen.

Der Türner hat sich wieder zu mir gekehrt, der Nordwind bringt mir seine Melodie, als blies er vor meinem Fenster.

Gestern lieber Kestner war ich mit einigen guten Jungens auf dem Lande, unsre Lustbarkeit war sehr laut, und Geschrey und Gelächter von Anfang zu Ende. Das taugt sonst nichts für die kommende Stunde, doch was können die heiligen Götter nicht wenden wenns Ihnen beliebt, sie gaben mir einen frohen Abend, ich hatte keinen Wein getruncken, mein Aug war ganz unbefangen über die Natur. Ein schöner Abend, als wir zurückgingen, es ward Nacht. Nun muss ich dir sagen das ist immer eine Sympatie für meine Seele wenn die Sonne lang hinunter ist und die Nacht von Morgen herauf nach Nord und Süd umsich gegriffen hat, und nur noch ein dämmernder Kreis vom Abend heraufleuchtet. Seht Kestner wo das Land flach ist ists das herrlichste Schauspiel, ich habe jünger und wärmer Stunden lang so ihr zugesehn hinabdämmern auf meinen Wandrungen. Auf der Brücke hielt ich still. Die düstre Stadt zu beyden Seiten, der still leuchtende Horizont, der Widerschein im Fluß machte einen köstlichen Eindruck in meine Seele den ich mit beyden Armen umfasste. Ich lief zu den Gerocks lies mir Bleystifft geben und Papier, und zeichnete zu meiner grossen Freude, das ganze Bild so dämmernd warm als es in meiner Seele stand. Sie hatten alle Freude mit mir darüber, empfanden alles was ich gemacht hatte und da war ichs erst gewiss, ich bot ihnen an drum zu würfeln, sie schlugens aus und wollen ich solls Mercken schicken. Nun hängts hier an meiner Wand, und freut mich heute wie gestern. Wir hatten einen schönen Abend zusammen wie Leute denen das Glück ein groses Geschenck gemacht hat, und ich schlief ein, den heiligen im Himmel danckend, dass sie uns Kinderfreude zum Crist bescheeren wollen. Als ich über den Marckt ging und die vielen Lichter und Spielsachen sah dacht ich an euch und meine Bubens wie ihr ihnen kommen würdet, diesen Augenblick ein Himlischer Bote mit dem blauen Evangelio, und wie aufgerollt sie das Buch erbauen werde.

---

25. Kaufmann Joh. Georg Gerock und Familie, wohnhaft am Markt.

Hätt ich bey euch seyn können ich hätte wollen so ein Fest Wachsstöcke illuminiren, dass es in den kleinen Köpfen ein Widerschein der Herrlichkeit des Himmels geglänzt hätte.

Die Tohrschließer kommen vom Burgemeister, und rasseln mit Schlüsseln. Das erste Grau des Tags kommt mir über des Nachbaars Haus und die Glocken lauten einer Cristlichen Gemeinde zusammen. Wohl ich bin erbaut hier oben auf meiner Stube, die ich lang nicht so lieb hatte als iezt. Sie ist mit den glücklichsten Bildern ausgeziert die mir freundlichen guten Morgen sagen. Sieben Köpfe nach Raphael, eingegeben vom lebendigen Geiste, einen davon hab ich nachgezeichnet und binn zufrieden mit ob gleich nicht so froh. Aber meine lieben Mädgen. Lotte ist auch da und Lenchen auch. Sagen Sie Lenchen ich wünschte so sehnlich zu kommen und ihr die Hände zu küssen als der Musier der so herzinnigliche Briefe schreibt. Das ist gar ein armseliger Herre. Ich wollte meiner Tochter ein Deckbette mit solchen Billetdous füttern und füllen, und sie sollte so ruhig drunter schlafen wie ein Kind. Meine Schwester hat herzlich gelacht, sie hat von ihrer Jugend her auch noch dergleichen. Was ein Mädgen ist von gutem Gefühl, müssen dergleichen Sachen zuwieder seyn wie ein stinckig Ey.

Der Kamm ist vertauscht, nicht so schön an Farb und Gestalt als der erste, hoffe doch brauchbaarer. Lotte hat ein klein Köpfgen, aber es ist ein Köpfgen.

Der Tag kömmt mit Macht, wenn das Glück so schnell im avanziren ist, so machen wir balde Hochzeit. Noch eine Seite muss ich schreiben so lang tuh ich als säh ichs Tageslicht nicht.

Grüst mir Kielmansegg. Er soll mich lieb behalten.

Der ... kerl in Giessen der sich um uns bekümmert wie das Mütterlein im Evangelio um den verlohrnen Groschen, und überal nach uns leuchtet und stöbert, dessen Nahme keinen Brief verunzieren müße in dem Lottens Nahme steht und eurer. Der Kerl ärgert sich dass wir nicht nach ihm sehn, und sucht uns zu necken dass wir seyn

---

13. Nicht so froh: wie eine dieser raphaelischen Gestalten, die Goethe später in Lavaters „Physiognomischen Fragmenten“ I, 198 f. besprach. 24. Vgl. 120, 31. 124, 18. 31. Vgl. zu 117, 21. 32. Christian Heinr. Schmid (1746 bis 1800), Professor der Dichtkunst und Beredsamkeit in Gießen, ein arger Vielschreiber, mit dem auch Herder und Merck manchen Strauß hatten. Vgl. zu 124, 23.

gedencken. Er hat um meine Baukunst geschrieben und gefragt so hastig, dass man ihm ansah das ist gefunden Fressen für seinen Zahn, hat auch flugs in die Frankfurter Zeitung eine Rezension gesudelt von der man mir erzält hat. Als ein wahrer Esel frisst er die Disteln die um meinen Garten wachsen, nagt an der Hecke die ihn vor solchen Tieren verzäunt und schreit denn sein Critisches J! a! ob er nicht etwa dem Herrn in seiner Laube bedeuten möchte: ich binn auch da.

Nun Adieu, es ist hell Licht. Gott sey bey euch, wie ich bey euch binn. Der Tag ist festlich angefangen. Leider muß ich nun die schönen Stunden mit Rezensiren verderben ich tuhs aber mit gutem Muth denn es ist fürs letzte Blat.

Lebt wohl und denkt an mich, das seltsame Mitteldding zwischen dem reichen Mann und dem armen Lazarus.

Grüst mir die Lieben alle. Und lasst von euch hören.

73. An Kestner.

[Frankfurt, Januar 1773.]

Kann nicht unterlassen mit heutiger Post noch an Hochdieselben einige Zeilen zu senden Sintemalen wir heute mit Blaukraut und Leberwurst unser Gemüth ergötzt. Werden das abenteuerliche Format verzeihen, wenn Denenselben attestire, dass es stehenden Fusses in dem Zimmer der so tugendbelobten Mamsell Gerocks gefertiget wird. Dienet sodann zur freundlichen Nachricht, dass wegen gestern abendigen unmässiglicher Weisse zu uns genommenem Wein, die cristliche Nachtruhe durch mancherley so seltsamlich als verdrüssliche Abenteuer genecket und gestört worden. Versetzte uns nähmlich ein guter Geist zuerst nach Wetzlar in den Cronprinzen zwischen Gesprächige Tischgesellschafft die der leidige Teufel auf die noch leidigere Philosophey zu diskuriren brachte, und mich in seine Schlingen verwickelte, bald darauf fiel mir schweer aufs Herz ich habe Lotten noch nicht gesehn, eilte zu meiner Stube, den Hut zu holen, die ich denn nicht finden konnte sondern durch Kammern, Säle, Gärten, Einöden, Wälder, Bilderkabinets, Scheuern, Schlafzimmer, Besuchzimmer, Schweinställe, auf eine un-

---

4. Unter dem 4. Dez. 1772. 13. Vgl. zu 124, 28. 21. Folio, während Goethe damals regelmäßig kleinere Bogen benutzte. 23. Vgl. zu 126, 25. 29. In diesem Gasthof speiste Goethe als Praktikant an der lustigen Rittertafel.

glaublich wunderbare Weise mit geängstigtem Herzen herumgetrieben wurde, biss mich endlich ein guter Geist in Gestalt des Cronprinzen Caspars an einer Galanteriebude antraf und über drey Speicher und Kornböden vor mein Zimmer brachte, wo denn zum Unglück sich kein Schlüssel fand, dass ich mich resolvirte über ein Dach und Rinne zum Fenster hineinzusteigen. Gefahr und Schwindel und fallen und was folgt. Genug ich habe Lotten nicht zu sehn gekriegt. Also dass gegen Morgen erst in einen süsen Schlaff fiel und gegen halb neun erst mein Bette verlies.

Wenn nun übrigens Hochdieselben an das hl. Römisch Reichs Gerechtigkeits Purifications Wesen manche Feder verschaben, und von dem Gekrize und Gekratze in dem Heiligtuhme des deutschen Orden sich erholen, wenn meine Buben noch über einander krabeln wie iunge Katzen, Albrecht bald die Continuation des Cristen in der Einsamkeit herausgibt, Georg bald versifizirt wie Gotter und die Grosen sich zu Phisica glücklich hinan chriisiren und analysiren

Wenn dem Papa sein Pfeifgen schmeckt
Der Doctor Hofrath Grillen heckt
Und sie Carlingen für Liebe verkauft
Die Lotte herüber hinüber lauft
Lenchen treuherzig und wohlgemuth
In die Welt hinein lugen tuht,
Mit dreckigen Händen und Honigschnitten
Mit Löcher im Kopf, nach deutschen Sitten
Die Buben jauchzen mit hellem Hauf
Tühr ein Tühr aus, Hof ab Hof auf,
Und Ihr mit den blauen Augelein
Gucket so ganz gelassen drein
Als wäret Ihr mänlein von Porzellan,
Seyd innerlich doch ein wackrer Mann,
Treuer liebhaber und warmer Freund,
So last des Reichs und Cristen feind
Und Russ und Preuss und Belial
Sich teilen in den Erdenball
Und nur das liebe teutsche Haus
Nehmt von der grosen Teilung aus

3. Des Hausknechts. 15. 17. Brüder Lottens (geb. 1764 und 66). 16. Von Bahrdt, vgl. zu 121, 23. 17. Gotter vgl. zu 123, 11. 20. Hofrat und Kammergerichtsprokurator Dr. Dietz; 1776 mit der gleich genannten ältesten Tochter des Hauses verheiratet.

Und dass der Weeg von hier zu euch
Wie Jakobs Leiter sey sicher und gleich.
Und unser Magen verdau gesund.
So seegnen Wir euch mit Herz und Mund

Gott allein die Ehr
Mir mein Weib allein
So kann ich und er
Wohl zufrieden seyn.

74. An Kestner.

[Frankfurt, 5. Februar 1773.]

Nichts denn gute Nachrichten lieber Kestner. Eure Perrücken sind halsstarrige Köpfe, biss ihnen das Wasser übern Kopf geht. Nun denn zu visitirt, und predige denen Herren ihr guter Geist fleissig über Pred. Sal. C. 7. v. 17. Da wird alles wohl seyn: Nun richtet euch ein Kestner. Zur Hochzeit komm ich nicht, aber nachher solls Leben angehn. Dass Kielmannsegg so glücklich war ist mir von Herzen lieb, und allen die ihn kennen durch mich, glückwünscht ihm von meinetwegen.

Mit eurem Brief erhielt ich von Mercken dass er kommt. Heute Freytags früh wird er anlangen, und Leuschenring mit, und über das alles Schlittschuh Bahn herrlich, wo ich die Sonne gestern herauf und hinab mit Kreistänzen geehret habe. Und noch andere Süjets der Freude die ich nicht sagen kann. Darüber lasst euch wohl seyn, dass ich fast so glücklich binn als Leute die sich lieben wie ihr, dass eben so viel Hoffnung in mir ist als in liebenden, dass ich sogar Zeit her einige Gedichte gefühlt und was mehr ist dergleichen. Es grüsst euch meine Schwester, es grüsen euch meine Mädgen es grüsen euch meine Götter. Namentlich der schöne Paris hier zur rechten, die goldne Venus dort und der Bote Merkurius, der Freude hat an den schnellen, und mir gestern unter die Füse band seine göttliche Solen die schönen, goldnen, die ihn tragen über

13. „Sei nicht allzu gerecht und nicht allzu weise, daß du dich nicht verderbist.“ 16. Vgl. 117,21. Welches Glück dem Genannten widerfuhr, ist nicht bekannt. 21. Franz Michael Leuchsenring (1746—1827), damals zweiter Hofmeister des Erbprinzen Ludwig von Darmstadt. 28 f. In Anlehnung an die Schlußformel der Paulinischen Briefe. 32 f. Homer, Odyssee I, 96 f.

das unfruchtbare Meer und die unendliche Erde, mit dem Hauche des Windes. Und so seegnen euch die lieben Dinger im Himmel.

75. An Salzmann.

Ihre Betrachtungen über die Rache haben mir viel Freude gemacht. Ich habe Sie so ganz, Ihre Sinnesart und Ton gefunden. Mein Vater hält sie vor allen des Druckes würdig, und ich denke, Sie fahren fort Ihre Gedanken über die merkwürdigsten Gegenstände der Religion und Sittenlehre niederzuschreiben, und geben sie uns dereinst in einem Bändgen. Es war mir als wenn ich mich mit Ihnen selbst unterhielt, und die Klarheit im Ausdruck muß Jedermann einnehmen. Was ich vermißt habe, und gewiß erwartete, weil es so gerade in Ihrem Wege lag, war die Reflexion, daß die Vergebung der Beleidigung, als eine Wohlthat, den Beleidiger verbinden müsse, und also schon direkter Nutzen hervorspringe; was Christus durch feurige Kohlen aufs Haupt sammeln ausdrückt! Arbeiten Sie ja nichts dergleichen ohne es uns zu kommunizieren.

Die Comödien belangend geht ja alles nach Wunsch, ein Autor der sich rathen läßt ist eine seltene Erscheinung, und die Herren haben auch meist nicht Unrecht, jeder will sie nach seiner Art zu denken modeln. Also, lieber Freund, hier keine Critik, sondern nur die Seite von der ich's ansehe. Unser Theater, seit Hanswurst verbannt ist, hat sich aus dem Gottschedianismus noch nicht losreißen können. Wir haben Sittlichkeit und lange Weile; denn an jeux d'esprit, die bei den Franzosen Zoten und Possen ersetzen, haben wir keinen Sinn, unsre Sozietät und Charakter bieten auch keine Modele dazu, also ennuyiren wir uns regelmäßig und willkommen wird jeder seyn, der eine Munterkeit, eine Bewegung auf's Theater bringt. Und ich hoffe von dieser Seite werden diese Lustspiele sehr Beyfall haben. Nur wissen Sie um in honette Gesellschaft zu entriren, bedarfs eines Kleids, zugeschnitten nach dem Sinn des Publikums, dem ich mich produziren will, und über dies Röckgen wollen wir rathschlagen. Zuvörderst keine Singularität ohne Zweck.

---

7 Sie erschienen in Frankfurt 1776. 19 „Lustspiele nach dem Plautus für's deutsche Theater" (handschriftlich, erst 1774 gedruckt) von Jakob Michael Reinhold Lenz (1751–92), dem Goethe in Straßburg nicht näher getreten war. Vgl. zu 146,$_{14}$. 150,$_{7}$. 152,$_{8}$.

Das ist was gegen die lateinischen Namen spricht. Leander, Leonora sind Geschöpfe mit denen wir schon bekannt sind, wir sehen sie als alte gute Freunde wieder auftreten. Besonders da übrigens das Costüm neu ist, der König in Preußen vorkommt und der Teufel. Bey Gelegenheit des Teufels muß ich meine Gedanken über's Fluchen und Schwören im Drama sagen. Wenn gemeine Leute streiten, ist die Exposition der Gerechtsame sehr kurz, es geht in's Fluchen, Schimpfen und Schlagen über, und der Vorhang fällt zu. Leute von Sitten werden höchstens in einem Anfall von Leidenschaft in einen Fluch ausbrechen, und das sind die beiden Arten die ich dem Drama vergönnen möchte, doch nur als Gewürz, und daß sie nothwendig stehen müssen und sie niemand herausnehmen könnte ohne dem Ausdruck zu schaden. Nun aber die Art von Beteuerungsflüchen möcht ich vom Theater ganz verbannen. Im gemeinen Leben sind sie schon lästig und zeugen von einer leeren Seele, wie alle Gewohnheitsworte, und im Drama mag es gar leicht für einen Mangel der dialogischen Verbindungsfähigkeit angesehen werden. Auch hat der Uebersetzer sie oft hingestellt wo Plautus gar nichts hat. Und das hercle kann ich für nichts als unser wahrhaftig nehmen. Sie werden diese Anmerkungen sehr wunderlich finden wenn Sie in meinem Berlichingen auf manchen Schimpf und Fluch treffen werden, davon ich jezt nicht Rechenschaft geben kann. Vielleicht auch werden Sie mir um desto eher recht geben, da Sie sehen es ist nicht edles Gefühl, sondern nur relative Besorgniß um Aufnahme dieser Stücke.

Das wäre nun also wie Sie sehen sehr weitläufig von Nebensachen gehandelt, und so gut als nichts gesagt. Hier will ich auch nur die Präliminarien unsrer künftigen Rathschlagungen eröfnen. Denn was die innere Ausführung betrifft, wie ich wünsche daß er an einigen Stellen dem Plautus wieder näher, bei andern noch weiter von ihm abrücken möchte, wie der Sprache, dem Ausdruck, dem Ganzen der Scenen an Rundheit nachgeholfen werden könnte; darüber möcht ich mich in kein Detail einlassen. Der Verfasser muß das selbst fühlen, und wenn er mir seine Gedanken über das Ganze mitzutheilen beliebt, will ich auch die meinigen sagen; denn ohne das würd ich in Wind schreiben. Was ihm alsdann an meiner Vorstellungsart beliebt, daß er's in sein Gefühl übertragen kann, und ob er nach einem neu bearbeiteten Gefühl wieder den Muth hat, hier und da umzuarbeiten, das muß der Ausgang lehren. Ich hasse alle Spezialkritik von Stellen und Worten. Ein Kopf, daraus es kam, also ein Ganzes und konsistent in sich, wenn der Arbeiter nur einigermaßen Original ist. Ich kann leiden, wenn meine Freunde eine Arbeit von mir zu Feuer verdammen, umgegossen oder verbrannt zu werden; aber sie sollen mir keine Worte rücken, keine Buchstaben versetzen. Nur müssen wir bedenken, daß wir diesmal mit dem Publikum zu thun haben, und besonders alles anwenden müssen den Direktors der Truppen das Ding anschaulich und gefällig zu machen, welches vorzüglich durch ein äußerlich honnettes Kleid geschieht. Denn gespielt machen sie ihr Glück. Nimmt man aber lebendige Stimmen, Theaterglanz, Carikatur, Aktion und die Herrlichkeit weg, verlieren sie gar viel; selbst im Original versetzen uns wenig Scenen in's gemeine Leben; man sieht überall die Frazzen-Masquen mit denen sie gespielt wurden.

So leben Sie denn wohl und antworten Sie bald, so lang das Eisen glüht muß geschmiedet seyn, und wenn wir's bald zu Stande bringen, machen wir uns an was neues. Wär ich nur einen halben Tag unter Ihnen, es sollte mehr ausgemacht werden, als mit allen Episteln. Unterdessen ist's auch eine Wohlthat in der Ferne einander umfassen und zu lieben wie ich Sie, und es einander sagen zu können.

[Frankfurt] Den 6. Merz 73. Goethe.

76. An Hans Buff.

[Frankfurt, 15. März 1773.]

Vielgeliebter Herr Hans.

Ihr Brief an die liebe Schwester hat mich so ergötzt, dass ich nicht länger mich halten kann an Sie zu schreiben, und Sie zu bitten mir wenigstens wöchentlich einmal Nachrichten von Ihrem Haus und Hof und was drinnen vorgeht zu geben.

Ich bitte Sie darum bey unsrer alten Freundschaft die

---

7. So hatte es besonders Herder mit dem ersten „Götz" gemacht. 29. Der Brief war einem solchen an Kestner beigelegt, in dem Goethe die gleiche Bitte für die Zeit aussprach, wenn Kestner „den Mittelstein aus dem Ringe", d. h. Lotte aus dem Kreis der für alle Zeit ihm teuren Familie, geraubt haben werde. 30. An Lotte, die verreist war.

auch vor die Zukunft dauerhaft bleiben wird. Sie wissen wie lieb und herzlich mir alles ist was aus dem teutschen Haus kommt, Sie haben mich eine gute Zeit so nahe gehabt als einen Vetter und näher vielleicht. Drum, wie ich sage, lieber Hans schreiben Sie mir die Woche gewiß einmal was passirt, damit ich auch wisse wie meine Kleinen sich aufführen. Die Sie alle recht herzlich grüßen werden. Und empfehlen Sie mich Carlingen und Lengen und Lotten wenn sie wieder kommt viel hundert mal.

Der Ihrige Goethe.

77. An Johanna Fahlmer.

[Frankfurt, März 1773.]

Einen Morgengruss hat Ihnen die liebe Sonne schon geben, der besser ist denn meiner. Doch ist auch der nicht zu verachten. Grüsse Sie also und schicke Warton und Wackefield und Was mehr ist — Wörterbuch. Wo Sie Bedeutung und Aussprache nach selbst beliebigem Gefallen forschen und finden können. Und dieses geschieht weil es scheinen will als ob Sie noch einige Tage an mir einen unfleissigen lehrmeister haben würden. Denn ich befinde mich in einem Stand von Perturbation in dem es den Seelen, sagen sie, nicht vorteilhafft ist aus der Welt zu gehn. Demohngeachtet, da sich nichts verdrüssliches noch ängstliches einmischt, binn ich dessen wohl zufrieden. Mögen Sie das auch seyn, und an dem so lieblich vorbeyfliessenden Wasser nicht allzu lebhafft empfinden wie schön das wäre, wenn Sie geleitet von Frülingssonn und Lufft dahinab seegelten zur Freud und Wonne der Auserwählten, dazu uns Gott allen Gnädiglich verhelfen wolle. Amen.

78. An Kestner.

[Frankfurt, März 1773.]

Es ist höchst abscheulich und unartig von euch, mir die Comission von den Ringen nicht aufzutragen. Als

---

15. Den Roman The vicar of Wakefield von Oliver Goldsmith (1728 bis 1774). — Goethe erwähnt in „Dichtung und Wahrheit“ ein vor dem „Werther“ erschienenes, den Selbstmord behandelndes Gedicht des Engländers Thomas Warton. So darf man wohl (mit Fielitz) das in der Handschrift stehende „Worte“ als Flüchtigkeitsfehler betrachten (— sogleich folgt „Wörterbuch“ —) und „Warton“ dafür einsetzen. 24. Die Adresse des Briefes ist nicht überliefert. Ehrenbreitstein

wenns nicht natürlich wär dass ich sie doch übernehmen müsste. Und trutz euch und des Teufels, der euch eingab mir das zu vertragen, will ich sie bestellen und sorgen dass sie schön werden wie Kronen der Auserwehlten. Adieu. Und eurem Engel nichts von mir. Hans ist brav, danckt ihm. Adieu.

79. An Kestner.

[Frankfurt, Ende März 1773.]

Dass ihrs nicht schon acht Tage habt die Ringe ist meine Schuld nicht, hier sind sie und sie sollen euch gefallen. Wenigstens binn ich mit zufrieden. Es sind die zweyten. Heut vor acht tage schickt mir der Kerl ein Paar so gehudelt und gesudelt. Marsch, er soll neue machen, und die sind denck ich gut. Lasst nun das die ersten Glieder zur Kette der Glückseeligkeit seyn die euch an die Erde wie an ein Paradies anbinden sollen, ich binn der eurige, aber von nun an gar nicht neugierig euch zu sehn noch Lotten. Auch wird ihre Silhouette auf den ersten Ostertag, wird hoffentlich seyn euer Hochzeittag, oder wohl gar schon übermorgen, aus meiner Stube geschafft und nicht eher wieder hereingehängt biss ich höre daß sie in den Wochen liegt dann geht eine neue Epoche an und ich habe sie nicht mehr lieb sondern ihre Kinder, zwar ein bissgen um ihrentwillen, doch das tuht nichts und wenn ihr mich zu Gevatter bittet so soll mein Geist zwiefältig auf dem Knaben ruhen, und er soll gar zum Narren werden über Mädgen die seiner Mutter gleichen.

Gott Hymen findet sich durch einen schönen Zufall auf meinem Revers.

So seyd denn glücklich und geht. Nach Franckfurt kommt ihr doch nicht, das ist mir lieb, wenn ihr kämt so ging ich. Nach Hannover also und Adieu. Ich habe Lottens Ring eingesiegelt, wie ihrs hiest. Adieu.

---

ist unwahrscheinlich, da ein Gruß an die mit der Adressatin befreundete Frau v. La Roche fehlt. Die Beziehung auf den Unterricht in der englischen Sprache läßt vermuten, daß die Adressatin in der Nähe, vielleicht in Offenbach, weilte.

5. Zahlreiche Billets von Goethe an Hans Buff zeigen, daß dieser die in Nr. 76 ausgesprochene Bitte treu erfüllte. Vgl. 141, 2. 144, 11. 155, 35. 28. Auf der Rückseite des Blattes sind die Umrisse einer Göttergestalt gezeichnet.

[Beilage.]

An Charlotte Buff, sonst genannt die liebe Lotte abzugeben im Teutschen Haus.

Möge mein Andencken immer so bey Ihnen seyn wie dieser Ring, in Ihrer Glückseeligkeit. Liebe Lotte, nach viel Zeit wollen wir uns wiedersehn, Sie den Ring am Finger, und mich noch immer, für Sie
Da weis ich keinen Nahmen, keinen Beynahmen.
Sie kennen mich ja.

80. An Kestner.

[Frankfurt, zwischen 4. und 9. April 1773.]

Gott seegn euch denn ihr habt mich überrascht. Auf den Charfreytag wollt ich heilig Grab machen und Lottens Sillhouette begraben. So hängt sie noch und soll denn auch hängen biss ich sterbe. Lebt wohl. Grüsst mir euren Engel und Lengen, sie soll die zweyte Lotte werden, und es soll ihr eben so wohl gehn. Ich wandre in Wüsten da kein Wasser ist, meine Haare sind mir Schatten und mein Blut mein Brunnen. Und euer Schiff doch mit bunten flaggen und Jauchzen zuerst im Hafen freut mich. Ich gehe nicht in die Schweiz. Und unter und über Gottes Himmel binn ich euer Freund und Lottens.

81. An Kestner.

[Frankfurt, 10. April 1773.]

Da tuht ihr wohl Kestner dass ihr mich beym Wort nehmt! O den trefflichen Menschen! „Ihr wollt ia nichts mehr von uns wissen." Gar schön! Ich wollte freylich nichts von euch wissen, weil ich wusste ihr würdet mir nicht schreiben mögen. Sonst feiner Herre war der Tag eurem Fürsten, der Abend eurer Lotte, und die Nacht für mich und meinen Bruder Schlaff. Die Nacht fliesst nun in den Abend und der arme Goethe behilft sich wie immer. Es stünde euch wohl zu Gesichte — Doch das will ich nicht sagen, ich würde mich zum Teufel geben, wenn ich euch erst darauf bringen sollte. Also Herr Kestner und Madam Kestner Gute Nacht.

Ich würde auch hier geschlossen haben wenn ich was bessers im Bett erwartete als meinen lieben Bruder. Sieh doch mein Bett da, so steril stehts wie ein Sandfeld. Und ich habe heut einen Schönen Tag gehabt so schön dass mir Arbeit und Freude und Streben und Geniessen zusammen flossen. Dass auch am schönen hohen Sternen Abend ganz mein Herz voll war vom wunderbaren Augenblick da ich zu'n Füßen eurer an Lottens Garnirung spielte, und ach mit einem Herzen, das auch das nicht mehr genießen sollte, von drüben sprach, und nicht die Wolcken, nur die Berge meinte. Von der Lotte wegzugehn. Ich begreifs noch nicht wies möglich war. Denn seht nur seid kein Stock. Wer nun, oder vorher, oder nachher zu euch sagte geht weg von Lotten — Nun was würdet ihr —? Das ist keine Frage — Nun ich bin auch kein Stock, und binn gangen, und sagt ists Heldentaht oder was. Ich binn mit mir zufrieden und nicht. Es kostete mich wenig, und doch begreif ich nicht wies möglich war. — Da liegt der Haas im Pfeffer. —

Wir redeten wies drüben aussäh über den Wolcken, das weis ich zwar nicht, das weis ich aber, dass unser Herr Gott ein sehr kaltblütiger Mann seyn muss der euch die Lotte lässt. Wenn ich sterbe und habe droben was zu sagen, ich hohl sie euch warrlich. Drum betet fein für mein Leben und Gesundheit, Waden und Bauch pp. und sterb ich so versöhnt meine Seele mit Trähnen, Opfer, und dergleichen, sonst Kestner siehts schief aus.

Ich weis nicht warum ich Narr so viel schreibe, eben um die Zeit da ihr bey eurer Lotte gewiß nicht an mich denkt. Doch bescheid ich mich gern nach dem Gesetz der Antipatie. Da wir die Liebenden fliehen, und die Fliehenden lieben.

82. An Kestner.

[Frankfurt, Mitte April 1773.]

Nun will ich nichts weiter lieber Kestner, das wars was ich wünschte, was ich nicht verlangen wollte, denn den Geschencken der Liebe giebt die Freywilligkeit all den Werth, ihr solltet mir aus dem Schoose eures Glücks an der Seite von Eurer Lotte, die ich euch, vor tausend andern gönne, wie all das Gute was mir die Götter versagen.

---

2. Den Schlaf. 10. Vgl. 115, 8. 18

Aber dass ihr, weil euch das Glück die Karten gemischt hat, mit der Spadille stecht, mir ein höhnisch Gesicht zieht find ich unartig, ihr sollt euch darüber bey Lotten verklagen und sie mag entscheiden.

Mich einen Neider und Nexer zu heissen, und dergleichen mehr, das ist all nur seit ihr verheurathet seyd. Meine Grillen lieber müssen nun so drein gehen. Ich war mit Anngen in der Comödie. Es ist gut dass ich morgen nach Darmstadt gehe, ich verliebte mich warrlich in sie. Ihre Gegenwart hat alles Andencken an euch wieder aufbrausen gemacht, mein ganzes Leben unter euch, ich wollt alles erzählen biss auf die Kleider und Stellungen so lebhaft, sie mag euch sagen was sie kann. O Kestner, wenn hab ich euch Lotten missgönnt im menschlichen Sinn, denn um sie euch nicht zu missgönnen im heiligen Sinn, müsst ich ein Engel seyn ohne Lung und Leber. Doch muß ich euch ein Geheimniss entdecken. Dass ihr erkennet und schauet. Wie ich mich an Lotten attachirte und das war ich wie ihr wisst von Herzen, redete Born mit mir davon, wie man spricht. „Wenn ich Kestner wäre, mir gefiels nicht. Worauf kann das hinausgehen? Du spannst sie ihm wohl gar ab?" und dergleichen. Da sagt ich ihm, mit diesen Worten in seiner Stube, es war des Morgens: „Ich binn nun der Narr das Mädchen für was besonders zu halten, betrügt sie mich, und wäre so wie ordinair, und hätte den Kestner zum Fond ihrer Handlung um desto sicherer mit ihren Reizen zu wuchern, der erste Augenblick der mir das entdeckte, der erste der sie mir näher brächte, wäre der letzte unsrer Bekanntschaft," und das beteuert ich und schwur. Und unter uns ohne Pralerey ich verstehe mich einigermassen auf die Mädgen, und ihr wißt wie ich geblieben binn, und bleibe für sie und alles was sie gesehen angerührt und wo sie gewesen ist, biss an der Welt Ende. Und nun seht wie fern ich neidisch binn und es seyn muß, und das sag ich euch, wenn ihr euch einfallen laßt eifersüchtig zu werden, so halt ich mirs aus euch mit den treffensten Zügen auf die Bühne zu bringen und Juden und Christen sollen über euch lachen. Denn entweder ich binn ein Narr, das schwer zu glauben fällt, oder sie ist die feinste Betrügerinn, oder denn — Lotte, eben die Lotte von der die Rede ist. —

---

8. Anna Brandt aus Wetzlar (geb. 1753), s. zu 117, 18. 19. Vgl. zu 117, 26.

Ich gehe morgen zu Fuß nach Darmstadt und hab auf meinem Hut die Reste ihres Brautstrausses. Adieu. Es tuht mir leid von Anngen zu gehen, was würds von euch seyn, es ist besser so, nur dass ich ihr Portrait nicht gemacht habe, ärgert mich. Aber es ist in Herz und Sinn lebendig. Adieu. Ich habe nichts als ein Herz voll Wünsche. Gute Nacht Lotte. Anngen sagte heut ich hätte den Namen Lotte immer so schön ausgesprochen. Ausgesprochen! dacht ich!

83. An Kestner.

Darmstadt. [21. April 1773.]

Danck euch Kestner für eure zwey liebe Briefe lieb wie alles was von euch kommt, und besonders jetzt. Der Todt einer teuer geliebten Freundinn ist noch um mich. Heut früh ward sie begraben und ich binn immer an ihrem Grabe, und verweile, da noch meines Lebens Hauch und Wärme hinzugeben, und eine Stimme zu seyn aus dem Steine dem Zukünftigen. Aber ach auch ist mir verboten einen Stein zu sezen ihrem Andencken, und mich verdriesst dass ich nicht streiten mag mit dem Gewäsch und Geträtsch. Lieber Kestner, der du hast lebens in deinem Arm ein Füllhorn, lasse dir Gott dich freuen. Meine arme Existenz starrt zum öden Fels. Diesen Sommer geht alles. Merck mit dem Hofe nach Berlin, sein Weib in die Schweiz, meine Schwester, die Flachsland, ihr, alles. Und ich binn allein. Wenn ich kein Weib nehme oder mich erhänge, so sagt ich habe das Leben recht lieb, oder was, das mir mehr Ehre macht, wenn ihr wollt. Adieu. Euerm Engel tausend Grüsse.

84. An Hermann.

Dieser Brief mag Sie überzeugen, lieber Assessor, daß Ihr Andenken noch in eben der Empfindung bei mir ist,

2. Den Anna Brandt ihm mitgebracht hatte, wie er am 14. April meldete. 13. Goethe war durch Merck zwei hessischen Hofdamen, v. Ziegler und v. Roussillon, nahe getreten, die er als Lila und Urania besang, so wie die befreundete Karoline Flachsland als Psyche (s. zu 113, 15). Eine dieser „Empfindsamen“ und zwar Urania ist es, deren Tod Goethe hier beklagt. 22. Merck mit der Landgräfin Karoline Luise von Hessen-Darmstadt und dem Präsidenten Karl Friedrich v. Moser, hessischem Minister, nach Berlin und Petersburg, bis Dezember 1773;

als zur Zeit, da ich nach ein Paar Tage Raschwitzer Abwesenheit wieder in Ihr Zimmer trat und Ihnen einen guten Tag bot. So biet ich Ihnen nun einen guten Tag, und trage die Angelegenheit vor, die mir am Herzen liegt.

Der Verleger der hiesigen Zeitung, gelehrten, versteht sich, kriegt über eine Götzische Recension nicht sowohl mit Götzen, als mit dem hiesigen Rath Händel, er ward in 20 Thaler Strafe verdammt, und verlangte transmissionem in vim revisionis. Vielleicht kennen Sie die Sache schon aus den gedruckten Ackten, die in Leipzig bekannt sein müssen. Nun erfährt er, daß die Sache an die Leipziger Facultät gelangt ist, und daß sie willens sey, die Strafe zu vergrößern. Er bat mich flehentlich, ob ich niemanden kennte, der Einfluß hätte; ich kenne niemanden als Sie. Und nun ist die Frage, ob Sie in einer solchen Connexion mit den Facultisten stehn, daß Sie können, und ob Sie ferner so viel allgemeine Menschenliebe haben, daß Sie mögen. Sie sehen, die Entscheidung liegt in mero arbitrio, und also in der Art, wie sie sich dem Richter vorstellt. Es ist hier die Frage von keinem Recht. Wie Sie gar leicht sehen könnten, wenn Sie die Ackten ohnschwer lesen wollten. Also mein lieber, ein gut Wort, einem armen Teufel hundert Thaler zu schonen. Oder wenn Sie Sich nicht verwenden können, wissen Sie vielleicht einen Weg, und seyn Sie so gut uns den zu zeigen.

In wenig Wochen kriegen Sie ein Stück Arbeit von mir, das wo Gott will Sie erfreuen soll. Dem lieben Oeser tausend Empfehlungen. Ich hoffe ein Freund von mir Merck aus Darmstadt hat ihn gesprochen; fragen Sie ihn doch darum. Und lieben Sie mich und schreiben Sie mir bald. Geschrieben Franckfurt am 15. May 1773.

Goethe.

---

seine Frau in ihre Heimat am Genfer See; Karoline Flachsland als Herders Gattin nach Bückeburg, und Kestner mit Lotte von Wetzlar nach Hannover; die gleichfalls erwartete Trennung von Cornelie hingegen verzögerte sich noch, da ihre Verheiratung mit Schlosser sich hinauszog, vgl. 151, 34.

1. Gelegentlich eines Ausflugs nach dem kleinen Ort Raschwitz bei Leipzig. 5. Deinet, vgl. zu 110, 8. — Der besonders durch Lessings Gegnerschaft bekannte lutherisch orthodoxe Hauptpastor Joh. Melchior Goeze in Hamburg (1717—86) hatte Deinet wegen einer heftigen Kritik einer seiner Schriften in den Frankf. Gel. Anzeigen beim Frankfurter Magistrat verklagt. 26. Goethe hatte inzwischen, hauptsächlich im Februar 1773, den „Götz von Berlichingen" bearbeitet und ließ ihn nun erscheinen, indem er die Kosten des Papieres, Merck die des Druckes trug, vgl. 142, 26. 32. 158, 14. 187, 35. Im Juni erfolgte die Versendung.

85. An Kestner.

[Frankfurt, etwa 15. Juni 1773.]

Euer Brief hat mich ergözt, ich wusste durch Hansen schon manches von euch. Heute Nacht hat mirs von Lotten wunderlich geträumt. Ich führte sie am Arm durch die Allee, und alle Leute blieben stehn und sahn sie an, ich kann noch einige nennen die stehen blieben und uns nachsahen. Auf einmal zog sie eine Calesche über und die Leute waren sehr betreten. (Das kommt von Hansens Briefe der mir die Geschichte von Minden schrieb.) Ich bat sie sie mögte sie doch zurückschlagen, das that sie. Und sah mich an mit den Augen, ihr wisst ja wies einem ist wenn sie einen ansieht. Wir gingen geschwind. Die Leute sahen wie vorher. O Lotte sagt ich zu ihr, Lotte, dass sie nur nicht erfahren dass du eines andern Frau bist. Wir kamen zu einem Tanzplaz pp.

Und so träume ich denn und gängle durchs Leben, führe garstige Prozesse schreibe Dramata, und Romanen und dergleichen. Zeichne und poussire und treibe es so geschwind es gehen will. Und ihr seyd geseegnet wie der Mann der den Herren fürchtet. Von mir sagen die Leute der Fluch Cains läge auf mir. Keinen Bruder hab ich erschlagen! Und ich dencke die Leute sind Narren. Da hast du lieber Kestner ein Stück Arbeit, das lies deinem Weiblein vor, wenn ihr euch sammlet in Gott und euch und die Tühren zuschließt. NB. Die Frau Archivarius (ich hoffe das ist der rechte Titel) wird hoffentlich ihr blau gestreiftes Nachtjäckgen nicht etwa aus leidigem Hochmuth zurückgelassen, oder es einer kleinen Schwester geschenckt haben, es sollte mich sehr verdriessen, denn es scheint ich habe es fast lieber als sie selbst, wenigstens erscheint mir oft das Jäckgen wenn ihre Gesichtszüge sich aus dem Nebel der Imagination nicht losmachen können.

86. An Kestner.

[Frankfurt, etwa 18. Juli 1773.]

Ihr sollt immer hören wie mirs geht lieber Kestner. Denn zum Laufe meines Lebens hoff ich immer auf euch

---

17. An „Werther“ ist hier wohl noch nicht zu denken, vgl. zu 161, 14. 23. Den gedruckten „Götz“, s. zu 140, 26. 27. Vgl. 148, 31.

und euer Weib die Gott seegne und ihr solche Freuden gebe als sie gut ist. Euch kanns an Beförderung nicht fehlen. Ihr seyd von der Art Menschen die auf der Erde gedeyen und wachsen, von den gerechten Leuten und die den Herren fürchten, darob er dir auch hat ein tugendsam Weib gegeben, des lebest du noch eins so lange.

Ich binn recht fleissig und wenns glück gut ist kriegt ihr bald wieder was, auf eine andere Manier. Ich wollt Lotte wäre nicht gleichgültig gegen mein Drama. Ich hab schon vielerley Beyfalls Kränzlein von allerley Laub und Blumen, Italienischen Blumen sogar, die ich wechselsweise aufprobiret, und mich vorm Spiegel ausgelacht habe. Die Götter haben mir einen Bildhauer hergesendet, und wenn er hier Arbeit findet wie wir hoffen so will ich viel vergessen. Heilige Musen reicht mir das Aurum potabile, Elixir Vitae aus euern Schaalen, ich verschmachte. Was das kostet in Wüsten Brunnen zu graben und eine Hütte zu zimmern. Und meine Papageyen die ich erzogen habe, die schwäzen mit mir, wie ich, werden kranck, lassen die Flügel hängen. Heut vorm Jahr wars doch anders, ich wollt schwören in dieser Stunde vorm Jahr sass ich bey Lotten. Ich bearbeite meine Situation zum Schauspiel zum Trutz Gottes und der Menschen. Ich weis was Lotte sagen wird wenn sies zu sehn kriegt und ich weis was ich ihr antworten werde. Hört wenn ihr mir wolltet Exemplare vom Göz verkauffen, ihr thätet mir einen Gefallen und vielleicht allerley Leuten. Boje hat ihrer, schreibt ihm wieviel ihr wollt, ich habs ihm geschrieben euch abfolgen zu lassen soviel ihr wollt. Verkauft sie alsdenn für zwölf gute groschen und notirt das porto das sie euch kosten. Der Verlag hört Mercken, der ist aber in Petersburg, ich schicke mich nicht zum Buchhändler, ich fürchte es bleibt hocken. Denn vielleicht kommt sonst in einem halben Jahr noch kein Exemplar zu euch. Schreibt mir doch wo ich die zweyten Stücke des Merkurs hinschaffen und wo ichs Geld

---

8 und 22. Die Anfänge des „Faust"? „Prometheus"? 26. Merck besonders, in dessen Interesse Goethe auch die Mitwirkung der Frau v. La Roche erbat. Vgl. zu 140, 26. 27. Boie: vgl. Nr. 98. 32. Eine große Anzahl deutscher Schriftsteller machte in diesen Jahren den Versuch, sich von den kaufmännischen Verlegern zu emanzipieren, kehrte aber bald zu dem alten, bewährten System zurück. 35. „Der Teutsche Merkur" erschien seit kurzem; Wieland, der diese Monatschrift begründete und 23 Jahre lang redigierte, lebte seit Sept. 1772 als Erzieher des Erbprinzen Karl August in Weimar. Durch die gemeinsame Freundin Sophie v. La Roche für das Unternehmen interessiert, war Goethe anfangs für die Ver-

herkriegen soll. Wenn verschiedne Sachen nach meinem Kopfe gehn kriegt Lotte bald eine Schachtel von mir wo keine Confituren drinne sind, auch kein Putzwerk, auch keine Bücher, also

Lassts euch wohl seyn, mich ergötzt eure Genüglichkeit und eure Aussichten. Und wenn euch was dran liegt von mir zu hören, so lasst von euch offt hören. Adieu.

87. An Kestner.

[Frankfurt, 15. September 1773.]

Heut Abend des 15. September erhalt ich euern Brief, und habe mir eine Feder geschnitten um recht viel zu schreiben. Dass meine Geister biss zu Lotten reichen hoff ich. Wenn sie auch die Taschengelder ihrer Empfindung, daran der Mann keine Prätension hat, nicht an mich wenden wollte, der ich sie so liebe. Neulich hatte ich viel Angst in einem Traum über sie. Die Gefahr war so dringend, meine Anschläge all keine Aussicht. Wir waren bewacht, und ich hoffte alles, wenn ich den Fürsten sprechen könnte. Ich stand am Fenster, und überlegte hinunter zu springen, es war zwey Stock hoch, ein Bein brichst du, dacht ich, da kannst du dich wieder gefangen geben. Ja dacht ich, wenn nur ein guter Freund vorbey ging, so spräng ich hinunter und bräch ich ein Bein, so müsst mich der auf den Schultern zum Fürsten tragen. Siehst du alles erinnre ich mich noch, biss auf den bunten Teppich des Tisches an dem sie sas und Filet machte, und ihr strohern Kistgen bey sich stehn hatte. Ihre Hand habe ich tausendmal geküsst. Ihre Hand wars selbst! die Hand! so lebhafft ist mirs noch, und sieh wie ich mich noch immer mit Träumen schleppe.

Meine Schwester ist mit Schlossern vor wie nach. Er sitzt noch in Carlsruh wo man ihn herumzieht, Gott weis wie. Ich verstehs nicht. Meine Schwester ist ietzt in Darmstadt bey ihren Freunden. Ich verliere viel an ihr, sie versteht und trägt meine Grillen.

Ich lieber Mann, lasse meinen Vater iezt ganz gewähren, der mich täglich mehr in Stadt Civil Verhältnisse

---

breitung des „Merkur" thätig. Bald freilich zog er sich zurück, da seine alte Verehrung Wielands (vgl. 87, 18. 88, 4 f.) durch dieses Unternehmen einen starken Stoß erlitt, s. 144, 24.

30. Bis zur endlichen Anstellung in badischen Diensten.

einzuspinnen sucht, und ich lass es geschehn. So lang meine Krafft noch in mir ist! Ein Riss! und all die Siebenfache Bastseile sind entzwey. Ich binn auch viel gelassner und sehe dass man überall den Menschen, überall groses und kleines schönes und hässliches finden kann. Auch arbeit ich sonst brav fort, und dencke den Winter allerley zu fördern. Dem alten Amtmann hab ich einen Götz geschickt der viel Freude dran gehabt hat, es ist auch gleich (wahrscheinlich durch Brandts) weiter kommen, und der Kammer Richter und v. Folz habens begehrt; das schreibt mir Hans mit dem ich viel Correspondenz pflege. Ueber alles das lieber Kestner vergess ich dir zu sagen, dass drunten im Visitenzimmer, diesen Augenblick sitzt — die liebe Fr. Grostante Lange von Wetzlar mit der so teuern ältsten Jfr. Nichte. Die haben nun schon in ihrem Leben mehr, um Lottens Willen, gesessen wo ich sie nicht hohlte, mögen sie auch diesmal sich behelfen. Hanngen ist nicht mit da. Sie haben viel Liebs und Guts von meiner Lotte geredt! Dancks ihnen der Teufel. — Meiner Lotte! Das schrieb ich so recht in Gedancken. Und doch ist sie gewissermassen mein. Hierinn Geht mirs wie andern ehrlichen Leuten, ich bin gescheut — bis auf diesen Punct. Also nichts mehr davon.

Und zum Merkur um uns abzukühlen. Ich weiß nicht ob Viel Grossprecherey dem Zeug mehr Schaden tuht, oder das Zeug der Grossprecherey. Das ist ein Wind und Gewäsch dass eine Schand ist. Man ist durchgängig unzufrieden gewesen, der zweyte Teil ist was besser.

Der Hans und die Hänsgen. Wieland und die Jackerls haben sich eben prostituirt! Glück zu! Für mich haben sie ohnedem nicht geschrieben. Fahr hin. Des Cammerrath Jakobis Frau war hier, eine recht liebe brave Frau, ich habe recht wohl mit ihr leben können, binn allen Erklärungen ausgewichen, und habe getahn als hätte sie weder Mann noch Schwager. Sie würde gesucht haben uns zu vergleichen, und ich mag ihre Freundschafft nicht. Sie sollen

---

7. Kestners Schwiegervater. 9. 10. Wetzlarer Bekannte. 11. Vgl. zu 135, 5. 14. 17. Goethes Verwandte von mütterlicher Seite: Susanna geb. Lindheimer, Frau des Advokaten Dr. Lange in Wetzlar, und ihre beiden Töchter. 28. Die Brüder Jacobi, Friedrich Heinrich (vgl. Adressatenverzeichnis) und Johann Georg (1749—1814), waren an der Gründung des „Merkur" beteiligt, zogen sich aber bald zurück und schufen ein Konkurrenzunternehmen; vgl. 161, 27. 168, 8. 31. Elisabeth („Betty"), vgl. Adressatenverzeichnis

mich zwingen sie zu achten wie ich sie iezt verachte, und dann will und muss ich sie lieben.

Heut früh hab ich von Falcken einen Brief kriegt, mit dem ersten Bogen des Musen Almanach. Du wirst auf der 15. S. den Wandrer antreffen den ich Lotten ans Herz binde. Er ist in meinem Garten, an einem der besten Tage gemacht. Lotten ganz im Herzen und in einer ruhigen Genüglichkeit all eure künftige Glückseeligkeit vor meiner Seele. Du wirst, wenn dus recht ansiehst mehr Individualität in dem Dinge finden als es scheinen sollte, du wirst unter der Allegorie Lotten und mich, und was ich so hunderttausendmal bey ihr gefühlt erkennen. Aber veraths keinem Menschen. Darob solls euch aber heilig seyn, und ich hab euch auch immer bey mir wenn ich was schreibe. Jezt arbeit ich einen Roman, es geht aber langsam. Und ein Drama fürs Aufführen damit die Kerls sehen dass nur an mir liegt Regeln zu beobachten und Sittlichkeit Empfindsamkeit darzustellen. Adieu. Noch ein Wort im Vertrauen als Schriftsteller, meine Ideale wachsen täglich aus an Schönheit und Grösse, und wenn mich meine Lebhafftigkeit nicht verlässt und meine Liebe, so solls noch viel geben für meine Lieben, und das Publikum nimmt auch sein Teil.

Und so gute Nacht liebe Lotte. Im Couvert sind Verse die wollt ich zu einem Portrait von mir an Lotten legen, da es aber nicht gerathen ist so hat sie inzwischen das. Biss auf weiteres.

[Beilage.]

Wenn einen seeligen Biedermann
Pastorn oder Rathsherrn lobesan
Die Wittib lässt in Kupfer stechen
Und drunter ein Verslein radebrechen
Da heissts:

Seht hier von Kopf und Ohren,
Den Herrn ehrwürdig, wohlgebohren

3. Vgl. zu 121, 4. 4. Boie gab seit 1770 nach französischem Vorbild den Göttinger Musenalmanach heraus. Im 5. Jahrgang, der „poetischen Blumenlese auf das Jahr 1774“ erschien zum erstenmal Goethe mit dem „Wanderer“ („Gott segne dich, junge Frau“); im Mai 1773 schrieb Goethe an Kestner, er habe dies Gedicht schon in Wetzlar gemacht. 15. Ob man hier schon an die Anfänge des „Werther“ und an „Clavigo“ denken darf, ist fraglich. 16. Ganz unbestimmbar.

Seht seine Mienen und seine Stirn.
Aber sein verständig Gehirn
So manch Verdienst uns gemeine Wesen
Könnt ihr ihm nicht an der Nase lesen.

So liebe Lotte heisst's auch hier
Ich schicke da mein Bildniss dir!
Magst wohl die lange Nase sehn,
Der Augen Blick, der Locken Wehn,
's ist ohngefähr das garstge Gsicht
Aber meine Liebe siehst du nicht.

G.

88. An Salzmann.

[Frankfurt, Oktober 1773.]

Sie haben lange nichts von mir selbst, wohl aber gewiß von Lenz und einigen Freunden allerley von mir gehört. Ich treibe immer das Getreibe; denn Plautus Comödien fangen an sich heraus zu machen. Lenz soll mir doch schreiben. Ich habe was für ihn aufm Herzen.

Wenn Sie das Exemplar Berlichingen noch haben, so schicken Sies nach Sessenheim unter Aufschrift an Mll....., ohne Vornahmen. Die arme Friederike wird einigermassen sich getröstet finden, wenn der Untreue vergiftet wird. Sollte das Exemplar fort seyn, so besorgen Sie wohl ein anders.

Ich möchte wohl wieder einmal hören wie's Ihnen geht, was das Camin macht u. s. w.

Meine Schwester heurathet nach Carlsruh.

G.

89. An Johanna Fahlmer.

Ihr Stillschweigen liebe Tante wissen wir ohngefähr zu berechnen, da wir uns wohl eher gleicher Sünden schuldig gemacht haben. Sünde bleibts aber immer und soll Ihnen in Rücksicht künftiger Besserung verziehen werden. Ich hoffte die Ankunft des neuen Mädgens zu vernehmen, es nimmt sich Zeit wie ich merke.

---

9. Vgl. 182, 4. 13. Vgl. zu 131, 19. 14. In welchem Grade Goethe bearbeitend eingriff, steht nicht fest. 20. Weislingen. 30. „Anstatt eines holden Mädchens einen großen starken Jungen!" schrieb die Mutter, Elisabeth Jacobi, am 6. Nov. an Goethe. Vgl. 150, 10.

Das merkwürdigste das ich Ihnen melden kann, ist Schlossers Ankunft. Das iunge Paar ist schon aufgeboten, wird in 14 Tagen Hochzeit machen und dann gleich nach Carlsruh gehen. Meine Schwester Braut grüßt Sie. Sie ist iezt im Packen ganz und ich sehe einer fatalen Einsamkeit entgegen. Sie wissen was ich an meiner Schwester hatte — doch was thuts, ein rechter Kerl muß sich an alles gewöhnen. Die Zeit sind einige sehr brave Menschen aus der Weiten Welt, besonders einer, zu mir kommen die mir viel gute Tage gemacht haben. Um unsern kleinen Zirkel siehts etwas scheu aus. Meine schwester macht einen großen Riss, und ich — Betty versteht mich. Ich möchts wohl einmal so weit bringen mit Ihnen einen Ritt vom Gallenthor durch die Terminey bis zum Allerheiligen zu thun. Indeß will den Winter meiner Schlittschue mich freuen.

Daß Sie Jungen lieben müßten, sagte ich Ihnen zum Voraus, nur wollt ich dass Sie auch Leute lieben könnten die nicht sind wie er.

Grüßen Sie mir die liebe Frau hundertmal. Lotte wird meinen Brief haben.

Mit meiner Autorschaft stehts windig. Gearbeitet hab ich, aber nichts zu Stande gebracht. Den Jahrmarkt sollen Sie haben, aufs Wort ihn nicht aus der Hand zu geben, noch — Ich brauche keine Conditionen mit Ihnen. Der Musenalmanach von Göttingen ist recht sehr gut dies Jahr. Sie werden viel wahres und warmes finden. Auch einige Ding wo nicht von mir, doch die ich Ihnen gelesen habe.

Was Sie vom Merkur schreiben scheint mich auf ein ungünstig Urtheil vorzubereiten zu wollen. Hat nichts zu sagen, ich bin dergleichen gewohnt. Mir kommts darauf an ob der Rezensent ein rechter Kerl ist, er mag mich loben oder tadlen, und was ich von ihm halte will ich Ihnen wohl sagen. Noch haben wir ihn nicht. Sie kennen die geflügelte Expedition des Götterboten.

Ein schöner neuer Plan hat sich in meiner Seele auf-

---

9. Schönborn, s. Adressatenverzeichnis. 12. Elisabeth Jacobi. 14. Frankfurter Lokalitäten. 16. Vgl. 105, 35. Jung-Stilling war inzwischen Arzt in Elberfeld geworden und dem Jacobischen Kreise nahe getreten. Vgl. zu 152, 3. 13. 19. Elisabeth und Charlotte, letztere die Halbschwester der Brüder Jacobi. 22. „Das Jahrmarktsfest zu Plundersweilern" war schon am 11. Juli 1773 beendigt, wie ein hier ausgelassener Brief an Sophie v. La Roche zeigt. 25. Vgl. zu 145, 4. 28. Chr. H. Schmid (vgl. zu 127, 32) rezensierte den „Götz" im „Merkur" nicht eben böse, so jedoch, daß Wieland in einer späteren Nummer seiner Kritik entgegentrat. 35. Wahrscheinlich ist hier der „Mahomet" ge-

gewickelt zu einem grosen Drama. Ich will nur erst zusehen, ob ich aus dem Lob und Tadel des Publikums was lernen kann.

Und mein gewonnen Drama, und Wielands Ausspruch. Daß nicht der so lange hangt als in Wezlar ein Spruch. Ich hab gewonnen liebe Tante, ohne Umstände gewonnen, ergeben Sie Sich nur eh Sie durch Urteil und Exekution angehalten werden. Lesen Sie die Stellen aber und abermal und verdancken Sie Ihre Sinnesänderung wenigstens Ihren eigenen Augen.

Adieu liebe Tante, und lassen Sie uns manchmal ein sichtbares Zeichen Ihrer Erinnerungen sehen. Sie wissen wir sind sinnliche Menschen. Franckfurt am 18. O. 1773.

Goethe.

90. An Charlotte Kestner.

Ich weis nicht liebe Lotte ob meine Muthmasung Grund hat, dass Sie in kurzem ein Negligee brauchen werden, wenigstens kommt mirs so vor. Und da ich über diesen wichtigen Punckt nachdachte, sprach ich zu mir selbst: Sie geht gerne weis, alles Nesseltuch ist verbannt im Winter, außer gesteppt und da sieht sie zu altmütterlich drinn aus pp. Hierüber trat die vorsichtige Göttinn der Mode zu mir und überreichte mir beykommendes Zeug, das ausser der Dauer alle Qualitäten hat. Es ist Nesseltuch, hat also alle dessen Tugenden, die Atlassstreifen machen es zur Wintertracht; kurz und gut, zum Schneider mit, dass der aber fein säuberlich verfahre. NB. es darf mit keiner andern Farbe als weis gefüttert werden, die ich gesehen habe, hatten weis Leinwand drunter. Das Stück gibt just ein Negligee, über Poschen.

Zugleich überschicke auch die hinterlassnen Läppgen des blau und weisen Nachtiäckchens, und bitte über die neu angekommene vornehme Freundschafft die alte treue nicht zu vergessen.

Adieu liebe Lotte grüssen Sie mir das Männgen, erinnern Sie sich der alten Zeit wie ich.

Franckfurt am 31. Octbr. 1773 als am Tage Wolfgang — — Goethe.

---

meint, aus dem der oben erwähnte Musenalmanach schon „Mahomets Gesang" brachte.

4. „Göz". 13. Vgl. 124, 19. 170, 11. 31. Vgl. 141, 27.

91. An Röderer.

[Frankfurt, Herbst 1773.]

So gut ich weis, lieber Freund, daß schweigen besser ist als viel reden, so gesteh ich Ihnen doch gerne, daß ich mir Ihr allerseitiges Stillschweigen nicht ganz vorteilhafft ausgelegt habe. Herr Wunschold kann Ihnen sagen, daß Ihr Brief mich überrascht hat, ich danke Ihnen für die Bekanntschafft dieses lieben Mannes. Daß Sie in Ihren eiffrigen Bemühungen fortfahren würden, hatte ich keinen Zweifel, und daß Sie in ecclesia pressa die Griechen fortstudiren, das traut ich Ihrem Herzen zu; doch hab ich immer gewünscht zu hören wie und was. Es würde mich aufmuntern, ich würde aufhören so ganz allein zu seyn wie ich hier binn. Wenn ich Ihrer viere hier hätte, nur drey, auch wollt ich noch tiefer herunterzu kapituliren, es sollte viel anders seyn. Denn so wie Deukalion über den fruchtbaaren Boden der unendlichen Erden hinzusäen, und doch eines Geschlechts zu ermangeln — Wenn einem da der Genius nicht aus Steinen und Bäumen Kinder erweckte, man möchte das Leben nicht.

In der Nachbarschafft hab ich einen werthen Freund und das απαμειβειν unsrer tähtigkeit erhält uns beyde.

Die bildenden Künste haben mich nun fast ganz. Was ich lese und treibe tuh ich um ihrentwillen, und lerne täglich mehr, wie viel mehr wehrt es in allem ist, am kleinsten die Hand anlegen und sich bearbeiten, als von der vollkommensten Meisterschafft eines andern kritische Rechenschaft zu geben. Ich habe das in meiner Baukunst und anderswo von Herzen gesagt, und ich weiß daß das Wort, an jungen warmen Seelen, die im Schlamme der Theorien und Literaturen noch nicht verlohren sind fassen wird. Mich freut von Herzen, daß Sie Anteil dran nehmen, wie offt hab ich im Schreiben an Sie alle gedacht denn ich war ganz wieder um den Münster in meiner Wonne. Hier schick ich Ihnen der biblischen Fragen vier Exemplare, sie sind hier nicht zu haben, und auch 1 Baukunst. Und binn nun weit-

---

5. Kaufmann aus Straßburg. 9. „in kleiner (gedrängter) Gemeinde“. 16. Die Weim. Ausg. hat „hinzusehen“ wie ihre gedruckte Vorlage. Die Handschrift ist nicht überliefert. 20 Merck. 21. Hier so viel wie Korrespondenz, Wechselwirkung. 27. Vgl. zu 121,4. 34. Goethes kleine Schrift über „Zwo wichtige bisher unerörterte Biblische Fragen“.

läuffig genug gewesen über mich, um Sie zu locken und Ihre Freunde, deßgleichen zu tuhn. Grüßen Sie mir sie alle.

Der Ihrige

Goethe.

92. An Elisabeth Jacobi.

Hier schick ich Mamagen ein Geles, ists nicht das beste; ists doch das neuste und so gut als ich's habe.

Die Bogen der Comödien heben Sie auf, ich schicke die übrigen nach und nach.

Auch ein Paar Hochzeitkarmens, und dann viel Grüse von uns allen. Ists dem lieben Bübchen wohl? und wie heissts? Uebrigens wird Tante und Lolo Ihnen erzählt haben von uns und unsrer Wirthschaft, die sich zwar nicht mit Worten beschreiben läßt, sie ist bunter und monotoner als eine Chinoise.

Meine Wette sodann, liebe Frau meine Wette! Gehts denn überall wie bey Gericht? Halb Part hab ich ia schon gesagt, und drüber versprech ich Ihnen noch zwei Sinngedichte.

Der Töpfer ist hier mit grosem Beyfall aufgeführt worden. Daß aber ia keine Freude rein sey, will der Verlag seiner Partitur nicht aus der Stelle.

Nun Adieu wieder auf eine Weile, und Täntgen und Lotten versichert daß ich immer der alte binn. Franckfurt am 3. Nov. 1773. Goethe.

93. An Johanna Fahlmer.

Diesmal liebe Tante vom Töpfer. Ich danck Ihnen daß Sie wollen meine Meynung transpiriren lassen. Das Stück ist um der Musick willen da, zeugt von der guten menschenfreundlichen Seele des Verfassers und ist dem Bedürfniß unsers Theaters gewachsen, daß Ackteur und Zu-

---

5. „Geles" = etwas zum Lesen. Es war „Das Jahrmarktsfest zu Plundersweilern", vgl. zu 147, 22. 7. Die „Lustspiele nach dem Plautus" von Lenz, vgl. zu 131, 19. 146, 14. 152, 8. 10. Vgl. zu 146, 30. 11. Johanna Fahlmer und Charlotte Jacobi. 19 23. Am 29. Okt. war diese Oper des in Offenbach lebenden Kaufmanns und Musikers Joh. André (1741—99) in Frankfurt zu einem wohltätigen Zweck aufgeführt. Goethe bemühte sich auch für eine günstige Besprechung im „Merkur", zuerst in einem Brief an Johanna Fahlmer vom 31. Okt., dann durch Brief Nr. 93. — Vgl. zu 152, 27. Auch der Text war von André.

schauer ihm folgen können. Hier und da ist eine gute Laune, doch würde seine Einformigkeit sich ohne Musick nicht erhalten.

Die Musick selbst ist auch mit vieler Kenntniss der gegenwärtigen Kräffte unsrer Theater komponirt. Der Verfasser hat gesucht richtige Deklamation, mit leichter fliessender Melodie zu verbinden, und es wird nicht mehr Kunst erfordert seine Arietten zu singen als zu den beliebten Kompositionen Herrn Hillers und Wolfs nötig ist. Um nun dabey das Ohr nicht leer zu lassen, wendete er all seinen Fleis auf Akkompagnement, welches er so vollstimmig und harmonisch zu sezen suchte als es ohne Nachteil der Singmelodie thunlich war. Zu dem Ende hat er offt Blasinstrumente gebraucht, und manchmal eins von diesen unisono mit der Singstimme gesetzt, damit sie dadurch verstarckt und angenehm werde, wie z. B. in dem ersten Duett mit der einen Flöte geschehen. Man kann ihm nicht nachsagen dass er kopirt noch raubt. Und es lässt sich immer mehr von ihm hoffen. In einigen Arien könnte das da Capo kürzer seyn wie z. E. in der Ariette: wie mancher plumper Bauerjunge p. 78.

Dass er die ganze Partitur hat stechen lassen billig ich, wenn es mehrere thäten würde der Kenner und Liebhaber befriedigt werden. Auch zum Behuf auswärtiger und privat Theater gut seyn.

So was, auf oder ab könnte der Merkur sagen ohne sich zu prostituiren, ich saue das so in der Eil. Verzeihts lieb Täntchen. Die liebe Frau und Lotten grüsen Sie mir. Ich binn wie immer bald leidlich bald unleidlich. Hab einige Tage Kopfweh gehabt und war sehr menschenfreundlich. Lassen Sie bald was von sich hören. Bölling ist von seiner Reise wieder da. Er hätte bald den Bassa zu Weimar besucht. Was macht unsre Wette. Adieu Täntchen. Meine Schwester ist glücklich angelandet, und bald eingerichtet.

Franckfurt am 23. Novb. 1773.

Goethe.

---

9. Johann Adam Hiller (1728—1804) und Ernst Wilhelm Wolf, Hofkapellmeister in Weimar (1735—92), Komponisten zahlreicher Singspiele. 28. Jacobis. 31 Joh. Kaspar Bölling, Kaufmann in Frankfurt. 32. Wieland. Bassa Pascha. 34. Am 1. Nov hatte Cornelie endlich geheiratet und war am 14. mit Schlosser nach Karlsruhe abgereist.

94. An Elisabeth Jacobi.

[Frankfurt, Ende November 1773.]

Verzeihen Sie mir beste Frau meine Wische. Ein Händedruck ist ia immer werther als ein lang Compliment. Dafür gehts auch immer von Herzen wenn ich schreibe und wenn ich erst nachdenken oder studieren und rücken sollte: was? kriegten Sie in Ewigkeit keinen Brief. Mit der fahrenden kriegen Sie ein Allerley, darinn die folgenden Bogen zum Väterchen, davon Sie zum Troste Herrn Jungs kristgläubiger Seele sagen können daß ichs nicht gemacht habe. Ich habs nicht gemacht Mamagen, aber ein Junge, den ich liebe wie meine Seele, und der ein trefflicher Junge ist. Aber warum richtet man nach den Wercken! Zwar steht geschrieben: An ihren Früchten sollt ihr sie erkennen. Aber sind das unsere Früchte was wir aufs Papier sudeln, geschrieben oder gedruckt. So viel, liebe Frau, weil ich wünschte dass Sie dem Verfasser des Vätergen gut blieben, und zugleich wüssten, dass ichs nicht binn. Sie haben den ehrlichen Jung wieder bey sich, vielleicht hat ihn sein Cristelgen schon zurück gefordert, und Ihr lezter Knabe ist wohl und frisch hoff ich, weil Sie nichts davon schreiben. Ich kann mir Sie ohne den Knaben nicht dencken. Und dann mag ich mich gern nicht beklagen liebe Frau über meine gegenwärtigen Umstände, dass wenn ich nicht neuerdings wieder bissiger geworden wäre ich gar nicht auslangte.

Ich habe gar keine Zeit meine Sinnen zu sammeln, und habe dazu ein Stückgen Arbeit angefangen, stricte für Sie, und alle lieben Seelen die Ihnen gleichen nicht zur Nahrung doch aber hoff ich zur Ergözung. Auf Fassnacht könnts anmarschieren, wenn die Sterne nicht gar grob zuwieder sind.

Grüßen Sie mir Lotgen. Von meiner Schwester die Sie grüsst, werden Sie in Täntgens Briefe lesen, und die Gerocks haben Sie von Herzen lieb, sind aber übel dran. Kethgen ist kranck, die Antoinet hatt mehr Begierden, als

---

8. Vgl. zu 150,$_{7}$. Jung s. zu 147,$_{16}$. 19 Seine Frau. 27. „Erwin und Elmire". Die Anregung zu diesem Singspiel mochte Goethe durch sein Interesse für den „Töpfer" von André (s. zu 150,$_{19}$) erhalten haben, der es dann auch komponierte. Vgl. 156,$_{8}$. 158,$_{3}$. 164,$_{15}$. 34. Vgl. zu 126,$_{25}$.

für diesmal befriedigt werden können. Und ich meide sie, weil ich nichts bessers zu würcken Krafft habe. Daran liegts auch daß Sie noch kein Portrait haben. Adieu.

95. An Steche.

Wohlgebohrner Hochgeehrtester Herr,

Dero geehrtes vom 1sten Novemb. welches mit einer Vollmacht und einem Spezies Dukaten begleitet war, habe nicht ehe beantworten mögen, biss ich etwas relevantes Denenselben zugleich mit zu melden im Stande wäre.

Aus beygebognem Billet Herrn Amtmann Luthers können Dieselben ersehen, wie ich ihn zuförderst freundlich gemahnet, und sich mit Herrn Registrator Horn gütlich abzufinden angetragen, Ew. Wohlgeb. sehen aber auch wie fest er darauf beharret, die Schuld zwar gemacht, aber auch schon längst gezahlt zu haben.

Weil es nun also zur Klage kommen muß, so will Denenselben noch vorher verschiednes zu bedencken geben.

Zuförderst muß ich Dieselben benachrichtigen dass die mir zugeschickte Rechnung falsch summirt war, und bey genauerer Durchsicht, nicht 61 Thlr. 18 gr. 4 Pfg. sondern Thlr. 62 : 7 : 4 sich ergeben; und obgleich Error calculi sonst von keinem Belang, so ist doch bey einer Rechnung die dereinst wahrscheinlich beschworen seyn muss, alle Akkuratesse nötig.

Sodann hätte ich gewünscht dass gedachte Rechnung mit denen ehemaligen Herrn Luther überschickten gleichförmig gewesen wäre, doch hat auch dieses nichts zu sagen, weil sie nicht durch Veränderung der Summen, sondern durch Zufügen eines neuen Posten verstärckt worden.

Der Beweis der uns beym Läugnen des Gegenteils obliegt, wird freylich am leichtsten durch Beschwörung des Buches geführt, nur ist die Frage, wie diesselbe beschaffen, und ob es kauffmannisch und ordentlich genug geführt ist, (denn wie ich vermuthe ists nur ein Buch derer, für, im

---

4. Vorliegender Brief und drei weitere, davon zwei in gleicher Sache, die hier ausgeschieden sind, bilden die einzigen in Briefform überlieferten Zeugnisse von Goethes Praxis als Advokat (seit 28. August 1771, nominell bis 1810). Parteien in diesem Prozeß waren der Amtmann Luther in Frankfurt und der Registrator Horn in Göttingen. L. scheint als Student bei H. gewohnt zu haben. Im August 1774 wurde gegen letzteren entschieden.

Hause verköstigte Studiosen, geschehenen Auslagen) um semiplenam probationem zu geben. Wäre ia daran einiger Mangel, so müsste man seine Zuflucht zu einem Zeugen Verhöre nehmen, um dadurch gegenseitige Einwendungen zu balanziren.

Ferner werden Dieselben für eine Caution Sorge tragen müssen, weil ohne dieselbe pro reconventione et expensis, niemand fremdes bey unsern Gerichten zu Verfolgung seines Rechts gelassen wird. Sie mögte wenigstens auf 50 hiesige Thaler, vielleicht drüber angesetzt werden.

Dieses alles habe Denenselben zur weitern Beherzigung vorerst melden wollen, eh ich Hand ans Werck lege. Ich bitte um ausführliche Information obiger Punckte, und verharre mit schuldigster Empfehlung an Herrn Registrator Horn

Franckfurt am 4. Dez. 1773. Ew. Wohlgeb. ergebenster JWGoethe Dr.

Des Herrn Luthers Original Billet bitte mir wieder zurück.

96. An Kestner.

Am ersten Christtage, morgends nach sechs. [Frankfurt 1773.]

Es ist ein Jahr dass ich um eben die Stunde an euch schrieb meine lieben, wie manches hat sich verändert seit der Zeit.

Ich hab euch lange nicht geschrieben, das macht dass es bunt um mich zugeht.

Ich dancke dir liebe Lotte dass du mir für meine Spinneweben einen Brief geschenckt hast. Wenn ich das gehofft hätte wäre mein Geschenck eigennützig gewesen. Ich habe ihn wohl hundertmal geküßt. Es giebt Augenblicke wo man erst merkt wie lieb man seine Freunde hat.

Ich kann euch die Freude nicht beschreiben die ich hatte Mercken wieder zu sehn, er kam acht Tage eh ich's vermuthete, und sas bey meinem Vater in der Stube ich kam nach Hause, ohne was zu wissen, tret ich hinein und

22. Vgl. Nr. 72. 28. Das mit Nr. 90 Ueberschickte. 33. Aus Petersburg zurück, vgl. zu 139, 21.

höre seine Stimme eher ich als ihn sehe. Du kennst mich Lotte.

Die Stelle in deinem Brief die einen Winck enthält von möglicher Näherung zu euch, ist mir durch die Seele gangen. Ach es ist das schon so lange mein Traum als ihr weg seyd. Aber es wird wohl auch Traum bleiben. Mein Vater hätte zwar nichts dagegen wenn ich in fremde Dienste ginge, auch hält mich hier weder Liebe noch Hoffnung eines Amts — und so scheint es könnt ich wohl einen Versuch wagen, wieder einmal wie's draussen aussieht.

Aber Kestner, die Talente und Kräffte die ich habe, brauch ich für mich selbst gar zu sehr, ich binn von ieher gewohnt nur nach meinem Instinkt zu handlen, und damit könnte keinem Fürsten gedient seyn. Und dann biss ich politische Subordination lernte — Es ist ein verfluchtes Volck, die Franckfurter, pflegt der Präsident v. Moser zu sagen, man kan ihre eigensinnigen Köpfe nirgends hin brauchen. Und wenn auch das nicht wäre, unter all meinen Talenten ist meine Jurisprudenz der geringsten eins. Das bissgen Theorie, und Menschenverstand richtens nicht aus — Hier geht meine Praxis mit meinen Kenntnissen Hand in Hand, ich lerne ieden Tag und haudere mich weiter. — Aber in einem Justiz Collegio — Ich habe mich von ieher gehütet ein Spiel zu spielen da ich der unerfahrenste am Tisch war — Also — doch möcht ich wissen ob deine Worte etwas mehr als Wunsch und Einfall waren.

Meine Schwester ist brav. Sie lernt leben! und nur bey verwickelten misslichen Fällen erkennt der Mensch was in ihm stickt. Es geht ihr wohl und Schlosser ist der beste Ehmann wie er der zärtlichste und unverrückteste Liebhaber war.

Die liebe Max de la Roche heurathet — hierher einen angesehnen Handelsmann. Schön! Gar schön.

Euer Hans schreibt mir immer wies im Deutschen Haus hergeht, und so hab ich eine komplete Chronick aller Löcher, Beulen, und Händel von einigem Belang seit eurer Abreise.

Obs wahr ist dass Dorthel heurathet?

---

3. Vgl. 163, 18. 9. Vom Rat der Stadt Frankfurt war Goethe ausgeschlossen, da sein Oheim Joh. Jost Textor (s. zu 8, 16) seit 1771 Ratsherr war. 16. Der Minister in Darmstadt, s. zu 139, 22. 32. Vgl. zu 121, 23. 34. Vgl. zu 135, 5. 38. Vgl. zu 117, 18.

In unsrer Stadt ist ein unerhörter Stern, seit einem halben Jahre haben wir wohl zwanzig Heurathen von Bedeutung. Unsre zwo nächsten Nachbarinnen haben mit meiner Schwester fast in einer Woche sich vergeben.

Der Türner bläst, die Glocken läuten, die Trommel geht, und dort hinten fängts an zu tagen.

Ich bin auch Zeit her fleissig gewest hab viele kleine Sachen gearbeitet, und ein Lustspiel mit Gesängen ist bald fertig, auch einige ansehnlichere Stücke in Grund gelegt, und nun wird drüber studirt.

Obiges Lustspiel ist ohne grossen Aufwand von Geist und Gefühl, auf den Horizont unsrer Ackteurs und unsrer Bühne gearbeitet. Und doch sagen die Leute es wären Stellen drinn die sich nicht prästiren würden. Dafür kann ich nachher nicht.

Ihr sollts im Mspt. haben.

Hat Lotte den Canonicus Jacobi gesehn, gesprochen. Er ist auf sie aufmercksam gewesen, merck ich. Ist er noch da.

Falck ist ein trefflicher Junge, mich freuts dass er Liebe zu mir hat, er schreibt mir manchmal. Merck und ich haben eine wunderliche Scene gehabt, über eine Silhouette die Lavater mir schickte und die Lotten viel änlich sieht. Es lässt sich nicht sagen wies war. Es war den Abend seiner Ankunft, und ich habe draus gesehn dass er Lotten noch recht liebt. Denn wer Lotten kennt und nicht recht liebt den mag ich auch nicht recht.

Adieu ihr Kinder es wird Tag.

Wisst ihr schon dass Höpfner die Jfr. Thom geheurathet hat.

Schreibt mir bald. Und ergözt euch an der Erinnerung meiner, wie ich mich an euch ergötze.

G.

97. An Elisabeth Jacobi.

Den letzten Tag im Jahr. [Frankfurt 1773.]

Um um um! herum um um! ists nun. Lassen Sie Sichs das nächste auch wohl seyn, und rechnen Sie mich

---

8. „Erwin und Elmire“, vgl. zu 152, $_{27}$. 17. Joh. Georg, damals Kanonikus in Halberstadt. Vgl. 157, $_{25}$. 163, $_{3}$. 20. Vgl zu 121, $_{4}$. 23. Vgl. Adressatenverzeichnis. 29. Ludw. Jul. Friedr. Höpfner (1743—97), seit 1771 Professor der Rechte in Gießen, Mitarbeiter an den Frankfurter Gelehrten Anzeigen

zu Ihrer Welt, wie ich Sie zu meiner, und so bleibts vice versa im alten. Welches ich herzlich gern habe, dass niemand mercke, dass Vergänglichkeit überall die Nase im Spiel hat.

Aufs neue Jahr haben sich die Aussichten für mich recht Raritätenkastenmässig aufgeputzt. Max la Roche heurathet hierher. Ihr künftiger scheint ein Mann zu seyn mit dem zu leben ist und also heysa!! wieder die Anzahl der lieben Geschöpfe vermehrt, die nichts weniger als geistig sind, wie Sie freylich vermuthen mussten. Denn unter uns, weils so eine gar missliche Sache auf der Erde mit Bekanntschafften, Freund und Liebschafften ist, daß, meynt man offt man habs an allen vier Zipfeln, pumps reist der Teufel ein Loch mitten drein und alles verschütt'. Wie mirs noch neuerdings gangen ist, das mich sehr verdrossen hat. Und also auf mein Wort zu kommen, binn ich weit geschäftiger zu suchen wo was liebs freundlichs und guts stickt als bisher, und guten Humors, weil ich allerley unvermuthetes finde pp. dass ich einigemal auf dem Sprunge gestanden habe mich zu verlieben. Davor doch Gott seye. Auf allen Fall aber sich ereignenden Unglücks sogleich Mamagen überschrieben werden soll.

Wie schön ich zeither gezeichnet habe mag nicht sagen, weil ich noch in ansehnlichem Rest stehe.

Und dann ist der Schildrer der die Hannoversche Lotte zeichnete einer der sich drauf versteht. So ists von Kopf zu Fusse, nur dass ichs nicht so im Detail hätte herbeten können, das macht ich war ins Ganze so verliebt, und Gott hat gewollt dass ein Liebhaber ein schlechter Beobachter seye.

An der Rezension binn ich so unschuldig wie ein Kind, und diesmal haben Sie Gespenster gesehen, weil Sie sie suchten. Ich schickte es eigentlich dass Sie über mich lachen sollten. Ich hatte der Tante geschrieben, wie ich den Deinet gehezzt habe, und würklich, ich hoffte er sollte sich prostituiren, und siehe da ist er so höflich wie ein Hündlein. Auf mein Wort, von mir ist kein Milch und Gall Tropfen drinn.

1772, Freund Mercks, in dessen Gesellschaft Goethe ihn im August 1772 besuchte. Am 18. Okt. 1773 heiratete Höpfner eine Tochter des Rates Thom in Gießen.

7. Vgl. $121,_{23}$. $155,_{32}$. $169,_{11}$. $169,_{13}$. 25. Joh. Georg Jacobi, vgl. $156,_{17}$. $163,_{8}$. 30. In den Frankf. Gel. Anzeigen waren unlängst mehrere Besprechungen des „Merkur“ erschienen. 33. Johanna Fahlmer, am 29. Nov. Deinet (s. zu $110,_{9}$) gehezt: d. h. gegen Wieland aufgebracht.

Gott vergelts dem Hauptmann Dobel daß er Ihnen durch diese Finsterniß und trübseelige Zeit durchhaudern hilft. Doch er hat seinen Lohn dahin. Auf Fassnacht bleibts dabey kommt was angefahren. Und so Adieu. Nimmt der Kleine wohl zu. Ach liebe Frau seit drei viertel Jahren hab ich drey vier Paare verheurathet, und noch will mir niemand gute Hoffnung melden. G.

Der Tante viel Grüsse, ich wollt ihr schreiben, kann mir aber kein Bild von ihr machen wie sie zu Düsseldorf träg, faul, und schnupfenhaftet ist, da läßt mich mein dramatischer Genius stecken.

98. An Boie.

Franckfurt 8. Jan. 1774.

Bey der Rückkunft des Herrn Merck von Petersburg hab ich den Verlag des Göz über mich genommen, und bitte Sie also mir ein bissgen herauszuhelfen, der ich mich zu nichts weniger als einem Handelsmann schicke. Sie haben 150 Exemplare auf zweymal erhalten, Herr Dietrich hat sie verkaufft wie er mir selbst schreibt, und so scheints billich daß ich ein Aequivalent dagegen erhalte. Sollte es nicht zu thun seyn das Ganze oder einen Teil in Baarem Gelde zu erhalten, so seyn Sie wenigstens so gut und schaffen mir Papier, zu dem Ende bitt ich Sie um Dietrichs Verlags Catalogus, und um eine Erklärung von ihm wie ers halten will. Ich lache manchmal drüber wie gut das Stück aufgenommen, wie schnell verkaufft, nachgedruckt worden und ich die Druckerkosten noch nicht einmal wieder habe.

Für Ihre Sammlung hab ich noch nichts als einige Sinngedichte eines Freunds. Leben Sie wohl.

Goethe.

99. An Elisabeth Jacobi.

[Frankfurt, Anfang Februar 1774.]

Mir ist's recht wohl liebe Frau, und danck Ihnen für Ihren doppelt und dreyfachen Brief. Diese dritthalb Wochen her ist geschwärmt worden, und nun sind wir zufrieden und

---

14. Vgl. zu 140, 26. 142, 31. 160, 7. 17. Buchhändler in Göttingen. 26. Vgl. 187, 31. 27. Für den Musenalmanach auf 1774, vgl. zu 145, 4. 172, 3.

glücklich, als mans seyn kann. W i r sag ich, denn seit dem fünfzehnten Jenner ist keine Branche meiner Existenz einsam. Und das Schicksaal mit dem ich mich herumgebissen habe so offt, wird iezt höflich betittelt, das schöne, weise Schicksal, denn gewiss das ist die erste Gabe, seit es mir meine Schwester nahm, die das Ansehn eines Aequivalents hat. Die Max ist noch immer der Engel der mit den simpelsten und werthesten Eigenschafften alle Herzen an sich zieht, und das Gefühl das ich für sie habe worinn ihr Mann nie eine Ursache zur Eifersucht finden wird, macht nun das Glück meines Lebens. Brentano ist ein würdiger Mann, eines offnen starcken Characters, viel Schärfe des Verstands, und der tähtigste zu seinem Geschäfft. Seine Kinder sind munter einfach und gut. Thun Sie noch den lieben Dümeix dazu und eine Freundinn so haben Sie unser ganzes Klümpgen. Unsere Mama la Roche hat uns am lezten Jenner verlassen, und meine gelassne Freundschafft hat sich wieder belohnt gesehen. Ich fühle daß ich ihr weit mehr binn, sie mir weit mehr ist, als vor zwey Jahren, ia als vorm halben Jahr. So wahr ist's dass wahre Verbindungen Zeit brauchen, wie Bäume um Wurzeln zu treiben, Kronen zu bilden und Früchte zu bringen.

Wenn Sie wüssten liebe Frau mit welchem Herzen und welchen Worten wir offt Ihrer erwähnt haben, Sie würden sich zu uns gesehnt haben, und sollten an unserm Tische nicht deplacirt gewesen seyn. Dancke für den Anteil an Andres Schicksaal. Er ist giftig, läßt mir aber nichts merken, scheints traut er mir nicht, und glaubt ich hätte Ihnen gar nichts geschickt. Genug wir haben das unsrige gethan — Am meisten schierts ihn dass man seine Production unter die Nachahmungen gesetzt hat. Tirelireli! Was ist's um einen Autor!

Eine mächtige Kälte zieht durchs Fenster bis hierher an mein Herz, zu tausendfacher Ergözung. Ein groser Wiesenplan draussen ist überschwemmt und gefroren. Gestern

---

5. Die Bereicherung Goethes durch die Verheiratung der Maximiliane v. La Roche nach Frankfurt. **10.** „nie" fehlt. Die Weim. Ausg. setzt „nie" statt des überlieferten „eine". Aber Goethe schrieb selten ein anderes Wort als das gewollte, ließ dagegen öfters ein Wort aus, z. B. 138,$_{35}$ „laßt", vgl. auch 94,$_{33}$. 137,$_{37}$ und zu 171,$_{37}$. Vielleicht sollte das „nie" vor „finden" stehn. **14.** Fünf, aus erster Ehe, deren Stiefmutter die erst 18jährige Maximiliane geworden. **15.** Damian Friedrich Dumeix, Dechant zu St. Leonhard in Frankfurt, und Susanna v. Klettenberg. 27. Vgl. zu 150,$_{19}$. $_{25}$. 31. Im „Merkur".

trugs noch nicht, heut wird gewagt. Vor 10 Tagen ohngefähr waren unsre Damen hinausgefahren unsren Pantomimischen Tanz mit anzusehen. Da haben wir uns prässirt. Gleich drauf thaut es, und iezt wieder Frost. Halleluja! Amen!

Lotten und der Tante meinen Danck und meine Grüsse.

100. An Bürger.

Ich schicke Ihnen die zweyte Auflage meines Göz. Ich wollt Ihnen schon lang einmal schreiben, und die Paar Stunden die ich mit Ihrem Freunde Destorp zugebracht habe haben mich determinirt.

Ich thue mir was drauf zu gute, dass ich's binn der die Papierne Scheidewand zwischen uns einschlägt. Unsre Stimmen sind sich offt begegnet und unsre Herzen auch. Ist nicht das Leben kurz und öde genug? Sollen die sich nicht anfassen deren Weeg mit einander geht?

Wenn Sie was arbeiten schicken Sie mirs. Ich wills auch thun. Das giebt Muth. Sie zeigens nur den Freunden Ihres Herzens, das will ich auch thun. Und verspreche nie was abzuschreiben.

Destorp ist mit mir auf dem Eise gewesen, mein Herz ist mir über der holden Seele aufgegangen. Leben Sie wohl. Frankfurt am 12. Februar 1774. Goethe.

101. An Sophie v. La Roche.

[Frankfurt, Mitte Februar 1774.]

Ich dancke Ihnen liebe Mama für die beyden Briefe, sie haben mir die ganze wahre Lage Ihrer Seele ausgedrückt, und ich binn gewiss dass wenn Sie fortfahren, in Ihrem eignen Ton über vorwaltende interessante Gegenstände zu schreiben das Ganze eine fürtreffliche Würckung thun muss. Nur müssen Sie mir erlauben dass ich Ihnen

---

6. Charlotte Jacobi und Johanna Fahlmer. 7. Sie erschien nicht mehr im Selbstverlag (vgl. Nr. 98), sondern in Frankfurt bei den Eichenbergischen Erben. 9. Joh. Matthäus Tesdorpf (1749—1824) hatte in Göttingen mit Bürger studiert, reiste zur Zeit und trat im Nov. 1774 in den Dienst seiner Vaterstadt Lübeck, deren Bürgermeister er später wurde. 24. Die Adressatin schrieb schon damals an einem Roman, der erst 1780 unter dem Titel „Rosaliens Briefe an ihre Freundin Mariane v. St." als Buch erschien. Vgl. zu 187, 25. 198, 12. 207, 27.

über die Verbindung und Stellung der Theile meinen guten Rath ertheile. So ist zum Exempel die Apotheose Brechters im zweyten Briefe evident zu früh. Der Altar muss erst gebaut, geziert und geweiht sein eh die Reliquien hineinverwahrt werden, und ich wünschte die ganze Stelle erst weiter hinten, wenn der Charackter und der Sinn Rosaliens sich mehr entfaltet haben, eingepflanzt zu sehn, wie ich denn auch mit der süsen Melankolie von verirrter Empfindung die den ersten Brief füllt, das Ganze gewürzt sehn möchte, und Sie bitte wenn es nicht zu sehr ausser der Stimmung Ihres Vorsazes liegt, die ersten Briefe mit ganz simplem Detail wo Gefühl und Geist nur durchscheint zu eröffnen. Hier haben Sie alles was ich zu sagen habe. Das liebe Weibgen hat Ihnen was von einer Arbeit geschrieben die ich angefangen habe seit Sie weg sind, würcklich angefangen denn ich hatte nie die Idee aus dem Suiet ein einzelnes Ganze zu machen. Sie sollens haben sobalds fertig ist. Nach Düsseldorf kann und mag ich nicht, Sie wissen dass mirs mit gewissen Bekandtschafften geht wie mit gewissen Ländern, ich könnte hundert iahre Reisender seyn ohne Beruf dahin zu fühlen. G.

102. An Sophie v. La Roche.

[Frankfurt, Ende Februar 1774.]

Ich habe über Ihre Briefe gesagt nicht was ich wollte sondern was ich musste. Und so wars vom Herzen zum Herzen, und da geht kein Wort verlohren denn eigentlich sinds keine Worte.

Sie fragen mich ob Sie meiner Schwester die Iris empfelen sollen? was sagt Ihnen Ihr Gewissen? und wenn es ia sagte warum fragen Sie mich? ich hab ihr meine Meinung geschrieben, mich dünckte sie solle sich haus

2. Der evangelische Pfarrer Brechter in Schwaigern bei Heilbronn, ein Freund der La Roches, der mit verändertem Namen in den „Briefen“ vorkommt. **13.** Maximiliane Brentano. — Daß Goethe dem längst geplanten „Werther“ nunmehr die Form eines Romans in Briefen gab, wird man im Zusammenhang damit betrachten müssen, daß er schon während des Aufenthaltes der Frau v. La Roche in Frankfurt (15.—31. Januar) an deren Briefroman mitzuarbeiten begonnen hatte. **18.** Wegen der in der nächsten Nummer weiter ausgeführten Abneigung gegen die männlichen, ihm persönlich noch nicht bekannten Glieder der Familie Jacobi. **27.** Joh. Georg Jacobis „Iris. Vierteljahrschrift für Frauenzimmer“. Vgl. zu 144,28 163,[illegible]. Die Ankündigung erschien im Februar, der erste Quartalband aber erst im Dezember 1774. **30.** haus = heraus, draußen.

lassen, solle ihre Freunde nicht in Contribution sezzen um eines Fremden willen mit dem sie nie etwas gemein gehabt hat, noch haben kann und dessen Keckheit unverzeihlich ist, mit der er zu seiner Geldschneyderey die Spediteurs zusammenbettelt, und übrigens möge sie nun thun, wies ihr vorkommt.

Das hab ich geschrieben, und nun thun Sie was Sie können, und meine Schwester mag thun was sie will, mir ist die Kleinheit des Menschen wieder bey der Gelegenheit recht merckwürdig worden, und mir gehts wie dem Dechant der die Sotisen seiner Wiedersacher wie eine Perlenschnur am Hals trägt. —

Ich wünsche Jacobi viel halbe Pistolen, und in dieser Rücksicht hab ich ihm das andre verziehen: Dass die Kerls mit ihrem Nahmen Wucher treiben ist recht gut, nur mich und die Meinigen sollen sie ungeschoren lassen, da sie auch dünckt mich überzeugt seyn könnten dass man mit ihnen nichts zu thun haben will.

Da ich fertig bin liebe Mama fällt mir ein dass ich ungerecht gegen die Jacobis binn, hab ich mich denn nicht auch bei ihren Weibern Tanten und Schwestern eingenisstelt, das giebt ihnen nach der strengsten Compensation ein Recht auf meine Cornelie. Oho! Meine Eltern und Fräulein v. Klettenberg grüsen Sie herzlich, von Ihrer Max kann ich nicht lassen so lang ich lebe, und ich werde sie immer lieben dürfen.

103. An Kestner.

[Frankfurt, Ende Februar 1774.]

Auf einen Brief vom 1ten Weynachtstage erst den 13. Februar Antwort zu haben, ist nicht schön. Künftig, Kestner, schick mir deine Briefe mit der Post. Und schreib öfter, sonst wend ich mich an Lotten dass die mir schreibt.

Die Max la Roche ist hierher verheurathet, und das macht einem das Leben noch erträglich, wenn anders dran was erträglich zu machen ist. Wie offt ich bey euch binn, heisst das in Zeiten der Vergangenheit, werdet ihr vielleicht ehestens ein Dokument zu Gesichte kriegen. Und wenn ihr

4. Vgl. zu 112, 32. 10. Vgl. zu 159, 15. 13. Der Jahrgang der „Iris“ kostete 1/2 Pistole = 2 1/2 Thaler. 36. „Werther“, vgl. zu 161, 14.

nicht oft schreibt, und wenns Häusliche Kleinigkeiten wären. Ihr wisst dass mir daran am meisten gelegen ist.

Der Jakobi hat Lotten in sofern Gerechtigkeit wiederfahren lassen. Er hat eine sehr vorteilhafte Schilderung von ihr gemacht, und wie man mir es schrieb, so wusst ich warrlich nicht dass das all an ihr war, denn ich hab sie viel zu lieb von jeher gehabt, um auf sie so acht zu haben. Die Iris ist eine kindische Entreprise, und soll ihm verziehen werden, weil er Geld dabey zu schneiden denkt. Eigentlich wollen die Jackerls den Merkur miniren, seit sie sich mit Wieland überworfen haben.

Was die Kerls von mir dencken ist mir einerley. Ehdessen haben sie auf mich geschimpft wie auf einen Hundejungen, und nun müssen sie fühlen dass man ein braver Kerl seyn kann ohne sie iust leiden zu können. Dass Lotte in der Reihe der Protecktrices steht, kleidet sie gut zu Gesichte.

Von meinen Wünschen und Hoffnungen zu euch zu kommen mag ich nichts reden. Mir gehts wie euch — und also wollen wir's unterdessen auf sich beruhen lassen.

Dass ihr Herdern nicht näher gesehn habt, ist doch fatal. War er denn alleine? Oder sein Weib mit?

Ich binn wohl fleissig, und meine Lebens Wirthschaft ist immer die alte. Wenn ich manchmal deine alten Briefe ansehe, erstaun ich dass ich nach so mancherley Veränderungen noch derselbe binn. Und möchte das auch von euch hören. Desswegen schreibt mir öffter oder bittet Lotten dass sie mir nur manchmal ein Wörtgen schreibt, wenn's ihr ums Herz ist. Das könnte sie wohl thun. Sie soll mir die Pestel grüssen, das muss auch ein braves Weib seyn.

Die Kunckel hat dem Magistrat viel Schererey gemacht. Sie sas in Strasburg. Der dortige Magistrat wollte sie nicht ausliefern, und da der Kurfürst sich an den König gewendet, ist sie auf und davon in die Schweiz. Das sind die neusten und noch zur Zeit geheimen Nachrichten.

Dass wir sehr Kayserlich sind ist kein Wunder, da wir des Kaysers sind.

---

3. Vgl. 156, 17. 157, 25. **8.** Vgl. zu 161, 27. **18.** Vgl. 155, 3. **21.** Herder fühlte sich schon damals nicht mehr wohl in Bückeburg und suchte sich u. a. in Hannover für eine Professur in Göttingen zu empfehlen. Vgl. Nr. 170. **24.** Die ihm während des Schaffens am „Werther“ wieder durch die Hand gingen. **30. 31.** Im übrigen unbekannte Personen. **33.** Der Kurfürst von Hannover an den König von Frankreich. **37.** Als freie Reichsstädter.

Adieu. Lasst bald wieder was hören. Ich binn der Alte von Ewigkeit zu Ewigkeit Amen. G.

104. An Johanna Fahlmer.

[Frankfurt, März 1774.]

Ich muß Ihnen melden gute Tante dass ein gewisses Schand und Frevel Stück, Götter Helden und Wieland, durch öffentlichen Druck vor kurzem bekannt gemacht worden. Ich habe der erste seyn wollen Sie davon zu benachrichtigen, daß wenn Sie etwa darüber mit dem Verfasser zu brechen Willens wären Sie's de bonne grace thäten und ohne weiter zu brummen und zu mutzen ihm einen Tritt vorn Hintern gäben und sagten: schert euch zum Teufel, ich habe nichts gemeines mehr mit euch.

Uebrigens schlendert das Leben hier so fort, und meine Zeichnung ist das beste an mir. Sagen Sie Mamachen, dass das versprochne Fassnachtsstückel nicht ausbleiben soll. Ich binn fleissig gewest, nur ist noch nichts produzibel, und ein bissgen früher und später thut doch in der Welt nichts wo das gar nicht so manchmal einem das Nachsehn läßt. Adieu. Ist's wahr, daß Sie Lotten wieder mitbringen. Ich mag ihr wohl manchmal etwas vorplaudern, Sie wissen ja wies geht wenn ich in's prophetisch radotiren komme. Adieu. Wollen Sie mich behalten wie ich binn, so binn ich immer der Alte.

105. An Lavater und Pfenninger.

Bruder, was neckst du mich wegen meines Amusements. Ich wollt ich hätt eine höhere Idee von mir und meiner Bestimmung, so wollt ich weder meine Handlungen Amusements nennen, noch mich statt zu handeln amusiren. Doch du hast deinen Zweck erreicht.

---

5. „Götter, Helden und Wieland. Eine Farce." Leipzig 1774, anonym. Goethe verspottete darin Wielands Singspiel „Alceste", und Wieland entwaffnete ihn dadurch, daß er die Farce im Merkur als „ein Meisterstück von Persiflage und sophistischem Witz" empfahl. Vgl. 166, 33. 168, 15. 171, 28. 15. „Erwin und Elmire". Vgl. 152, 30. 158, 3. 16. Am „Werther". 19. Charlotte Jacobi von Düsseldorf. 24. Schon im Dez. 1773 hatte Goethe einen Brief Lavaters erhalten. Vielleicht war es Röderer, der zuerst eine Verbindung zwischen ihnen herstellte. Bereits am 3. Nov. 1772 rezensierte Goethe Lavaters „Aussichten in die Ewigkeit" in den Frankf. Gel. Anzeigen.

An Pfenninger.

Dancke dir lieber Bruder für deine Wärme um deines Bruders *Seeligkeit*. Glaube mir es wird die Zeit kommen da wir uns verstehen werden. Lieber du redest mit mir als einem Unglaubigen der begreifen will, der bewiesen haben will, der nicht erfahren hat. Und von all dem ist grade das Gegentheil in meinem Herzen. Du wirst viel Erläuterung finden in dem Mspt. das ich euch bald schicke.

Bin ich nicht resignirter im Begreifen und Beweisen als ihr? Hab ich nicht eben das erfahren als ihr? — Ich bin vielleicht ein Tohr dass ich euch nicht den Gefallen thue mich mit euern Worten auszudrücken, und dass ich nicht einmal durch eine reine Experimental Psychologie meines Innersten, euch darlege daß ich ein Mensch binn, und daher nichts anders sentiren kann als andre Menschen, dass das alles was unter uns Widerspruch scheint nur Wortstreit ist der daraus entsteht weil ich die Sachen unter andern Combinationen sentire und drum, ihre Relativität ausdrückend, sie anders benennen muß.

Welches aller Controversien Quelle ewig war und *bleiben* wird.

Und dass du mich immer mit Zeugnissen packen willst! Wozu die? Brauch ich Zeugniß dass ich bin? Zeugniß dass ich fühle? — Nur so schäz, lieb, bet ich die Zeugnisse an, die mir darlegen, wie tausende oder einer vor mir eben das gefühlt haben, das mich kräftiget und stärcket.

Und so ist das Wort der Menschen mir Wort Gottes es mögens Pfaffen oder Huren gesammelt und zum Canon gerollt oder als Fragmente hingestreut haben. Und mit inniger Seele fall ich dem Bruder um den Hals Moses! Prophet! Evangelist! Apostel, Spinoza oder Machiavell. Darf aber auch zu iedem sagen, lieber Freund geht dirs doch wie mir! Im einzelnen sentirst du kräfftig und herrlich, das Ganze ging in euern Kopf so wenig als in meinen.

An Lavatern.

Dein Schwager bringt dir nichts. Doch will ich verschaffen dass ein Mspt. dir zugeschickt werde. Denn bis zum

---

9. „Werther", vgl. 161, 13. 31. Spinoza war schon damals für Goethe kein bloßer Name mehr. Am 7. Mai 1773 schrieb er an Höpfner (s. zu 156, 29): „Ihren Spinoza hat mir Merck gegeben. Ich darf ihn doch ein wenig behalten? Ich will nur sehn wie weit ich dem Menschen in seinen Schachten und Erzgängen nachkomme." 37. Buchhändler Steiner, auf der Durchreise in Frankfurt.

Druck währts eine Weile. Du wirst grosen Theil nehmen an den Leiden des lieben Jungen den ich darstelle. Wir gingen neben einander, an die sechs Jahre ohne uns zu nähern. Und nun hab ich seiner Geschichte meine Empfindungen geliehen und so machts ein wunderbaares Ganze.

Da schick ich dir ein Profil. Der Kerl (sagt man) war Steuermann, hat in der Sklaverey zu Tunis viel ausgestanden, und zieht nun in der Welt herum Mitleiden zu erregen. Ich hab ihn nach dem Leben gezeichnet. Das ist nur indeß flüchtige Copie davon, das Original drückt besser den Eigensinn im Leiden, und das niedergedrückte einer starcken Menschheit aus. Du sollsts auch haben.

Der Stirn Höhe ist übertrieben. Oder vielmehr sas er zu Zeiten mehr als Profil, da wölbte es sich so starck. Adieu Bruder ich binn nicht lass, so lang ich auf der Erde binn erobr ich wenigstens gewiss meinen Schritt lands täglich! Steiner hat gefunden dass mein Portrait das du hast nicht ich sey. Er ist ein gar lieber Mann. [Frankfurt] Am 26. Apr. 1774.

106. An Kestner.

[Frankfurt, Mai 1774.]

Ist mir auch wieder eine Sorge vom Hals. Küsst mir den Buben, und die ewige Lotte. Sagt ihr ich kann mir sie nicht als Wöchnerinn vorstellen. Das ist nun unmöglich. Ich seh sie immer noch wie ich sie verlassen habe, (daher ich auch weder dich als Ehmann kenne, noch irgend ein ander Verhältniss als das alte, — und sodann bey einer gewissen Gelegenheit, fremde Leidenschaften aufgeflickt und ausgeführt habe, daran ich euch warne, euch nicht zu stosen.) Ich bitte dich lass das eingeschlossene Radotage bis auf weiteres liegen, die Zeit wirds erklären. Habt mich lieb, wie ich euch, so hat die Welt keine vollkommenere Freunde. G.

Mein garstig Zeug gegen Wieland macht mehr lärm als ich dachte. Er führt sich gut dabey auf wie ich höre, und so binn ich im Tort.

---

6. Reproduziert in Lavaters Physiognomischen Fragmenten IV, 361. 27. „fremde" insofern, als außer der Geschichte Jerusalems besonders auch Goethes Verhältnis zu dem Brentanoschen Ehepaar im „Werther" widerklang. 29. Den eingeklammerten Satz, wie 167, 18. 33. Vgl. zu 164, 8.

107. An Kestner.

[Frankfurt, 11. Mai 1774.]

Es hat mich überrascht, ich erwartete das nicht. Gehofft hatt ichs, doch da dein Brief nichts davon sagte, beschied ich mich dass die erstgebohrnen der Familie gehören. Nun aber — ich wünsche dass Lotte — denn getauft ist der Knabe am 11. May da ich das schreibe dass Lotte alle Ueberlegung möge auffahrend durchgebrochen haben, und gesagt: *Wolfgang heist er!* und der Bub soll auch so heisen! — du scheinst dahin zu neigen, und ich wünsche dass er diesen Nahmen führe weil er mein ist. — Habt ihr ihm den *andern* gegeben, so halt ich mir aus dem nächsten den Nahmen *Wolfgang* zu geben, da ihr doch mehr Gevattern nehmt — und ich — wohl all eure Kinder aus der Taufe heben möchte weil sie mir all so nah sind wie ihr.

Schreibt mir gleich was geschehn ist. Ich habe närrische Ahndungen dadrüber, die ich nicht sage sondern die Zeit will walten lassen.

Adieu ihr Menschen die ich so liebe (dass ich auch der träumenden Darstellung des Unglücks unsers Freundes, die Fülle meiner Liebe borgen und anpassen musste). Die Parenthese bleibt versiegelt bis auf weiters. G.

108. An Klopstock.

Schönborn in einem Briefe aus Algier den ich gestern empfangen habe, schreibt mir: „Klopstock wird Sie durch Boie um einige Ihrer Arbeiten ersuchen lassen." Und warum soll ich Klopstocken nicht schreiben, ihm selbst schicken was es auch sey, und was für einen Anteil er auch dran nehmen kann! Soll ich den Lebenden nicht anreden, zu dessen Grabe ich wallfahrten würde. Hier haben Sie also ein Stück das wohl nie gedruckt werden wird, das ich bitte mir gerade zurückzusenden. Sobald einige Dinge von mir die fertig liegen gedruckt sind, schick ich sie Ihnen oder meld es

---

11. Der Erstgeborene erhielt den Rufnamen Georg, die folgenden: Wilhelm, Karl, August, Theodor und Eduard. 21. D. h. für Kestners unverständlich bis zur Uebersendung des „Werther". 22 und 24. Vgl. Adressatenverzeichnis. 25. Vgl. 171, 12. 28. Wie ein Brief von Joh. Heinr. Voß an Boie zeigt, sandte Goethe hier eine in der That nie gedruckte und völlig verloren gegangene Farce „Das Unglück der Jacobis".

wenigstens, und wünsche daß Sie empfinden mögen mit welch wahrem Gefühl meine Seele an Ihnen hängt.

Frankfurt am 28. May 1774.

Goethe.

109. An Sophie v. La Roche.

[Frankfurt, Ende Mai 1774.]

Liebe Mama ich begreiffe die Menschen nicht, ich muss mich noch so offt über sie wundern, und daran spür ich dass ich iung binn.

Sonst wenn ich von einem grosen Geiste hörte, so gab meine Einbildungskrafft dem Mann eine Stärcke, eine hohe Vorstellungsart, und übrige Apertinenzien, und nun wie ich sie kennen lerne die Herrn, ists mit ihnen nicht besser, als einem eingeschränkten Mädgen deren Seele überall anstöst, und deren Eitelkeit mit einem Winckgen zu beleidigen ist. Ich dachte Wieland sollte sich so albern nicht gebärden. Denn was ist an der ganzen Sache? Ich hab ihm ein Gartenhäusgen seines papiernen Ruhms abgebranndt, ihm ein wächsern Desert Parterrgen verheert, kommt er darüber auser sich, was wird er erst gegen das Schicksaal toben, das mit unerhörter Impertinenz den Seschianischen Pallast, mit soviel Kunstwerken und Kostbarkeiten, die Arbeit sovieler Hundert Menschenseelen, in Vierundzwanzig Stunden in die Asche legt.

Meinen Werther musst ich eilend zum Drucke schicken, auch dacht ich nicht dass Sie in der Lage seyen, meiner Empfindung, Immagination, und Grillen zu folgen.

Meine Schwester trägt gegenwärtig die Unbequemlichkeiten guter Hoffnung, ich habe wohl in zwey Monaten keinen Brief von ihr.

Die liebe Max seh ich selten, doch wenn sie mir begegnet ists immer eine Erscheinung vom Himmel.

Meine Mutter grüsst Sie herzlich.

Wann werden Sie kommen, und sich wieder über-

---

15. Ueber Wielands öffentliches Verhalten gegen Goethes Angriff s. zu 164, 5. 18. So nannte man Tafelarrangements von künstlichen Blumen. 21. Im Jahre 1772 erschien Wielands „Der Goldne Spiegel oder die Könige von Scheschian, eine wahre Geschichte, aus dem Scheschianischen übersetzt“. Dieser Roman hatte Wielands Berufung als Prinzenerzieher nach Weimar zur Folge. Im Mai 1774 wurde das dortige Schloß ein Raub der Flammen. 27. Am 28. Okt. 1774 wurde Marie Anna Luise Schlosser, spätere Frau Nicolovius, geboren.

zeugen dass Sie wohl bessere Söhne und Freunde haben, treuer aber keinen als

Ihren

Goethe.

110. An Sophie v. La Roche.

[Frankfurt, Juni 1774.]

Ich wollte Ihnen eben schreiben liebe Mama, und unter Bedingungen zusagen Sie zu holen, da krieg ich einen Brief von Lavater, der wird kommen, und ich hab ihm schon lang versprochen ihm entgegen zu gehen, das werd ich also thun.

Und so kommts (wenn Sie unterdess keine andere Einrichtung treffen) auf die Zeit an da die Kutsche von hier ab soll. Kann ich in Rücksicht des Obigen dann; so komm ich gewiß, kann ich nicht so seh ich Sie hier! wo Sie wollen — — Einen einzigen Platz ausgenommen. Ich binn immer der Ihrige Goethe.

111. An Charlotte Kestner.

Ich komme von Meyers liebe Lotte, hab mit Ihnen zu Nacht gessen, und gestern auch, heute den Tag über waren sie zu Darmstadt. Es sind recht gute Menschen ich schwöre sie lieben mich denn ich liebe sie auch. Wir waren so offen in der ersten Viertelstunde. O Lotte was ich ein Kind bin! Wie mich's gleichsam überraschte da mir die Meyern sagte, dass du noch an mich denckst. Sagen mir das nicht Kestners Briefe, sagt mir's nicht mein Herz, und doch war mir's so ganz neu, da mir das liebe Weibgen, mit der wahren Stimme des Anteils sagte: dass du noch an mich denckst. O sie fühlte was sie mir sagte, sie ist eine liebe Frau. Schon gestern Nacht wollt ich dir schreiben, aber es war nicht möglich, ich ging in meiner Stube auf und ab, und redete mit deinem Schatten, und selbst ietzt fällt mir's schweer das dahin zu krizzen! — — Soll ich denn niemals wieder, niemals wieder deine Hand halten Lotte? Ich habe der Meyern viel erzählt von dir, sie war

---

15. Brentanos Eifersucht hatte Goethe veranlaßt, den Verkehr in dessen Hause seit dem März einzuschränken und dieses bald ganz zu meiden. Vgl. zu 157, 7.
17. Hofrat und Kammersekretär Meyer und Frau aus Hannover.

mit mir im Wald und versprach mir, dich auf der Ellrie von mir zu unterhalten. Ja Lotte ich hab lang so keine Freude gehabt — Ihr Mann ist iust einer der Menschen wie ich sie haben muss, die Erfahrung des Lebens, die schönen Kenntnisse und Wissenschafften ohne Pedanterey und die gute offne Seele. Wir haben uns recht gut gefunden. Und somit gute Nacht. Morgen früh gehn sie und ich will ihnen noch was schicken. Adieu! Adieu!

Und mein Pathgen ist wohl, und Mamagen wills auch bald wieder werden; ich schwöre dir Lotte das ist für meinen sinnlichen Kopf eine Marter, dich als Mamagen zu dencken und einen Buben der Dein ist und der einen seiner Namen durch meinen Willen trägt. Ich komme damit nicht zurecht, ich kann mir's nicht vorstellen, und bleibe also dabey: Lotte liebe Lotte, es soll alles seyn wie's war, und ist so, und die Meyern sagt du habest dich auch nicht verändert. Und so grüse und Küsse Papa Kestnern, und er soll mir hübsch schreiben, und du sollst mir auch hübsch schreiben, wenns Mamagen nicht beschweerlich fällt. Hier ist von der Meyern ein Brief an ihre Schwester, denck ich. Hans schickte mir einen an sie den ich richtig bestellt habe. Ich hoffe sie wird aus dem Bade wieder durch gehen, und da geb ich ihr eine Hand und Grus für dich mit. Adieu, liebe Lotte, ich schick euch ehstens einen Freund der viel änlichs mit mir hat, und hoffe ihr sollt ihn gut aufnehmen, er heisst Werther, und ist und war — das mag er euch selbst erklären.

[Frankfurt] am 16ten Juni 1774.

Goethe.

112. An Schönborn.

[Frankfurt, 1. Juni — 4. Juli 1774.]

Am 25. Mai erhielt ich Ihren Brief, er machte uns allen eine längst erwartete Freude, ich schnitt mir gleich diese reine Feder um Ihnen einen Aequivalenten Bogen vollzupfropfen, kann aber erst heut d. 1. Jun. zum schreiben

---

1. Im städtischen Wald „Eilenriede" bei Hannover. **11.** Vgl. 124, 19. 148, 13. **13.** Vgl. Nr. 107. **31.** Nach 167, 23 am 27. **33.** Mit Bezug darauf, daß der ganze lange Brief in engster Schrift auf einen Quartbogen gedrängt ist.

kommen. Jn der Nacht vom 28. auf den 29. May, kam Feuer aus in unsrer Judengasse das schnell und gräßlich überhand nahm, ich schleppte auch meinen Tropfen Wassers zu, und die wunderbaarsten, innigsten, manigfaltigsten Empfindungen haben mir meine Mühe auf der Stelle belohnt. Ich habe bei dieser Gelegenheit das gemeine Volk wieder näher kennen gelernt, und binn aber und abermal vergewissert worden dass das doch die besten Menschen sind. Ich dancke Ihnen herzlich, dass Sie so ins Einzelne Jhrer Reise mit mir gegangen sind, dafür sollen Sie auch allerlei hören aus unserm Reiche. Ich habe Klopstocken geschrieben und ihm zugleich was geschickt, brauchen wir Mittler um uns zu kommuniziren? Allerhand neues hab ich gemacht. Eine Geschichte des Titels: die Leiden des iungen Werthers, darinn ich einen iungen Menschen darstelle, der mit einer tiefen reinen Empfindung und wahrer Penetration begabt, sich in schwärmende Träume verliert, sich durch Spekulation untergräbt, biss er zuletzt durch dazutretende unglückliche Leidenschafften, besonders eine endlose Liebe zerrüttet, sich eine Kugel vor den Kopf schiesst. Dann hab ich ein Trauerspiel gearbeitet Clavigo, moderne Aneckdote dramatisirt mit möglichster Simplizität und Herzenswahrheit; mein Held ein unbestimmter, halb gros halb kleiner Mensch, der Pendant zum Weislingen im Göz, vielmehr Weislingen selbst in der ganzen Rundheit einer Hauptperson; auch finden sich hier Scenen die ich im Göz um das Hauptinteresse nicht zu schwächen nur andeuten konnte. Auf Wielanden hab ich ein schändlich Ding drucken lassen, unterm Titel: Götter, Helden und Wieland, eine Farce. Ich turlupinire ihn auf eine garstige Weise über seine Mattherzigkeit in Darstellung iener Riesengestalten der marckigen Fabelwelt. Ich will suchen euch nach und nach das Zeug durch Gelegenheit nach Marseille zu spediren, übers Meer kann das Porto nicht viel tragen. Noch einige Plane zu grosen Dramas hab ich erfunden, das heisst das interessante Detail dazu in der Natur gefunden und in meinem Herzen. Mein Cäsar der euch

---

8. Vgl. zu Nr. 252. 11. Vgl. Nr. 108. 30. Vgl. zu 164, 5. 35. Faust, Mahomet, Prometheus im Unterschiede von „dem Zeug“, d. h. den zahlreichen dramatischen Farcen und Satiren dieser Zeit. 37 f. In der Handschrift steht „der euch nicht freuen wird“. Statt „nicht“ setzt die Weim. Ausg. „einst“; auch „recht“, „erst“ und „auch“ sind vorgeschlagen. Aber die Annahme eines solchen Schreibfehlers ist mehr als unwahrscheinlich: weit eher mochte Goethe (vgl.

nicht wenig freuen wird, scheint sich auch zu bilden. Mit Critick geb ich mich gar nicht ab. Kleinigkeiten schick ich an Claudius und Boje, davon ich diesem Brief einige beyfügen will. Aus Frankfurt bin ich nicht gekommen, doch hab ich so ein verworren Leben geführt, dass ich neuer Empfindungen und Ideen niemals gemangelt habe. Von der Ladung vergangener Leipziger Messe Morgen. Für heute Adieu.

am 8. Juni. Ich fahre fort. Herder hat ein Werk drucken lassen: Aelteste Urkunde des Menschengschlechts. Ich hielt meinen Brief inne um Ihnen auch Ihr Theil übers Meer zu schicken, noch aber binn ich's nicht im Stande, es ist ein so mystisch weitstrahlsinniges Ganze, eine in der Fülle verschlungner Geschöpfsäste lebend und rollende Welt, dass weder eine Zeichnung nach veriüngtem Maasstab, einigen Ausdruck der Riesengestalt nachäffen, oder eine treue Silhouette einzelner Teile, melodisch sympathetischen Klang in der Seele anschlagen kann. Er ist in die Tiefen seiner Empfindung hinabgestiegen, hat drinne all die hohe heilige Krafft der simpeln Natur aufgewühlt und führt sie nun in dämmerndem, wetterleuchtendem hier und da morgendfreundlichlächlendem, Orphischem Gesang von Aufgang herauf über die Weite Welt, nachdem er vorher die Lasterbrut der neuern Geister, De- und Atheisten, Philologen, Textverbesserer, Orientalisten, mit Feuer und Schwefel und Fluthsturm ausgetilget. Sonderlich wird Michaelis von Skorpionen getödtet. Aber ich höre das Magister Volck schon rufen: er ist voll süsen Weins, und der Landpfleger wiegt sich auf seinem Stule und spricht: du rasest! Sonst hab' ich nichts von der Messe kriegt das der Worte unter uns werth wäre. Klopstocks Republick ist

---

zu 159,$_{9}$) ein Wort auslassen, und so vermute ich „nicht wenig“; auch über den „Götz“ schrieb Goethe an Salzmann (108,$_{21}$), er hoffe ihn durch dessen Dramatisierung „nicht wenig zu vergnügen“. Bielschowsky („Goethe. Sein Leben und seine Werke“ 2. Aufl., 1898, I, 249) hält an der überlieferten Lesart fest mit der Erklärung: „Cäsar“ werde die tyrannenblutdurstigen Göttinger Dichterfreunde **nicht** freuen, da das Drama gegen den Tyrannenmörder Brutus Partei nehmen sollte.
2. Seit dem Aufhören der Mitarbeiterschaft an den Frankf. Gel. Anzeigen. 3. Vgl. zu 145,$_{4}$. 158,$_{27}$. Auch der Göttinger Musenalmanach auf 1775 enthielt Beiträge von Goethe, ebenso der „Wandsbecker Bote“ von Matthias Claudius. — Vgl. zu 175,$_{9}$. 10. Erster Band 1774, zweiter 1776. Das Werk war im wesentlichen eine (in Rücksicht auf seinen Predigerberuf verdunkelte) Zusammenfassung der älteren religionsgeschichtlichen Studien Herders. 27. Professor der Theologie in Göttingen. 29. Apostelgeschichte Kap. 26 V. 24. 31. Vgl. 173,$_{29}$. 174,$_{28}$.

angekommen. Mein Exemplar hab ich noch nicht. Ich subscribirte ausserhalb. Der Trödelkrämer Merkurius fährt fort seine philosophisch moralisch poetische Bijouteries, Etoffes, Dentelles pp. nicht weniger Nürnberger Puppen und Zuckerwerck, an Weiber und Kinder zu verhandeln, wird alle Tage gegen seine Mitarbeiter schulmeisterlich impertinenter, putzt sie wie Buben in Noten und Nachreden pp.

Nun auch ein vernünftig Wort aus dem Leben, meine Schwester ist schwanger und grüst euch, wie auch ihr Mann. Der Dechant war einige Zeit kranck, jetzt sind wir in dem Garten fleisig, säen, binden, gäten und essen, er will in der Apathie was vor sich bringen, ich aber der ich sehe es geht nicht, übe mich täglich in der Anakatastasis. Unter den übrigen die Sie haben kennen lernen hat sich nichts merckwürdiges zugetragen. Höpfner ist glücklich in seinem Ehstande. Lavater, der mich recht liebt, kommt in einigen Wochen her, wenn ich ihm nur einige Tropfen Selbstständigen Gefühls einflösen kann, soll michs hoch freuen. Die beste Seele wird von dem Menschenschicksaal so innig gepeinigt, weil ein krancker Körper und ein schweiffender Geist ihm die kolleсktive Krafft entzogen, und so der besten Freude, des Wohnens in sich selbst beraubt hat. Es ist unglaublich wie schwach er ist, und wie man ihm, der doch den schönsten schlichtesten Menschenverstand hat, den ich ie gefunden habe, wie man ihm gleich Rätsel und Mysterion spricht, wenn man aus dem in sich und durch sich lebenden und würckenden Herzen redet.

am 10. Juni. Klopstocks herrliches Werck hat mir neues Leben in die Adern gegossen. Die Einzige Poetick aller Zeiten und Völcker. Die einzige Regeln die möglich sind! Das heisst Geschichte des Gefühls wie es sich nach und nach festiget und läutert und wie mit ihm Ausdruck und Sprache sich bildet; und die biedersten Aldermanns Wahrheiten, von dem was edel und knechtisch ist am Dichter. Das alles aus dem tiefsten Herzen, eigenster Erfahrung

---

2. Wieland. 11. Dumeiz, s. zu 159, 15. 13. Leidenschaftslosigkeit. 14. Zurückhaltung, Unterdrückung, Bezwingung. 16. Vgl. zu 156, 29. 17. Vgl. 169, 8. 174, 10. 29. Vgl. 172, 31. 174, 28. „Die deutsche Gelehrtenrepublik. Ihre Einrichtung. Ihre Gesetze. Geschichte des letzten Landtags." Ein durch seine abstruse Form schwer verständlich und ungenießbar gemachtes Werk, das gegen den starren Regelzwang für das Recht der freien Originalität in der Dichtkunst stritt.

mit einer bezaubernden Simplizität hingeschrieben! Doch was sag ich das Ihnen der's schon muß gelesen haben. Der unter den Jünglingen den das Unglück unter die Rezensentenschaar geführt hat, und nun wenn er das Werck las nicht seine Federn wegwirft, alle Kritick und Kriteley verschwört, sich nicht gradezu wie ein Quietist zur Contemplation seiner selbst niedersezt, aus dem wird nichts. Denn hier fliesen die heiligen Quellen bildender Empfindung lauter aus vom Trone der Natur.

d. 4. Juli. Lavater war fünf Tage bey mir und ich habe auch da wieder gelernt, dass man über niemand reden soll den man nicht persönlich gesehen hat. Wie ganz anders wird doch alles. Er sagt so offt daß er schwach sey, und ich habe niemand gekannt der schönere Stärcken gehabt hätte als er. In seinem Elemente ist er unermüdet thätig, fertig, entschlossen, und eine Seele voll der herzlichsten Liebe und Unschuld. Ich habe ihn nie für einen Schwärmer gehalten und er hat noch weniger Einbildungskrafft als ich mir vorstellte. Aber weil seine Empfindungen ihm die wahrsten, so sehr verkannten Verhältnisse der Natur in seine Seele prägen, er nun also iede Terminologie wegschmeisst, aus vollem Herzen spricht und handelt und seine Zuhörer in eine fremde Welt zu versetzen scheint, indem er sie in die ihnen unbekannte Winckel ihres eignen Herzens führt; so kann er dem Vorwurf eines Phantasten nicht entgehen. Er ist im Emser Bade, wohin ich ihn begleitet habe.

Mit Klopstocks Gelehrten Republick ist die ganze Welt unzufrieden, es versteht sie kein Mensch. Ich sah wohl voraus was für eine erbärmliche Figur das herrliche Buch in den Händen aller Welt machen würde.

Lavaters Phisiognomick giebt ein weitläufiges Werck mit viel Kupfern. Es wird große Beiträge zur bildenden Kunst enthalten, und dem Historien und Portraitmahler unentbehrlich seyn.

Heinse den Sie aus der Uebersetzung des Petrons

---

10. Vgl. 169, 8. 173, 17. 28. Vgl. zu 173, 29. 32. „Physiognomische Fragmente, zur Beförderung der Menschenkenntnis und Menschenliebe." Die vier starken Großquartbände erschienen 1775—78 in Leipzig. Das ganze Manuskript ging durch Goethes Hand, der vielfach redaktorisch eingriff und besonders zu den beiden ersten Bänden zahlreiche wertvolle Beiträge lieferte. 36. Joh. Jak. Wilhelm Heinse (1749—1803). Seine „Begebenheiten des Enkolp", übersetzt aus den Satiren des Titus Petronius, waren 1773 erschienen. Vgl. zu 175, 15.

kennen werden, hat ein Ding herausgegeben des Titels: Laidion oder die eleusinischen Geheimnisse. Es ist mit der blühendsten Schwärmerei der geilen Grazien geschrieben, und lässt Wieland und Jakobi weit hinter sich, obgleich der Ton und die Art des Vortrags, auch die Ideen Welt in denen sich's herumdreht mit den ihrigen coinzidirt. Hintenan sind Ottave angedruckt die alles übertreffen was ie mit Schmelzfarben gemahlt worden.

Die lezte Seite will ich mit Reimen besetzen. Ich habe die Zeit her verschiednes geschrieben, doch nichts ist völlig zu Stande. Schreiben Sie mir bald von Ihrem Leben. Meine Eltern, Schwester und Freunde grüsen.

Leben Sie wohl aber und abermal und behalten mich lieb. G.

113. An Elisabeth Jacobi.

Sie erwarten keinen Brief von mir am wenigsten datirt

Düsseldorf d. 21. Juli 1774

gegen zwölfe Mittags, in dem Gasthofe zum Prinzen von Oranien. Kommend von der Gallerie, die meines Herzens Härtigkeit erweicht, gestärckt und folglich gestählt hat.

Vor acht heut früh lief ich nach Ihrem Hause, in die neu Strase, ans Flinger oder Flinder Tohr (deswegen geh ich so in's Detail, dass Sie sich des überzeugen dass ich hier bin, das ich selbst kaum glaube) Cathrine machte auf, und grose Augen, stuzzte, erkanndte mich, und schien vergnügt zu seyn. Das Haus war leer! die Herrschafft verreist, der iüngste schlief, die andern in Pempelfort. Ich hinaus nach Pempelfort pppppp. Lottgen, Lehngen, Papa, ppp. Friz, George, der Kleine ppp.

Dass mir's weh thut Sie nicht zu treffen fühlen Sie — iust iezo — eben iezo. —

Was weiter wird? Steht in der Götter Hand.

Goethe.

---

9. Zwischen diesem und dem letzten Absatz folgen drei Gedichte, vgl. 172,$_{3}$. 15. Am 15. Juli war Goethe abermals nach Ems gereist (s. 174,$_{26}$), wo außer Lavater auch der Pädagog Joh. Bernhard Basedow (1723—90) weilte. Vom 18. ab machte er mit diesen beiden Propheten eine Rheinreise (vgl. „Das Diner zu Koblenz"), dann ging Goethe allein nach Düsseldorf, wo er endlich seinen Frieden mit den Brüdern Jacobi, zunächst mit Friedrich Heinrich, schloß. Auch Heinse (s. zu 174,$_{36}$) traf er auf dem Jacobischen Landsitz Pempelfort, und alle zusammen besuchten Jung-Stilling in Elberfeld (s. zu 147,$_{16}$), wohin auch Lavater kam. Dann ging es über Köln nach Ems zurück. 29. Die Adressatin war zur Zeit in Aachen.

114. An Elisabeth Jacobi.

[Köln, 25. Juli 1774.]

Ihr Friz Betty, mein Friz, Sie triumphiren Betty und ich hatte geschworen ihn nie zu nennen vor seinen Lieben, biss ich ihn nennen könnte, wie ich ihn zu nennen glaubte, und nun nenne. Und so willkommen tausendmal willkommen. Die gesperrte Schiffarth geöffnet, handel und Wandel im Flor, und gnade Gott dem scheelsüchtigen Nachbaarn. Wie schön, wie herrlich dass Sie nicht in Düsseldorf waren daß ich that was mich das einfältige Herz hies. Nicht eingeführt, marschallirt, exküsirt; grad rab vom Himmel gefallen vor Friz Jakobi hin! Und er und ich und ich und er! Und waren schon, eh noch ein schwesterlicher Blick drein präliminirt hatte, was wir seyn sollten und konnten. Adieu liebe Frau, Küss sie mir die Buben und die Mädgen.

115. An Sophie v. La Roche.

[Ems, 31. Juli 1774.]

Dienstag werden wir kommen bey Ihnen zu Mittag essen, um mit wahrer Freude zusammen zu seyn, so viel die Welt giebt. Mein Sinn hat sich noch nicht ganz erholt, wo vier Knaben gestern Nacht ertranken und keiner gerettet wurde. Nur in solchen Augenblicken fühlt der Mensch, wie wenig er ist, und mit heisen Armen und Schweiß und Thränen nichts würckt. Adieu Mama schicken Sie mir doch einige Flaschen Weins, oder vielmehr ich will sie mitnehmen wenn ich komme, hier vergiften sie mich mit Getränk. G.

116. An Friedrich Jacobi.

[Frankfurt, 13. und 14. August 1774.]

Ich träume lieber Fritz den Augenblick, habe deinen Brief und schwebe um dich. Du hast gefühlt daß es mir Wonne war, Gegenstand deiner Liebe zu seyn. — O das ist herrlich daß jeder glaubt mehr vom andern zu empfangen

2. Vgl. 117, 21. 21. Hiernach scheint sich Goethe an den erfolglosen Wiederbelebungsversuchen beteiligt zu haben, von denen eine Zeitung berichtete. Ein später Nachklang dieses Erlebnisses in den „Wanderjahren“.

als er giebt! O Liebe, Liebe! Die Armuth des Reichthums und welche Kraft würkts in mich, da ich im andern alles umarme was mir fehlt und ihm noch dazu schenke was ich habe. Ich habe vorige Nacht aufm Postwagen durch Basedows Grille geseßen. Es ist wieder Nacht. — Glaub mir, wir könnten von nun an stumm gegen einander seyn, uns dann nach Zeiten wieder treffen, und uns wärs als wären wir Hand in Hand gangen. Einig werden wir seyn über das was wir nicht durchgeredt haben. Gute Nacht. Ich schwebe im Rauschtaumel, nicht im Wogensturm, doch ists nicht eins welcher uns an Stein schmettert? — Wohl denen die Trähnen haben. — Ein Wort! Laß meine Briefe nicht sehen! Versteh! — Erklärung darüber nächstens wenns braucht. am 13. Nachts.

am 14. Abends.

Ich habe Tanten gesehen, und bin froh daß der Damm weg ist, der über ihr ander garstig Verhältniß, noch manches Gefühl zurückschwellte in ihr Herz. — Sie darf mit mir von ihrem Fritz reden — Heute zum erstenmal — Wohl! Wohl! — Wenn Sie diese Jahre her das gekonnt hätte wärs nichts — Jetzt aber — und so — ihr triumphirender Glaube: sie werden sich lieben! — Frau, Schwestern, Bruder, Rosten, alles Grüße, jeglichem nach seiner Art. Ich danke den Mädchen für ihre Briefgen. Sie sollen mir manchmal schreiben, wenn ich auch todt scheine. Es würkt innerlich doch und so ein Briefchen weckt schlafende Kräfte, sie sollen Dramas haben, Lieder, allerley, — Adieu meine neuen. Schick doch Jung einen Clavigo. G.

117. An Friedrich Jacobi.

[Frankfurt, 21. August 1774.]

Nach frugalem Abendbrodt, auf meinem Zimmer, schreib ich dir noch auf der Serviette, mein Schöppgen Wein vor mir. Nach einem dürren Nachmittag, dein Brief, und hundert Ideen in Cirkulation. Akademie ist Akademie, Bohlheim Berlin oder Paris, wo die satten Herren sitzen,

---

4. Auf der Fahrt von Ems nach Frankfurt. 16. Johanna Fahlmer. 23. Rost = Heinse, der sich während seiner Halberstädter Magisterzeit auf Gleims Wunsch so genannt hatte. 34. Bollheim, zum Herzogtum Jülich gehörig. — Zum Folgenden vgl 179, 23. Auf die im Augustheft 1774 des „Merkur“ erschienenen Beiträge Jacobis passen diese Sätze nicht, und die „schwere, dornichte

die Zähne stochern und nicht begreifen warum kein Koch was bereiten kann das ihnen behage. Du bist grob mit ihnen umgangen, hat dirs doch wohl gethan, und ist eines braven Jungens etwas wohl über die Schnur zu hauen zu Schirm des Mädgens, das ihm alles gab was es hatt, und dem rüstigen Knaben Freud genung, frisch iunges warmes Leben. Ich hab mich mit dem Mährgen die ganze Woch getragen als hätts mir geahndet, und ist schön daß es so eintraff. Wie ich so das hochadliche Urteil ablas, stellte ich an meiner Statt einen guten Kerl hin, der vors Publikum geschrieben hätte, elementarisch, practisch, prophetisch, zur Beßerung Herzens, Verstandes und Wizzes, hätte nun sich dahin gegeben mit Leibs und Geistskrafft, und die Herrn für allen Danck fändens unter der Erwartung, dem Narren dem wie bekannt unser Herr Gott selbst nichts zu dancke machen kann.

Sieh Lieber, was doch alles schreibens anfang und Ende ist die Reproducktion der Welt um mich, durch die innre Welt die alles packt, verbindet, neuschafft, knetet und in eigner Form, Manier, wieder hinstellt, das bleibt ewig Geheimniß Gott sey danck, das ich auch nicht offenbaaren will den Gaffern und Schwäzzern.

Ich wollt ich könnt so gegen dir über sizzen und noch Einen dazu, ich hab so tausend Sachen auf dem Herzen. Indeß ist das gestückte Geschreib auch was. Daß mich nun die Memoires des Beaumarchais de cet avanturier françois freuten, romantische Jugendkraft in mir weckten, sich sein Charackter seine Taht, mit Charackteren und Thaten in mir amalgamirten, und so mein Clavigo ward, das ist Glück, denn ich hab Freude gehabt drüber, und was mehr ist ich fordre das kritischte Messer auf die blos übersezten Stellen abzutrennen vom Ganzen, ohn es zu zerfleischen, ohne tödliche Wunde (nicht zu sagen der Historie) sondern der Strucktur, Lebensorganisation des Stücks zu versezzen! Also — Was red ich über meine Kinder, wenn sie leben; so werden sie fortkrabeln unter diesem weiten Himmel. Aber wer auch fürs Publikum Kinder machte! damit er

---

Ausarbeitung", über die Jacobi am 27. August an Wieland schrieb, scheint eine amtliche gewesen zu sein.

26. Unter dem Titel „Fragment einer Reise nach Spanien" hatte Jacobi im Merkur, August 1774, eine Uebersetzung aus Beaumarchais' Memoiren erscheinen lassen. Goethes Drama beruhte auf dem Original.

hörte que ce cul est tiré en partie du Huron de Mr. d. Voltaire. Aber ich bitte dich laß mir die Menschen, die sind vor mir gestempelt, und die wird Merkurius und Iris nicht wiedergebähren so wenig als der Bär auf den Schrifften Gottschedischen aevi.

Offt wohn ich mit Jappachs Geist, und ich bitte dich daß du's verborgen haltest vor mir; wenn der gute Krah, wohlmeynend das Heiligtuhm seines Gottes beraubt pour le mettre aux pieds de son Altesse.

Werthes ist ein gar guter Junge, und die Art wie er sich in die Chinoises und Sofas schicken thut, ist so menschlich.

Ich wünschte Rost regalirte mich mit einem Mährgen dessen Stoff wäre wollüstig ohne geil zu seyn, dessen Ausdruck wäre ohne Wielandische Mythologie i. e. ohne Hippiasse und Danaes, die ich sehr müd bin, und ohne Allusion auf alte Schrifftsteller. Thät das Rost mich würds sehr freuen, sag's ihm doch, dagegen soll er sich auch was in meiner Dichtart und Krafft vorstellen das er gerne von mir sähe.

Du kriegst bald kleine Sachen von mir wie ich sie finde, es liegt allerley hier und da.

Jung ist nicht der erste der zweifelt ob das Stück von mir ist? Immer zu. Ich hoffe auf gute Tage wieder eins zu machen, und wieder so ohne Rücksicht, obs schaden möge meinem Ruhm oder aufhelfen pp. d. 21. Aug.

Den 28. ist mein Geburtstag, gönn ihm ein Andencken.

Ich lese deine Epistel an die Akademisten noch einmal, entfalte mein Brieflein noch einmal dir zu sagen: daß zwar herrlich ist selbstständig Gefühl, daß aber antwortend Gefühl würckender macht ist ewig wahr, und so danck deinem guten Geist und so wohl unsern Geistern daß sie sich gleichen. Gute Nacht.

Schick mir doch Rosts Brief an Werthes über Jappachs Garten.

---

2. Aus Voltaires Roman „L'ingénu". 6. In Köln (s. zu 175, 15) hatte Goethe das Jabachsche Haus, einen an Kunstschätzen reichen ehemaligen Edelhof, angeblich das Geburtshaus von Rubens, besucht. 7. Der Historienmaler und Galeriedirektor Joh. Lambert Krahe in Düsseldorf, unter dessen Leitung wertvolle Stücke der Sammlung dem Kurfürsten von der Pfalz ausgeliefert wurden. 10. Friedr. Aug. Clemens Werthes (1748—1817), ein Württemberger, mit den Göttinger Dichtern befreundet, später Redakteur und Hofrat in Stuttgart. 13. Heinse. 23 Clavigo, vgl. 177, 28. 28. Vgl. 177, 34.

118. An Charlotte Kestner.

[Frankfurt und Langen, 26.—31. August 1774.]

Wer geht den Augenblick aus meiner Stube? Lotte, liebe Lotte, das räthst du nicht. Räthst ehr von berühmten und unberühmten Leuten eine Reihe als die Frau Catrin Lisbet, meine alte Wetzlarer Strumpfwaschern, die Schwäzzern die du kennst die dich lieb hat wie alle die um dich waren dein Lebenlang, sich nicht mehr in Wetzlar halten kann, der meine Mutter einen Dienst zu schaffen hofft. Ich hab sie mit herauf genommen in meine Stube, sie sah deine Silhouette, und rief: Ach das herzelieb Lottgen, in all ihrer Zahnlosigkeit voll waren Ausdrucks. Mir hat sie zum Willkomm in voller Freude Rock und Hand geküsst, und mir erzählt von dir wie du so garstig warst, und ein gut Kind hernach und nicht verschwäzt hättest, wie sie um dich hätte Schläge gekriegt da sie dich zum Lieutenant Meyer führte der in deine Mutter verliebt war, und dich sehn und dir was schencken wollte, das sie aber nicht litt pp. alles alles. Du kannst dencken wie werth mir die Frau war, und dass ich für sie sorgen will. Wenn Beine der Heiligen, und leblose lappen die der Heiligen Leib berührten, Anbetung und bewahrung und Sorge verdienen, warum nicht das Menschengeschöpf das dich berührte, dich als Kind aufm Arm trug, dich an der Hand führte, das Geschöpf das du vielleicht um manches gebeten hast? Du Lotte gebeten. Und das Geschöpf sollte von mir bitten! Engel vom Himmel. Liebe Lotte noch eins. Das machte mich lachen. Wie du sie oft geärgert hast mit denen schlocker Händgen, die du so machst, auch wohl noch, sie machte mir sie vor, und mir wars als wenn dein Geist umschwebte. Und von Carlinen, Lehngen allen, und was ich nicht gesehn und gesehn habe, und am Endlichen Ende war doch Lotte und Lotte und Lotte und Lotte, und Lotte und ohne Lotte nichts und Mangel und Trauer und der Todt. Adieu Lotte. kein Wort heut mehr. 26. Aug.

Ich habe gestern den 26. einen Brief an dich angefangen, hier sitz ich nun in Langen zwischen Franckfurt

---

16. Lottens Mutter, Tochter des Leutnants Feyler in Wetzlar, war schon im März 1771 gestorben.

und Darmstadt, erwarte Mercken, den ich hierher beschieden habe, und mir ist im Sinn an dich zu schreiben. Heut vor zwey Jahren sas ich bey dir fast den ganzen Tag da wurden Bohnen geschnitten biss um Mitternacht, und der 28te feyerlich mit Thee und freundlichen Gesichtern begann, o Lotte, und du versicherst mich mit all der Offenheit und Leichtigkeit der Seele, die mir so werth immer war an dir, dass ihr mich noch liebt, denn sieh es wäre gar traurig wenn auch über uns der Zeiten Lauf das Uebergewicht nehmen sollte. Ich werde dir ehestens ein Gebetbuch, Schatzkästgen oder wie du's nennen magst schicken, um dich Morgends und Abends zu stärken in guten Erinnerungen der Freundschaft und Liebe. Morgen denckt Ihr gewiss an mich. Morgen bin ich bey euch, und die liebe Meyern hat versprochen mir ihr Geistgen zu schicken mich abzuhohlen. Ein herrlicher Morgen ists, der erste lang ersehnte Regen nach einer Dürre über vier Wochen, der mich erquickt wie das Land, und daß ich ihn auch eben auf dem Lande geniesse! Vorgestern war Gotter da, er geht mit zwey Schwestern nach Lyon, dort eine Schwester zu besuchen, ist immer gut, und sehr krank, doch munter, es ward unser altes Leben rekapitulirt, er grüste herzlich dein Schattenbild, ich schwäzt ihm allerley vor pp. und so ging er wieder. Darinn hab ich's gut, wenn meine Freunde halbweg reisen so müssen sie zu mir, bey mir vorbey und zollen.

d. 31. Aug. Hier herein gehört meine Liebe, beyliegendes Blättchen, das ich in Langen schrieb letzten Samstag eh Merck kam. Wir verbrachten einen glücklichen Tag, der Sonntag war leider sehr trocken. Doch die Nacht traumt ich von dir wie ich wäre wieder zu dir gekommen und du mir einen herzlichen Kuss geben hättest. Solang ich von dir weg binn hab ich weder wachend noch träumend, dich so deutlich vor mir gesehn. Adieu. Von den Silhouetten hierbey ist eine für euch, für Meyers, für Zimmermann. Kestner soll mir doch auch wieder einmal schreiben. Adieu Lotte ich danke dir dass du wohl lesen magst was ich schreibe und drucken lasse, hab ich dich doch auch lieb.

---

10. Vgl. Nr. 119. **14.** Vgl. 169, 17. Goethe hatte sie in Ems wiedergesehen. **19.** Vgl. zu 123, 11. **25.** Vgl. 192, 7. **34.** Joh. Georg Zimmermann (1723—95), geborner Schweizer, seit 1768 kurfürstlicher Leibarzt in Hannover, als Schriftsteller besonders durch seine „Betrachtungen über die Einsamkeit" (1756 bis 1773) bekannt. Vgl. zu Nr. 157.

Küſſ mir den Buben, und wenn ich kommen kann, ohne viel zu reden, und ſchreiben, ſteh ich wieder vor dir, wie ich einſt von dir verſchwand, darüber du dann nicht erſchröcken, noch mich ein garſtig Geſicht ſchelten magſt. Grüs Meyers. Ich möchte dich doch ſehen den Buben aufm Arm. Adieu Adieu.

119. An Keſtner.

Habt ihr das Buch ſchon; ſo verſteht ihr beygehendes Zettelgen, ich vergas es hinein zu legen im Hurrli in dem ich iezt lebe. Die Meſſe tobt und kreiſcht, meine Freunde ſind hier, und Vergangenheit und Zukunft ſchweben wunderbar in einander.

Was wird aus mir werden. O ihr gemachten Leute, wieviel beſſer ſeyd ihr dran.

Iſt Meyern wieder da. Ich bitt euch gebt das Buch noch nicht weiter, und behaltet den lebendigen lieb, und ehret den Todten.

Nun werdet ihr die dunckeln Stellen voriger Briefe verſtehen.

[Frankfurt] am 23. Sept. 1774.

[Beilage.]

Lotte wie lieb mir das Büchelgen iſt magſt du im Leſen fühlen, und auch dieſes Exemplar iſt mir ſo werth als wär's das einzige in der Welt. Du ſollſts haben Lotte, ich hab es hundertmal geküſſt, habs weggeſchloſſen, daſſ es niemand berühre. O Lotte! -- Und ich bitte dich laſſ es auſſer Meyers niemand iezzo ſehn, es kommt erſt die Leipziger Meſſe in's Publikum. Ich wünſchte iedes läſ' es allein vor ſich, du allein, Keſtner allein, und iedes ſchriebe mir ein Wörtgen.

Lotte Adieu Lotte.

120. An Keſtner.

[Frankfurt, Oktober 1774.]

Ich muß euch gleich ſchreiben meine Lieben, meine Erzürnten, daſſ mirs vom Herzen komme. Es iſt gethan, es

---

4. Vgl. 146,$_{9}$. 7. „Werther". 14. Vgl. zu 181,$_{14}$. 15:16. Goethe: Jeruſalem. 17. Beſonders 162,$_{35}$. 166,$_{27}$. 167,$_{19}$. 170,$_{25}$. 181,$_{10}$.

ist ausgegeben, verzeiht mir wenn ihr könnt. — Ich will nichts, ich bitte euch, ich will nichts von euch hören, biss der Ausgang bestätigt haben wird dass eure Besorgnisse zu hoch gespannt waren, biss ihr dann auch im Buche selbst das unschuldige Gemisch von Wahrheit und Lüge reiner an eurem Herzen gefühlt haben werdet. Du hast Kestner, ein liebevoller Advokat, alles erschöpft, alles mir weggeschnitten, was ich zu meiner Entschuldigung sagen könnte; aber ich weis nicht, mein Herz hat noch mehr zu sagen, ob sichs gleich nicht ausdrücken kann.

Ich schweige, nur die frohe Ahndung muss ich euch hinhalten, ich mag gern wähnen, und ich hoffe, dass das ewige Schicksaal mir das zugelassen hat, um uns fester an einander zu knüpfen. Ja, meine besten, ich der ich so durch Lieb an euch gebunden bin, muss noch euch und euern Kindern ein Schuldner werden für die böse Stunden, die euch meine — nennts wie ihr wollt gemacht hat. Haltet, ich bitt euch haltet Stand. Und wie ich in deinem letzten Briefe dich ganz erkenne Kestner, dich ganz erkenne Lotte, so bitt ich bleibt! bleibt in der ganzen Sache, es entstehe was wolle. — Gott im Himmel man sagt von dir: du kehrest alles zum besten.

Und, meine Lieben wenn euch der Unmuth übermannt, denkt nur denckt, dass der alte euer Goethe, immer neuer und neuer, und ietzt mehr als jemals der eurige ist.

121. An Sophie v. La Roche.

Wie werth ist mir Ihr leztes herzliches, wie werth alles was Sie mir seyn können. Ich lag zeither, stumm in mich gekehrt und ahndete in meiner Seele auf und nieder, ob eine Krafft in mir läge, all das zu tragen, was das ehrene Schicksaal künftig noch mir und den meinigen zugedacht hat; ob ich einen Fels fände drauf eine Burg zu bauen, wohin ich im lezten Nothfall mich mit meiner Haabe flüchtete. — Liebe Mama, ich gönne Ihnen die Stunden des Unmuths und Jammerns, es ist Erleichterung wie die Ergiessung im Gebet, aber wenn Sie dann auch aufstehn davon, erlauben Sie Ihrem Herzen eine freye Aussicht

---

27—33. In Bezug auf die von den Eltern gewünschte Verlobung Goethes mit der Tochter eines Frankfurter Kaufmanns Namens Münch. Vgl. zu 200, 18.

über all das Glück, das Ihnen in Ihren übrigen bereitet ist, und das vielleicht noch über den unglücklichen Engel waltet. Leben Sie wohl, und dencken mein in Freud und Leid. [Frankfurt] am 21. Okt. 1774. G.

122. An Kestner.

Da hab ich deinen Brief, Kestner! An einem fremden Pult, in eines Mahlers Stube, denn gestern fing ich an in Oehl zu malen, habe deinen Brief und muss dir zurufen Danck! Danck lieber! Du bist immer der Gute! — O könnt ich dir an Hals springen, mich zu Lottens Füssen werfen, Eine, Eine Minute, und all all das sollte getilgt, erklärt seyn was ich mit Büchern Papier nicht aufschliessen könnte! — O ihr Ungläubigen würd ich ausrufen! Ihr Kleingläubigen! — Könntet ihr den tausendsten Theil fühlen, was Werther tausend Herzen ist, ihr würdet die Unkosten nicht berechnen die ihr dazu hergebt! Da lies ein Blättgen, und sende mirs heilig wieder wie dus hier drinn hast. — Du schickst mir Hennigs Brief, er klagt mich nicht an, er entschuldigt mich. Bruder lieber Kestner! Wollt ihr warten so wird euch geholfen. Ich wollt um meines eignen Lebens Gefahr willen Werthern nicht zurückrufen, und glaub mir, glaub an mich, deine Besorgnisse deine Gravamina, schwinden wie Gespenster der Nacht wenn du Geduld hast, und dann — binnen hier und einem Jahr versprech ich euch auf die lieblichste, einzigste, innigste Weise alles was noch übrig seyn mögte von Verdacht, Missdeutung pp. im schwäzzenden Publikum, obgleich das eine Heerd Schwein ist, auszulöschen, wie ein reiner Nordwind Nebel und Dufft. — Werther muss — muss seyn! — Ihr fühlt ihn nicht, ihr fühlt nur mich und euch, und was ihr angeklebt heisst — und truz euch — und andern — eingewoben ist — Wenn ich noch lebe, so bist dus dem ichs dancke - bist also nicht Albert Und also —

Gib Lotten eine Hand ganz warm von mir, und sag ihr: Ihren Nahmen von tausend heiligen Lippen mit Ehrfurcht ausgesprochen zu wissen, sey doch ein Aequivalent

---

2. Der jüngste Sohn der Adressatin war sehr krank, starb aber erst 1791. 6. Bei Joh. Andreas Benjamin Nothnagel (1729—1804). 17. Dr. August v. Hennings (1746—1826), Jurist und Schriftsteller, Freund Kestners aus der Wetzlarer Zeit.

gegen Besorgnisse, die einem kaum ohne alles andere im gemeinen Leben, da man jeder Base ausgesetzt ist, lange verdriesen würden.

Wenn ihr brav seyd und nicht an mir nagt; so schick ich euch Briefe, Laute, Seufzer nach Werthern, und wenn ihr Glauben habt so glaubt dass alles wohl seyn wird, und Geschwäzz nichts ist, und beherzige deines Philosophen Brief — den ich geküsst habe.

— O du! — hast nicht gefühlt wie der Mensch dich umfasst dich tröstet — und in deinem in Lottens Werth Trost genug findet, gegen das Elend das schon euch in der Dichtung schröckt. Lotte leb wohl Kestner du — habt mich lieb — und nagt mich nicht — G.

Das Billet keinem Menschen gezeigt! unter euch beyden! Sonst niemand sähe das! — Adieu ihr lieben! Küsse mir Kestner deine Frau und meinen Pathen.

Und mein Versprechen bedenckt. Ich allein kann erfinden, was euch völlig ausser aller Rede sezt, ausser dem Windgen Argwohn. Ich habs in meiner Gewalt, noch ists zu früh! Grüss deinen Hennigs ganz herzlich von mir.

Ein Mädgen sagt mir gestern, ich glaubte nicht dass Lotte so ein schöner Name wäre! er klingt so ganz eigen in dem Werther.

Eine andre schrieb neulich: Ich bitt euch um Gotteswillen, heißt mich nicht mehr Lotte! — Lottgen, oder Lolo — wie ihr wollt — Nur nicht Lotte bis ich des Nahmens werther werde denn ichs bin.

O Zauberkrafft der Lieb und Freundschafft.

Zimmermanns Billet nächstens. Es ist kalt ich kanns nicht droben suchen. Heut gehts aufs Eis ihr Lieben Ade.

[Frankfurt] d. 21. Nov. 1774.

123. An Lavater.

[Frankfurt, zwischen 16. u. 22. Dez. 1774.]

Ich schicke dir keine Phisiognomische Anmerckungen, du forderst ein wunderlich Ding ich soll schreiben wenn ich nicht fühle, soll Milch geben ohne gebohren zu haben. Hier aber ein Vorschlag. Schick mir dein Geschreibe, ich

---

7. Vgl. 181, 17. 14. Vgl. 184, 16. 16. Vgl. Nr. 107. 24. Wohl Charlotte Jacobi. 29. Vgl. zu 181, 34. 33. Vgl. zu 174, 32.

will dadrüber phantasiren, es wird mich auf deinen Standpunckt heben und so kanns was geben, anders arbeit ich mich ab und fruchte Dir und mir nichts.

Der Jacobis Portraits sind da, ich schick dir sie aber nicht denn sie sind abscheulich und du lässest allen Dreck stechen. Friz grüsst dich sehnlich, und wird dir von hier aus schreiben.

Der Friede Gottes der sich täglich mehr an mir offenbaaret walte auch über dich und die deinigen.

Und dass dein Glaube unüberwindlich werde, sieh hier wieder dass er mich überwindet. Ich habe deinen Brief. Da noch was über Homer.

Der Farnesische — sieh hie eine Silhouette — fasst das Leben der Welt (von Kritikern Epische Darstellung genannt) mehr in seiner Stirne. Seine Wangen sind in erzählender Freude mehr abgearbeitet, sein Mund ist lieblicher dahinlallend und seine Nase: — hier ein Wort über die Nasen ein Beytrag zu allem Schändismus darüber.

124. An Sophie v. La Roche.

Könnt ich Ihnen liebe Mama recht viel guts für Ihren guten Brief geben. Was ich habe geb ich gern. Den Dechant hab ich die Zeit nicht gesehen. Ich war in Maynz! Dahin nachgereist Wielands Prinzen, das ein treflicher Mensch ist. Ich hab von da aus Wielanden geschrieben, es fiel mir so ein, hab auch eine Antwort, wie ich sie vorfühlte. Das ist was verfluchtes dass ich anfange mich mit niemand mehr misszuverstehn. Ein Missverständniss zwischen der Servière und der Kleinen nichts als Missverständniss, und so ein Ding reisst fort wie eine gefallne Masche in

---

6. Schriftlich, denn Friedrich Jacobi kam erst am 8. Januar (für 4 Wochen) in Frankfurt an. 12. In Lavaters Physiognomik I, 245. Das hier Uebersandte beginnt mit dem vierten Absatz „Tret' ich unbelehrt vor diese Gestalt“ u. s. w. 18. Dieses „Wort über die Nasen“ hat Lavater nicht in extenso in seine Physiognomik aufgenommen, aber Spuren und Bruchstücke davon sind in allen vier Bänden des großen Werkes mit Sicherheit nachgewiesen. Vgl. auch zu 113, 21. 22. Vgl. zu 159, 15. 173, 11. 23. Der noch nicht regierende Herzog Karl August und sein jüngerer Bruder Prinz Constantin von Sachsen-Weimar, von ihren Gouverneuren Graf Görtz und v. Knebel sowie Stallmeister v. Stein und Leibarzt Engelhardt begleitet, hatten auf einer Reise nach Frankreich am 10. Dez. 1774 ihre erste Station in Frankfurt gemacht. Knebel hatte Goethe besucht und ihn den Prinzen zugeführt, denen beide am 13. nach Mainz folgten. Dort blieb Goethe zwei Tage in ihrer Gesellschaft. 28. Frau eines Frankfurter Kaufmanns und Maximiliane Brentano.

einem Strumpf, man hätts im Anfang mit Einer Nadel fangen können. Nächsten Conzert Abend will ich die Kleine vornehmen, heut war ich bey der alten Baase, die recht gut ist. So gehts in der Welt, und ich bin trefflich solche Sachen einzugleichen. Wenn ich auch Herrn v. Hohenfeld zu Nüzze in der Welt seyn kann ist mirs grose Freude, ich wünsch ihm zu seinem Griechischen Glück. Er wird sich künftig die Mühe dancken die er sich gegeben hat.

Heut krieg ich ein Exemplar Werther zurück, das ich umgeliehen hatte, das von einem wieder an andre war gegeben worden und siehe, vorn auf das weisse Blat ist geschrieben: Tais Toi Jean Jaques ils ne te comprendront point! — Das that auf mich die sonderbarste Würckung weil diese Stelle im Emil mir immer sehr merckwürdig war.

Mein Klettenberg ist todt. Todt eh ich eine Ahndung einer gefährlichen Kranckheit von ihr hatte. Gestorben begraben in meiner Abwesenheit, die mir so lieb! so viel war. Mama das picht die Kerls, und lehrt sie die Köpfe strack halten — Für mich — noch ein wenig will ich bleiben —

Kommen Sie nur, mein Sessel wartet Ihrer, der Zeugniss ist zwischen mir und Ihnen dass wir guten Muth haben wollen.

Sie haben nun wohl den Almanach für die Max gekriegt und ihr ihn auch zurückgesendet.

Reich's Brief ist gut. 1 Carolin für den gedruckten Bogen könnt er wohl buchhändlerisch geben. Ich mag gar nicht daran dencken was man für seine Sachen kriegt. Und doch sind die Buchhändler vielleicht auch nicht in Schuld. Mir hat meine Autorschafft die Suppen noch nicht fett gemacht, und wirds und solls auch nicht thun.

Zu einer Zeit da sich so ein groses Publikum mit Berlichingen beschäfftigte, und ich soviel Lob und Zufriedenheit von allen Enden einnahm, sah ich mich genötigt Geld zu borgen, um das Papier zu bezahlen, worauf ich ihn hatte drucken lassen.

---

3. Frau Franziska Klara Allesina geb. Brentano, damals 70 Jahre alt. 5. Christoph v. Hohenfeld, geistlicher Rat, später kurtrierischer Minister († 1822), Freund der Adressatin, durch die Goethe ihm (am 20. Nov.) Anweisung gegeben hatte, wie man aus dem Homer am besten die griechische Sprache lernen könne. 12. Rousseau, dessen Emile ou de l'éducation 1762 erschienen war. 15. Die „schöne Seele" starb am 13. Dez., als Goethe in Mainz war. 23. Den Göttinger auf 1775. 25. Sophie v. La Roche scheint schon damals einen Verleger für „Rosaliens Briefe" (vgl. zu 160, $_{24}$) gesucht zu haben. 35. Vgl. Nr. 98.

Mich freut dass Lulu glücklich durch den gefährlichen Pass ist, ich wusst es von der Max, und war nur halb bange.

Die hiesige gelehrte Zeitung ist manchmal gut, aber durchgehends weder für Herz noch Geist eines Mannes wie Herr v. Hohenfeld.

Adieu Mama. Bey Tags Anbruch nach der längsten Nacht. [Frankfurt, 23. December] 1774. G.

125. An Boie.

Auch wieder ein Wort mein lieber Boje das ich Ihnen so lang schuldig bin, und herzlichen Dank für die überschickten Sachen. Schönborn schreibt aus Algier, grüst Sie, und meldet daß Sie mir einige Sachen für ihn spenden würden. Thun Sies doch gleich, und auch eine Gelehrten Republik für ihn, die hat der Arme noch nicht gelesen. Ich mach ihm allerley zusammen und spedirs nach Marseille. So kriegt ers eben gegen das Frühjahr. Behalten Sie unsern frugalen Abend im Gedächtniss, und schicken mir doch indess auf Abschlag die Niobe, recht wohl gepackt ich bitte. Sie glauben nicht wie noth mirs wieder um so eine Erscheinung thut. Sie sollen auch einen ganz neu gefertigten Medaillon von meiner Nase haben, der ganz wohl gerathen ist. Das heißt nun zwar immer Gold gegen Bley, aber zu meinem Bley leg ich eine grosze Quantität guten willen.

Die versprochenen Gedichte kriegen Sie auch nächstens. Hahn ist ein sehr lieber Mann. Ich zeichne mehr als ich sonst was thue, liedere auch viel. Doch bereit ich alles, um mit Eintritt der Sonne in den Widder eine neue Produktion zu beginnen, die auch ihren eignen Ton haben soll. Es ist wieder Eis Bahn, adieu ihr Musen, oder mit hinaus auf die Bahn, wohin ihr Klopstocken folgtet. Adieu lieber Mann. Behalten Sie mich lieb.

Frankfurt d. 23. Dez. 1774. G.

---

1. Vgl. zu 121, 23. 4. Vgl. zu 110, 8. 124, 28. 14. Vgl. zu 173, 29. 174, 28. 18. Mitte Oktober 1774 war Boie in Frankfurt bei Goethe gewesen. 26. Für den Musenalmanach. 27. Joh. Friedr. Hahn (1753–79), Jurist, dann Theologe; Mitbegründer des Göttinger Dichterbundes. 29. Also im Frühling. Beziehung unbekannt. 32. Auch dieser, der Besinger des Eislaufs, hatte, auf der Reise nach Karlsruhe, im Anfang Oktober Goethe besucht.

126. An Knebel.

Ich muss nur anfangen lieber Knebel, ich muss Sie anbohren, sonst erfahr ich wohl von all dem nichts was ich so gern wissen mögte; wie's Ihnen allzusammen bisher gangen ist? was für Würckung die neuen Menschen auf Sie thun? Von allem mögt ich mein Theil haben, soviel ich wissen darf. Also von mir anzufangen. Mir war's ganz seltsam als ich so unter dem Tohr der drey Kronen stund als es anfing zu tagen. Recht wie vom Vogel Greif in eine fremde Welt unter alle die Sterne und Kreuze hinunter geführt, und dadrein so mit ganz offnem Herzen herumgewebt und auf einmal alles verschwunden.

Und nun iezt krieg ich Ihren Brief verzeihen Sie mir meinen Unglauben, Danck herzlichen Danck. Wenns möglich ist soll der Landgräfinn Grab gefertigt werden. Von Ihrer Schwester freut mich das gar sehr. Wieland hat mir geschrieben, hat meinen Grus iust so aufgenommen wie ich ihn gab — Empfelen Sie mich denen Prinzen viel, fühlt Graf Görz was für mich? Schreiben Sie mir ich bitte Sie vom Presidenten Hahn einige bedeutende Worte. In Vergleich mit andern Presidenten! ieden nach seiner Art. Ihre Worte über Klopstock sind herrlich. Lieben Sie mich. Geben Sie meine Sachen nur nicht aus Händen. Es wäre nichts dran gelegen wenn nicht gewisse Leute was draus machten. Und dann bitt ich Sie sondiren Sie mir wo möglich den Marckgrafen und Presidenten über meinen Schwager den Schlosser. Auch unbedeutende Worte geben Licht.

Adieu wann sehen wir uns wieder? d. 28. [Dezember] Franckfurt 1774. G.

127. An Jenny v. Voigts.

Madame

Man ergözt sich wohl wenn man auf einem Spaziergang ein Echo antrifft, es unterhält uns, wir rufen, es

---

1. Vgl. zu 186,23. 7. Gasthof in Mainz. 14. Die Weimaraner waren in Darmstadt gewesen: die dortige Landgräfin war am 29. März 1774 gestorben. 15. Henriette (1755—1813), an die Goethe mit Knebel am 13. Dez. von Mainz aus einen gemeinsamen Brief geschrieben hatte, lebte damals noch mit der Mutter in Nürnberg. 18. Joh. Eustachius Graf v. Schlitz genannt Görz (1737—1821), seit 1762 Erzieher Karl Augusts. 19. 25. Der Brief ist nach Karlsruhe ge-

antwortet, sollte denn das Publikum härter, unteilnehmender als ein Fels seyn? Schändlich ists daß die garstigen Rezensenten aus ihren Hölen im Namen aller derer antworten, denen ein Autor oder Herausgeber Freude gemacht hat.

Hier aber Madame nehmen Sie meinen einzelnen Dank für die Patriotische Phantasien Ihres Vaters, die durch Sie erst mir und hiesigen Gegenden erschienen sind. Ich trag sie mit mir herum, wann, wo ich sie aufschlage wird mirs ganz wohl, und hunderterley Wünsche, Hoffnungen, Entwürfe entfalten sich in meiner Seele.

Empfehlen Sie mich Ihrem Herrn Vater, nehmen Sie diesen Grus so mit ganzem Herzen auf wie ich ihn gebe, und lassen sich nicht an der Ausgabe des zweiten Theils hindern.

Frankfurt am Mayn d. 28. Dez. 1774.

Madame Dero ergebenster

Goethe.

128. An Herder.

Der Moment in dem mich dein Brief traf lieber Bruder war höchst bedeutend. Ich hatte mich eben mit viel Lebhaftigkeit des Wesens und Unwesens unter uns erinnert, und siehe du trittst herein und reichst mir die Hand, da hast du meine und laß uns ein neu Leben beginnen mit einander. Denn im Grund hab ich doch bisher für dich fortgelebt, du für mich. Sey du mir auch immerfort hold und gut liebe Schwester, mir wirds recht wohl daß ich an euerm Buben und Haushalt wieder Theil habe. Lebt wohl. Bald schick ich dir wohl was von meinem Treiben.

[Frankfurt] d. 18. Januar 75.

Goethe.

129. An Auguste zu Stolberg.

[Frankfurt, etwa 18.—30. Januar 1775.]

Meine Teure — ich will Ihnen keinen Nahmen geben, denn was sind die Nahmen Freundinn, Schwester, Geliebte,

---

richtet, wo Goethes Schwager sich gerade aufhielt, um seine Versetzung von Emmendingen zu erbitten; der Präsident Hahn war sein Vorgesetzter.

7. Die Adressatin hatte ihres Vaters Justus Möser (1720—94) im Osnabrücker Intelligenzblatt seit 1766 erschienene Aufsätze „staatsbürgerlichen Inhalts“ gesammelt und unter dem Titel „Patriotische Phantasien“ 1774 herauszugeben begonnen. Fortsetzungen folgten mit Unterbrechungen bis 1787. 30. Wie andre Mitglieder des

Braut, Gattin, oder ein Wort das einen Complex von all denen Nahmen begriffe, gegen das unmittelbaare Gefühl, zu dem — ich kann nicht weiter schreiben, Ihr Brief hat mich in einer wunderlichen Stunde gepackt. Adieu, gleich den ersten Augenblick! —

Ich komme doch wieder — ich fühle Sie können ihn tragen diesen zerstückten, stammelnden Ausdruck wenn das Bild des Unendlichen in uns wühlt. Und was ist das als Liebe! — Mußte er Menschen machen nach seinem Bild, ein Geschlecht das ihm ähnlich sey, was müssen wir fühlen wenn wir Brüder finden, unser Gleichniß, uns selbst verdoppelt.

Und so solls weg, so sollen Sie's haben dieses Blat, obiges schrieb ich wohl vor acht Tagen, unmittelbaar auf den Empfang Ihres Briefs.

Haben Sie Geduld mit mir, bald sollen Sie Antwort haben. Hier indess meine Silhouette, ich bitte um die Ihrige, aber nicht in's kleine, den grosen von der Natur genommenen Riss bitt ich. Adieu ein herzlichstes Adieu. Frankfurt, den 26. Jan. 1775.

Goethe.

Der Brief ist wieder liegen blieben o haben Sie Geduld mit mir. Schreiben Sie mir und in meinen Besten Stunden will ich an Sie dencken. Sie fragen ob ich glücklich bin? Ja meine beste ich bins, und wenn ich's nicht bin, so wohnt wenigstens all das tiefe Gefühl von Freud und Leid in mir. Nichts ausser mir stört, schiert, hindert mich. Aber ich bin wie ein klein Kind, weis Gott. Noch einmal Adieu.

130. An Johanna Fahlmer.

[Frankfurt, etwa 10.—12. Februar 1775.]

Ich bin ein Esel iust gestern nicht etwas später gekommen zu seyn. Hier das beygehende gesiegelte ist für

---

Göttinger Dichterbundes so waren auch die Grafen Stolberg in Briefwechsel mit Goethe getreten und durch diese deren jüngere Schwester, so jedoch, daß Goethe nicht wissen sollte, mit wem er korrespondiere. Vgl. 193, 17. Daher tragen Nr. 129 und 131 die Adresse „Der theuern Ungenanndten". 10. Vgl. „Prometheus". 15. Nr. 131. 17. Bei der Verkleinerung der Schattenrisse (mittels Storchschnabel) gingen regelmäßig Feinheiten verloren, die für den Physiognomen bedeutungsvoll waren. Lavater zog einen Schattenriß in natürlicher Größe jedem Porträt vor, da bei einem solchen sich stets die individuelle Auffassung des Zeichners oder Malers störend einmische; in geringerem Grade geschah das auch schon bei der Verkleinerung der Silhouetten.

Kosten, es enthält fünf Bogen Operette. Spediren Siés doch unverzüglich, wenn nicht mit andern Sachen — gleich allein — mit der reitenden. Hier sind auch einige Bogen Abschrifft. Wenn Sie ja kopiren wollen, kopiren Sie nicht mehr als die erste Scene für Georgen, etwa die zweite noch. Grüsen Sie ihn; Grüsen Sie Friz. Morgen kommt Jung! Franckfurt ist das neue Jerusalem wo alle Völcker aus und eingehn und die Gerechten wohnen.

131. An Auguste zu Stolberg.

Wenn Sie sich, meine liebe, einen Goethe vorstellen können, der im galonirten Rock, sonst von Kopf zu Fuse auch in leidlich konsistenter Galanterie, umleuchtet vom unbedeutenden Prachtglanze der Wandleuchter und Kronenleuchter, mitten unter allerley Leuten, von ein Paar schönen Augen am Spieltische gehalten wird, der in abwechselnder Zerstreuung aus der Gesellschafft, ins Conzert, und von da auf den Ball getrieben wird, und mit allem Interesse des Leichtsinns, einer niedlichen Blondine den Hof macht; so haben Sie den gegenwärtigen Fassnachts Goethe, der Ihnen neulich einige dumpfe tiefe Gefühle vorstolperte, der nicht an Sie schreiben mag, der Sie auch manchmal vergißt, weil er sich in Ihrer Gegenwart ganz unausstehlich fühlt.

Aber nun giebts noch einen, den im grauen Biber-Frack mit dem braunseidnen Halstuch und Stiefeln, der in der streichenden Februarluft schon den Frühling ahndet, dem nun bald seine liebe weite Welt wieder geöffnet wird, der immer in sich lebend, strebend und arbeitend, bald die unschuldigen Gefühle der Jugend in kleinen Gedichten, das kräfftige Gewürze des Lebens in mancherley Dramas, die Gestalten seiner Freunde und seiner Gegenden und seines geliebten Hausraths mit Kreide auf grauem Papier, nach seiner Maase auszudrücken sucht, weder rechts noch links fragt: was von dem gehalten werde was er machte? weil er arbeitend immer gleich eine Stufe höher steigt, weil er nach keinem Ideale springen, sondern seine Gefühle sich zu Fähigkeiten, kämpfend und spielend, entwickeln lassen will.

---

1. Heinse, der seit April 1774 die „Iris" redigierte. — „Erwin und Elmire", vgl. zu 152, 27. 3. Post. 7. Vgl. 181, 24. 13. Elisabeth (Lili) Schönemann (1758–1817), Tochter eines Frankfurter Bankiers und seiner Frau Susanna Elisabeth geb. d'Orville aus Offenbach, die das Geschäft des schon 1763 verstorbenen Gatten fortführte.

Das ist der, dem Sie nicht aus dem Sinne kommen, der auf einmal am frühen Morgen einen Beruf fühlt Ihnen zu schreiben, dessen grösste Glückseligkeit ist mit den besten Menschen seiner Zeit zu leben.

Hier also meine beste sehr mancherley von meinem Zustande, nun thun Sie dessgleichen und unterhalten mich von dem Ihrigen, so werden wir näher rücken, einander zu schauen glauben — denn das sag ich Ihnen voraus daß ich Sie offt mit viel Kleinigkeit unterhalten werde, wie mirs in Sinn schießt.

Noch eins was mich glücklich macht, sind die vielen edlen Menschen, die von allerley Enden meines Vaterlands, zwar freylich unter viel unbedeutenden, unerträglichen, in meine Gegend, zu mir kommen, manchmal vorübergehn, manchmal verweilen. Man weiss erst daß man ist wenn man sich in andern wieder findet.

Ob mir übrigens verrathen worden: wer und wo Sie sind, thut nichts zur Sache, wenn ich an Sie denke fühl ich nichts als Gleichheit, Liebe, Nähe! Und so bleiben Sie mir, wie ich gewiss auch durch alles Schweben und Schwirren durch unveränderlich bleibe. Recht wohl —! diese Kusshand — Leben Sie recht wohl.

Frankfurt. den 13. Febr. 1775.

Goethe.

132. An Bürger.

Gott segne dich lieber Bruder mit deinem Weibe, und wenn du an ihrem Herzen wohnst, denke mein und fühl dass ich dich liebe. Von meinen Verworrenheiten ist schweer was zu sagen, fleisig war ich eben nicht zeither. Die Frühlingsluft, die so manchmal schon da über die Gärten herweht, arbeitet wieder an meinem Herzen, und ich hoffe es löst sich aus dem Gewürge wieder was ab. Habe lieb was von mir kommt. Du bist immer bey mir, auch schweigend wie zeither. Deine Europa und Raubgraf sind sehr unter uns. Ade.

Frankfurt, den 17. Febr. 1775.

Goethe.

---

12. Vgl. 181, 21. 192, 7. 17. Vgl. zu 190, 30. 23. Dorette, geb. Leonhart (1756—84). 33. Handschriftlich. Vgl. Bürgers Ausgew. Werke (Weltlitteratur) I, 160 f. 177 f.

133. An Sophie v. La Roche.

Liebe Mama! Glück zur Max, und nun bald Glück zum Enkelgen, und grüßen Sie das kleine Müttergen. Sie wird Ihnen gesagt haben, die halbe Ursache warum ich nicht schrieb, ich glaubte Sie hätten was gegen mich und das war mir unerträglich. Hernach bin ich auch so ein Fassnachts Goethe in Schwarm und Saus und noch was befangen, dass nichts mit mir anzufangen ist.

Friz der nun bald zurückkehrt soll Ihnen auch von mir erzählen, wir waren sehr lieb gut und kräftig zusammen, die Max wird hoff ich ein bisgen guts von mir sagen, bey dem bösen das sie von mir zu sagen hat, ich grüße sie herzlich, auch mögt ich von meinem hochwürdigen Griechen etwas hören. Der Herr Geh. Rath ist wohl in Wien, will bald wiederkommen und gedenkt mein. Ade Mama. Immer der Ihre

Frankfurt d. 17. Febr. 1775. G.

134. An Johanna Fahlmer.

[Frankfurt, März 1775.]

Hier liebe Tante was von Friz, — Wie stehts Ihnen! — krieg ich Lenzens Liebes Worte wieder. Wieland ist und bleibt ein ... kerl vid. pag. 96 beygehenden Merkurii. Ewige Feindschafft sey zwischen meinem Saamen und ihrem Saamen.

Ich bin ganz unerträglich. Und darum fleisig an sinnlicher Arbeit. Ich kann nicht kommen. Geb Ihnen Gott was zu treiben. Mit mir nimmts kein gut Ende. Ade. G.

Wann schicken Sie was an Friz? er soll Pätus und Arria haben.

---

2. Das erste Kind der Maximiliane Brentano, Georg Michael Anton, wurde am 12. März 1775 in Ehrenbreitstein geboren. Vgl. 198, 2. 7. Vgl. zu 192, 14. 17. 8. Friedrich Jacobi war vom 8. Jan. bis 5. Febr. in Frankfurt gewesen, wohin er nach Besuchen in Mannheim und Karlsruhe am 25. Febr. auf zwei Tage zurückkehrte. Dann reiste er über Ehrenbreitstein nach Hause. 12. Hohenfeld, vgl. zu 157, 5. 13. Der Gatte der Adressatin. 19. „Briefe über die Moralität des jungen Werthers", bis auf ein Bruchstück verloren. 20. Bezüglich auf einen Zusatz Wielands im Merkur Januar 1775 zu einer Rezension der „Anmerkungen übers Theater" (1774) von Lenz. 21. Trotz der durch Knebel vermittelten Korrespondenz, vgl. 186, 24. 24. Als Zeichner. 27. „Pätus und Arria, eine Künstler-Romanze", von Merck.

135. An Johanna Fahlmer.

[Frankfurt, 6. März 1775.]

Hier sind die ersten Bogen der Stella. Wenn es Sie unterhält, so schreiben Sie sie ab, Frizzen wird dies Stück von Ihrer Hand gewiss zehnmal lieber.

Zu promeniren ist heut nichts, doch komm ich ein wenig und lese die Folge. Gestern bin ich mit den Runckels ums Thor gangen, Lili ist uns mit ihrer Mutter in einer Kutsche begegnet, ich war sehr dumm und toll. Und habe mit der Loisgen und Ries von sechs bis acht L'hombre gespielt. Ade liebe Tante. G.

136. An Auguste zu Stolberg.

[Offenbach, 6. — Frankfurt, 10. März 1775.]

Warum soll ich Ihnen nicht schreiben, warum wieder die Feder liegen lassen, nach der ich bisher so offt reichte. Wie immer immer hab ich an Sie gedacht. Und iezzo! — Auf dem Lande bey sehr lieben Menschen — in Erwartung — liebe Auguste — Gott weis ich bin ein armer Junge — den 28. Februar haben wir getanzt die Fassnacht beschlossen — ich war mit von den ersten im Saale, ging auf und ab, dachte an Sie — und dann — viel freud und Lieb umgab mich — Morgends da ich nach Hause kam, wollt ich Ihnen schreiben, liess es aber und redete viel mit Ihnen — Was soll ich Ihnen sagen, da ich Ihnen meinen gegenwärtigen Zustand nicht ganz sagen kann, da Sie mich nicht kennen. Liebe! Liebe! Bleiben Sie mir hold — Ich wollt ich könnt auf Ihrer Hand ruhen, in Ihrem Aug rasten. Groser Gott was ist das Herz des Menschen! — Gute Nacht. Ich dachte mir sollts unterm Schreiben besser werden — Umsonst mein Kopf ist überspannt, Ade. Heut ist der 6. März denck ich. Schreiben Sie doch auch immer die Daten in solcher Entfernung ist das viel Freud.

---

2. Handschriftlich. 3. Da — unter anderem — die Beziehung Friedrich Jacobis zu Johanna Fahlmer in der „Stella" widerklingt. Vgl. Nr. 137. 6. Vgl. zu 6,$_{18}$ u. ö. 9. Luise Gerock (vgl. zu 126,$_{25}$ u. ö.) und Joh. Jakob Riese (s. Adressatenverzeichnis). 15. Bei Lilis Verwandten d'Orville und Bernard in Offenbach; Goethe wohnte jedoch im Hanse des Komponisten André, s. zu 150,$_{19}$.

Guten Morgen liebe. Die Zimmerleute die da drüben einen Bau aufschlagen, haben mich aufgeweckt, und ich habe keine Rast im Bette. Ich will an meine Schwester schreiben, und dann mit Ihnen noch ein Wort.

Es ist Nacht, ich wollte noch in Garten, musste aber unter der Thüre stehen bleiben, es regnet sehr. Viel hab ich an Sie gedacht! Gedacht dass ich für Ihre Silhouette noch nicht gedanckt habe! Wie offt habe ich schon dafür gedanckt, wie ist mein und meines Bruders Lavaters Phisiognomischer Glaube wieder bestätigt. Diese rein sinnende Stirn diese süsse Festigkeit der Nase, diese liebe Lippe dieses gewisse Kinn, der Adel des ganzen! Dancke meine Liebe · dancke. — Heut war der Tag wunderbaar. Habe gezeichnet — eine Scene geschrieben. O wenn ich jetzt nicht Dramas schriebe ich ging zu Grund. Bald schick ich Ihnen eins geschrieben — Könnt ich gegen Ihnen über sizzen und es selbst in Ihr Herz würcken, — Liebe, nur daß es Ihnen nicht aus Händen kommt. Ich mag das nicht drucken lassen, denn ich will, wenn Gott will, künftig meine Frauen und Kinder in ein Eckelgen begraben oder etabliren; ohne es dem Publico auf die Nase zu hängen. Ich bin das ausgraben und sezieren meines armen Werthers so satt. Wo ich in eine Stube trete, find ich das Berliner p. Hundezeug, der eine schilt drauf, der andre lobts, der dritte sagt es geht doch an, und so hezt mich einer wie der andere. — Nun denn Sie nehmen mir auch das nicht übel — Nimmt mirs doch nichts an meinem innern Ganzen, rührt und rückts mich doch nicht in meinen Arbeiten, die immer nur die aufbewahrten Freuden und Leiden meines Lebens sind — denn ob ich gleich finde dass es viel raisonnabler sey Hünerblut zu vergiessen als sein eignes — die Kinder tollen über mir, es ist mir besser ich geh hinauf als zu tief in Text zu gerathen.

Ich hab das älteste Mädgen lassen anderthalb Seiten im Paradiesgärtlein herabbuchstabiren, mir ist ganz wohl, und so gesegnete Mahlzeit. Ade! — Warum sag ich dir nicht alles — Beste — Geduld Geduld hab mit mir!

---

10. Vgl. zu 174, 32. Nr. 123. 15. An der „Stella“. 23. Besonders Friedrich Nicolais „Freuden des jungen Werthers“, s. unten Z. 31 und ein in Friedr. Jacobis Nachlaß gefundenes, etwa gleichzeitiges Billet von Goethe, dessen Schluß lautet: „Stoßgebet. — Vor Werthers Leiden, Mehr noch vor seinen Freuden, Bewahr uns lieber Herre Gott.“ 32. Andrés. 35. Johann Arndts „Paradies-Gärtlein voller christlichen Tugenden“.

Den 10ten, wieder in der Stadt auf meiner Bergere; aufm Knie schreib ich Ihnen. Liebe der Brief soll heute fort, und nur sag ich Ihnen noch dass mein Kopf ziemlich heiter mein Herz leidlich frey ist — Was sag ich —! o beste wie wollen wir Ausdrücke finden für das was wir fühlen! Beste wie können wir einander was von unserm Zustande melden, da der von Stund zu Stund wechselt.

Ich hoffe auf einen Brief von Ihnen, und die Hoffnung lässt nicht zu schanden werden.

Geseegnet der gute Trieb der mir eingab statt allen weitern Schreibens, Ihnen meine Stube, wie sie da vor mir steht, zu zeichnen. Adieu. Halten Sie einen armen Jungen am Herzen. Geb Ihnen der gute Vater im Himmel viel muthige frohe Stunden wie ich deren offt hab, und dann lass die Dämmrung kommen tränenvoll und seelig — Amen.

Ade liebe Ade. Goethe.

137. An Johanna Fahlmer.

[Offenbach, März 1775.]

Liebe Tante, ich wusste was Stella Ihrem Herzen seyn würde. Ich bin müde über das Schicksaal *unsres Geschlechts* von Menschen zu klagen, aber ich will sie darstellen, sie sollen sich erkennen, wo möglich wie ich sie erkannt habe, und sollen wo nicht beruhigter, doch stärcker in der Unruhe seyn.

In mir ist viel wunderbaares neues, in drey stunden hoff ich Lili zu sehn. Liebe Tante auf den Sontag!!! — Nehmen Sie das Mädgen an Ihr Herz, es wird euch beyden wohlthun. Haben Sie das Verlangen zum fünften Ackt überwunden. Ich wollt Sie hätten einen dazugemacht. Adieu. Stella ist schon Ihre, wird durch das Schreiben immer Ihrer, was wird Friz eine Freude haben!

Zwischen 9 und 10 ist die Handschrift durch Ausschneiden einer Zeichnung, die Goethes Zimmer darstellte, beschädigt. 19 Vgl. zu 195, 3. 29. Der Schluß des Dramas stand also nicht von Anfang an fest; den in der ersten Ausgabe gewagten versöhnlichen ersetzte Goethe 1805 durch einen tragischen.

138. An Sophie v. La Roche.

Gott segne Sie liebe liebe Grosmama, und das kleine Mamagen und den Knaben. Ich hoffe die Dazwischenkunst des Mäusgens wird viel ändern, ich kann wohl sagen ich erwarte sie recht sehnlich zurück. Jetzt geh ich zu Brentano ihm Glück zu wünschen. Grüsen Sie Herrn v. Hohenfeld. Friz hat wie ich sehe meine lezte kleine Familie produzirt, er ist lieb. Ehstens kriegen Sie wieder was, das ich Ihrem Herzen empfele. Auf den Freytag binn ich hier, erwarte also! —

Adieu — der lieben kleinen Mutter Ade! — Wird denn eine Zeit kommen dass wir werden einen freundlichen Einfluss auf einander haben, liebe Max? Ihre Briefe sollen Sie bald wieder haben.

Frankfurt d. 15. Merz 1775.

Goethe.

139. An Auguste zu Stolberg.

[Frankfurt, 19.—25. März 1775.]

Mir ist's wieder eine Zeit her für Wohl und Weh, dass ich nicht weis ob ich auf der Welt bin, und da ist mir's doch als wär ich im Himmel. Dies liebe Schwester den 19. Merz Nachts um eilfe. Gute Nacht!

Den 23. Abends bald sieben. Ich komme von meiner Mutter herauf, noch einige Worte dir o du liebe. Heut nach Tisch kam dein Brief, eben da ich beym Braten gemurrt hatte, daß so lang keiner kam. Ich dancke dir tausendmal. Um 2 Uhr musst ich zu einem verdrüslichen Geschäfft, da ging ich unter allerley Leuten herum und dacht an dich und schrieb mit Bleystifft beigehendes Zettelgen. So recht! Tritt und Schritt muss ich wissen von meinen lieben, denn ich bilde mir ein dass euch von mir das all auch so werth ist; also dancke dancke für die Schildrung dein und deines Lebens, wie wahr, wie voraus von mir gefühlt! — O könnt ich auch! — — Behalt mich lieb —

Jetzt bitt ich noch um die Silhouetten all deiner

---

2. Vgl. 194, 2. 3. In Bezug auf das eheliche Glück der Maximiliane. 4. Das Kind war in Ehrenbreitstein geboren. 5. Vgl. zu 187, 6. 6. Die später (213, 22) verurteilte Zeichnung oder „Erwin und Elmire“. 7. „Stella“. 12. Vgl. zu 160, 24. 207, 27. 27. Vgl. 199, 14. 18. Nicht überliefert.

lieben, deines Ehlers der mir verzeihen soll dass ich ihm nicht schreibe, ich habe warrlich nimmer nichts zu sagen, nur ihr Mädgen kriegt mich doch wieder dran. Dann die Schattenrisse deiner Brüder von denen ich auch Briefe habe, meiner Brüder, und deiner innigen Freundinn. NB. alle wie sie auf der Wand gezeichnet worden ohnausgeschnitten.

Jezt gute Nacht und weg mit dem Fieber! — doch wenn du leidest, schreib mir — ich will alles theilen — o dann lass mich auch nicht stecken edle Seele zur Zeit der Trübsaal, die kommen könnte, wo ich dich flöhe und alle Lieben! Verfolge mich, ich bitte dich, verfolge mich mit deinen Briefen dann, und rette mich von mir selbst.

Auf beyliegendem Blättgen ist abgeschrieben das Bleystifft Zettelgen wovon ich vorhin sprach. Liebe! liebe! und so leb wohl.

d. 25. Merz 1775.

Nicht doch du musst das Original haben! — Was wär' ein Kuss in Copia! —

140. An Herder.

Hier lieber Bruder von Lavatern ein herrlicher Füßli Brief. Was für eine Glut und Inngrimm in dem Menschen ist. Hamanns Prolegomena haben auch dem was implicite Krafft in mir ist sehr wohl gethan. Schick mir doch was, schreib mir doch was von dir, was es auch sey. Wär's eine abgerupfte Papillotte — und besonders eine Silhouette deines Buben. Es sieht aus als wenn die Zwirnsfädgen, an denen mein Schicksaal hängt, und die ich schon so lange in rotirender Oscillation auf und zutrille, sich endlich knüpfen wollten. Uebrigens machen mich allerley Umstände ziemlich lahm, ohne mir doch den guten iungen Mut zu nehmen. Caroline guten Morgen liebe Schwester.

[Frankfurt] d. 25. Merz 1775. G.

---

1. Martin Ehlers, pädagogischer Schriftsteller und Rektor des Gymnasiums in Altona (1732—1800). 5. Stiftsdame v. Oberg in Uetersen. 20. Von Joh. Heinr. Füßli, schweizerischem Maler in London (1741—1825). 22. Ueber Herders 172, 10 genannte Schrift, von Joh. Georg Hermann in Königsberg (173) bis 1788). 26. In Bezug auf die Verlobung mit Lili Schönemann.

141. An Sophie v. La Roche.

Hier liebe Mama ein Klijog der Ihnen Freude machen wird. Die Zeichnung von Herrn v. Hohenfeld soll mir zehnfach werth seyn. Nur bitt ich bey allem was heilig ist dass wenn Sie mir sie schicken, sie aufs sorgfältigste verwahrt wird, denn so huy ich sonst bin, ein Fältgen in so was macht mich rasend.

Adieu Ihnen und der lieben Frau. Ich hab ihr bisher mein Wort gehalten und versprach ihr wenn ihr Herz sich zu ihrem Manne neigen würde, wollt ich wiederkehren, ich bin wieder da, und bleibe bis an mein Ende wenn sie Gattin und Hausfrau und Mutter bleibt. Amen. [Frankfurt] d. 28. Merz. 1775.

142. An Knebel.

[Frankfurt, 14. April 1775.]

Lieber Knebel. Ich weis nicht wohin ich ein Wörtgen an Sie senden soll. Item es mag laufen. Lieben Sie mich noch? und dencken Sie an mich? Ich! — falle aus einer Verworrenheit in die andre und stecke würcklich mit meinem armen Herzen wieder unvermuthet in allem Anteil des Menschen Geschicks, aus dem ich mich erst kaum gerettet hatte. Klopstock fand mich in sonderbaarer Bewegung. Ich habe von dem Theuren nur geschlurpft. Ich habe allerley gethan, und doch wenig. Hab ein Schauspiel bald fertig, treibe die bürgerlichen Geschäffte so heimlich leise, als trieb ich Schleichhandel, bin sonst immer der, den Sie kennen. Und nun schreiben Sie mir viel von Ihnen. Vom theuern Herzog. Erinnern Sie ihn meiner in Liebe. Adieu. Adieu.

d. 14. April 1775. G.

Nicht ich, sondern Heinrich Leopold Wagner hat den Prometheus gemacht und drucken lassen, ohne mein

---

1. Ein gedruckter Brief des „philosophischen Bauers" Gujer, genannt Klijogg (= Kleinjakob), der unweit Zürich lebte und von Lavater in der Physiognomik verherrlicht wurde. Vgl. $205,_{21}$. 2. Vgl. zu $187,_{5}$. 7. Maximiliane Brentano, vgl. zu $169,_{15}$. $198,_{3}$. 17. Vgl. zu $199,_{26}$. 19. In Bezug auf die Verlobung als ein allgemeines Menschenlos; nicht lange vor der Zusammenkunft mit Knebel war Goethe einer solchen Fesselung zum erstenmal entronnen, vgl. zu $183,_{27}$. $221,_{35}$. 20. Auf der Rückkehr von Karlsruhe nach Hamburg, am 30. März. 22. Stella. 29. Der genannte Wagner (1747—79), der sich

Zuthun, ohne mein Wissen. Mir wars, wie meinen Freunden, und dem Publiko, ein Räzel, wer meine Manier in der ich manchmal Scherz zu treiben pflege, so nachahmen, und von gewissen Anekdoten unterrichtet seyn konnte, ehe sich mir der Verfasser vor wenig Tagen entdeckte. Ich glaube diese Erklärung denen schuldig zu seyn, die mich lieben und mir auf's Wort trauen. Uebrigens war mir's ganz recht, bey dieser Gelegenheit verschiedne Personen, aus ihrem Betragen gegen mich, in der Stille näher kennen zu lernen. Frankfurt, am 9. April 1775.

Goethe.

Ich vermuthe dass Sie was von der Sache wissen drum schick ich das mit. Weiter mag ich drüber nichts sagen.

G.

143. An Klopstock.

Hier, lieber Vater, ein Wörtchen ans Publicum, ich ging ungern dran, doch mußts seyn.

Ich bin noch ziemlich in dem Zustande, in dem Sie mich verlassen haben, nur daß es manchmal schlimmer wird, und dann von oben herab wieder ein Tautropfe des Universal Balsams fällt, der alles wieder gut macht. Ich beschäftige mich so viel ich kann, und das thut denn was. Indeß muß ieder seinen Kelch austrinken, spür' ich wohl, und so fiat voluntas. Gedenken Sie mein unter Ihren lieben.

Ein Brief von Frau v. Winthem wird wieder zurück gelangt seyn. Schreiben Sie mir ein Paar Worte von Ihrer Reise.

N.B. Der Wagner, von dem das Blättchen sagt, ist eben die Personage, die Sie einen Augenblick auf meiner Stube des Morgens sahen, er ist lang, hager. Sie standen am Ofen. Adieu.

[Frankfurt] d. 15. Apr. 1775.

Goethe.

---

damals zur Advokatur in Frankfurt vorbereitete, war als Student in Straßburg mit Goethe bekannt geworden. Anfang März 1775 erschien eine Satire „Prometheus [= Goethe], Deukalion [= Werther] und seine Recensenten“, deren ihm zugeschriebene Autorschaft Goethe durch die hier wiedergegebene, besonders gedruckte Erklärung öffentlich feststellte. Vgl. Nr. 143.

12. Durch Wieland, der übrigens die Wahrheit der besonders seinetwegen erlassenen Erklärung bezweifelte. 15. Vgl. Z. 28 und zu voriger Nummer. 18. Vgl. 200, 29. 25. Johanna v. Winthem geb. Dimpfel (1747–1821), mit der sich Klopstock 1791 in zweiter Ehe vermählte.

144. An Auguste zu Stolberg.

Hier Beste, ein Liedgen von mir, darauf ich hab eine Melodie von Gretri umbilden lassen! Ach Gott Ihre Brüder kommen, unsre Brüder, zu mir! — Liebe Schwester, das liebe Ding, das sie Gott heissen, oder wie's heisst, sorgt doch sehr für mich. Ich bin in wunderbaarer Spannung, und es wird mir so wohl thun sie zu haben.

Ihren Schattenriss kriegen Sie, ich muss aber einen neuen von Ihnen haben, gros.

Thun Sie doch einen Blick in den zweyten Band der Iris wenn Ihnen der aufstößt, es sind allerley Lieder von mir drinn.

Ich halte mich offt in Gedanken an Sie.

Wenn ich wieder munter werde sollen Sie auch Ihr Theil davon haben, lassen Sie nur meine Briefe sich nicht fatal werden, wie ich mir selbst bin da ich schreibe. Ich meyne alle Falten des Gesichts drückten sich drinn ab.

d. 15. Apr. Ade! Ade! Beste.

Wie erwart ich unsre Brüder! Welch ein lieber Brief von Euch dreyen! Hier die Schattenrisse. Sie sind nicht alle gleich gut, doch alle mit fühlender Hand geschnitten. Diesmal kein Wort weiter. Behalten Sie mich am Herzen!

[Frankfurt] d. 26. Apr. 1775. G.

145. An Herder.

[Frankfurt, Mai 1775.]

Mir gehts wie dir lieber Bruder, meinen Ballen spiel ich wider die Wand, und Federballen mit den Weibern. Dem Hafen häuslicher Glückseeligkeit und festem Fuse in wahrem Leid' und Freud der Erde wähnt ich vor kurzem näher zu kommen, bin aber auf eine leidige Weise wieder hinaus in's weite Meer geworfen.

Herzlich Dank für deines Buben Schatten, das ist

---

1. „Ihr verblühtet, süße Rosen" aus „Erwin und Elmire". Die Melodie aus der Oper „Die Schöne bei dem Ungeheuer" von A. E. Gretry (1741—1813). Vgl. zu Nr. 210. 8. Vgl. zu 191, 17. 11. Im ersten Stück des zweiten Bandes: „Kleine Blumen, kleine Blätter", „Maifest", „Der neue Amadis", im dritten Stück: „An Belinden", „Neue Liebe, neues Leben", „Mir schlug das Herz" und das ganze Singspiel „Erwin und Elmire". 26 Durch die bald gelockerte, wenn auch formell erst im September gelöste Verlobung mit Lili Schönemann.

ganz Dein Gesicht ganz! ganz! in unglaublicher Determination.

Ich fördre mit innigem Schändismus mit an Lavaters Phisiognomik.

Ich habe deine Bücher kriegt und mich dran erlabt. Gott weis dass das eine gefühlte Welt ist! Ein belebter Kehrigthaufen! Und so Dank! Dank! — — — Ich müsst all die Blätter voll Striche machen um den Uebergang zu bezeichnen und doch — — Wenn nur die ganze Lehre von Christo nicht so ein .. wäre, das mich als Mensch, als eingeschränktes bedürftiges Ding rasend macht, so wär' mir auch das Objekt lieb. Wenn gleich Gott oder Teufel so behandelt mir lieb wird, denn er ist mein Bruder. — Und so fühl ich auch in all deinem Wesen nicht die Schaal und Hülle, daraus deine Castors oder Harlekins herausschlupfen, sondern den ewig gleichen Bruder, Mensch, Gott, Wurm und Narren. — — Deine Art zu fegen — und nicht etwa aus dem Kehrigt Gold zu sieben, sondern den Kehrigt zur lebenden Pflanze umzupalingenisiren, legt mich immer auf die Knie meines Herzens. Adieu.

Ich geh fort auf wenige Zeit zu meiner Schwester. Ade. Grüss dein Weiblein. — Ich tanze auf dem Drate (Fatum congenitum genannt) mein Leben so weg! Von meiner Fresko Mahlerey wirst ehstens sehen, wo du dich ärgern wirst gut gefühlte Natur neben scheuslichem Locus communis zu sehen.

Fiat voluntas!

Goethe.

146. An Johanna Fahlmer.

[Straßburg, 24. und 26. Mai 1775.]

Liebe Tante! In freyer Lufft! einem Uralten Spaziergang hoher vielreih kreuzender Linden, Wiese dazwischen, das Münster dort! dort die Ill. Und Lenz lauft den Augenblik nach der Stadt. Ich hab schon ein Mittagessen bestellt hier nah bey u. s. w. er kommt wieder pp. Dancke für den Brief, hoffe weiter! — Hoffe von der Vorstellung Erwins —, kein Wort als Autor! — — — Sie sind gut

---

3. Vgl. zu 113, 21. 174, 32. 186, 18. **21**. Um innerlich von Lili frei zu werden. Vgl. 204, 12. 205, 11. **32**. Vgl. zu 131, 19. **35**. „Erwin und Elmire" wurde im Mai 1775 von der Mannheimer Truppe Marchands in Frankfurt aufgeführt. Vgl. 205, 3.

liebe Tante und der Himmel auch! — Diese alte Gegend, iezt wieder so neu! — Das Vergangne und die Zukunft — Gut denn — Unterweegs noch — unerwartet, aber lieber, voller, ganzer als in der Hoffnung, die guten und die schlechten Menschen in ihrer Art wahr. — Louise ist ein Engel, der blinckende Stern konnte mich nicht abhalten einige Blumen aufzuheben, die ihr vom Busen fielen und die ich in der Brieftasche bewahre wo das Herz ist. Weymar kam auch, und ist mir gut. — Von dem übrigen mündlich! — Alles ist besser als ich dachte. Vielleicht weil ich liebe find ich alles lieb und gut.

So viel diesmal vom durchgebrochnen Bären, von der entlaufenen Kazze! — — Ich habe viel, viel gesehen. Ein herrlich Buch die Welt, um gescheuter daraus zu werden, wenns nur was hülfe. Grüsen Sie Friz tausendmal! Mama la Roche die wohl bey Ihnen seyn wird! Die Max! Meinen Vater und Mutter!

Mittwoch d. 24. May 1775 — eine Viertelstunde von Strasburg. G.

Soll mich der Teufel holen Tante ist Freytag der sechs und zwanzigste und bin noch in Strasburg. Morgen aber gehts nach Emmedingen. Ist mir toll und wunderlich überall wo ich bin. Ade. — beste Tante. Ihre Briefe find ich hoffentlich in Emmedingen.

147. An Knebel.

Hier schick ich lieber Knebel Claudinen; lesen Sie's unserm Herzog zur freyen Stunde, und dann bitte ich sie wieder zurück an meine Schwester hieher mit dem Postwagen zu senden. Nicht abgeschrieben! Ich bitte gar schön. Dancke für Ihr Brieflein! Ist mir herzlich lieb dass Sie nicht abwendig von mir werden. Ihro Durchl. alles herzliche von mir. Addio. Morgen geh ich nach Schafhausen wenns Glück gut ist.

Emmedingen d. 4. Jun. 1775. G.

---

2. Im Gedanken an Friederike Brion und Lili Schönemann. 5. Goethe hatte in Darmstadt Aufenthalt gemacht, wohin am 21. Mai Herzog Karl August von Weimar zu seiner Braut, der Prinzessin Louise von Hessen-Darmstadt, kam. Die Verlobung war im Dezember 1774 (vgl. zu $186,_{23}$) erfolgt, wennschon sie erst jetzt offiziell geschlossen wurde. 12. Vgl. zu $203,_{21}$ und das Gedicht „Lilis Park“. 25. Das Singspiel „Claudine von Villa Bella“, mit prosaischem Dialog im April 1775 gedichtet

148. An Johanna Fahlmer.

[Emmendingen, 5. Juni 1775.]

Dancke herzlich liebe Tante für die Nachricht des herrlichen Tragierens, und für Ihren lezten mit den Sachen. Ich bin sehr in der Lufft. Schlafen Essen Trincken Baden Reiten Fahren, war so ein paar Tage her der seelige inhalt meines Lebens. Ihr Brief hat uns allen viel Freude gemacht, Sie habens sehr lebhafft gefühlt, und sehr dramatisch erzählt. Mir wars lieber als die Vorstellung selbst. Ich geh nach Schaffhausen den Rheinfall zu sehen, mich in die grose Idee einzuwickeln. Denn noch, fühl ich, ist der Hauptzweck meiner Reise verfehlt, und komm ich wieder, ists dem Bären schlimmer als vorher. Ich weis es wohl ich bin ein Thor, Allein drum bin ich's doch — und warum soll man auch das Lämpgen auslöschen, das einem so artig auf dem Weege des Lebens vorleuchtet und dämmert. Adieu Tante grüsen Sie Friz. Pfingst Montag. Schreiben Sie mir nach Emmedingen, sagen Sie auch der Mama dass mir alles hierhergeschickt werde biss ich abschreibe. G.

Grüsen Sie die Max recht viel von mir.

149. An Sophie v. La Roche.

An Lavaters Pult. [Zürich] d. 12. Juni 1775.

Ich komme von Klijog, wo ich mit Lavater, den Stolberg, Haugwiz und andern guten Jungens war. Dass ich dort an Sie gedacht habe, hier ein Stück Brodt, an seinem Tische geschnitten. „Man kann frisch zuschneiden [1]), wenn man sieht dass es vollauf ist.“ Sagte er, freylich in seinem Ton und Sprache. Ich ging ohne Ideen hin von ihm, und kehre reich und zufrieden zurück. Ich habe kein aus den Wolcken abgesencktes Ideal angetroffen [2]), Gott sey

---

[1]) für schneiden sagen sie hauen. „Ein stück Brodt abhauen.“ [Anm. Goethes.]

[2]) NB. keinen moralisch philosophischen Bauern. [Anm. Goethes.]

8. Vgl. zu 203, 35. 11. Vgl. zu 203, 21. 21. Vgl. zu 200, 1. 22. Die Brüder Stolberg und Haugwitz (vgl. 202, 3. 18 und Adressatenverzeichnis) hatten Goethe in Frankfurt abgeholt und auf seiner bisherigen Reise teilweise begleitet. 28. Der Züricher Arzt und Philanthrop Hans Kaspar Hirzel (1725

Danck, aber eins der herrlichsten Geschöpfe, wie sie diese Erde hervorbringt, aus der auch wir entsprossen sind. Ade! Ade! — Und Sie zu Frankfurt. Eben da ich fliehe! — Der Max viel Grüs. G.

150. An Charlotte Kestner.

Tief in der Schweiz am Orte wo Tell seinem Knaben den Apfel vom Kopf schoss, warum just von da ein paar Worte an Sie da ich so lang schwieg?

Gut liebe Lotte, einen Blick auf Sie und Ihre kleinen, und das liebe Männgen, aus all der herrlichen Natur heraus, mitten unter dem edlen Geschlecht das seiner Väter nicht ganz unwerth seyn darf, obs gleich auch Menschen sind hüben und drüben.

Ich kann nichts erzählen nichts beschreiben. Vielleicht erzähl ich mehr wenn mirs abwesend ist, wie mirs wohl eh mit lieben Sachen gangen ist.

Nicht wahr Sie haben mich noch ein bisgen lieb und so halten Sie's und küssen Ihren Mann auch von mir und Ihre Kleinen. Adieu. Grüssen Sie Meyers recht viel. Altdorf drey stunden vom Gotthard den ich morgen besteige.

d. 19. Jun. 1775.

151. An Auguste zu Stolberg.

[Frankfurt] Den 25. Jul. 75.

Ich will Ihnen schreiben Gustgen liebe Schwester, ob ich gleich, wäre ich jezt bey Ihnen schwerlich reden würde. Ich muss anfangen! Wie weit ists nun von mir zu Ihnen. Gut denn, wir werden uns doch sehn.

Bin wieder in Frankfurt, habe mich von unsern Brüdern in Zürch getrennt, schweer ward's uns doch. — Das denck ich, wird Gustgen sagen. — Friz, meine Liebe, ist nun im Wolckenbade und der gute Geist der um uns alle schwebt, wird ihm gelinden Balsam in die Seele giessen.

---

bis 1803) hatte den Klijogg zum Helden seines Romans „Die Wirthschaft eines philosophischen Bauers" gemacht (1761).

18. Vgl. zu 169, 17. 27. Vgl. zu 205, 22. 30. Graf Friedrich Leopold unternahm diese Reise, um einen Liebeskummer zu verwinden: er hatte seine Beziehungen zu einer schönen Engländerin (Sophie, als Selinde besungen) abbrechen müssen. Vgl. zu 208, 26. 209, 16.

Ich litt mit ihm und durft nicht dergleichen thun. Ich bitte Sie — wenigstens lassen Sie mich iezt nichts davon sagen — und wer kann davon sagen — Ich war dabey wie die lezte Nachricht kam. Es war in Strasburg. Gute Nacht Schwester Engel. Einen herzlichen Grus der Gräfin Bernstorff.

Den 31. Jul. Wenn mirs so recht weh ist, kehr ich mich nach Norden, wo sie dahinten ist zweyhundert Meil von mir meine geliebte Schwester. Gestern Abend Engel hatt' ich so viel Sehnen zu Ihren Füssen zu liegen, Ihre Hände zu halten, und schlief drüber ein, und heute früh ist's wieder frisch mit dem Morgen. Beste theilnehmende Seele, immer den Himmel im Herzen und nur unglücklich durch die Deinigen! — Aber wie du auch geliebt wirst!

Ich muss noch viel herumgetrieben werden, und dann einen Augenblick an Ihrem Herzen! — Das ist immer so mein Traum, meine Aussicht durch viel Leiden. — Ich habe mich so offt am Weiblichen Geschlecht betrogen — O Gustgen wenn ich nur einen Blick in Ihr Aug thun könnte! — Ich will schweigen — Hören Sie nicht auf, auch für mich zu seyn. Ade.

Hier Gustgen ein altes verlohrnes Zettelgen das ich wiederfinde.

152. An Sophie v. La Roche.

Gestern Abend liebe Mama haben wir gesiedelt und gedudelt bey der guten Max. Ich dancke für Ihren Brief, auch für den ersten durch Fahlmern, ich hab ihn richtig erhalten. Ihre Briefe sind hier danckbar zurück. Es ist doch immer eine freundliche Zuflucht, das weise Papier, im Augenblick der Noth ein wahrer, theilnehmender Freund, der uns durch keine wiedrige Ecken des Charackters zurückstöst, wie man's wohl oft just in den Stunden erfährt, da man am wenigsten so berührt werden mögte.

Dass Sie meine Stella so lieb haben ist mir unendlich werth, lassen Sie sich sie von Friz geben. Es ist nicht ein Stück für jedermann. Wie stehn Sie mit Lenz? Ich

---

5. Henriette Friederike, Schwester der Adressatin († 1782), erste Gemahlin des späteren Gatten derselben. 23. Vgl. zu 208, 22. 24. Wie im Anfang der Brentanoschen Ehe, Januar 1774. Damals schrieb Merck über Goethe: „il accompagne le clavecin de Mme Br. avec la basse", vgl. 110, 15 u. Goethes Anm. S. 112. 27. Vgl. zu 160, 24. 198, 12. 34. Jacobi. 35. Vgl. 203, 32.

weiss kein Wort von, er hat mir Ihre Briefe nicht sehen lassen, mir scheint als wenn Sie mit dem Originälgen nicht gut zurechte kämen. Er wälzt sein Tönngen mit viel Innigkeit und Treue.

Adieu grüßen Sie Herrn v. Hohenfeld! einen Empfel von Crespel, der Sie herzlich liebt und schäzt.

Schreiben Sie mir bald. [Frankfurt] d. 1. Aug. 1775.

G.

153. An Auguste zu Stolberg.

[Offenbach, 3. August 1775.]

Gustgen! Gustgen! Ein Wort dass mir das Herz frey werde, nur einen Händedruck. Ich kann Ihnen nichts sagen. Hier! — Wie soll ich Ihnen nennen das hier! Vor dem Stroheingelegten bunten Schreibzeug — da sollten feine Briefgen ausgeschrieben werden und diese Trähnen und dieser Drang! Welche Verstimmung. O dass ich Alles sagen könnte. Hier in dem Zimmer des Mädgens das mich unglücklich macht, ohne ihre Schuld, mit der Seele eines Engels, dessen heitre Tage ich trübe, ich! Gustgen! Ich nehme vor einer Viertelstunde Ihren Brief aus der Tasche, ich les ihn! — Vom 2. Jun.! und Sie bitten, bitten, um Antwort, um ein Wort aus meinem Herzen. Und heut der 3. Aug. Gustgen und ich habe noch nicht geschrieben. — Ich habe geschrieben, der Brief liegt in der Stadt angefangen. O mein Herz — Soll ich's denn anzapfen, auch dir Gustgen, von dem Hefetrüben Wein schencken! — Und wie kann ich von Frizzen reden, vor dir, da ich in seinem Unglück, gar offt das meine beweint habe. Lass Gustgen. Ihm ist wohler wie mir. — Vergebens dass ich drey Monate, in freyer Lufft herumfuhr, tausend neue Gegenstände in alle Sinnen sog. Engel, und ich sizze wieder in Offenbach, so vereinfacht wie ein Kind, so beschränckt als ein Papagey auf der Stange, Gustgen und Sie so weit. Ich habe mich so offt nach Norden gewandt. Nachts auf der Terrasse am Mayn, ich seh hinüber, und denck an dich! So weit! So weit! — Und dann du und Friz, und ich! und alles wirrt sich in einen Schlangen-

6. Joh. Bernh. Krespel (1747—1813), Rat und Archivar in Frankfurt. 12. Bei Lilis Verwandten, s. zu 195,$_{15}$. 22. Wahrscheinlich Brief Nr. 151, der dann erst später gelegentlich überschickt wäre mit 207,$_{22.23}$ als Zusatz. 26. Vgl. zu 206,$_{30}$. 209,$_{17}$.

knoten! Und ich finde nicht Lufft zu schreiben. — Aber iezt will ich nicht aufhören biss iemand an die Thüre kommt und mich wegrufft. Und doch Engel manchmal wenn die Noth in meinem Herzen die grösst ist, ruf ich aus, ruf ich dir zu: Getrost! Getrost! Ausgedultet und es wird werden. Du wirst Freude an deinen Brüdern haben, und wir an uns selbst. Diese Leidenschafft ists die uns aufblasen wird zum Brand, in dieser Noth werden wir um uns greifen, und brav seyn, und handeln, und gut seyn, und getrieben werden, dahin wo Ruhe Sinn nicht reicht. — Leide nicht vor uns! — Duld uns! — Gieb uns eine Trähne, einen Händedruck, einen Augenblick an deinen Knieen. Wische mit deiner lieben Hand diese Stirn ab. Und ein Krafftwort, und wir sind auf unsern Füssen.

Hundertmal wechselt's mit mir den Tag! O wie war mir so wohl mit deinen Brüdern. Ich schien gelassen, mir war's weh für Frizzen der elender war als ich, und mein Leiden war leidlicher. Jetzt wieder allein. —

In ihnen hatte ich Sie bestes Gustgen, denn ihr seyd eins in Liebe und Wesen. Gustgen war bey uns und wir bey ihr! — Jetzt — nur ihre Briefe! — Ihre Briefe! — und Nur dazu — Und doch brennen sie mich in der Tasche — doch fassen sie mich wie die Gegenwart wenn ich sie in Glücklichem Augenblick aufschlage — aber manchmal — offt sind mir selbst die Züge der liebsten Freundschafft todte Buchstaben, wenn mein Herz blind ist und taub — Engel es ist ein Schröcklicher Zustand die Sinnlosigkeit. In der Nacht tappen ist Himmel gegen Blindheit — Verzeihen Sie mir denn diese Verworrenheit und das all — Wie wohl ist mir's dass ich so mit Ihnen reden kann, wie wohl bey dem Gedancken, Sie wird dies Blat in der Hand halten! Sie! Dies Blat! das ich berühre das iezt hier auf dieser Stäte noch weis ist. Goldnes Kind. Ich kann doch nie ganz unglücklich seyn. Jezt noch einige Worte — Lang halt ich's hier nicht aus ich muss wieder fort — Wohin! —

— —

Ich mache Ihnen Striche denn ich sas eine Viertelstunde in Gedancken und mein Geist flog auf dem ganzen bewohnten Erdboden herum. Unseeliges Schicksal das mir keinen Mittelzustand erlauben will. Entweder auf einem Punckt, fassend, festklammernd, oder schweifen gegen alle vier Winde! — Seelig seyd ihr verklärte Spaziergänger, die mit zufriedener Anständiger Vollendung ieden Abend den Staub von ihren Schuhen schlagen, und ihres Tagwercks Göttergleich sich freuen — — — — — —

Hier fliest der Mayn, grad drüben liegt Bergen auf einem Hügel hinter Kornfeld. Von der Schlacht bey Bergen haben Sie wohl gehört. Da lincks unten liegt das graue Franckfurt mit dem ungeschickten Turn, das iezt für mich so leer ist als mit Besemen gekehrt, da rechtsauf artige Dörfgen, der Garten da unten, die Terrasse auf den Mayn hinunter. — Und auf dem Tisch hier ein Schnupftuch, ein Pannier, ein Halstuch drüber, dort hängen des lieben Mädgens Stiefel. NB. heut reiten wir aus. Hier liegt ein Kleid, eine Uhr haugt da, viel Schachteln und Pappedeckel, zu Hauben und Hüten — Ich hör ihre Stimme — — Ich darf bleiben, sie will sich drinne anziehen. — Gut Gustgen ich hab Ihnen beschrieben wie's um mich herum aussieht, um die Geister durch den sinnlichen Blick zu vertreiben — — Lili war verwundert mich da zu finden, man hatte mich vermissit. Sie fragte an wen ich schriebe. Ich sagts ihr. Adieu Gustgen. Grüssen Sie die Gräfin Bernstorff. Schreiben Sie mir. Die Silhouette werden Ihnen die Brüder geschickt haben. Lavater hat die vier Heumans Kinder sehr glücklich stechen lassen. Der unruhige.

Lassen Sie um Gottes Willen meine Briefe niemand sehn.

154. An Lavater.

[Offenbach, 3. und 4. August 1775.]

Louisens Portrait von Melling das ich für dich in Händen habe, sollst ehstens kriegen, ich hab ihr geschrieben. Das Gedicht an sie ist das beste was du je gemacht hast. Noch einige kalte Bäder und etwas roborantia und du bist ein unverbesserlicher Bruder.

Gott seegne deinen Buben dein Weib und alles.

Mein Vater macht ihr eine Galanterie in die Wochen, nehmts freundlich auf.

---

5. Am 13. April 1759 zwischen Ferdinand von Braunschweig und Marschall Broglie. 20. Vgl zu 207, 5. 22. Die „schöne Historie von den vier Heymonskindern" lernte Goethe als Kind aus dem Volksbuch kennen. Als die Brüder Stolberg und Haugwitz ihn im Mai 1775 in Frankfurt besuchten, nannten sich diese Vier die Haimonskinder und daher Goethes Mutter „Frau Aja", vgl. 240, 2 und öfter. 27. Vgl. zu 204, 5. Der Maler Joseph Melling lebte in Karlsruhe.

Schick Stella gleich an Lenz. Oder lass Passavant dafür sorgen. Ehstens was für die Physiognomik. Schick mir doch auch. Ich sizze in Offenbach, wo freylich Lili ist. Ich hab sie von dir gegrüßt. Ich schicke dir ehstens ihre Silhouette weiblich. Mach ihr etwas in Versen, das sie im guten stärcke und erhalte. Du kannst guts thun und du willst.

d. 4. Aug.

Gestern waren wir ausgeritten. Lili, d'Orville und ich, Du solltest den Engel im Reitkleide zu Pferd sehn! In Oberrad wartete die übrige Gesellschafft auf uns, und ein Gewitter trieb die alte Fürstin von Waldeck mit ihren Töchtern der Herz. von Curland und der Fürstin von Usingen in unser Haus und Saal. Da sie mich erkannten wurde gleich viel nach dir gefragt, und die alte Fürstin hat mit solcher Wahrheit und Wärme von dir geredt dass mir's wohl wurde. Sie sagte, wenn ihm heut die Ohren nicht klingeln, so halt ich nicht viel auf seine Ahndungskrafft, an uns liegt die Schuld nicht! Sie läßt dich herzlich grüßen. Lili grüst dich auch! —

Und mir wird Gott gnädig seyn. NB. ich bin eine Zeit her wieder fromm, habe meine Lust an dem Herrn, und sing ihm Psalmen davon du ehstens eine Schwingung haben sollst. Ade. Ich bin sehr aufgespannt fast zu sagen über, doch wollt ich du wärst mit mir denn da ist wohl seyn in meiner Nachbaarschafft.

Wie stehts mit dem Catalog der Predigten schickst du mir bald ein Duzzend Büchelgen mit Texten und Thematen bezeichnet.

Schreibe doch dir auf was du wolltest dass ich für dich sähe, wenn ich nach Italien ging.

155. An Merck.

[Frankfurt, etwa 8. August 1775.]

Jung ist nach Elberfeld zurück und läßt dich grüßen. Was treibst du? Was macht die Wöchnerinn, und wird der Congreß bald zu Stande kommen?

---

1. Der Frankfurter Theologe Jakob Ludwig Passavant (1751—1827) wirkte damals als Lavaters Amanuensis in Zürich und war unter den 205, 22 Genannten. 9. Lilis Onkel, s. zu 195, 16. 12 f. Fürstin Christiane von Waldeck (1725 bis 1816), Herzogin Caroline von Curland (1748—82) und Fürstin Louise von Nassau-Usingen (1751—1816). 31. Vgl. zu 212, 3. 215, 9. 33. Jung hatte sich

Ich bin wieder gestrandet, und möchte mir tausend Ohrfeigen geben, daß ich nicht zum Teufel gieng, da ich flott war. Ich passe wieder auf neue Gelegenheit abzudrücken: nur möcht' ich wissen, ob du mir im Fall mit einigem Geld beystehen wolltest, nur zum ersten Stoß.

Allenfalls magst du meinem Vater beim künftigen Congreß klärlich beweisen, daß er mich aufs Frühjahr nach Italien schicken müsse; das heißt, zu Ende dieses Jahres muß ich fort. Daur' es kaum bis dahin, auf diesem Bassin herum zu gondoliren, und auf die Frösch- und Spinnenjagd mit großer Freundlichkeit auszuziehen. Hast du wegen meinen Manuscripten geschrieben? Ade. Zeichne und schick. Deine Sachen kriegst alle wieder. Amen.

156. An Rahel d'Orville.

[Frankfurt, August 1775.]

Da ist Käs liebe Frau und gleich in den Keller mit ihm. Der Kerl ist wie ich, solang er die Sonne nicht spürt und ich Lili nicht sehe, so sind wir feste, tapfre Kerls. Drum in den Keller mit ihm, wie ich auch gegenwärtig in Frankfurt sizze, vollkommen wie in einer Eisgrube. Hierauf folgt die gewöhnliche Litaney von Empfehlungen an den Kayser und das heilige R. Reich mit einem treugemeinten Amen.

157. An Lavater.

[Frankfurt, 8. August 1775.]

Wie ist's mit Zimmermann gegangen? Wo ist er iezzo? Wenn er zurückkommt, soll er bey mir wohnen! Vergiß nicht ihm das zu schreiben. Bitte Herrn Schulz um einige Silhouetten von meiner Frazze und schick sie gelegentlich. Hast an die Phisiognomik gedacht und schickst du mir bald was. Hier über die Silhouetten der Frau

---

einen großen Ruf als Augenarzt erworben; zu mehreren Staaroperationen in Frankfurt weilend, hatte er bei Goethes gewohnt.

3. Als Goethe im Mai südwärts reiste, war Italien sein Ziel gewesen. Aber noch einmal hatte Lili ihn zurückgezogen. 24. Aus der Schweiz heimkehrend, traf Goethe am 20. Juli in Straßburg Zimmermann (vgl. zu 181, 31), der zu Lavater nach Zürich, von dort am 15. August nach Bern reiste. Vgl. 222, 18. 224, 11. 29. 225, 17. 26. Zeichnerischer Gehilfe Lavaters. 29. Charlotte v. Stein (s. Adressatenverzeichniß) und Maria Antonia verwitwete Mar-

v. Stein und Marchesa Brankoni. Such sie gleich auf, und leg sie hierüber.

Stein	Brankoni
Festigkeit	unternehmende Stärcke
Gefälliges unverändertes Wohnen des Gegenstands	Scharf- nicht Tieffsinn.
Behagen in sich selbst	Reine Eitelkeit
Liebevolle Gefälligkeit	Feine verlangende Gefälligkeit
Naivetät und Güte, selbstfliesende Rede	Wiz, ausgebildete Sprache Wahl im Ausdruck
Nachgiebige Festigkeit,	Widerstand
Wohlwollen,	Gefühl ihrer selbst.
Treubleibend	Fassend und haltend.
Siegt mit Nezzen	Siegt mit Pfeilen.

Ich wollte du überließest mir sie und die Frau v. Löv zum zweiten Theil, sie müssten so rein als möglich gestochen werden. Ich kommentirte sie und schickte dir sie zu Anmerckungen über und machte dann erst ein Ganzes draus. So sollt es überhaupt mit dem ganzen zweiten Theil geschehen. Aber du Schwancker! — — Cassir doch, ich bitte dich, die Familien Tafel von uns, sie ist doch scheuslich. Du prostituirst dich und uns. Meinen Vater lass ausschneiden und brauch ihn als Vignette, der ist gut. Ich bitte dich recht inständig drum. Mit meinem Kopf mach auch was du wilt, nur meine Mutter soll nicht so dastehn. Hast du noch einige Abdrücke, schick mir sie mit denen, um die ich auf beyliegendem Zettel bitte, es ist um den Vater heraus zu schneiden.

Finden sich die Zeichnungen von Füeßli, die du mir

---

quise Branconi, geb. v. Elsener, Geliebte des Herzogs Karl Wilh. Ferd. von Braunschweig (1751—93). Zimmermann hatte Charl v. St. 1773 in Pyrmont kennen gelernt und gab bei der oben erwähnten Begegnung die Silhouetten beider Damen an Goethe. Unter die Charlottens schrieb dieser damals die Worte: „Es wäre ein herrliches Schauspiel zu sehen, wie die Welt sich in dieser Seele spiegelt. Sie sieht die Welt, wie sie ist, und doch durchs Medium der Liebe. So ist auch Sanftheit der allgemeinere Eindruck.“ Die oben gegebene genauere physiognomische Interpretation Charlottens hat Lavater in seinem Werk III, 314 f. verwertet, die der Branconi jedoch nicht.

16. Gattin eines Oberkammerherrn in Hannover, eine philosophische Dame, die Goethe gleichfalls nicht persönlich kannte. 22. Vgl. zu 198, 6. Lavater erfüllte diesen Wunsch. 30. Vgl. zu 199, 20.

schencktest, so schick sie doch auch. Dancke für die Chodowiecki und die andern.

Hier Linien von Fettmilchs Kopf. Das kurz- und starrsinnige drückt sich auf dem schlechten Kupfer, wovons genommen ist noch stärcker, hat auch zugleich etwas thierisch-niedriges das der Umriss nicht hat.

Was hältst du von der Idee? Wär in Silhouetten herrlich auszuführen. Du kennst Hogarths Schönheitslinie von der Verzerrung bis zum Leblosen.

S ʃ |

Der reine Punkt der Schönheitslinie ist die Linie der Liebe, Stärke und Schwäche stehn ihr zu beyden Seiten. Liebe ist der Punkt wo sie sich vereinigen. Gieb mir Beyträge dazu, und wir wollen ein herzigs Capitelgen machen. Vielleicht kein ganz unreiner Faden aus dem grosen Gewebe ausgezogen.

158. An Anna Louise Karsch.

[Offenbach, 17. und Frankfurt, 28. August 1775.]

Ich treib mich auf dem Land herum, liebe Frau, um das Leid und Freud was eben Gott iungen Herzen zu ihrem Theil geben hat, in freyer Luft zu genieszen. Neulich lief ich einmal in die Stadt, und Griesbach brachte mir Ihren Brief. Es machte mir herzliche Freude dass Sie Ihre Feder so an mich lauffen liesen, und nun für Ihre Grüse und Freundlichkeit meinen Danck. Ich wollte dass mir Ihre Tochter auch schrieb wie und wenns ihr einkömmt, denn kein Spiegel ist das der Eitelkeit, was ein Brief, der von wunderbaaren Verhältnissen gedrängten Seele, ist, wenn sie drinn gleiche Stimmung horcht, und müde des ewigen Solo, mit Freuden pausirt, und dem freundlichen Mitspieler neue Wonne ablauscht.

Schreiben Sie mir doch auch manchmal was aus dem Stegreife, mir ist alles lieb und werth was treu und starck aus dem Herzen kommt, mag's übrigens aussehn wie

---

3. Eines 1616 als Rebellen hingerichteten Frankfurter Bäckers. 14. Die Ausführung unterblieb. 22. Joh. Jakob Griesbach (1745—1812), Studiengenosse Goethes in Frankfurt und Leipzig, noch in diesem Jahre als Professor der Theologie nach Jena berufen. 26. Ihre Stieftochter Frau Caroline Luise Hempel, später (1782) Frau v. Klencke und Mutter der Dichterin Helmine v. Chézy.

ein Igel oder wie ein Amor. Geschrieben habe ich allerley gewissermaßen wenig und im Grunde nichts. Wir schöpfen den Schaum von dem grosen Strome der Menschheit mit unsern Kielen und bilden uns ein, wenigstens schwimmende Inseln gefangen zu haben. Von meiner Reise in die Schweiz hat die ganze Cirkulation meiner kleinen Individualität viel gewonnen. Vielleicht peitscht mich bald die unsichtbaare Geisel der Eumeniden wieder aus meinem Vaterland, wahrscheinlich nicht nordwärts, ob ich gleich gern Lot und seine Hausgenossen in euerm Sodom wohl einmal grüsen möchte. Addio. Offenbach am Mayn, d. 17. Aug.

Die Aufgabe von der Männer Schlappsinn unter gewissen Umständen, kann und darf ich heut nicht erörtern. Die Ursachen liegen in dem Schreibtisch hier, dem Caffee Tisch dort, und der Figur dran im Neglischee, die mir den Rücken kehrt und ihr Frühstück schlürpft. — Heiliger Yorick, wolltest du aus deinen Himmeln herüber sehen, und der guten Karschin die vernünftig herzliche Stimmung dieses Unsinns vorträumen denn du allein hättest Kopf und Herz dazu. — — — Nur eine klassische Stelle zur Erörterung: Les gens amoureux, sagt die superkluge Gemahlinn des unvergleichlichen Schah Bahams, ne dorment gueres, a moins qu'ils ne soit favorisés.

Biss den 28. Aug. ist dieses Brieflein liegen blieben. Nun noch einen guten Morgen und Adieu. Franckfurt.

G.

159. An Lavater.

[Frankfurt, 8. September 1775.]

Hier meinen Arm wieder auf eine Strecke. Aber ich verlange ausdrücklich dass du mich nicht wieder fallen lassest. Du sollst mir nun gleich melden welche Tafeln du von meinen vorgeschlagnen willst heraushaben, welche noch hinein (aus der oder iener Ursache). Dann arbeit ich dir gleich fort, denck auch an die Vignetten pp. Denn die Ordnung muss alsdenn unverrückt bleiben, biss auf Kleinigkeiten. Beantwort alles Punckt für Punckt, und was du

---

9. Vgl. 211, $_{31}$. 212, $_{8}$. 10. Berlin, vgl. 33, $_{19}$. Nr. 241. 17. Lorenz Sterne († 1768), vgl. zu 113, $_{21}$. 21. Aus dem Roman „Le sopha" vom jüngeren Crébillon (1707—77).

etwa für allgemeine Abhandlungen willst einschallten. Die Toleranz gegen die Menschen Gesichter! — schreib du das, ich mag nichts davon wissen. Gestern tief in dem Geschwirre der Messgeleits Zerimonien, fiel mir Ariostens Wort vom Pöbel ein: Werth des Tods vor der Geburt. Deinen Abraham erwart ich freundlich. Weis zwar nicht ein Wort wie ich ihn hätte dramatisiren dürfen doch will ich deiner Poesey förderlich und dienstlich seyn.

Ueber die Platten hab ich nur so was hingeworfen, dass vom Land einmal abgedruckt werde. Wenn du mich nur anbläsest! Denn ich sage dir, was du von mir begehrst, dazu sieh bald.

Von dir verlang ich vor allen Dingen

1) Rutgerodt.
2) Van Dyck.
3) No. 28. 29.

Dafür versprech ich nächstens

1) Hedlinger
2) Brutus
3) No. 17.

Nochmal bitt ich dich über Rutgerodt. Worte! Blicke! er beschäfftigt mich sehr, und du sollst all meinigs haben.

Ich schwöre dir durch alle deine Versprechen von Remuneration, die mich auch freuen weil ich Mensch bin, und des Spielwercks mich ergözze, treibst du mich nicht so als wenn du meinen Ballen grad wieder rüber wirfst.

Hättest du Neuton geschickt das wäre gesät und geerndtet. Du musst mich kennen lernen wenn du mich brauchen willst, du bist zwar dadrinn sonst ein feiner Schelm aber ich will dichs noch weiter lehren.

Ich hab schon weiter geschrieben.

---

5. L'Orlando furioso, Ges. 16, St. 23: Ma vulgo e populazzo voglio dire Degno, prima che nasca, di morire. (Ausg. der Weltlitteratur II, 71.) Vgl. dagegen die zu Nr. 252 angeführten Stellen. 6. Lavaters religiöses Drama „Abraham und Isaak" erschien 1776. Vgl. 217, 3. 8. 14. Ein schweizerischer Verbrecher. Vgl. 214, 3. 18. Physiognomische Fragmente III, 174 f., nicht von Goethe. — Joh Karl v. Hedlinger (1691—1771), berühmter Medailleur, geborner Schweizer, 1718—45 Münzdirektor in Stockholm. 19. Phys. Fragm. II, 256 f., von Goethe. 20. „Drey weibliche Silhouetten Wr.", Phys. Fragm. II, 119 f. Goethe erlaubte sich hier den Scherz, Lavater mit einer falschen Silhouette der Charlotte Kestner anzuführen; vgl. Zeile 31. 28. Isaak Newton (1642—1727), den Goethe später in der Farbenlehre bekämpfte; in dem großen Abschnitt der Phys. Fragm. II, 276 f. sind starke Spuren von Goethes Mitarbeit nachgewiesen.

Pestaluz hat mir seine Ankunft melden lassen. Also bald den Sohn Deines Glaubens.

Deinen Abraham hab ich.

Deinet kommt mit mir zu sprechen.

Also Bäben ists als hätt ich sie vergessen.

Deinet will drucken. Quart! — Und ich will thun dran wie mirs um's Herz ist, Bin ich doch iust weder in Abrahams Fall noch Isaacks. Das Stück wird gute weite Würckung thun. Will auch einen Würzruch drein dampfen hier und da meines Fässleins, denck ich. Die Chiffern kann ich am Ende deines Briefs nicht lesen. Schick mir schnell den Schlüssel.

Pestaluz war sehr gut. Ich sagt ihm gleich ich wünschte, du kenntest deine Landsleute besser und sie dich besser. — — Er redete ganz *für* dich, ohne *aber*. Gott geb aus einem feinen Herzen.

160. An Johanna Fahlmer.

[Frankfurt, 11. September 1775.]

Liebste Tante ich komme von Offenbach! — kann Ihnen weder Blick noch Zug geben von der Wirthschaft. Mein Herz immer wie ein Strumpf, das äussere zu innerst, das innere zu äuserst gekehrt. Bitte! Bitte! — Sehen Sie sich in der Messe um, nach was für Lili!!!! *Galanterie Bijouterie*, das neuste, eleganteste! — Sie fühlens allein und meine Liebe dazu! Aber heilig unter uns, der Mama nichts davon. Den Gerocks nichts. Ich bitte. Und schreiben Sie Was es kostet!!!! —

161. An Auguste zu Stolberg.

[Frankfurt und Offenbach, 14.—19. September 1775.]

Ja lieb Gustgen gleich fang ich an d. 14. Sept. im Moment da ich Ihren Brief endige, sehen Sie wie hoch

---

1. Joh. Heinr. Pestalozzi (1746—1827), der Pädagoge. 4. Deinet (vgl. zu 110,8) sollte das Drama verlegen, das dann aber in Winterthur erschien. 5. Barbara Schultheß geb. Wolf (1745—1818), Frau eines Kaufmanns in Zürich. 10. Wirkliche Mitarbeit Goethes ist nicht mit Sicherheit nachweisbar. 17. Die Datierung dieses Briefes ist ungewiß. Er gehört entweder in die Ostermesse (Beginn am 2. April) oder in die Herbstmesse (Beginn am 10. September) 1775. Am 10. Sept. war Goethe in Offenbach mit Lili zusammen auf der Hochzeit des Predigers Ewald, vgl. 220,12. 32. 25. Vgl. zu 126,25.

und klein, wie viel ich zu schreiben dencke. Heut bin ich ruhig, da liegt zwar meist eine Schlang im Grase. Hören Sie, ich hab immer eine Ahndung, Sie werden mich retten, aus tiefer Noth, kanns auch kein Weiblich Geschöpf als Sie. Dancke zuerst für Ihre lebendige Beschreibung alles was Sie umgiebt, hätt ich nur iezt noch einen Schattenriss von Ihrer ganzen Figur! Könnt ich kommen. Neulich reisst ich zu Ihnen! Durchzog in trauriger Gestalt Deutschland, sah mich weder rechts noch lincks um, nach Copenhagen, und kam und trat in Ihr Zimmer, und fiel mit Trähnen zu Ihren Füssen, und rief Gustgen bist dus! — Es war eine seelige Stunde, da mir das lebendig im Kopf und Herzen war. Was Sie von Lili sagen ist ganz wahr. Unglücklicher Weise macht der Abstand von mir das Band nur fester das mich an Sie zaubert. Ich kann ich darf Ihnen nicht alles sagen. Es geht mir zu nah ich mag keine Erinnerungen. Engel! Ihr Brief hat mir wieder in die Ohren geklungen wie die Trompete dem eingeschlafnen Krieger. Wolte Gott Ihre Augen würden mir Ubalds Schild, und liessen mich tief mein unwürdiges Elend erkennen, und — Ja Gustgen wir wollen das lassen — über des Menschen Herz lässt sich nichts sagen, als mit dem Feuerblick des Moments. Nun soll ich zu Tische.

Nach Tische. Dein gut Wort würckte in mir, da sprachs auf einmal in mir, sollts nicht übermäsiger Stolz seyn zu verlangen, dass dich ganz das Mädgen erkennte und so erkennend liebte, erkenn ich sie vielleicht auch nicht, und da sie anders ist wie ich, ist sie nicht vielleicht besser. Gustgen! — Lass mein Schweigen dir sagen, was keine Worte sagen können.

Gute Nacht Gustgen! Heut einen guten Nachmittag, der selten ist — mit Grosen, das noch seltener ist — Ich konnte zwey Fürstinnen in Einem Zimmer lieb und werth haben. Gute Nacht. Will dir so ein Tagbuch schreiben, ist das beste. Thu mir's auch so, ich hasse die Briefe und

2. Vgl. Vergils Bucolica, Ecl. III, 93 „latet anguis in herba". 19. Goethe hatte als Knabe Tassos „Befreites Jerusalem" in Kopps Uebersetzung (1741) gelesen. Neuerlich war es ihm wieder nahe gerückt durch die „Iris", die eine Biograbhie Tassos und eine unvollständige prosaische Uebersetzung der Dichtung, von Heinse, brachte. Die Stellen von Ubaldos „glattem diamantnen Schilde" (Ges. XIV, St. 77 und XVI, 29 f., s. Ausg. der Weltlitteratur II, 114. 139) finden sich im Februar- und Aprilheft 1775. Rinaldo, vom Klange der Kriegstrompeten geweckt, erkennt durch den Blick in diesen Spiegel die Notwendigkeit, sich aus Armidens Netzen zu männlichen Thaten loszureißen. 33. Vgl. zu 211, 12.

die Erörterungen und die Meynungen. Gute Nacht! So! — ich sehe zurück, schon dreymal, ist's doch als wenn ich verliebt in dich wäre! und den Hut immer nähme und wieder niederlegte. Wie wollt ich du könntest nur acht Tage mein Herz an deinem, meinen Blick in deinem fühlen. Bey Gott was hier vorgeht ist unaussprechlich fein und schnell und nur dir vernehmbar.

Gute Nacht.

d. 15. Guten Morgen. Ich hab eine gute Nacht gehabt. Und bin iezt recht wie ein Mädgen. Sie rathen nicht was mich beschäfftigt, eine Maske, auf kommenden Dienstag, wo wir Ball haben.

Nach Tisch! — Ich komme geschwind gelaufen, dir zu sagen, was mir drüben in der andern Stube durch den Kopf fuhr: Es hat mich doch kein Weiblich Geschöpf so lieb wie Gustgen.

Und meine Masque wird eine altdeutsche Tracht, schwarz und Gelb, Pumphose, Wämslein, Mantel und Federstuzhut. Ach wie danck ich Gott daß er mir diese Puppe auf die paar Tage gegeben hatt, wenns so lang währt.

halb viere. In Brunnen gefallen wie ichs ahndete. Meine Masque wird nicht gemacht. Lili kommt nicht auf den Bal. Aber dürft ich, könnt ich alles sagen! — Ich thats sie zu ehren weil ich deklarirt für sie bin, und eines Mädgens Herz pp. — Also Gustgen! — Ich thats auch halb aus Truz, weil mir nicht sonderlich stehn die acht Tage her. Und nun! — Sieh Gustgen! so kanns allein werden wenn ich Dir so von Moment zu Moment schreibe. — — halb 5. ich wollt ich könnt mich Dir darstellen wie ich bin, du solltest doch dein Wunder sehn. Gott! so in dem ewigen Wechsel, immer eben derselbe.

d. 16ten. Heut Nacht neckten mich halb fatale Träume. Heut früh beym Erwachen klangen sie nach. Doch wie ich die Sonne sah sprang ich mit beyden Füssen aus dem Bette, lief in der Stube auf und ab, bat mein Herz so freundlich freundlich, und mir ward's leicht, und eine Zusicherung ward mir dass ich gerettet werden, dass noch was aus mir werden sollte. Gutes muths denn Gustgen. Wir wollen einander nicht aufs ewige Leben vertrösten! Hier noch müssen wir glücklich seyn, hier noch muss ich Gustgen sehn. Das einzige Mädgen deren Herz ganz in meinem Busen schlägt. — Nach Mittage halb vier. Offen und gut der Morgen, ich that was, Lili eine kleine Freude zu machen, hatte Fremde. Trieb mich nach Tische spasend närrisch unter Bekannten und Unbekannten herum. Gehe jetzt nach Offenbach, um Lili heute Abend nicht in der Comödie morgen nicht im Conzert zu sehen. Ich stecke das Blatt ein und schreibe draus fort.

Offenbach! Abends sieben. In einem Kreise von Menschen die mich recht lieb haben, offt mit mir leiden! Es ist nun so! ich sizze wieder an dem Schreibtischgen von dem ich Ihnen schrieb eh' ich in die Schweiz ging. Lieb Gustgen — da ist ein iunges Paar in der Stube das erst seit acht Tagen verheurathet ist! eine iunge Frau liegt auf dem Bette die der angenehmsten Hoffnung eines lieben Kindes entgegenschmerzet. Ade für heute. Es ist Nacht und der Mayn blinckt noch aus den dunklen Ufern.

Offenbach. Sonntag d. 17ten Nachts zehen. — Ist der Tag leidlich und stumpf herumgegangen, da ich aufstund war mirs gut, ich machte eine Scene an meinem Faust. Vergängelte ein paar Stunden. Verliebelte ein paar mit einem Mädgen davon dir die Brüder erzählen mögen, das ein seltsames Geschöpf ist. Ass in einer Gesellschafft ein Duzzend guter Jungens, so grad wie sie Gott erschaffen hat. Fuhr auf dem Wasser selbst auf und nieder, ich hab die Grille selbst fahren zu lernen. Spielte ein Paar Stunden Pharao und verträumte ein Paar mit guten Menschen. Und nun sizz ich dir gute Nacht zu sagen. Mir wars in all dem wie einer Ratte die Gift gefressen hat, sie läuft in alle Löcher, schlürpft alle Feuchtigkeit, verschlingt alles Essbaare das ihr in Weeg kommt und ihr innerstes glüht von unauslöschlich verderblichem Feuer. Heut vor acht Tagen war Lili hier. Und in dieser Stunde war ich in der grausamst feyerlichst süsesten Lage meines ganzen Lebens (mögt ich sagen). O Gustgen warum kann ich nichts davon sagen! Warum! Wie ich durch die glühendsten Trähnen der Liebe, Mond und Welt schaute und mich alles seelenvoll umgab. Und in der Ferne die Waldhorn, und der Hochzeitgäste laute Freuden. Gustgen

---

12. Pfarrer Ewald und Frau geb. Dufay, vgl. zu 217, 17. 13. Frau André, s. zu 150, 19. 195, 16. 20. Erste ausdrückliche Erwähnung der schon im Sommer 1773 begonnenen Dichtung. Vgl. 142, 8. 22. 224, 29. 28. Vgl. das Lied des Brander in Auerbachs Keller. 32. Vgl. zu Nr. 160.

auch seit dem Wetter bin ich — nicht ruhig aber still was bey mir still heisst und fürchte nur wieder ein Gewitter das sich immer in den harmlosesten Tagen zusammenzieht, und — Gute Nacht Engel. Einzigstes Einzigstes Mädgen — Und ich kenne ihrer Viele — — —

Montag d. 18. Mein Schiffgen steht bereit, ich werds gleich hinunter lencken. Ein herrlicher Morgen, der Nebel ist gefallen alles frisch und herrlich umher! — Und ich wieder in die Stadt, wieder ans Sieb der Danaiden! Ade! — Ich hab einen offnen frischen Morgen! O Gustgen! Wird mein Herz endlich einmal in ergreifendem wahren Genuss und Leiden, die Seeligkeit die Menschen gegönnt ward, empfinden, und nicht immer auf den Wogen der Einbildungskrafft und überspannten Sinnlichkeit, Himmel auf und Höllen ab getrieben werden. Beste ich bitte dich schreib mir auch so ein Tagbuch. Das ist das einzige was die ewige Ferne bezwingt. — — — —

Montag Nacht halb zwölf. Franckfurt an meinem Tisch. Komme noch dir gute Nacht zu sagen. Hab getrieben und geschwärmt biss iezt. Morgen gehts noch ärger. O Liebste. Was ist das Leben des Menschen. Und doch wieder die vielen Guten die sich zu mir sammeln! — das viele Liebe das mich umgiebt — — —

Lili heut nach Tisch gesehn — in der Comödie gesehn. Hab kein Wort mit ihr zu reden gehabt — auch nichts geredt! — Wär ich das los. O Gustgen — und doch zittr' ich vor dem Augenblick da sie mir gleichgültig, ich hoffnungslos werden könnte. — Aber ich bleib meinem Herzen treu, und lass es gehn — Es wird —

Dienstag sieben Morgens. — Im Schwarm! Gustgen! ich lasse mich treiben, und halte nur das Steuer dass ich nicht strande. Doch bin ich gestrandet, ich kann von dem Mädgen nicht ab — heut früh regt sichs wieder zu ihrem Vortheil in meinem Herzen. — Eine grose schwere Lecktion! — Ich geh doch auf den Ball einem süsen Geschöpfe zu lieb, aber nur im leichten Domino, wenn ich noch einen kriege. Lili geht nicht.

Nach Tische halb vier. Geht das immer so fort, zwischen kleinen Geschäfften durch immer Müssiggang getrieben, nach Dominos und Lappenwaare. Hab ich doch

35. Anna Sybilla Münch? vgl. zu 183, 27. 200, 19. 227, 15.

mancherley noch zu sagen. Adieu. Ich bin ein Armer verirrter verlohrner — — Nachts Achte, aus der Commödie und nun die Toilette zum Ball! O Gustgen wenn ich das Blat zurücksehe! Welch ein Leben. Soll ich fortfahren? oder mit diesem auf ewig endigen. Und doch Liebste, wenn ich wieder so fühle daß mitten in dem Nichts, sich doch wieder so viel Häute von meinem Herzen lösen, so die convulsiven Spannungen meiner kleinen närrischen Composition nachlassen, mein Blick heitrer über Welt, mein Umgang mit den Menschen sichrer, fester, weiter wird, und doch mein innerstes immer ewig allein der heiligen Liebe gewidmet bleibt, die nach und nach das Fremde durch den Geist der reinheit der sie selbst ist ausstößt und so endlich lauter werden wird wie gesponnen Gold. — Da lass ich's denn so gehn — Betrüge mich vielleicht selbst. — Und dancke Gott. Gute Nacht. Addio. — Amen. 1775.

162. An Lavater.

[Frankfurt, Ende September 1775.]

Zimmermann ist fort, und ich bin biss zehn im Bett liegen blieben um einen Catharr auszubrüten, mehr aber um die Empfindung häuslicher Innigkeit wieder in mir zu beleben, die das gottlose Geschwärme der Tage her ganz zerflittert hatte. Vater und Mutter sind vors Bett gekommen, es ward vertraulicher diskurirt, ich hab meinen Thee getrunken und so ists besser. Ich hab wieder ein Wohngefühl in meinen vier Wänden wie lange es währt.

Zimmermann und ich waren trefflich zusammen. Du stellst dirs vor, und hätte vielerley zu sagen, wenn du nicht iedermann meine Briefe wiesest. Es kan wohl deine Art seyn, auch unterhaltend für andre, aber ich kann nicht leiden, dass meine Briefe einem Menschen das offenbaaren, dem ich den zehenten Theil davon nicht mündlich sagen würde.

Sein Betragen gegen dich, bleibt besser unentschuldigt, es ist besser dass einem so was unerklärlich bleibt. Ich hab ihn sehr drüber gepeinigt, ob er gleich mit einer sehr wizzigen Captatio benevolentiae die Geschichte anfing. — Seine Tochter ist so in sich, nicht verriegelt nur zurück-

18. Auf der Rückreise nach Hannover. Vgl. zu 212, 24. 37. Katharina, ein besonders durch die Härte ihres Vaters unglückliches Mädchen († 1781).

getreten ist sie, und hat die Thüre leis angelehnt. Eh würde sie ein leise lispelnder Liebhaber als ein pochender Vater öffnen. — Es that ihm sehr weh dich so geängstet zu haben, und du guter es wird dir nicht das lezte mal so gegangen seyn.

C'est le sort d'un amour extreme
De faire toujours des ingrats.

Mir wird ie länger ie mehr das Treiben der Welt und der Herzen unbegreifflich. Einzelne Züge die sich überall gleichen, und doch nie dran zu dencken daß der größte menschliche Kopf ein Ganzes der Menschenwirthschafft übersehen werde.

Schliesse wegen der Phisiognomik II. Theil. Ich bitte! bitte! Es wird warlich sonst nichts. Neujahr ist gleich da! Besonders das erste Sokratische Capitel bald.

Hab gestern ein bissgen über die vier Wahnsinnigen und Brutus geklimpert. Bruder Bruder wie schweer ists das todte Kupfer zu beleben, wo der Charackter durch mißverstandne Striche nur durchschimmert und man immer schwanckt warum das w a s bedeutet und doch n i c h t s bedeutet. Beym Leben wie anders!

Schliese nur und schicke bald, denn es giebt der Zerstreuungen die Menge. Der Herzog von Weimar ist hier, wird nun bald Louisen davon tragen. Könntest mir nicht einen Storchschnabel schicken. Grüs Bäben, sie soll mir doch was über sich und dich schreiben! Ich bin schon seit 14 Tagen ganz im Schauen der grosen Welt! — —

Ist die Tafel raphaelischer Köpfe numerirt wie die Hogarth'sche?

163. An Haugwitz und die Brüder Stolberg.

[Frankfurt, 4. October 1775.]

Mir ist wie mir's seyn kann. Danck euch Ungeheuern für eure Briefe, und so das Meerweib nicht schreibt, so

7. Wohl aus einem der beliebten französischen Singspiele. **16.** „Vier Thorenköpfe". Phys. Fragm. II, 183 f. mit einigen Sätzen Goethes. **17.** Vgl. zu **216,**$_{19}$. **23** Karl August war am 3. Sept. großjährig erklärt und hatte die Regierung angetreten. Am 18. reiste er aus Weimar ab zu seiner Vermählung, die am 3. Okt. in Karlsruhe stattfand. Vgl. zu **204,**$_{5}$. **224,**$_{5 \cdot 19 \cdot 32}$. **225,**$_{30}$. **25.** Vgl. zu **191,**$_{17}$.—**217,**$_{5}$. **32.** Auguste? vgl. **224,**$_{12}$ und Nr. **161**. Von anderer Seite ist der Ausdruck auf Haugwitz bezogen, der mit den Brüdern Stolberg und Klopstock die damals anstößige Leidenschaft für Freibäder teilte.

haut's, wenn es aus dem Bade steigt, mit Nesseln. Ich hab euch drey dramatisirt. Gr. Christian Truchsess, Gr. Leopold und Juncker Curt. Wo Ihr auf dem grosen Krönung-Saal zu Franckfurt in naturalibus hingestellt seyd. Wenn ich nach Weimar kan, so thu ichs wohl, gewiss aber euch zu Liebe nicht! Und keinem Menschen zu Liebe, denn ich hab einen Pick auf die ganze Welt. Ich gönn euch eure Reise, die ist eurer Werth! Und darf sich kein Hund ihrer rühmen, und werdet begafft werden darob wie sich's ziemt.

Zimmermann hat euch weidlich gepriesen. Da sind unendliche Briefe an's Meerweib. So lebt wohl lieben Brüder. Was ich treibe ist ... werth, geschweige einen Federstrich. Gustgen ist ein Engel. Hohls der Teufel, daß sie Reichsgräfin ist — — Uebrigens bin ich mit der vollkommensten

schreibt hierher wann ihr nach Weimar kommt.

164. An Merck.

[Frankfurt, 7. October 1775.]

Ich erwarte den Herzog und Louisen, und gehe mit ihnen nach Weimar. Da wirds doch wieder allerley guts und ganzes und halbes geben, das uns Gott geseegne. Leb indess wohl, Alter, und behelf dich im Leben. Kannst du mir zehen Carolin schicken, so thus mit den nächsten Kärgern. Ich bedarf ihrer und so weiter. Ich hab das Hohelied Salomons übersezt, welches ist die herrlichste Sammlung liebes lieder, die Gott erschaffen hat. Die La Roche ist in Contrition, daß du ihr nicht antwortest. Reit doch noch einmal herüber, eh ich gehe. Ich bin leidlich. Hab am Faust viel geschrieben. Zimmermann grüßt dich; er ist Nachts durch Darmstadt kommen. Grüß Frau und Kinder.

165. An Sophie v. La Roche.

Liebe Mama! Ich geh nach Weimar! Freut Sie das? ich will sehn obs möglich ist mit Wieland auszukommen

---

3. Haugwitz hieß mit Vornamen: Christian August Heinrich Curt. 5. Der junge Herzog (s. zu 223, 23) hatte ihn eingeladen. 11. Vgl. zu 212, 24. 222, 18. 17. Vgl. zu 228, 8. 13. 25. Nach dem Text der lateinischen Vulgata mit Benutzung Luthers. 29. Vgl. zu 220, 20.

um seinen alten Tagen was Freundliches auch von meiner Seite zu bereiten. Ich erwarte das iunge Paar und dann gehts. Schreiben Sie mir doch hin. Sie können's an Wieland einschliesen.

Die Max ist hold, wird in meiner Abwesenheit noch freyer mit meiner Mutter seyn, obgleich Brentano allen Anschein von Eifersucht verbirgt, oder auch vielleicht mich iezzo für harmlos hält.

Für Buri hab ich nichts thun können ich bin mit meinen Buchhändlern brouillirt, und ein neuer würde es als Gefallen thun und wieder ein Opfer von mir verlangen, doch will ich seinen Brief mitnehmen.

Wieland ist doch der alte auch in der Neuwiedischen Affaire, diese Weiber Ader wird mich fürcht ich von ihm abscheiden.

Hier Menalck und Mopsus.

Zimmermann ist gar brav! Ein gemachter Charackter! Schweizer frey gebohren, und am deutschen Hof modificirt. Er bezaubert alle Welt, sonderlich die Weiber.

Merck ist häuslich, still und leidlich. Weis sonst wenig von ihm. Sie kennen den Nichtschreiber, Nichtantworter!

Ihr Friz! Liebe Mama! Daß das Schicksaal den Müttern solche Schwerdter nach dem Herzen zückt, in den Momenten da sie all der kleinlichen Sorgen Lohn im Grosen einerndten sollten — Halten Sie Sich aufrecht! Wer vermags sonst und in müden Stunden lehnen Sie Sich an unsre Liebe, die gewiss ganz und ewig ist.

[Frankfurt] d. 11. Oktbr. 1775. G.

166. An Knebel.

[Frankfurt, nach Mitte October 1775.]

Euer iunges herzogliches Paar verlangte ich sollte sie nach Weimar begleiten, ich richtete mich ein, packte, zog

---

9. Vgl. Adressatenverzeichnis. Die erste Veröffentlichung Buris (das Lustspiel „Die Pflegetochter") erschien erst 1778 in Neuwied. 16. Von Lenz, gegen Wieland. 17. Vgl. zu 212, 24. 22 Sohn der Adressatin, der ihr in seiner militärischen Laufbahn Sorgen machte; er nahm als französischer Offizier am nordamerikanischen Befreiungskriege teil. 30. Vgl. zu 223, 23. Am 12. Okt. waren die Neuvermählten in Frankfurt eingetroffen und am 13. weitergereist nach Weimar. Der Kammerjunker v. Kalb war noch in Karlsruhe geblieben und sollte mit Goethe folgen. Im Mißmut über das nicht einmal entschuldigte Ausbleiben Kalbs wurde beschlossen, daß Goethe nach Ablauf einer bestimmten Frist statt nach Weimar nach Italien (vgl. 211, 31. 212, 8. 215, 9) reisen solle. In der That fuhr Goethe, wahr-

meine Reiseckleider an, nahm Abschied und blieb sizzen. Durch welch Geschick weis ich nicht, Kalb kam nicht, an den man mich verwies, aber ich wäre doch nachgefahren, wenn es nicht zu fatal wäre bey ieziger Witterung und Strase den Weeg allein zu machen. Indessen sind Briefe gewiss an mich bey Kalb und Wieland, und drunter die mein Herz nah angehn, drum macht sie zusammen bitt ich, und schickt sie mit der reitenden an meine gewöhnliche Addresse nach Franckfurt; sollten Packete da seyn, schickt sie mit der fahrenden, nur bald. Liebt mich und grüsst alles was sich mein erinnert, nach Stands und Herzens Gebühr und Würden.

Goethe.

167. An Bürger.

[Frankfurt, 18. October 1775.]

Wo ich in der Welt sizze kann dir gleich seyn! Du fühlst dass es ein Moment des umschränckten Bedürfnisses ist, der mir die Feder an dich in die Hand giebt, lieber Bürger! Hier von der rechten wärmt mich ein hold Caminfeuer, auf einem niedern Sessel, am Kindertischgen, schreib ich dir, ich habe dir so viel zu sagen, werde dir nichts sagen und du wirst mich alles verstehen! — Die ersten Augenblicke Sammlung die mir durch einen tollen Zufall, durch eine lettre de cachet des Schicksaals übers Herz geworfen werden, die ersten, nach den zerstreutesten, verworrensten, ganzesten, vollsten, leersten, kräfftigsten und läppischten drey Vierteljahren die ich in meinem Leben gehabt habe. Was die menschliche Natur nur von Wiedersprüchen sammeln kann, hat mir die Fee Hold oder Unhold, wie soll ich sie nennen? zum Neujahrsgeschenck von 75 gereicht, zwar war die treffliche Anlage schon mit dem Pathengeschenck gemacht, und so geh alles seinen Gang. Wies von nun an mit mir werden wird weis Gott! Es wird noch unruhiger werden, noch verwickelter, und dann will ich mich mit Freuden des gegenwärtigen Augenblicks

---

scheinlich am 30. Oktober, südwärts. In Heidelberg aber, wo er einige Tage weilte, bekam er die Nachricht aus Frankfurt, daß Kalb dort eingetroffen sei und ihn zurückerwarte.

22. Goethe befand sich in einer Art Haft, da er das Haus nicht mehr verlassen mochte, nachdem er sich einmal verabschiedet hatte. So lebte er — vgl. den Eingang dieses Briefs — inkognito in Frankfurt.

erinnern in dem ich schreibe. Glockenschlag sechs. Mittwoch den 18. Oktbr. 1775.

Wie wirthschafftest du mit deinem Weibe? Hast du Kinder? Ich höre so gar nichts von dir! Schreib nur wenn du mir willst nach Franckfurt, ich krieg die Briefe richtig. Ich hab allerley geschrieben das dir eine gute Stunde machen soll — Sind aber doch allzumal Sünder und mangeln des Ruhms den wir vor unsrer Mutter Natur haben sollten.

168. An Auguste zu Stolberg.

[Frankfurt, 20. September — Weimar 22. November 1775.]

Wieder angefangen Mittwoch den 20. ob zum Zerreissen oder wie! Genug ich fange an. Auf dem Ball bis sechs heut früh, nur zwei Menuets getanzt, Gesellschafft gehalten einem süsen Mädgen, die einen Husten hatte — Wenn ich dir mein gegenwärtig Verhältniss zu mehr recht lieben und edlen weiblichen Seelen sagen könnte! wenn ich dir lebhafft! — Nein wenn ichs könnte ich dürft's nicht, du hieltest's nicht aus. Ich auch nicht, wenn alles auf einmal stürmte, und wenn Natur nicht in ihrer täglichen Einrichtung uns einige Körner Vergessenheit schlucken lies. Jetzt ist's bald achte Nachts. Hab geschlafen bis 1. gegessen, etwas besorgt, mich angezogen, den Prinzen von Meinungen mich dargestellt, ums Thor gangen, in die Comödie. Lili sieben Worte gesagt. Und nun hier. Addio.

Donnerst. den 21. Ich habe mir in Kopf gesezt mich heut wohl anzuziehen. Ich erwarte einen neuen Rock vom Schneider den ich mir hab in Lion sticken lassen, grau mit blauer Bordüre, mit mehr Ungedult als die Bekandtschafft eines Manns von Geist der sich auf eben die Stunde bey mir melden lies. Schon ist was missglückt. Mein Perückenmacher hat eine Stunde an mir frisirt und wie er fort war riss ich's ein, und schickte nach einem andern, auf den ich auch passe. — — —

Samstag den 23. Es hat tolles Zeug gesezt. Ich

---

3. Vgl. 193, 25. 6. Die letzte Produktion in Frankfurt war der unfertige „Egmont“. 9. Vgl. 178, 18. 12. Fortsetzung von Nr. 161. 15. Vgl. zu 221, 35. 24. Carl und Georg, gleichzeitig mit dem weimarischen Hof (vgl. 223, 23) in Frankfurt. 28. Vgl. 243, 23.

hab nicht zum schreiben kommen können. Gestern lauter Altessen. Heut hab ich einen Husten. Ade.

Sonntag den 8. October. Bisher eine grose Pause, ich in wunderbaaren Kälten und Wärmen. Bald noch eine grössere Pause. Ich erwarte den Herzog von Weimar der von Karlsruhe mit seiner herrlichen neuen Gemahlinn Louisen von Darmstadt kommt. Ich geh mit ihm nach Weimar. Deine Brüder kommen auch hin, und von da schreib ich gewiss liebste Schwester. Mein Herz ist übel dran. Es ist auch Herbstwetter drinn, nicht warm, nicht kalt. Wann kommst du nach Hamburg?

Weimar den 22. Nov.

Ich erwarte deine Brüder, o Gustgen! was ist die Zeit alles mit mir vorgegangen. Schon fast vierzehn Tage hier, im Treiben und Weben des Hofs. Adieu bald mehr. Vereint mit unsern Brüdern! Dies Blättel sollst indess haben. G.

Weimar.

169. An Johanna Fahlmer.

Lieb Täntgen! Wie eine Schlittenfahrt geht mein Leben, rasch weg und klingelnd und promenirend auf und ab. Gott weis wozu ich noch bestimmt bin, daß ich solche Schulen durchgeführt werde. Diese giebt meinem Leben neuen Schwung, und es wird alles gut werden. Ich kann nichts von meiner Wirthschaft sagen, sie ist zu verwickelt, aber alles geht erwünscht, wunderlich Aufsehn machts hier, wie natürlich. Schreiben Sie mir ein Wort. Wieland ist gar lieb, wir stecken immer zusammen, und gar zu gerne bin ich unter seinen Kindern. Sein Weib ist herzebrav, und gleicht der la Roche. Adieu. Bitten Sie die Mama alle Briefe mit französchem Couvert aufzubrechen. Hier kommt einer zurück. Geben Sie ihn dem Papa, mit der

---

5. Vgl. zu Nr. 166. 11. Goethe wollte mit den Brüdern Stolberg, die ihn, vom Süden kommend, in Weimar abholen sollten, nach Norddeutschland reisen. 12. Inzwischen war Goethe, in der Frühe des 7. November 1775, in Weimar eingetroffen. 13 Diese kamen erst am 26. November in Weimar an und blieben bis zum 3. Dezember. 18. Vgl. 98, 35. 21. Vgl. 250, 34. 23. Vgl. 224, 33. 27. Dorothea geb. Hillenbrand aus Augsburg, seit 1765 verheiratet.

Bitte das benötigte in meinem Namen zu besorgen, mit den Herren Diakres über die Sache handeln zu lassen und das Trumbachische Geld zu sich zu nehmen, hier ist ein Brief an sie, den er ihnen schicken mag. Adieu. Grüßen Sie die lieben Gerocks und die Max. Schreiben Sie mir etwas von den Schicksaalen dieser unglücklichen. Adieu. Es wird uns doch noch wohl zusammen auf dieser Erde - —

Lassen Sie nur obige Bestellung an Papa ich will ihm selbst schreiben. Fritz war krank hör ich die holde Seele. Wieland hat ihm viel geschrieben. Ich schreib ihm auch wohl noch heut. [Weimar] d. 22. Nov. 75.

Geben Sie den Brief an Mama zu lesen.

G.

170. An Herder.

Lieber Bruder der Herzog bedarf eines General Superintendenten, hättest du die Zeit deinen Plan auf Göttingen geändert, wäre hier wohl was zu thun. Schreib mir ein Wort. Allenfalls ist auf die Veränderlichkeit der Zukunft ein Blick hierher. Leb wohl. Grüs das Wibele. Mir ists wohl hier, in aller Art. Wieland ist eine brave Seele und die Fürstenkinder edel lieb und hold. Weimar d. 12. Dezember 1775. G.

171. An Lavater.

Freytag d. 21. Dez. Nach einem herrlichen Wintertag, den ich meist in freyer Luft Morgens mit dem Herzog, Nach Mittag mit Wielanden zugebracht habe, ziemlich müd und ausgelüfftet von der Eisfahrt siz ich bey Wieland und will sehn was ich an dich zusammenstopple.

Deine Phisiognomik liegt mir am Herzen. Die mir beschiednen Capitel will machen. Kurz genug und wills Gott bündig und treffend, das ist alles. Denn Ausspinnens ist iezt nicht Zeit, der ich in verbreiteter Wirthschafft,

---

2. In einer Prozeßsache, in der Goethe die unmündigen Erben der Susanne v. Klettenberg, Namens v. Trümbach, vertrat. 5. Vgl. zu 126, 25. 6. Vgl. zu 200, 10. 8. Nicht überliefert, wohl aber ein Brief (hier ausgelassen, vgl. zu Nr. 95) in dieser Sache an den Kaufmann Matthias Fuchs in Frankfurt, einen der Herren Diakres, d. h. der Diakonen der deutschreformierten Gemeinde, die den Nachlaß verwalteten. 9. Friedrich Jacobi. Der nächste überlieferte Brief Goethes an ihn ist vom 2. Okt. 1782. 14. Vgl. die Entwickelung dieser Angelegenheit in den folgenden Briefen. 15. Vgl. zu 163, 21. Es handelte sich um die Stellung als Professor der Theologie und Universitätsprediger.

und Zerstreuung von Morgens zu Nacht umgetrieben werde. Ich seh auch fleisig die übrigen Kupfer an, rede mit allerley Leuten drüber, Wieland hat mir seine Gefühle gegeben und so wird alles gut werden. Ich geh auch wohl nach Leipzig, hast du nun da was so schreibs bey Zeiten und lass michs ausrichten.

Weiter braucht der Herzog einen General Superintendenten. Er fragte mich drum ich nannt ihm Herdern. Der wie du vielleicht weißt noch nicht ganz gewiss nach Göttingen geht. Der Herzog trug mir auf dich zu fragen wen du vorschlügst? sag mir also schnell ein Wort hierüber, und wen du sonst in Ermanglung Herders vorschlagen könntest.

Ich bin hier wie unter den meinigen, und der Herzog wird mir täglich werther, und wir einander täglich verbundner.

Grüs mir alles! Von Passavant hab ich liebe Briefe. Auch von Zimmermann der mir deinen guten Muth und frischen Weeg über die Schurcken von Landsleuten meldet.

Morgen geh ich über Jena nach Waldeck, wilde Gegenden und einfache Menschen aufzusuchen. Addio. Mir geht alles nach Herzens Wunsch, so auch dir.

Weimar. G.

Bäbe kann sich auch wieder einmal erheben mir zu schreiben. Grüs dein Weib. Sey mir nicht gar zu Lakonisch.

In dem mir zugeschickten Plan der Phisiognomik sind die hintersten Zahlen falsch, dass es nur in den Tafeln keine Unordnung giebt, du hast Nummern doppelt gesezt.

172. An Karl August.

[Waldeck, 23.—26. Dezember 1775.]

Daß mir in diesem Winckel der Welt, Nachts, in dieser Jahrszeit, mein alt Zigeunerlied wieder einfällt, ist eben so natürlich lieber gnädiger Herr, als dass ich mich gleich hinsezze es Ihnen aufzuschreiben, und hinter drein einen Brief zu sudeln, denn ich vermisse Sie warrlich schon, ob wir gleich nicht zwölf Stunden aus einander sind.

---

7. Vgl. Nr. 170. 17. Vgl. zu 210, 33. 19. Lavater war durch eine Broschüre seines Amtsgenossen Hottinger gehässig angegriffen, an die sich eine lebhafte Polemik knüpfte. 20. In dem zum Herzogtum gehörigen Amt Bürgel. 24. Vgl. zu 217, 5. 31. Auf Seite 1 des Briefes steht das Zigeunerlied aus dem „Götz".

Drunten sizzen sie noch, nach aufgehobnem Tische, und schmauchen, und schwazzen dass ich's durch den Boden höre, Einsiedels klingende Stimme voraus. Ich bin heraufgangen, es ist halb neune.

Wind und Wetter hat uns hergetrieben, auch Regen und was dran hängt. Die Klufft nach Jena hinein hat mich in glücklichem Abendsonnenblick mit all ihrer dürren Herrlichkeit angelächelt. Die Lage von Jena selbst mich gefreut, der Ort mich gedruckt, und zwischen da und hier war nicht viel Gassens, es kam ein Regen aus Italien, wie uns ein Alter versicherte, der mit dem Schubekarrn an uns vorbeyfuhr: In Italien sey warm, da komme der warme Wind her, in den dreysig sey er da gewesen, erzählte er so ganz flüchtig weg. Hier liegen wir recht in den Fichten drein. Bey natürlich guten Menschen. Ich hab Sie etliche mal auf dem Ritt gewünscht, auch hier, es würde Ihnen wohl seyn. Unterwegs haben wir in den Schencken den gedruckten Karl August gegrüst, und haben gefühlt, wie Lieb wir Sie haben, dass uns Ihr Nahme auch neben dem (L. S.) Freude machte. Einsiedel ist zu Bette. Sein Magen liegt schief, Kaffee und Brandwein wolltens nicht bessern. Ich will auch gehn. Gute, herzliche Nacht.

Noch ein Wort eh ich schlafen gehe. Wie ich so in der Nacht gegen das Fichtengebürg ritt; kam das Gefühl der Vergangenheit, meines Schicksaals, und meiner Liebe über mich, und sang so bey mir selber:

Holde Lili warst so lang
All mein Lust und all mein Sang
Bist ach nun all mein Schmerz und doch
All mein Sang bist du noch.

— —

Nun aber und abermal gute Nacht.

---

3. Friedrich Hildebrand v. Einsiedel (1750—1828), Jugendfreund Karl Augusts, 1776 Kammerherr der Herzogin Amalia, später Oberhofmeister, zuletzt Präsident des Appellationsgerichts in Jena. Als vielseitig begabter Dilettant war er eine der belebendsten Personen des Weimarischen Musenhofes. — Außer ihm waren anwesend: Kalb (vgl. zu Nr. 166) und Friedrich Justin Bertuch (1747 bis 1822), der nach theologischem und juristischem Studium Geheimsekretär und Schatullier des Herzogs wurde; er war als Schriftsteller und Uebersetzer (besonders aus dem Spanischen) thätig, vor allem aber als buchhändlerischer Unternehmer, Begründer des geographischen Instituts und des Landesindustriecomptoirs in Weimar. 15. Dem Wildmeister Slevoigt. 18. Wohl die Proklamation des Regierungsantrittes vom 3. September.

Gehab dich wohl bey den hundert Lichtern
Die dich umglänzen
Und all den Gesichtern
Die dich umschwänzen
Und umkredenzen.
Findst doch nur wahre Freud und Ruh
Bey Seelen grad und treu wie du.

Sontags [24. December] früh bey Tags Anbruch.

Fatales Tauwetter und so der ganze Ton des Tags verstimmt, wollen sehn wie wir ihn wieder aufbringen. Der herrliche Morgenstern den ich mir von nun an zum Wapen nehme, steht hoch am Himmel. Einsiedel ist in Geilheit starck befangen, ich habe die ganze Nacht von Heerzügen geträumt die alle wohl abgelauffen sind, besonders von einer Reise aus der Schweiz nach Pohlen, die ich that den Marschall Saxe zu sehen und unter ihm zu dienen, der eben in meiner Traum Welt noch lebte. Die Kirche geht an, in die wir nicht gehen werden, aber den Pfarrer lass ich fragen ob er die Odyssee nicht hat, und hat er sie nicht schick ich nach Jena. Denn unmöglich ist die zu entbehren hier in der homerisch einfachen Welt. Besonders fielen mir einige Verse ein, und recht auf, da ich heut früh lang ausgeschlafen hatte und es nicht Tag werden wollte, was ohngefähr heisst: Und in ihre Felle gehüllt lagen sie am glimmenden Heerde, über ihnen wehte der nasse Sturm durch die unendliche Nacht und lagen und schliefen den erquicklichen Schlaf biss zum spät dämmernden Morgen.

Ich muss nach Bürgel zum Recktor schicken um den Homer, hab indess in der Bibel gelesen. Hier ein Stück Jesaias: Siehe, der Herr macht's Land leer und wüste; und wirft um was drinnen ist, und zerstreuet seine Einwohner — der Most verschwindet, die Rebe verschmachtet, und alle die herzlich froh waren, ächzen. Der Paucken Jubel feyert, das festliche Jauchzen verstummt und der

---

1 Vgl. das Gedicht „An Belinden". — Das herzogliche Paar feierte das Weihnachtsfest am Hof zu Gotha. 12. In der That führte Goethe nach seiner Adelung (Diplom vom 10. April 1782) einen Stern im Wappen. 16. Moritz, Marschall von Frankreich (1696—1750). 23—27. Freie Komposition homerischer Phrasen, am ehesten an den Schluß des 14. Gesangs der Odyssee erinnernd (Ausg. der Weltlitteratur S. 163 f.). 30. Frei nach Kap. 24, V. 1—13.

Harfen Gesang ist dahin. Niemand singt mehr zum Weintrincken, das beste Getränck ist bitter dem Munde. Die leere Stadt ist zerbrochen, die Häuser sind verschlossen, niemand geht aus und ein. Eitel Wüstung ist in der Stadt, und die Tohre stehen öde. Denn im Land und im Volck gehts eben, als wenn ein Oehlbaum abgepflückt ist, als wenn man nachlieset so die Wein Erndte aus ist.

Nun muss ich einen Boten fortschicken der das nach Weimar trägt. Lassen Sie lieber gnädger Herr den Brief nicht sehen als Wedeln. Alles was mich umgiebt, Einsiedel, Kalb, Bertuch das ganze Haus legt sich zu Füssen.

Der Pflicht vergessen
Wir Fische nie.

Waldeck d. 24. Dez. 1775.

Goethe.

Sontags früh eilfe. Unser Bote ist noch nicht da, der Schrittschuhe mitbringt, ihm sind tausend Flüche entgegen geschickt worden, wir sind in der Gegend herumgekrochen und geschlichen. Gleich hinter dem Hausgarten führt ein wilder Pfad nach einem Felsen, worauf ein altes Schloß der Grafen von Gleichen stund, mitten im Fichtenthal, Bertuch hat mit seinem Mägdlein Rasen und Moos Bänke und Hüttchen und Plätzchen angelegt, die sehr romantisch sind, die Felsen hinab sind wilde Blicke, und ein offener, freundlicher über die Fichtentiefen nach Bürgel hin. Die Morgensonne war lieb. Ich stieg mit Bertuch seitwärts eine Felsenstiege ab zu einem Brunnen und Fischkasten, die Eiszapfen die Felsen herab! — Der Bote ist da, und nun aufs Eis. Seegen zum Morgen und Mahlzeit, lieber gnädiger Herr — — Die Schlittschue sind vergessen, ich habe gestrampft und geflucht, und eine Viertelstunde am Fenster gestanden und gemault, nun laben sie mich mit der Hoffnung es käm noch ein Bote nach. Muß also ohne geschritten zu Tische — Abends viere. Sind gekommen, habe gefahren und mir ists wohl.

Den ersten Feiertag früh achte. Hab ziemlich lange geschlafen die Sonne steht schon am Himmel. Der

---

10. Otto Joachim Moritz v. Wedel, Kammerherr und Oberforstmeister, Jugendfreund Karl Augusts († 1794). **12. 13.** Aus Wielands soeben im Merkur erschienenen „Wintermärchen" (Ausg. der Weltlitteratur II, 191 f.). **22.** Tochter des zu 231, 15 genannten Elevoigt, später Frau Bertuchs.

Abend gestern ward mit Würfeln und Karten vervagabundet. Dienstag [26. Dezember] Abends sechs. So auch der ganze heutige Tag! Nach Bürgel geritten! Das Amthaus ist schön. Wäre wohl einmal ein Sommerritt für Ihro Durchlaucht. Und das Revier Waldeck ist recht schön. Die Waldungen in gutem Stand, daß es wohl Freude ist. Der Hofrath Hochhausen hat ein Porträt vom Herzog Ernst August. Es hat was starres, scheues, bezeichnet einen Mann, der eigentlich nicht nachdenkt, mehr durch den ersten gegenwärtigen Eindruck sich bestimmen läßt, trocken, schroff, aber gut, und ohne den einwägenden Zug von Güte, bey übrigen trefflichen Anlagen Tyrann — Auch hing da der letzte Herzog von Weisenfels, Einsiedel musste mir seinen Charackter machen und trafs, Gradheit, Güte, vorschwebende Schwäche, Untätigkeit, und alles was daran hängt. — Drauf nach Hause. Die Odyssee war endlich aufgetrieben. Nach Tisch rammelten sich Rugantino und Basko, nachdem wir vorher unsre Imagination spazieren geritten hatten wies seyn möchte wenn wir Spizbuben und Vagabunden wären, und um das natürlich vorzustellen, die Kleider gewechselt hatten. Kraus war auch gekommen und sah in Bertuchs weissen Tressen-Rocke und einer alten Perrucke des Wildmeisters wie ein verdorbener Landschreiber, Einsiedel in meinem Frack mit blauem Krägelchen wie ein verspielt Bürschgen, und ich in Kalbs blauem Rock mit gelben Knöpfen rothem Kragen und vertrotteltem Kreuz und Schnurrbart wie ein Kapital-Spitzbube aus. —

173. An Herder.

Stetten bey Erfurt d. 2ten [Januar] 76.

Heut kann ich dir schon Hoffnung geben, was ich vorgestern nicht konnte. Und das thu ich gleich, nicht um dein, sondern der Frau willen. Ich bin mit Wielanden

---

7. Christian Hochhausen, Hof- und Landkammerrat, Amtmann in Bürgel. 8. Großvater Karl Augusts († 1749). 13. Johann Adolf II., mit dem diese Linie des sächsischen Hauses 1746 erloschen war. 14. D. h. ihn physiognomisch interpretieren. 17. Wie Zeile 1 Anspielung auf „Claudine von Villa Bella“, vgl. 204, 25. 21. Georg Melchior Krause aus Frankfurt, Zeichner und Maler (1733—1806), in Paris gebildet, seit einigen Jahren in Weimar. 29. In Bezug auf die Berufung nach Weimar, s. zu Nr. 170. 30. Ein Billet Goethes an Herder aus Erfurt vom 31. Dez. 1775 lautete: „Glaub und harre noch wenige Tage der Prüfung.“ Goethe hatte den Herzog dorthin begleitet. 31. Auf dem Gute Stetten bei Auguste v. Keller.

hier bey liebenden Menschen. Du musst ihm auch helfen seinen Merckur stärcken davon sein Auskommen und seiner Kinder Glück abhängt. Er wünscht dich her, hatte eh die Idee als ich. Weis aber nicht was iezt vorgeht. Ich hoffe du sollsts allein durch mich, und aus freyer Wahl des Herzogs haben; — der Stadthalter von Erfurt hat das beste von dir gesagt, und bestätigt dem iungen Fürsten deinen Geist und Kraft, ich habe für deine politische Klugheit in geistlichen Dingen gut gesagt, denn der Herzog will absolut keine Pfaffen Trakasserien über Orthodoxie und den Teufel, und da haben die Bahrdte euer Geschlecht stinckend gemacht — Ich wünsche dich meinem Herzog und ihn dir. Es wird euch beyden wohl thun, und — ia lieber Bruder, ich muss das stifften eh ich scheide. Leb wohl! Wie die Sache rückt sollst du Nachricht haben. Zerreiss meine Zettel wie ich gewissenhafft die deinigen. G.

174. An Johanna Fahlmer.

[Weimar, 5. Januar 1776.]

Liebe Tante, ich sollt an meine Mutter schreiben, drum schreib ich an Sie dass ihr zusammen meinen Brief geniesst und verdaut. Ich bin immer fort in der wünschenswerthsten Lage der Welt. Schwebe über all den inrsten grössten Verhältnissen, habe glücklichen Einfluss, und geniesse und lerne und so weiter. Jezt nun aber brauch ich Geld — denn niemand lebt vom Winde — so wollt ich nur sagen Täntgen überleg sie's mit der Mutter, ob der Vater Sinn und Gefühl, ob all der abglänzenden Herrlichkeit seines Sohnes hat, mir 200 f zu geben oder einen Theil davon. Mag das nicht gehn so soll die Mutter M e r c k e n schreiben dass der mir's schickt. Das schicklichste wär, in Golde mit dem Postwagen, unter andern Sachen — Nimm Sie liebe Tante das auf die Schultern. Und macht mir's r i c h t i g. D e n n i c h m u s s s e y n i n d e m w a s m e i n e s V a t e r s i s t. Ich kann nichts einzeln schreiben. Die Zeit mags lehren. Schreiben Sie mir manch mal was, ich bitte, denn

---

3. Die Zeitschrift erschien in Wielands Selbstverlag. 6. Karl Theodor v. Dalberg, s. Adressatenverzeichnis. 9. Herders Berufung fand, da er als religiöser Freigeist verrufen, heftigen Widerstand. Vgl. 236, 21. 11. Vgl. zu 124, 28. 14. Goethes Aufenthalt in Weimar war zunächst und immer noch nur als ein längerer Besuch gedacht. Vgl. 228, 11. 238, 12. 31. 240, 12. 241, 6. 242, 25. 250, 1. 28. Vgl. zu 236, 17. 238, 7.

so wohl mir's geht, ists doch manchmal noth. Addio. Grus an Frizzen.

Eben krieg ich die Schachtel mit dem Vorrath. Mama soll mir mit Gelegenheit die Schrifften Hamans schicken die von Reich gekommen sind.

175. An Merck.

[Weimar, 5. Januar 1776.]

Ist mir auch Säu wohl geworden, dich in dem freyweg Humor zu sehn. Ihr werdet wohl zusammenfahren, und so auch was singen, daß der König und die Königin pp.

Ich treib's hier freylich toll genug, und denck oft an dich, will dir auch nun deine Bücher schicken, und bitte dich, Vater und Mutter ein bissel zu laben. Hab dich auch herzlich lieb.

Wirst hoffentlich bald vernehmen, daß ich auch auf dem Theatro mundi was zu tragiren weiß und mich in allen tragikomischen Farcen leidlich betrage. Addio. Ich hab meiner Mutter ein Geschäfft an dich aufgetragen. Ich höre, ihr seyd leidlich zu Stande. Verlaß dich, daß ich dir nicht fehle. G.

176. An Herder.

[Weimar, 7. Januar 1776.]

Lieber Bruder, nenne mir nur einen einzigen Theologen, der rechtgläubigen Nahmen hat und gut für dich ist. Der wenn man ihn fragte, guts von dir sagte. Denn in meiner politischen Chrie gilts hier Sum a testimonio. Befolge was ich dir schreibe pünctlich als Commando und glaub dass alles durchgedacht — durchempfunden ist.

ich hab mir bey der Schlittenfahrt mit der Peitsche höllisch übers Aug gehaun — drum schreib ich so quir.

---

4. Vgl. zu 199, 21. Goethe hatte den Leipziger Buchhändler am 2. Nov. 1775 um Sendung von 11 Schriften Hamans ersucht. 6. Der Brief bildet die Nachschrift zu einem solchen Wielands. Dieser schloß: „Nun cede majori“ [weiche dem Größeren]! Goethe ὁ πανυ [der allberühmte, der Allerweltskerl] will auch ein paar Worte mit Ew. Liebden sprechen.“ 9. Ergänzung des Citats am Schluß von Nr. 250. 17 Vgl zu 235, 28. 21. Vgl. zu 235, 9 und Nr. 170.

177. An Charlotte v. Stein.

[Weimar, etwa 8. Januar 1776.]

Ich muss Ihnen noch einen Danck für das Wurst Andencken und eine Gute Nacht sagen. Mein Peitschen Hieb übers Aug ist nur *allegorisch* wies der *Brand* an meinem Billet von heut früh auch ist. Wenn man künftig die Fidibus hier zu Lande so galant kneipen wird wie ein süss *Zettelgen*, wirds ein trefflich leben werden.

Ich bin geplagt und so gute Nacht. Ich hab *liebe* Briefe kriegt, die mich aber peinigen weil sie *lieb* sind. Und alles *liebe* peinigt mich auch hier ausser *Sie* liebe Frau, so **lieb** Sie auch sind. Drum das einaugige Gekrizzel zu Nacht. G.

178. An Lavater.

Der Herzog hat mir sechs Schädel kommen lassen, habe herrliche Bemerkungen gemacht die Ew. Hochwürden zu Diensten stehn, wenn dieselben sie nicht ohne mich fänden.

Grüs Bäben und alles.

Wenn *ich* ihn ein andermal um etwas frage; so antwort er **mir**! — Warum wegen Herders an Louisen?!!! — Transeat cum ceteris propheticis erroribus - - — — - -

Schick nur immer was du hast, ich kann auch nicht auf den Stuz arbeiten.

Haben so viel *Krieger* im *Kupfer* das Schwerdt in

---

2. Ueber die erste Berührung Goethes mit der Adressatin vgl. zu 212, 29. — Vorliegendes Billet ist das erste mit Sicherheit datierte aus der großen Masse, die in mehreren Ausgaben der Briefe Goethes an Frau v. Stein, auch in einer vierbändigen der „Bibliothek der Weltlitteratur" vollständig gedruckt vorliegen. Im Hinblick auf die bequeme Zugänglichkeit dieser Ausgaben und auf die in den „Vorbemerkungen" entwickelten Grundsätze dieser Auswahl versteht es sich, daß hier nur die wichtigsten der fast 1800 Billets und Briefe an Charlotte v. Stein erscheinen; nur hier und da ist auch einmal eine weniger bedeutende Nummer eingestreut, damit in dem großen Konzert dieser Ton doch immerfort mitklinge. 7. Man liebte es damals, die Billets eng zu rollen und diese Rollen so einzukneifen, daß im rechten Winkel miteinander wechselnde Eindrücke entstanden; ein so verschlossenes Papier sieht, wenn man es öffnet, wie ein Gelatineblatt aus und läßt sich nicht unbemerkbar in die Form der eingekniffenen Rolle zurückbringen. 14. Goethe besprach diese und andere Tierschädel in den Phys. Fragm. II, 137—142. Vgl. zu 242, 1. 16. Vgl. zu 217, 5. 19. Vgl. zu Nr. 170 und 242, 5. 20. „Es gehe dahin mit den andren Fehlgriffen des Propheten." 23. Infolge des Negativabdrucks der Kupferplatten.

der lincken Faust — Mag wohl unser Engel den Stern auf der rechten Brust haben.

Immer die Briefe an mich hierher.

Weimar

Wielands Stube d. 22. Jan. 76.

179. An Merck.

Weimar, d. 22. Jan. 1776.

Ich hab das Geld, lieber Bruder, erst den 19. Januar kriegt! Was du mir länger als März lassen kannst, das thu; was du aber wieder brauchst, sollst du haben. Hier hast du einen Schein.

Ich bin nun ganz in alle Hof- und politische Händel verwickelt und werde fast nicht wieder weg können. Meine Lage ist vortheilhaft genug, und die Herzogthümer Weimar und Eisenach immer ein Schauplatz, um zu versuchen, wie einem die Weltrolle zu Gesichte stünde. Ich übereile mich drum nicht, und Freyheit und Gnüge werden die Hauptconditionen der neuen Einrichtung seyn, ob ich gleich mehr als jemals am Platz bin, das durchaus ige dieser zeitlichen Herrlichkeit zu erkennen. Eben drum Adieu! — Ich hab einen Streich gemacht, der hoffentlich durchgeht und dir hoher Spaß seyn wird.

Lieber Bruder, freue dich der Beylage, schick's aber gleich mit dem Brief, auf reitender Post, an meine Schwester.

180. An Herder.

[Weimar, 24.? Januar 1776.]

Bruder sey ruhig, ich brauch der Zeugnisse nicht, habe mit trefflichen Hezpeitschen die Kerls zusammengetrieben, und es kann nicht lang mehr stocken so hast du den Ruf. Ich will dir ein Pläzgen kehren, dass du gleich hier sollst die Zügel zur Hand nehmen. Vielleicht bleib ich auch eine Zeitlang da. — Wenn ich das ins rein hab, dann ist mirs

---

1. Die Herzogin Louise, vgl. 204,6. 240,27. 7. Vgl. zu Nr. 174. 12. Vgl. zu 235,14. 20. Herders Berufung, s. zu Nr. 170. 31. Vgl. zu 235,14. Am 29. Jan. schrieb Goethe an Charlotte v. Stein: „Es geht mir verflucht durch Kopf und Herz, ob ich bleibe oder gehe.“ Am 26. Wieland an Merck: „Goethe kömmt nicht wieder von hier los. Karl August kann nicht mehr ohne ihn schwimmen noch waten. 's ist aber doch noch nichts Entschiedenes ... Der

auf eine Weile wohl; denn mit mir ists aufgestanden und schlafen gangen, das Projeckt, und durch die besten Weege. Eh du herkommst Bruder, muss noch erst bellus modus vieler Sachen verabredt werden. Unser Herzog ist ein goldner Junge. Die Herzoginnen wünschen dich auch. Schreib mir doch einmal weitläufig. — — Es geht nichts in der Welt mit coups de baguette — und doch auch —

Vielleicht kriegst du den Ruf mit dieser Post schon.

181. An Charlotte v. Stein.

Lieber Engel, ich komme nicht ins Conzert. Denn ich bin so wohl, daß ich nicht sehen kann das Volck! lieber Engel Ich lies meine Briefe holen und es verdross mich dass kein Wort drinn war von dir, kein Wort mit Bleystifft, kein guter Abend. Liebe Frau, leide dass ich dich so lieb habe. Wenn ich iemand lieber haben kann, will ich dir's sagen. Will dich ungeplagt lassen. Adieu Gold. du begreiffst nicht wie ich dich lieb hab.

G. d. 28. Jan. 76.

182. An Bürger.

Dein Brief lieber Bruder that mir weh da er mich in einer glücklichen Stimmung traf. — Da ich iezt in einer Lage bin da ich mich immer von Tag zu Tage aufzubieten habe, tausend grosem und kleinem, Liebe und Hass, Hundsfütterey und Kraft, meinen Kopf und Brust entgegen sezzen muss so ist mir's wohl. O du lieber einsamer! — Hätt ich ein Weib und Kind für das alles, was dünkt ich mir zu seyn — So sind wir, und so müssen wir seyn. Hier was süser Junge das dir soll Liebes und Lebens Wärme in den Schnee bringen. Lies, lass dir wohl werden. Herz die deinen und denck mein. Den 2. Febr. im Augenblick des Empfangs deines Briefs. 76. Weimar.

Hof oder vielmehr seine liaison mit dem Herzog verderbt ihm viel Zeit, um die 's herzlich Schad' ist. Und doch, bei diesem herrlichen Gottes-Menschen geht nichts verloren."

5. Amalia und Louise. 26. Die soeben im Druck erschienene „Stella", vgl. zu 195, 2.

183. An Johanna Fahlmer.

Liebe Tante, ich höre nichts von Ihnen, wie Sie nichts von uns, doch Sie müssen bey der Frau Aya manches vernehmen, und ich dächte, Sie schrieben mir manchmal aus Ihrem Herzen, dass ich nicht so ganz fremd würde mit euch. Ich richte mich hier in's Leben, und das Leben in mich. Ich wollt ich könnt Ihnen so vom innersten schreiben, das geht aber nicht, es laufen so viel Fäden durch einander, so viel Zweige aus dem Stamme die sich kreuzen, dass ohne Diarium, das ich doch nicht geschrieben habe, nichts anschaulich's zu sagen ist. Herder hat den Ruf als Generalsuperintendent angenommen.

Ich werd auch wohl dableiben und meine Rolle so gut spielen als ich kann und so lang als mir's und dem Schicksaal beliebt. Wär's auch nur auf ein paar Jahre, ist doch immer besser als das untätige Leben zu Hause wo ich mit der grössten Lust nichts thun kann. Hier hab ich doch ein paar Herzogthümer vor mir. Jezt bin ich dran das Land nur kennen zu lernen, das macht mir schon viel Spaas. Und der Herzog kriegt auch dadurch Liebe zur Arbeit, und weil ich ihn ganz kenne bin ich über viel Sachen ganz und gar ruhig. Mit Wieland führ ich ein liebes häusliches Leben, esse Mittags und Abends mit ihm wenn ich nicht bey Hofe bin. Die Mägdlein sind hier gar hübsch und artig, ich bin gut mit allen. Eine herrliche Seele ist die Frau von Stein, an die ich so was man sagen mögte geheftet und genistelt bin. Louise und ich leben nur in Blicken und Sylben zusammen, sie ist und bleibt ein Engel. Mit der Herzoginn Mutter hab ich sehr gute Zeiten, treiben auch wohl allerley Schwänck und Schabernack. Sie sollten nicht glauben wie viel gute Jungens und gute Köpfe beysammen sind, wir halten zusammen, sind herrlich unteris und dramatisiren einander, und halten den Hof uns vom Leibe. Schicken Sie mir doch bald möglichst von den grosen Dames Federn, Sie wissen ja solche Hahnenkämme 2 Rosen-

---

2. Vgl. zu 210, $_{22}$. 10. Vgl. zu Nr. 170. 12. Vgl. zu 235, $_{14}$. 27. Vgl 204, $_{6}$. 238, $_{1}$. 29. Die noch jugendliche Herzogin Amalia (1739—1807) war das belebende Element des Weimarischen Hofes, besonders auch in litterarischer, theatralischer und musikalischer Hinsicht. Als Regentin hatte sie seit dem frühen Tode ihres Gatten, des Herzogs Ernst August Konstantin (1758) bis zum Regierungsantritt Karl Augusts (3. Sept. 1775) sehr segensreich gewirkt.

rothe, 2 Weiſe, ſo ſchön Sie ſie haben können, und den Preis. Sie ſollen das Geld gleich haben. Friz und alle meine Freunde klagen über mich! d. 14. Febr. 76.

184. An Johanna Fahlmer.

Liebe Tante ein politiſch Lied! Wären Sie hier, könnten Sie die Ehre alle Tage haben. Es iſt nun wohl nicht anders ich bleibe hier und nun muß ich euch auf einen Beſuch vorbereiten. Beherzigen Sie dieſen Brief mit der Mama. Der Oberſtallmeiſter v. Stein geht ehſtens durch Frankfurt und wird Vater und Mutter beſuchen. Es iſt ein braver Mann, den ihr wohl empfangen mögt, nur muſſ man über meinen hieſigen Zuſtand nicht allzu entzückt ſcheinen. Ferner iſt er nicht ganz mit dem Herzog zufrieden, wie faſt all der Hof weil er ihnen nicht nach der Pfeife tanzt, und mir wird heimlich und öffentlich die Schuld gegeben, ſollt er ſo was fallen laſſen, muß man auch drüber hingehn. Ueberhaupt mehr fragen als ſagen, ihn mehr reden laſſen als reden, das übrige laſſe ich euren Klugheiten. Ich wollt die Geſchichte meiner vier letzten Monate lies ſich ſchreiben, das wär ein Fras für ein gutes Volk. Lebt wohl und ſchreibt mir daſſ Euer Andenken erhalten war für und für.

19. Febr. 76. G.

185. An Lavater.

[Weimar, Ende Februar 1776.]

Ich hab mich über deine Plans Wirthſchafft ein biſſel geärgert, ich ſah lang daſſ du meinen nicht befolgen würdeſt, nun auch gut wenn du deinen haſt und ihn ohne mich ausführen kannſt. Nur kommt iuſt alles was ich gemacht habe nicht in den Theil. Haman mach ich nicht. Das verſprech ich dir aber daſſ ich biſſ zu Ende will alles ordentlich halten und beſorgen. Nur ſchick alles und wie du's förderſt an Wieland. Wir machen vielleicht eine Reiſe der Herzog und ich, es ſoll aber doch nichts hindern. Haſt du Ari-

---

2. Jacobi, bei dem Goethe wie bei Merck und anderen ein Anlehen gemacht zu haben ſcheint. Vgl. 243, 3. 6. Vgl. zu 235, 14. 8. Charlottens Gatte (1735—93). 20. D. h. mein Andenken bei Euch. 28. Den zweiten der Phyſiogn. Fragmente. Vgl. zu 230, 1. 30. Vgl. zu 174, 32. 31. Nach Leipzig, vgl. Nr. 188—191.

stoteles über die Phisiognomick gelesen? eine Stelle daraus wird über den Thierschädeln paradiren, vielleicht ein Auszug am Ende des zweyten Theils, leb wohl und liebe.

Herder wird General Superndendt pp. — —

Wenn **ich** dich künftig frage so antworte **mir** — es kann all gut seyn was du **dir denckst** und **wähnst**, aber wenn *ich* frage musst du nie *Weibern* antworten. Wie man auch *dem* nie *schreiben* soll als *dem* mit *dem* man *gelebt* hat und nur im Maas als man mit ihm *gelebt* hat. — Ich hoffe und fühle der Ton deines dritten Theils wird weniger *zitternd* und *bebend* seyn. Ich wollte das ausstreichen. Aber wenn du's schreiben konntest, mags auch gedruckt werden.

NB. Du nimmst in Liebe † zu mir ab. — —

Schreibst mir nur wenn du mich brauchst! —

Merck dir das und gönne mir auch eine gute Stunde.

† i. e. Ausdruck der Liebe — Nothwendige Wort und Sprach Coexistenz, d. heist ich bin dir nun abgethanes Ding. — Amen.

186. An Johanna Fahlmer.

Liebe Tante. Schreibt mir und liebt mich. Sorgt nicht für mir. Ich fresse mich überall durch wie der Schwärmer sagt. Jezt bitt ich euch beruhigt euch *ein vor allemal*, der Vater mag kochen was er will, ich kann nicht immer *darauf* antworten nicht immer *die* Grillen zurecht legen. Soviel ists: Ich bleibe hier, hab ein schön Logis gemieth, aber der Vater ist mir *Ausstattung* und *Mitgift schuldig* das mag die Mutter nach ihrer Art einleiten, sie soll nur kein *Kind* seyn, da ich *Bruder* und *alles* eines Fürsten bin. Der Herzog hat mir wieder 100 Dukaten geschenkt. *Gegeben*. Wie ihr wollt — ich bin ihm

---

1. Phys. Fragm. II, 139 (vgl. zu $237,_{14}$) in Uebersetzung von Goethe, während der „Auszug" (erst im 3. Bande) von Lavater stammt. 4. Vgl. zu Nr. 170. 5. Vgl. zu $237,_{18}$. 8. Dementsprechend schrieb Goethe am 11. Febr. an Auguste Stolberg nur die Worte: „Könntest du mein Schweigen verstehen! Liebes Gustgen! — Ich kann, ich kann nichts sagen!" Vgl. jedoch Nr. 193. 11. Lavaters Schreibart entsprach seinem Denken: klarer Logik abhold, taumelte er in stammelnder und lallender Ekstase. 21. Das Wort „Schwärmer" ist undeutlich. 25. Wieland an Merck 25. März: „Goethe bleibt nun wohl hier, so lange Karl August lebt, und möchte das bis zu Nestors Alter währen. Er hat sich ein Haus gemiethet, das wie eine kleine Burg aussieht ... ist auch im Begriff einen Garten zu kaufen." Vgl. zu $235,_{14}$. $250,_{1}$.

was ich ihm seyn kann, er mir was er seyn kann — das mag nun fortgehn wie und so lang das kann. Ich bin noch allerley Leuten schuldig das thut mir nichts — Aber die Mutter soll nur ihre Schuldigkeit thun, und sehn was auf den Vater möglich ist ohne sie zu plagen! — Wenn sie allenfalls Geld braucht und kanns vom Vater nicht haben; so will ichs ihr schicken.

d. 6. Merz. G.

Das Geld für die Federn schick ich nächstens.

187. An Johanna Fahlmer.

Liebe Tante übermorgen reisen wir ab nach Dessau, ich sehe also Leipzig wieder, wird wunderbaare Empfindung seyn. Sagen Sie niemand nichts. Die Mama mag wenn der Vater sich erklärt hat was er mir zur Ausstattung geben will, vorzüglich mich mit grosem Geräthe und noch einigen guten Manschetten, (versteht sich recht guten), versehen. Alle meine Meubles hat der Herzog heimlich befohlen mir machen zu lassen um mir ein Geschenck mit bey unsrer Wiederkunft zu machen. Das braucht aber der Vater auch nicht zu wissen. Lebt wohl ich schreib noch von Dessau aus vielleicht.

d. 18. Merz 76. G. Weimar.

Die Mama soll nur auch an ihre Cassе dencken, ich hab sie rasend ausgeben gemacht. Es ist auch noch ein Conto an Schneider Eberhard zu bezahlen. Ferner soll sie nur alle Kleider die von mir zurück sind verkaufen.

188. An Charlotte v. Stein.

[25. März 1776.]

Naumburg früh 5. mit Tags Anbruch komm ich an. Ein wunderbaares liebes Dämmerlicht schwebt über allem. Ich habe viel gefroren und was das beste ist auch viel geschlafen. Jezt schläffst du auch! vielleicht wachst du einen Augenblick auf und denckst an mich. Ich bin ruhig, dencke an dich, und von dir aus an alles was ich lieb habe. — Wie anders! Lieber Gott wie anders! als da ich vor zehen

---

3. Vgl. zu 241, 2. 23. Vgl. 227, 28. 25. Ohne den Herzog (vgl. 241, 31), dessen zarte Gesundheit durch übertriebene Strapazen einen ernsten Stoß bekommen hatte. Auch Goethes Abreise verschob sich durch Erkrankung. — Vgl. zu 246, 12. 247, 8. 248, 26. 32. Im Oktober 1765, vgl. zu 5, 31.

Jahren als ein kleiner, eingewickelter, seltsamer Knabe in eben das Posthaus trat — Wie viel hat nicht die Zeit durch den Kopf und das Herz müssen, und wieviel wohler, freyer, besser ist mir's nicht. —

189. An Charlotte v. Stein.

Leipzig d. 25. [März 1776] Nachts 10.

Nun hier! — Nur mündlich unaussprechliche Worte. Alles ist wies war, nur ich bin anders — Nur das ist geblieben was die reinsten Verhältnisse zu mir hatte damals — Mais — ce n'est plus Julie — Adieu. — Ich bin dumpf im Schlaf — Die Schröter ist ein Engel — wenn mir doch Gott so ein Weib bescheeren wollte dass ich euch könnt in Frieden lassen — Doch sie sieht dir nicht ähnlich gnug. Ade. — —

190. An Karl August.

Lieber Herre, da bin ich nun, in Leipzig, ist mir sonderlich worden beym Nähern, davon mündlich mehr, und kann nicht genug sagen wie sich mein Erdgeruch und Erdgefühl gegen die schwarz, grau, steifröckigen, krumbeinigen, Perrückengeklebten, Degenschwänzlichen Magisters, gegen die Feyertags berockte, Allmodische, schlanckliche, vieldünckliche Studenten Buben, gegen die zuckende, krinsende, schnäbelnde, und schwumelende Mägdlein, und gegen die strozzliche, schwänzliche und finzliche Junge Mägde ausnimmt, welcher Greuel mir alle heut um die Thoren als an Marientags Feste entgegnet- sind. Dagegen preservirt mein äuseres und inneres der Engel die Schrötern von der mich Gott bewahre was zu sagen. Sie grüsst und Steinauer nach Maasgabe ihres Beyleyds über Hochdero Ausenbleiben und so weiter. Ich bin seit vier und zwanzig Stunden (denn es ist netto Abends Achte) nicht bey Sinnen, das heisst bey zu vielen Sinnen, über und unsinnlich. Habe

---

9. Aus der Nouvelle Héloise von Rousseau. 10. Die Sängerin Corona Schröter (1751—1802), aus Schlesien gebürtig, war seit 1765 in Leipzig, wo Goethe sie schon als Student hörte, kennen lernte und besang. Im Nov. 1776 übersiedelte sie als Vokalistin der Hofkapelle nach Weimar. 13. Am 26. März schrieb Goethe an Charlotte: „Ich bin bey der Schrötern — ein edel Geschöpf in seiner Art, ach wenn die nur ein halb Jahr um Sie wäre! beste Frau, was sollte aus der werden!" 27. Kaufmann in Leipzig.

die Nacht durch manches Knäulgen Gedancken Zwirn auf und abgewickelt, diesen Morgen stieg mir die göttliche Sonne hinter Naumburg auf. Ade lieber gnädiger Herr! — Und somit können Sie nie aufhören zu fühlen, dass ich Sie liebhabe. NB. Bleibe das wahre Detail zur Rückkunft schuldig, als da sind pp. Leipzig d. 25. Merz 76. G.

191. An Charlotte v. Stein.

Liebe Frau. Ihr Brief hat mich doch ein wenig gedrückt. Wenn ich nur den tiefen Unglauben Ihrer Seele an sich selbst begreifen könnte, Ihrer Seele, an die tausende glauben sollten um seelig zu werden. — Man soll eben in der Welt nichts begreifen, seh ich ie länger ie mehr. — Ihr Traum Liebste! und Ihre Trähnen! — Es ist nun so! das Würckliche kann ich so ziemlich meist tragen; Träume können mich weich machen wenn's ihnen beliebt. — Ich habe mein erstes Mädgen wieder gesehen — Was das Schicksaal mit mir vorhaben mag! Wie viel Dinge lies es mich nicht auf dieser Reise in bestimmtester Klarheit sehn! Es ist als wenn diese Reise sollt mit meinem vergangenen Leben saldiren. Und gleich knüpfts wieder neu an. Hab ich euch doch alle. Bald komm ich. Noch kann ich nicht von der Schrötern weg. Ade! Ade!

d. letzten Merz 76. Leipzig. G.

192. An Oeser.

Ich bin verschwunden wie ich erschienen bin. Liebster Mann tausend Danck für alles, und unveränderliche Liebe in saecla saeclorum. Grüsen Sie Ihre ganze Famielie und Beckern. Vergessen Sie die Abgüsse nicht und schicken sie bald. Der Herzog hat auf meine Beschreibung Lust zu den Snayers gekriegt, man muss sehn wie sie ihm gegenwärtig behagen. Drum bitt ich Sie, mir sie wohl gesäubert und wohl gepackt mit dem Postwagen zu über-

---

15. Käthchen Schönkopf als Frau Dr. Kanne, vgl. zu 78, 3. 86, 27. 26. Wilh. Gottl. Becker (1753—1813), Jurist und Kunstliebhaber, vorübergehend Lehrer („M." = „Magister") an Basedows Philanthropinum in Dessau. 28. Kupferstiche nach Franz Snyders, dem niederländischen Tier- und Stilllebenmaler (1579—1657). — „gegenwärtig" = wenn er sie sieht.

senden. — Ich habe Leipzig ungern verlassen, — M. Becker soll mir manchmal schreiben.

Weimar d. 6. Apr. 1776. Goethe.

193. An Auguste zu Stolberg.

Kranck Gustgen! dem Todte nah! Gerettet liebster Engel, und das mir alles auf einmal — zu einer Zeit wo ich immer dachte warum schreibt Gustgen nicht? Ist sie nicht mehr wie sonst, hat ihr Stella nicht gezeugt dass ich ihr alter bin obschon ich nicht schreibe, denn wie ich jezt lebe — Ach Engel es ist Lästrung wenn ich mit dir rede! ich will lieber gar nicht beten als mit fremden Gedancken gemischt — Auch dies schreib ich in des Herzogs Zimmer den ich fast nicht verlasse. Mein Herz mein Kopf — ich weis nicht wo ich anfangen soll, so tausendfach sind meine Verhältnisse und neu, und wechselnd aber gut — Gustgen nur Eine Zeile von deiner Hand, nur Ein Wort dass du auch mir wieder lebst. Adieu Liebe! Liebe.

Mittwoch nach Ostern [10. April] 76. G.

194. An Johanna Fahlmer.

[Weimar, 10. April 1776.]

Liebe Tante lohn euch alles Gott. Mir ist wieder hier ganz wohl. NB. Brauchte ein schön Duzzend Holländische Schnupftücher recht gros, und ein Paar recht gute Manschetten — Mittel sorte hab genug. Lebt wohl und froh.

Von Lili nichts mehr, sie ist abgethan, ich hasse das Volck lang im tiefsten Grunde. Der Zug war noch der Schlussstein. Hol sie der Teufel. Das arme Geschöpf bedaur ich dass sie unter so einer Race gebohren ist. Adieu Tante du bist immer die liebe, gleiche! — Grüs Frizzen. Nächstens einen Brief von mir an den Vater, von erhabner Composition.

---

7. Vgl. zu 239, 27. 8. Vgl. zu 212, 8. 12. Vgl. zu 213, 25. 247, 9. 24. Vgl. 255, 17. Vermutlich wollten Lilis Verwandte das gelöste Verhältnis wieder anknüpfen, nachdem Goethe in Weimar eine glänzende Stellung zu finden schien. 28. Einziges „du" an die Adressatin vor Nr. 234.

195. An Wieland.

[Weimar, April 1776.]

Ich kann mir die Bedeutsamkeit — die Macht, die diese Frau über mich hat, anders nicht erklären als durch die Seelenwanderung. — Ja, wir waren einst Mann und Weib! — Nun wissen wir von uns — verhüllt, in Geisterduft. — Ich habe keine Namen für uns — die Vergangenheit — die Zukunft — das All.

196. An Charlotte v. Stein.

Der Herzog war die ganze Nacht ruhig, er schläfft noch halb neun wie es ist. Hier ist Lavater. Wieland sagte mir gestern wodurch ich Sie beleidigt hätte. Mir ists lieb dass ich's weis — Sie thun mir Unrecht, ich weis dass ich's gesagt habe, erinnre mich aber nicht mehr auf was, wie mich dünckt war's in Wind, um was zu reden da oben herunter. — An Sie hab ich nicht gedacht, da wär's schändlich. Adieu liebe Schwester weils denn so seyn soll. Haben Sie eine Ahndung mich heut zu sehen? Hier ist was für die Grasaffen! —

Wenn's Ihnen einmal so ist schreiben Sie mir doch mein Gedicht ab, ich habs nicht mehr, möchts von deiner Hand — sollst auch Ruh vor mir haben.

d. 16. Apr. 76. G.

Der Herzog ist munter aufgewacht.

197. An Karl August.

[Ilmenau, 4. May 1776.]

Wie mir's gangen ist müssen Sie gleich wissen, Sonnabend früh 11 Uhr schreib ich dies, Ilmenau im Amthause.

---

2. Die Zeitbestimmung dieses Fragments ergibt sich mit Wahrscheinlichkeit durch Vergleichung mit der folgenden Nummer und mit den am 14. April an Charlotte gerichteten Versen:

„Sag, was will das Schicksal uns bereiten?
Sag, wie band es uns so rein genau?
Ach, du warst in abgelebten Zeiten
Meine Schwester oder meine Frau."

8. Vgl. zu 243, 25. 246, 12. 9. Manuskript zum 2. Bande der Phys. Fragmente. 17. Die Kinder. 19. Das zu voriger Nummer erwähnte („Warum gabst du uns die tiefen Blicke").

Ich bin keine sechs Stunden geritten, also wie sich's gehört, des Husars Pferd wollte nicht mehr fort gegen das Ende, und hinter Büchenloh auch mein's nicht mehr. Da kam ich in ein sehr spizzigs Nachtrieseln das grad vom Wald kam, und traf endlich glücklich betreckt ein. Der Brand war lange nieder, wie Sie einen Boten müssen gegen 7 Uhr gehabt haben. Ich muss die Anstalten die dabey vorgekehrt wurden rühmen, wie die Obern die Bereitwilligkeit und Ausdauer der Subalternen loben, eine Gasse mit dürren Schindeldächern wurde mit groser Arbeit gerettet, woran die Erhaltung des Oberntheils der Stadt, des Amt und Rathhauses hing, es sind nur geringe Häuser und arme Leute verunglückt, die doch wenig gerettet haben, Bergleute, Leineweber, Taglöhner.

Von dem Raub haben Sie nun den Bericht wohl gesehn. Man hat gestreift, nichts gefunden — die 6 Husaren sind heut eilfe hergekommen, durchs Arnstädtische visitirend. Und wollen morgen auf Frauenwalde, ich will mit. Man trägt sich mit Historien vom Teufel, entkleideten Weibern, Drohungen, auf die Frauenwalder, es sollen vier hagere Kerls seyn, einer im rothen Rocke, und ein Schüler von Schleusingen soll dabey seyn, in Eisfeld haben sie einen erwischt sagt man — das mag denn nun seyn, wie die Gerüchte gewöhnlich.

Hernach hab ich noch eine Lecktion für Sie! — da ich so auf dem Weeg über Ihre allzugrose Hizze bey solchen Gelegenheiten dachte, dadurch Sie immer im Fall sind, wo nicht was unrechts doch was unnötigs zu thun und Ihre eignen Kräffte und die Kräffte der Ihrigen vergebens anzuspannen, drum hab ich auch Staffen und Wedeln gebeten zurück zu bleiben, da ich selbst mehr da bin um Ihnen vom Ganzen Nachricht zu geben und mich zu unterrichten als etwas zu nuzzen. Bey der Gelegenheit, zieh ich von manchem Erkundigung ein, habe traurig die alten Ofen gesehen. Aber die Gegend ist herrlich herrlich! —

NB. Es waren 19 Sprüzen und sehr treue Hülfe

---

5. Eine Feuersbrunst und der gleich erwähnte Raub waren die Veranlassung dieses Rittes, der für das Herzogtum wie für Goethes fernere Thätigkeit von Bedeutung wurde. Denn schon bei diesem ersten Aufenthalt in Ilmenau faßte Goethe den Plan, die seit mehr als 30 Jahren verlassenen Bergwerke wieder in Betrieb zu setzen. Vgl. Zeile 34 u. 257, 32. **26.** Vgl. zu 243, 25. **30.** Vgl. zu 233, 19. Aug. Wilh. Ferd. v. Staff war Forstmeister in Ilmenau, sein Sohn Christian Friedr. August Jagdjunker in Weimar.

der Benachbaarten hie. Seyn Sie hübsch ruhig so viel's seyn kann, leben Sie als homme de lettre und Privatmann, schonen Sie die Hüffte bey dem Wetter, hier ist schon den ganzen Morgen Schnee. Addio. Mein Andencken der Chère Mama. Seyn Sie mir lieb. G.

198. An Klopstock.

Weimar d. 21. Mai 1776.

Verschonen Sie uns ins Künftige mit solchen Briefen, lieber Klopstock! Sie helfen nichts, und machen uns immer ein paar böse Stunden.

Sie fühlen selbst daß ich nichts darauf zu antworten habe. Entweder müßte ich als Schul Knabe ein pater peccavi anstimmen, oder mich sophistisch entschuldigen, oder als ein ehrlicher Kerl vertheidigen, und dann käm vielleicht in der Wahrheit ein Gemisch von allen Dreien heraus, und wozu?

Also kein Wort mehr zwischen uns über diese Sache! Glauben Sie, daß mir kein Augenblick meiner Existenz überbliebe, wenn ich auf all' solche Briefe, auf all' solche Anmahnungen antworten sollte. — Dem Herzog thats einen Augen Blick weh, daß es von Klopstock wäre. Er liebt und ehrt Sie. Von mir wissen und fühlen Sie eben das. — Graf Stolberg soll immer kommen. Wir sind nicht schlimmer, und wills Gott, besser, als er uns selbst gesehen hat. G.

199. An Auguste zu Stolberg.

[Weimar, 17.—24. Mai 1776.]

d. 17. May. Morgens 8. Guten Morgen Gustgen. Nichts als dies zur Grundlage eines Tagbuchs für dich. Ach du nimmst an dem unsteten Menschen noch Theil, der seit er dir nichts von sich schrieb, seltsame Schicksaale gehabt hat. Ich fühle dass ich dir nicht alles sagen kann, drum mag ich nichts sagen. Adieu! —

———

6. Gerüchte über den Lebenswandel des Herzogs und Goethes hatten den Messiasdichter zu einem moralisierenden Brief veranlaßt. 22. Friedr. Leopold Stolberg war bei seinem Aufenthalt in Weimar (228, 13) aufgefordert, als Kammerherr dorthin zurückzukehren, woran aber Klopstock ihn hindern wollte. Vgl. 252, 25. 253, 30. 261, 6.

In meinem Garten Gustgen gegen 10. Hab ein liebes Gärtgen vorm Thore an der Ilm schönen Wiesen in einem Thale, ist ein altes Hausgen drinne, das ich mir repariren lasse. Alles blüht alle Vögel singen. Gustgen und Du bist kranck! —

d. 18. May. Gestern konnt ich dir nichts mehr sagen. Der Husarn Rittmeister kam in meinen Garten, ich ritt um eilf nach dem Lustschloss Belvedere wo ich hinten im Garten eine Einsiedeley anlege, allerley Pläzgen drinn für arme Krancke und bekümmerte Herzen. Ich ass mit dem Herzog, nach Tisch ging ich zur Frau v. Stein, einem Engel von einem Weibe, frag die Brüder, der ich so offt die Beruhigung meines Herzens und manche der reinsten Glückseeligkeiten zu verdancken habe. Der ich noch nichts von dir erzählt habe, das mir viel Gewalt gekostet hat, heut aber will ich's thun, will ich tausend Sachen von Gustgen sagen. Wir gingen in meinen Garten spazieren. Ihr Mann, ihre Kinder, ihr Bruder, ein paar Fräul. Ilten, es kamen mehr zu uns, wir gingen spazieren, begegneten der Herzoginn Mutter und dem Prinzen, die sich zu uns. Wir waren ganz vergnügt. Ich verlies die Gesellschafft, ging noch einen Augenblick zum Herzog und ass mit Frau v. Stein zu Nacht. Nun ists wieder schöner heitrer Tag. Soviel iezt. halb 9.

12 Uhr in meinem Garten. Da lass ich mir von den Vögeln was vorsingen, und zeichne Rasenbäncke die ich will anlegen lassen, damit Ruhe über meine Seele komme, und ich wieder von vorne mög anfangen zu tragen und zu leiden. Gustgen könnt ich Dir von meiner Lage sagen! die erwünschteste für mich, die glücklichste, und dann wieder — Ich sagte immer in meiner Jugend zu mir, da so viel tausend Empfindungen das schwankende Ding bestürmten: Was das Schicksal mit mir will, dass es mich durch all die Schulen gehen lässt, es hat gewiß vor [mich dahin zu

---

1. Der Herzog hatte ihm das Gartenhäuschen (vgl. zu 242, 25) unweit der Ilm geschenkt (22. April), das Goethe bis an sein Lebensende neben seinen anfangs mehrfach wechselnden Stadtquartieren besaß und bewohnte. Sein Bleiben (s. zu 235, 14) hatte sich inzwischen entschieden: vielfachem Widerstande trotzend verlieh der Herzog ihm (definitiv erst durch Dekret vom 11. Juni) Sitz und Stimme im Geheimen Conseil mit dem Titel eines Geheimen Legationsrates und einem Gehalt von 1200 Thalern. 7. Friedrich v. Lichtenberg. 18. Der Bruder, Ernst Karl Konstantin v. Schardt, war Kammerherr, Regierungs- und Hofrat in Weimar. 18. Sophie (1778 mit dem oben genannten Rittmeister verheiratet) und Karoline v. Ilten. 20. Konstantin, vgl. zu 186, 23. 34. Vgl. 228, 20. 245, 16.

stellen wo mich die gewöhnlichen Qualen der Menschheit gar nicht mehr anfechten müssen. Und iezt noch ich seh alles als Vorbereitung an!] Ich hab das ausgestrichen weils dunkel und unbestimmt gesagt war. Nach Tische mehr.

Sonnabends Nachts 10 in meinem Garten. Ich habe meinen Philipp nach Hause geschickt und will allein hier zum erstenmal schlafen. Und so meinen Schlaf einweihen dass ich dir schreibe. Die Maurer haben gearbeit biss Nacht, ich wollt sie aus dem Haus haben, wollte — o ich kann dir nicht ins Detail gehn. Den ganzen Nachmittag war die Herzoginn Mutter da und der Prinz und waren guten lieben Humors, und ich hab denn so herum gehausvatert, wie alles weg war, ein Stück kalten Braten gessen und mit meinem Philipp (lass dir von den Brüdern was von ihm erzählen) von seiner und meiner Welt geschwäzzt, war ruhig und bin's und hoffe gut zu schlaffen zu holdem Erwachen. Gute Nacht beste. — Es geht gegen eilf, ich hab noch gesessen und einen englischen Garten gezeichnet. Es ist eine herrliche Empfindung dahaussen im Feld allein zu sizzen. Morgen frühe wie schön. Alles ist so still. Ich höre nur meine Uhr tackken, und den Wind und das Wehr von ferne. Gute Nacht. — Sonntag früh d. 19. Guten Morgen! ein trüber aber herrlicher Tag. Ich habe lang geschlafen, wachte aber gegen vier auf, wie schön war das grün dem Auge das sich halbtruncken aufthat. Da schlief ich wieder ein.

Nachts 10. Im Garten versteht sich iezt von selbst. Ging um eilf heut früh in die Stadt, steckte mich in erbaare Kleider, machte eine Visite, ging zum Herzog, einen Augenblick zur Herzoginn Mutter, wir haben Italiäners hier die uns gute Güsse der Antiken schaffen, dann bey Frau v. Stein zu Tisch, wir hatten Lust uns zu necken, um vier zu Wieland in Garten wo der Mahler Krause dazu kam. Beyde mit mir in meinen Garten. Sie verliesen mich, ich las Guiberts Tacktick, da kam der Herzog

6. Philipp Seidel (1755—1820), den Goethe aus Frankfurt mitbrachte, blieb bis zur italienischen Reise sein Faktotum: Diener, Schreiber, Rechnungsführer. Dann verschaffte Goethe dem in enger Vertrauensstellung Bewährten den Posten eines Rentamtmanns in Weimar. 18. Zwischen Gartenhaus, Schloß und Stadt dehnten sich damals noch freie Wiesen; allmählich entstand in den nächsten Jahren der Park, im Anschluß an den bereits vorhandenen „Stern". 33. Vgl. zu 234, 21. 35. Den Essai général de tactique vom Comte de Guibert (1743—90), deutsch 1774.

und der Prinz mit noch zween Guten Geistern. Wir schwazzten und trieben allerley. Frau v. Stein mit ihrer Mutter kam von Oberweimar herunter spazieren, wir begleiteten sie, kehrten um, der Prinz verlies uns auch, ich erzählte dem Herzog eine Geschichte eines meiner Freunde der sich wunderlich durch die Welt schlagen musste, begleitet ihn nach der Stadt, und kam allein zurück. Hier treu mein Tag, lieb Gustgen. Ich hab so viel gedacht! dass ich's doch nur nicht so hinsagen kann.

Montag d. 20. Süsser Morgen. Arbeiter in meinem Garten. Allerley Beschäfftigungen! — — — —

Bei der Herzoginn Mutter gessen. Nach Tische ging alles nach Tiefurt wo der Prinz sich hat ein Pachtgut artig zurecht machen lassen. Die Bauern empfingen ihn mit Musick, Böllern, ländlichen Ehrenpforten, Kränzlein, Kuchen, Tanz, Feuerwerkspuffen, Serenade und s. w. Wir waren vergnügt, ich hatte das Glück alles sehr schön zu sehen. Und nun bin ich im Garten, hab eine Viertelstunde nach dem Feuerzeug getappt und mich geärgert und bin so froh dass ich iezt Licht habe dir das zu schreiben. Dadrüben auf dem Schlosse sah ich viel Licht, indess ich nach Einem Funcken schnappte, und wusste doch dass der Herzog gern mit mir getauscht hätte, wenn er's in dem Augenblick hätte wissen können. Es ist ein trefflicher Junge und wird wills Gott auch ausgähren. Friz wird gute Tage mit uns haben, so wenig ich ihm ein Paradies verspreche. Gute Nacht. Eine grose Bitte hab ich! — Meine Schwester der ich so lang geschwiegen habe als dir, plagt mich wieder heute um Nachrichten oder so was von mir. Schick ihr diesen Brief, und schreib ihr! — O dass ihr verbunden wärt! Dass in ihrer Einsamkeit ein Lichtstral von dir auf sie hin leuchtete, und wieder von ihr ein Trostwort zur Stunde der Noth herüber zu dir käme. Lernt euch kennen. Seyd einander was ich euch nicht seyn kann. Was rechte Weiber sind sollten keine Männer lieben, wir sinds nicht werth. Gute Nacht halb eilfe.

Dienstag d. 21. früh 6 aufgestanden, herrlicher kühler

---

3. Konkordia Elisabeth v. Schardt geb. Irving of Drum. 5. Jung-Stilling? Vgl. zu 105, 37. 7. Die Betonung der Treue des Berichts ist nicht zufällig: der ganze Brief hat den Zweck, die zu Nr. 198 erwähnten Gerüchte zu widerlegen. 25. Vgl. zu 249, 22. 253, 30. 34. Es kam in der That zu einem einmaligen Briefaustausch.

Sonnenmorgen. Arbeiter im Garten. Ein Jäger bringt mir einen iungen Fuchs.

Mittwoch d. 22. um 10 Uhr. Gestern wieder nach Tiefurt, die regierende Herzoginn war dort. Der Herzog und noch einige blieben die Nacht drausen, heut früh ritten wir herein, dem Maneuvre der Husaren zuzusehn, und nun bin ich wieder in meinem Garten.

Freytag d. 24. Morgens eilf in der Stadt. Habe viel ausgestanden die Zeit. Mittwoch Nachmittag brach ein Feuer aus im Hazfeldischen 5 Stunden von hier, der Herzog ritt hinaus, biss wir hinkamen lag das ganze Dorf nieder, es war nur noch um Trümmern zu retten und die Schul und die Kirche. Es war ein groser Anblick, ich stand auf einem Hause wo das Dach herunter war und wo unsre Schlauchsprizze nur das untre noch erhalten sollte, und sich Gustgen und hinter und vor und neben mir seine Glut, nicht Flamme, tiefe hohlaugige G l u t des niedergesunckNen Orts, und der Wind drein und dann wieder da eine auffahrende Flamme, und die herrlichen alten Bäume um's Ort inwendig in ihren hohlen Stämmen glühend und der rothe Dampf in der Nacht und die Sterne roth und der neue Mond sich verbergend in Wolcken. Wir kamen erst Nachts zwey wieder nach Hause. Gestern Donnerstag d. 23. ist mir auch wieder wunderbaars Wesen um den Kopf gezogen — Was wirds werden, ich hab eben noch viel auszustehen, das ists was ich in allen Drangsaalen meiner Jugend fühlte, aber gestählt bin ich auch, und will ausdauern bis ans Ende. Adieu. Nun hörst du wieder eine Weile nichts von mir. Schreib mir aber wann dichs freut. Friz soll kommen wann er gerne mag, der Herzog hat ihn lieb wünscht ihn ie eher ie lieber, will ihn aber nicht engen. Adieu. Ich bin immer derselbe G.

An meine Schwester die Addresse. Frau Hofrath Schlosser fr. Rheinhausen nach Emmedingen im Brisgau.

200. An Charlotte v. Stein.

Also auch das Verhältniss, das reinste, schönste, wahrste, das ich ausser meiner Schwester ie zu einem Weibe gehabt, auch das gestört! — Ich war drauf vorbereitet, ich litt nur unendlich für das Vergangne und das Zukünftige, und für das arme Kind das hinausging, das ich zu solchen

Leiden in dem Augenblick geweiht hatte. Ich will Sie nicht sehn, Ihre Gegenwart würde mich traurig machen. Wenn ich mit Ihnen nicht leben soll, so hilft mir Ihre Liebe so wenig als die Liebe meiner Abwesenden, an der ich so reich bin. Die Gegenwart im Augenblicke des Bedürfnisses entscheidet alles, lindert alles, kräfftiget alles. Der Abwesende kommt mit seiner Sprüzze wenn das Feuer nieder ist — — und das alles um der Welt willen! Die Welt die mir nichts seyn kann will auch nicht dass du mir was seyn sollst — Sie wissen nicht was sie thun. Die Hand des Einsam verschlossnen, der die Stimme der Liebe nicht hört, drückt hart wo sie aufliegt. Adieu beste. d. 24. Mai 76.

201. An Charlotte v. Stein.

Du hast gestern Steinen lahm nach Hause kriegt, sonst wär ich noch einen Augenblick kommen, denn ich bedarf auch einiger Pflege; da ging ich zu Wieland und ward mir wieder freyer. Liebste Frau ich darf nicht dran dencken dass Sie Dienstag weggehn, dass Sie auf ein halb Jahr hinaus von mir ab sind. Denn was hilft alles! Die Gegenwart ists allein die würckt, tröstet und erbaut! — Wenn sie auch wohl manchmal plagt — und das plagen ist der Sommerregen der Liebe. Ich hab Sie viel lieber seit neulich, viel theurer und viel werther ist mir deine Gutheit zu mir. Aber freylich auch klarer und tiefer ein Verhältniss, über das man so gerne wegschlüpft, über das man sich so gerne verblendet. Der Herzoginn Mutter entging nicht dass ich mich auf einmal veränderte. Adieu! Hier eine Rose aus meinem Garten, hier ein Paar halbwelcke, die ich an einer Hecke, gestern zurückreitend dir abbrach. Leb wohl bestes. Der Schwester einen guten Morgen. Addio. d. 22. Jun. 76. G.

7. Vgl. 253, 10. Die Anknüpfung bildlicher Wendungen an unmittelbar vorher empfangene Eindrücke läßt sich in Goethes Briefen häufig nachweisen. 14. Wiederum ein scharfer Ritt zu einer Feuersbrunst. 18. Nach Pyrmont. 30. Luise v. Imhoff geb. Schardt, auf Mörlach bei Nürnberg, war bei ihren Eltern in Weimar; am 16. August 1776 schenkte sie hier einer Tochter das Leben, Anna Amalie, die später als Dichterin hervortrat und als Frau v. Helvig 1803 starb.

202. An Charlotte v. Stein.

d. 2. Juli.

Es ist und bleibt Gegenwart alles! — Was hilft mich's dass Sie in der Welt sind, dass Sie an mich dencken. Sie fehlen mir an allen Ecken, ich schleiche meinen Tag herum und es ist mir eben weh bey der Sache. Mit Wielanden hab ich göttlich reine Stunden, das tröstet mich viel. Ihre Schwester ist gut, sie kommt wohl einmal vor meinem Garten vorbey und guckt ob ich drinn bin. Hinein ist sie noch nicht kommen. Ich hab ihr Rosen geschickt und hab sie lieb. Dass Sie für mich zeichnen macht mir Hoffnung, der kleine ruhige Land Blick hat mir gar wohl am Herzen gethan. — Sie werden noch herrlich zeichnen lernen. Nur immer das Datum an ein Eckgen ganz klein. Addio...

d. 9. Juli.

Gestern Nachts lieg ich im Bette, schlafe schon halb, Philip bringt mir einen Brief, dumpfsinnig les ich — dass Lili eine Braut ist!! kehre mich um und schlafe fort. — — Wie ich das Schicksaal anbete dass es so mit mir verfährt! — So alles zur rechten Zeit — — Lieber Engel gute nacht.

Uebrigens gehts so entsezlich durcheinander mit mir dass es eine Freud ist. Ade.

203. An Herder.

Hier ein Brief. Schreib mir doch lieber Bruder wie du kommst, schreib mir wie dirs mit Meubels gehn wird, du kommst in ein leer Haus. Es ist noch ganz gut gebaut, hat einen grosen Garten in dem aber die Igel brüten, mit dem Detail der Reparatur schinden sie mich noch was ehrlichs. Da hat der Gottskasten kein Geld, da sollen die Alten Fenster bleiben, da ist der ein Schlingel und iener ein Maz. Und so gehts durch — der Präsident hat den besten Willen — Gestern hatt ich alles dort und wird

---

2. Teile eines Tagebuchbriefs, der die Zeit vom 25. Juni bis 9. Juli 1776 umfaßt. Aehnlich Nr. 201. 208. 17. Vgl. 246, 24. Sie verlobte sich mit einem Verwandten, Namens Bernard, der aber schon als Bräutigam starb; an seine Stelle trat 1778 ihr späterer Gatte, der Straßburger Bankier Bernhard Friedrich v. Dürckheim (1752—1831). 24. Vgl. zu Nr. 170. 30. Der Präsident des Oberkonsistoriums, v. Lyncker.

schon gehn — Und, Bruder, war auch zum erstenmal in der Kirche. Ich dacht schon, dir wirds doch wohl werden Alter wenn du da oben stehst, und rechts in dem Chor des unglücklichen Johann Friedrich Grab, und seinen Nachkommen den besten Jungen gegen dir über, der wohl die Chur werth wäre, werth dass das Schicksaal dem wieder gäb was es ienem nahm. Und Herzog Bernhards Grab in der Ecke und all der braven Sachsen Gräber herum und auf des Altar Blats Flügel den Johann Friedrich wieder in Andacht und die Seinen von seinem Cranach und in der Sacristey Luther in drey Perioden von Cranach, immer ganz Luther und ein ganzer Kerl, ganz Mönch, ganz Ritter und ganz Lehrer — — Das wusch mich wieder von allem Staub und so reinige uns der heilige Geist von allem Skwal eh er fingers dick auf uns sizt wie auf den Gräbern der Helden. Addio.

den 10. Jul. 76.

204. An Charlotte v. Stein.

[Weimar, 16. Juli 1776.]

Gestern als wir nachts von Apolde zurück ritten, war ich vorn allein bey den Husaren, die erzählten einander Stückgen, ich hörts, hörts auch nicht, ritt so in Gedancken fort. Da fiel mirs auf wie mir die Gegend so lieb ist, das Land! der Ettersberg! die unbedeutenden Hügel! und mir fuhrs durch die Seele — Wenn du nun auch das einmal verlassen musst! das Land wo du so viel gefunden hast, alle Glückseeligkeit gefunden hast die ein Sterblicher träumen darf, wo du zwischen Behagen und Mißbehagen, in ewig klingender Existenz schwebst — wenn du auch das zu verlassen gedrungen würdest mit einem Stab in der Hand, wie du dein Vaterland verlassen hast. Es kamen mir die Trähnen in die Augen, und ich fühlte mich starck genug auch das zu tragen — Starck —! das heisst dumpf

205. An Charlotte v. Stein.

Ich hab auf der andern Seite angefangen was zu zeichnen, es geht aber nicht, drum will ich lieber schreiben

5. Karl August, dessen Platz der Kanzel gegenüber war. 6. Die Kurwürde, die Johann Friedrich nach der Schlacht bei Mühlberg verlor. 15. Vgl. zu 107, 26. 19 Vom Vogelschießen in Apolda.

in der Höhle unter dem Hermannstein meinem geliebten Aufenthalt, wo ich möcht wohnen und bleiben. Liebste ich habe viel gezeichnet, sehe nur aber zu wohl dass ich nie Künstler werde. Die Liebe giebt mir alles und wo die nicht ist, dresch ich Stroh. Das mahlerischte Fleck geräth mir nicht, und ein ganz gemeines wird freundlich und lieblich. Es regnet scharf im tiefen Wald. Wenn du nur einmal hier seyn könntest, es ist über alle Beschreibung und Zeichnung. Ich hab' viel gekrizzelt seit ich hier bin, alles leider nur von Auge zur Hand, ohne durchs Herz zu gehen, da ist nun wenig draus worden. Es bleibt ewig wahr: Sich zu beschränken, Einen Gegenstand, wenige Gegenstände, recht bedürfen, so auch recht lieben, an ihnen hängen, sie auf alle Seiten wenden, mit ihnen vereinigt werden, das macht den Dichter den Künstler — den Menschen –

Addio, ich will mich an den Felsenwänden und Fichten umsehn. — Es regnet fort

Hoch auf einem weit rings sehenden Berge.

Im Regen sizz ich hinter einem Schirm von Tannenreisen. Warte auf den Herzog der auch für mich eine Büchse mit bringen wird. Die Thäler dampfen alle an den Fichtenwänden herauf. (NB. das hab ich dir gezeichnet)

In der Höhle unter dem Herrmannstein 22. Juli 1776.

den 24.

Ich muss das schicken. Vorgestern schrieb ich das Addio. Dachtest du an mich wie ich an dich dencke! Nein ich wills nicht! Will mich in der Melankolie meines alten Schicksaals weiden, nicht geliebt zu werden wenn ich liebe.

206. An Merck.

Ilmenau, 24. Juli 1776.

Wir sind hier und wollen sehn, ob wir das alte Bergwerk wieder in Bewegung setzen. Du kannst denken, wie ich mich auf dem Thüringer Wald herumzeichne; der Herzog geht auf Hirsche, ich auf Landschaften aus, und selbst zur Jagd führ ich mein Portefeuille mit. Geht aber auch bald wie sich's gehört. — Laß den Wein nur liegen bis zur rechten Zeit, und schicke den Rest auch mit. Denk doch an

---

1. Bei Ilmenau. 32. Vgl. zu 248, 5. Am 20. war der definitive Beschluß zur Wiederaufnahme gefaßt.

ein Stück hübschen Tischwein, einen Sechziger etwa, eine Mittelsorte. Wenn wir auf dem Land sind, führen wir die Wirthschaft selbst, und befinden uns besser dabei. — Hab mich immer lieb, glaub, daß ich mir immer gleich bin, freilich hab ich was auszustehen gehabt; dadurch bin ich nun ganz in mich gekehrt. Der Herzog ist eben so, daran denn die Welt freilich keine Freude erlebt; wir halten zusammen und gehen unsern eignen Weg, stoßen so freilich allen Schlimmen, Mittelmäßigen und Guten für'n Kopf, werden aber doch hindurchdringen, denn die Götter sind sichtbar mit uns. Addio! Grüß die Mutter.

Lenz ward endlich gar lieb und gut in unserm Wesen, sitzt jetzt in Wäldern und Bergen allein, so glücklich als er seyn kann. Klinger kann nicht mit mir wandeln, er drückt mich, ich hab's ihm gesagt, darüber er außer sich war und d's nicht verstund und ich's nicht erklären konnte, noch mochte.

207. An v. Fritsch.

Aus dem geliebten Stüzzerbach schick ich Ihnen bester Herr Geheimder Rath die unterschriebnen und vollzognen Papiere zurück, fahren Sie fort mir das nötige zuzufertigen, und ich will meine Expedition ambulante bestmöglichst besorgen. Ich hab einen freundlich herzlichen Grus von Ihro Durchlaucht an Sie; wann wir zurückkommen ist ungewiss, wir sind ziemlich eingewildert. Trebra wird bey Ihnen seyn, es ist ein ganz herrlicher Mann, der Stadthalter von Erfurt war einige Tage bey uns und ist auch nicht ohne Erdgeruch entlassen worden. Unser College Schnaus wird auch von Ihro Durchlaucht gegrüsst und mich empfehlen Sie ihm vielmals. Seyn Ihro Excellenz so gütig bey künftigen Sendungen sich des ledernen Sacks mit dem Riemen des bequemeren Transports wegen zu bedienen.

---

12. Lenz (vgl. zu 131,$_{19}$. 208,$_{3}$) war, mit Unterbrechungen, vom 1. April bis 27. Juni in Weimar gewesen, wo er ähnlich wie Goethe festen Fuß zu fassen hoffte und wohin er Mitte August zurückkehrte. Vgl. 260,$_{17}$. 262,$_{16}$. 264,$_{18}$. 265,$_{9}$. 266,$_{1}$. 14. Der Dichter Friedr. Maxim. Klinger aus Frankfurt (1752 bis 1831) hatte in Gießen Jura studiert. Goethe unterstützte den Unbemittelten und machte den vergeblichen Versuch, ihn in Weimar zu fixieren, wo er am 10. Juni 1776 eintraf. Vgl. 260,$_{17}$. 264,$_{19}$. 265,$_{12}$. 18. Bei Ilmenau. 24. Friedr. Wilh. Heinr. v. Trebra (1740—1819), als Bergbeamter 1776—79 in weimarischen Diensten. 25. Vgl zu 235,$_{6}$. 27. Christian Friedr. Schnauß (1720—97), Geheimer Rat und Mitglied des Geh. Conseils.

Behalten Sie mich lieb, seyn Sie meiner versichert. Empfehlen Sie mich Ihrer Frau Gemahlinn. Stützerbach d. 3. Aug. 76. Goethe.

208. An Charlotte v. Stein.

Deine Gegenwart hat auf mein Herz eine wunderbaare Würckung gehabt, ich kann nicht sagen wie mir ist! mir ist wohl und doch so träumig. Zeichnen konnt ich gestern nicht . . .

Heut will ich auf den Hermanstein, und womöglich die Höhle zeichnen, hab auch Meisel und Hammer die Inschrifft zu machen, die sehr mystisch werden wird. Ihr Zettelgen hab ich kriegt, hab mich viel gefreut — Ich schwöre dir ich weis nicht wie mir ist. Wenn ich so dencke, dass Sie mit in meiner Höhle war, daß ich ihre Hand hielt indeß sie sich bückte und ein Zeichen in den Staub schrieb!!! Es ist wie in der Geisterwelt, ist mir auch wie in der Geisterwelt. Ein Gefühl ohne Gefühl. Lieber Engel! Ich hab an meinem Falcken geschrieben, meine Giovanna wird viel von Lili haben, du erlaubst mir aber doch dass ich einige Tropfen deines Wesens drein giesse, nur so viel es braucht um zu tingiren. Dein Verhältniß zu mir ist so heilig sonderbaar, daß ich erst recht bey dieser Gelegenheit fühlte: es kann nicht mit Worten ausgedrückt werden, Menschen könnens nicht sehen. Vielleicht macht mir's einige Augenblicke wohl, meine verklungenen Leiden wieder als Drama zu verkehren. Adieu liebe. d. 8. Aug. 76. Ilmenau.

209. An Herder.

Lieber Bruder, wir sind in Ilmenau, seit 3 Wochen wohnen wir auf dem Thüringer Wald, und ich führe mein Leben in Klüfften, Höhlen, Wäldern, in Teichen, unter Wasserfällen, bey den Unterirdischen, und weide mich aus in Gottes Welt. — Das Gefrage um dein Kommens gleich ich aus, sey ohne Sorgen Bruder, alles nach deiner Be-

---

4. Am 5. und 6. August war Charlotte, auf der Rückreise aus dem Bade, in Ilmenau. **10.** Ein S, wie ein späterer Brief zeigt. **17.** Ein Drama in Anlehnung an eine Novelle aus dem Dekamerone des Boccaccio. In der Weimarischen Goetheausgabe 38, 493 ist ein Blatt aus dem Nachlaß mit Wahrscheinlichkeit diesem Fragment zugewiesen. **31.** Vgl. zu Nr 170.

quemlichkeit, indess hat auch die Oelfarbe in deinem Hause verrochen. Und wir sind auch mit allerley Wirthschafft in Ordnung, und wir treffen uns neu und ganz. Den Engel die Stein hab ich wieder, sie ging über Meiningen und Ilmenau zurück nach Weimar. Einen ganzen Tag ist mein Aug nicht aus dem ihrigen kommen, und mein gnomisch verschlossen Herz ist aufgethaut. Adieu.

Grüs dein Weib und seyd lieb. [Ilmenau] d. 9. Aug.

G.

210. An Kayser.

Wir gehen nicht nach Italien. Dieß zu deiner Beruhigung. Ich trag dich immer im Herzen. Schick mir oft was. Bleib ruhig in Zürich! So ihr stille wäret. würde euch geholfen — — —

Schick mir doch das:

Ihr verblühet süsse Rosen

nach der französischen Melodie die du zugerichtet hast. Grüss Beckern. Lenz ist hier. Leb wohl. Es wird uns allen noch gut seyn.

den 15. August 76. G.

211. An Auguste zu Stolberg.

[Weimar, 28.—30. August 1776.]

28. Aug. Guten Morgen Gustgen! Wie ich aus dem Bette steige guten Morgen. Ein herrlich schöner Tag aber kühl. Die Sonne liegt schon auf meinen Wiesen! Der Thau schwebt noch über dem Fluss. Lieber Engel warum müssen wir so fern von einander seyn. Ich will hinüber ans Wasser gehn und sehn ob ich ein Paar Enten schiesen kann.

Gegen 12. Ich verspätete mich auf der Jagt. Erwischte eine Ente. Kam drauf gleich in das Getreibe des Tags und bin nun ganz zerstreut. Adieu indess.

Nachmittag 4. Ich erwarte Wielands Frau und Kinder. Habe heut viel an dich gedacht.

Abends 7. Sie gehn eben von mir weg! — Und nun

---

16. Vgl. zu 202, 1. 17. Vgl. zu 258, 12. Daß Goethe Kaysers Jugendfreund Klinger hier nicht nennt, hat seinen Grund wohl in der Befürchtung, daß auch Kayser nach Weimar kommen wolle.

nichts mehr. — Gott sey Danck ein Tag an dem ich gar nicht gedacht, an dem ich mich blos den sinnligen Eindrücken überlassen habe. Nun Adieu für heut bestens.

den 30. Es geht mir wie dir Gustgen, ich hab auch was auf dem Herzen, also heraus damit.

Von Friz hab ich noch keinen Brief. Der Herzog glaubt noch er komme, und man fragt nach ihm und ich kann nichts sagen. Lieb Gustgen mir ist lieber für Frizzen dass er in ein würckendes Leben kommt, als daß er sich hier in Cammerherrlichkeit abgetrieben hätte. Aber Gustgen er nimmt im Frühjahr den Antrag des Herzogs an, wird öffentlich erklärt, in allen unsern Etats steht sein Nahme, er bittet sich noch aus den Sommer bey seinen Geschwistern zu seyn, man lässt ihm alles, und nun kommt er nicht. Ich weis auch dass Dinge ein Geheimniß bleiben müssen Aber Gustgen ich habe noch was auf dem Herzen das ich nicht sagen kann – — — — Und die, die man so behandelt, ist Carl August Herzog zu Sachsen, und dein Goethe Gustgen. Lass mich das iezt begraben, wir wollen dran wegstreichen. Adieu Engel ich muss den Brief schliessen. Ich mach eine kleine Reise, sonst kriegst du ihn wieder lang nicht. G.

212. An Anna Louise Karsch.

Ich gedenck an meine Sünde! Liebe Frau, in dem Gewürge des Lebens vergess' ich Alles. Zwar doch nur zu schreiben; denn eh' Ihr letzter Brief kam, dachte ich, ich hätt' Ihnen und Ihrer Tochter geantwortet. So manchmal hatt ich im Stillen mit Ihnen gesprochen, auf irgend einer Wandrung, und dachte: wenn ich nach Hause komme, schreibst du, und schrieb nicht. Meine Lage hier ist die glücklichste, die eine menschliche Einbildung sich kaum zu wünschen wagt, dafür hat ich nun aber auch freylich alle Zulagen zu genießen, die das Schicksal an seine Gaben anzuhäckeln pflegt. Bleiben Sie mir lieb! Schicken Sie mir oft was. Machen Sie mir einmal einen Pack Impromtus zusammen, die Sie nicht mehr achten. Und gehn Sie doch einmal zu Chodewiecki, und räumen Sie bey ihm

6. Vgl. zu 249, 22. 21. Nach Ilmenau, vom 2.–6. September. 26 Vgl. zu 214, 24 und die Beilage 36. Dem berühmten Kupferstecher Daniel Nikolaus Chodowiecki in Berlin (1726—1801).

auf, was so von alten Abdrücken seiner Sachen herumfährt. Schicken Sie mir's, und stehlen ihm etwa eine Zeichnung. Es wird mir wohl, wenn ich ihn nennen höre, oder ein Schnizzel Papier finde, wo er das Zeichen seines lebhaften Daseins drauf gestempelt hat.

Weimar d. 11. Sept. 1776. Goethe.

[Beilage.]

Ich hab' Ihnen noch nicht geschrieben, und schreibe Ihnen auch jetzt nichts, als daß ich den 11. September, Abends zwischen 9 und 10, ganz auf einmal sehr lebhaft an Sie und Ihre Mutter gedacht habe. Es ist mir das schon mehr vorgekommen; aber diesmal überfiel's mich just, da ich die Feder in der Hand hatte, und ich eilte, es Ihnen zu sagen. Goethe.

213. An Charlotte v. Stein.

[Weimar, 10.—12. September 1776.]

Ich schick Ihnen Lenzen, endlich hab ich's über mich gewonnen. O Sie haben eine Art zu peinigen wie das Schicksaal, man kann sich nicht drüber beklagen so weh es thut. Er soll Sie sehn, und die verstörte Seele soll in Ihrer Gegenwart die Balsamtropfen einschlürpfen um die ich alles beneide. Er soll mit Ihnen seyn — Er war ganz betroffen da ich ihm sein Glück ankündigte, in Kochberg mit Ihnen seyn, mit Ihnen gehen, Sie lehren, für Sie zeichnen, Sie werden für ihn zeichnen, für ihn seyn. Und ich — zwar von mir ist die Rede nicht, und warum sollte von mir die Rede seyn — Er war ganz im Traum da ich's ihm sagte, bittet nur Geduld mit ihm zu haben, bittet nur ihn in seinem Wesen zu lassen. Und ich sagt ihm daſſ er es, eh er gebeten, habe. Ich schicke einen Schäckespeer mit, schicke hoffentlich den Wäckefield nach. Geniessen Sie rein der lieben Herbst Zeit, es scheint als wollt Sie der Himmel mit lieben Tagen seegnen. Ade. Von mir hören Sie nun nichts weiter, ich verbitte mir auch alle Nachricht von Ihnen oder Lenz. Wenn was zu bestellen ist mag er's an Philip schreiben.

d. 10. Sept. 76. G.

---

16. Vgl. zu 258, 12. — Nach Kochberg, dem Steinschen Gut. 23. In der englischen Sprache. Vgl. zu 270, 33. 30. Vgl. zu 134, 15. 35. Vgl. zu 251, 6.

Lenz will nun fort, und ich hatte Bedencken Ihnen die vorhergehende Seite zu schicken, doch Sie mögen sehn wie mirs im Herzen manchmal aussieht, wie ich auch ungerecht gegen Sie werden kann. Ich danck Ihnen fürs erste Andencken von Ihrem Schreibtisch, den ich damals wohl nicht wieder zu sehen hoffte, aber nicht so. Gestern war ich in Belveder. Louise ist eben ein unendlicher Engel, ich habe meine Augen bewahren müssen nicht über Tisch nach ihr zu sehn — die Götter werden uns allen beystehn — die Waldnern ist recht lieb, ich war früh bey ihr, wir haben uns herumgeschäckert. Abends alle Durchlauchten in Tiefurt. Ihr Mann war guter Humor, machte possierliche Streiche mit der Oberhofmeisterinn. Ich hab die Hofleute bedauert, mich wundert dass nicht die meisten gar Kröten und Basilisken werden.

Addio, mein Herz ist doch bey Ihnen, liebe einzige die mich glücklich macht ohne mir weh zu thun. Doch freylich auch nicht immer ohne Schmerz. Ade. beste. d. 12. Sept. 76. G.

Eben krieg ich noch der Wartensleben Brief. Dancke herzlich. Es ist eine werthe Frau und thut recht wohl so dran. Sie hat ihre eigne feste Vorstellungs Art, und wer der nachhandelt, ist mir werth, wenn sie zugleich so liebevoll und so rein ist, wie die ihrige. Grüsen Sie sie in meinem Nahmen und sagen ihr ich würde künftig um ihrentwillen mehr auf die Philantropins aufmercken, dafür bät ich aber auch um die Nachricht die sie von Dessau erwartete. Leben Sie wohl, dencken Sie mein. Ich sizze offt unter meinem Himmel in Gedancken an Sie, Sie helfen mir abwesend zeichnen, und einen Augenblick wo ich Sie recht lieb habe seh ich die Natur auch schöner, vermag sie besser auszusprechen. Adieu. Wieland sagt, meiner Zeichnung die ich iezt mache säh man recht an, wen ich lieb hätte.

---

5. Gelegentlich des ersten Besuches in Kochberg, am 6. Dezember 1775. **10.** Adelaide v. Waldner, Hofdame der Herzogin Louise. **13.** Gräfin Gianini. 20. Eine Gräfin Wartensleben, Freundin Lavaters, deren Sohn auf Goethes Rat das Philanthropinum in Dessau, Basedows Erziehungsanstalt, besuchen sollte. 26. Vgl. zu 18,27 und 175,15.

214. An Lavater.

Weil ihr lieb wart und habt mir gleich geschrieben, so auch von mir hier eine Ejakulation die ihr freundlich mögt aufnehmen.

Lieber Bruder dass du nicht willst Ständigkeit kriegen, nicht kannst kriegen, ängstigt mich manchmal wenn ich peccata mundi im Stillen trage. Ich bin nun seit einem Jahr in ganz dezidirten moralisch politischen augenblicks Verhältnissen und mein Herz ist mir so treu und du — Nun es soll so seyn — über Carl und Luisen sey ruhig, wo die Götter nicht ihr Possenspiel mit den Menschen treiben, sollen sie noch eins der Glücklichsten Paare werden wie sie eins der besten sind, nichts menschliches steht dazwischen, nur des unbegreifflichen Schicksaals verehrliche Gerichte. Wenn ich dir erscheinen und dir erzählen könnte, was unschreibbaar ist, du würdest auf dein Angesicht fallen und anbeten den der da ist, da war und seyn wird. Aber glaub an mich, der ich an den Ewigen glaube. Grüs Bäben, und alles und Kaysern. Lenz ist unter uns wie ein franckes Kind, und Klinger wie ein Splitter im Fleisch, er schwürt, und wird sich heraus schwüren leider. d. 16. Sept. 76.

G.

Schick mir zeitig was zum dritten Theil. Gern sollst du haben was ich geben kann, in der unendlich beweglichen Welt in der ich lebe, tausend beobachtungen! und in einem guten Augenblick schöpf ich dir die Butter ab! — — Vielleicht auch nicht! — Genug was ich kann! — —

Allwills Briefe sind von Friz Jakobi — nicht von mir!

215. An Merck.

Weimar d. 16. September 1776.

Daß die Weine glücklich angelangt sind, wird dir Frau Aja geschrieben haben, ich will dir nun auch für's Geld sorgen. — Dein Erbprinz kommt nun bald zu euch; den

---

2. Abschriften des Gedichtes „Seefahrt" begleiteten diese wie die folgende Nummer. 17 f. Vgl. zu 217, 5. Nr. 210. 258, 12. 14. 265, 7. 12. 22. Der Physiogn. Fragmente, vgl. zu 174, 32. 27. Der Roman „Aus Eduard Allwills Papieren" war anonym in der „Iris" und im „Merkur" erschienen. 30. Vgl. zu 210, 20. 31. Erbprinz Ludwig von Hessen-Darmstadt (1753—1830), Bruder der Herzogin Luise, war in Weimar zum Besuch.

empfehl ich dir sehr, es ist eine grosze, feste, treue Natur, — — — — mit einer ungeheuren Imagination, und einer graden, tüchtigen Existenz. Wir sind die besten Freunde, zu dir hat er schon viel Zutrauen, sey nur ganz wie du bist gegen ihn, er bedarf sehr Menschen zu finden. — — — — — Ich wünschte gar sehr um beider Willen, daß ihr gut zusammen stehn möchtet. — —

Grüße Frau und Kinder. Verlass meine Alten nicht! Lenz ist unter uns wie ein krankes Kind, wir wiegen und tänzeln ihn, und geben und lassen ihm von Spielzeug was er will. Er hat Subliminora gefertigt. Kleine Schnitzel, die du auch haben sollst. Klinger ist uns ein Splitter im Fleisch, seine harte Heterogeneität schwürt mit uns, und er wird sich herausschwüren. Ich hab über die beiden Kerls nichts Treffenderes zu sagen. Ade. Schreib uns, du machst uns wohl. Wieland hat dich selig lieb, und ist ein ganz unendlich guter Mensch.

Wenn du von einer Canaille hörst, die sich Gerstenberg nennt, und sagt sie sei hier gewesen, kenne mich u. s. w., so sage öffentlich, er sei ein Spitzbube, denn wir haben ihn nicht mit Augen gesehn, wissen auch Nichts von ihm.

216. An Charlotte v. Stein.

Leben Sie wohl beste! Sie gehen und weis Gott was werden wird! ich hätte dem Schicksaal danckbaar seyn sollen, das mich in den ersten Augenblicken da ich Sie wiedersah so ganz rein fühlen lies wie lieb ich Sie habe, ich hätte mich damit begnügen und Sie nicht weiter sehen sollen. Verzeihen Sie! Ich seh nun wie meine Gegenwart Sie plagt, wie lieb ist mir's dass Sie gehn, in einer Stadt hielt ichs so nicht aus. Gestern bracht ich Ihnen Blumen mit und Pfirschen, konnts Ihnen aber nicht geben wie Sie waren, ich gab sie der Schwester. Leben Sie wohl. Bringen Sie

---

2. 5. 7. Die Handschrift dieses Briefes — wie auch anderer an Merck — ist verloren; die Gedankenstriche im ältesten Druck bedeuten wohl Auslassungen. 9. 12. Vgl. zu 258, 12. 14 und voriger Nummer. Lenz verließ Weimar nach neuen „Eseleien“ Ende November, Klinger schon vor ihm. 18. Der Dichter Heinr. Wilh. v. Gerstenberg (1737—1823), zur Zeit dänischer Konsul in Lübeck, hatte sich Goethes Zorn wohl als Freund Klopstocks zugezogen, vgl. zu Nr. 198. Am 13. Februar 1769 schrieb Goethe über ihn an Friederike Oeser: „Er ist ein groser Geist, und hat aparte Prinzipia. Von seinem Ugolino soll mann gar nicht urteilen.“ 22. Charlotte war vom 5.—8. Okt. von Kochberg aus in Weimar, wo am 1. auch Herder eingetroffen war (vgl. zu Nr. 170). 31 Vgl. zu 251, 30.

das Lenzen. Sie kommen mir eine Zeither vor wie Madonna die gen Himmel fährt, vergebens dass ein rückbleibender seine Arme nach ihr ausstreckt, vergebens dass sein scheidender trähnenvoller Blick den ihrigen noch einmal niederwünscht, sie ist nur in den Glanz versuncken der sie umgiebt, nur voll Sehnsucht nach der Krone die ihr überm Haupt schwebt. Adieu doch Liebe!

d. 7. Okbr. 76. G.

217. An Katharina Elisabeth Goethe.

Mittwoch d. 6. Nov. Abends 6 Uhr. Ich sizze noch in meinem Garten, es ist das schönste Wetter von der Welt, pflanze und mache allerley Zeugs das künftig Jahr soll schön aussehn und uns in guten Augenblicken Freude machen. Heut hab ich einen neuen Gang machen lassen, hab auf die Arbeiten getrieben, denn ich hatte einmal Ruh, es waren wenig Menschen da, nun hab ich die Expedition der letzten Session signirt, und will euch nur mit wenig Worten sagen dass ich so vergnügt und glücklich bin, als es ein Mensch seyn kan. Von Geschäfften bin ich eben nicht gedrückt, desto mehr geplagt von dem was den Grund aller Geschäffte macht: von den tollen Grillen, Leidenschafften und Thorheiten und Schwächen und Stärcken der Menschen, davon hab ich den Vorteil dass ich nicht über alles das Zeit habe an mich selbst zu dencken, und wie sich Frau Aja erinnert: dass ich unleidlich war da mich nichts plagte, so bin ich geborgen da ich geplagt werde. — Uebrigens hab ich alles was ein Mensch sich wünschen kann, und bin freylich doch nicht ruhig, des Menschen Treiben ist unendlich bis er ausgetrieben hat. Lebt wohl und schreibt mir mehr, denn ich kann nicht schreiben. Hier habt ihr ein klein Blümlein vergiss mein nicht. Leßts! lassts

---

8. Auf die Rückseite dieses Briefs hat Charlotte geschrieben:
„Obs unrecht ist was ich empfinde — —
und ob ich büßen muß die mir so liebe Sünde
will mein Gewißen mir nicht sagen;
vernicht' es Himmel du! wenn michs je könt anklagen."

9. Der Brief trägt die Ueberschrift: „An Frau Aya (vgl. zu 210, 20), Tante Fahlmer und Freund Bölling (vgl. zu 151, 31) gesamt." 15. Die Akten der gestrigen Conseilsitzung. 30. „Die Geschwister", die in der Nachschrift nochmals zu diskreter Behandlung empfohlen werden, in Rücksicht auf Johanna Fahlmers enge Beziehung zu den Unternehmern der „Iris". — Am 21. Nov. wurde das Stück zuerst auf der Liebhaberbühne bei Hof aufgeführt; Goethe spielte den Wilhelm.

den Vater lesen, schickts der Schwester und die soll mir's wiederschicken, niemand solls abschreiben. Und das soll heilig gehalten werden, so kriegt ihr auch wieder was.

G.

Der Treu und Glauben der Tante Fahlmer sind die Geschwister empfohlen.

218. An Merck.

Ich hab heut Bölling geschrieben, er soll dir 400 fl. auszahlen, mir wärs lieb wenn du mit dem Rest bis neu Jahr warten könntest, wo aber nicht so schreib, und ich will sehn wie ichs mache. Denk doch wieder auf ein halb Stückgen oder ein Stück extra fein wie der erste 53 war. Dass ich wieder was habe, wenn der all ist.

Dein Schicksaal drückt mich, da ich so rein glücklich bin. Ich wohne noch im Garten und balge mich mit der Jahreszeit herum und die Abwechslungen der Witterung und der Welthändel um mich, frischen mich immer wieder neu an, ich bin weder Geschäftsmann, noch Hofmann und komm in beyden fort. Der Herzog und ich kriegen uns täglich lieber, werden täglich ganzer zusammen, ihm wirds immer wohler und ist eben eine Creatur wie's keine wieder giebt. Uebrigens ist eine tolle Compagnie von Volk hier beysammen, auf so einem kleinen Fleck, wie in Einer Famielie findt sichs nicht wieder so. Adieu lieber Bruder.

d. 22. Nov. 76. Weimar. G.

219. An Merck.

Schicke dir abermal zwanzig Carolin, benachrichtige mich doch von der Ankunft des ersten Transports und schick mir eine Rechnung, was ich dir überhaupt noch schuldig bin; ich mögte nach und nach Richtigkeit pflegen. Ich lebe immer in der tollen Welt, und bin sehr in mich zurück-

---

7 Vgl. zu 266, 4 und zur Sache 235, 28. 238, 7. 11. Wein, vgl. 264, 29. 13. Merck litt unter seiner öden Berufsarbeit und finanziellen Sorgen; dazu kam mancherlei häusliches Leid, und im Oktober 1776 waren ihm zwei Kinder gestorben. 21. Zur engeren Hofgesellschaft gehörten außer den bisher Genannten auch der musikalisch und dichterisch begabte Karl Siegmund v. Seckendorf (1744 bis 1785), der kurz nach Goethe als Kammerherr nach Weimar gekommen war, und die muntere Hofdame der Herzogin Mutter, Luise v. Göchhausen (1747—1807). 29. Anfang Dez. 1776 war Goethe mit dem Herzog in Dessau und Leipzig gewesen.

gezogen. Es ist ein wunderbaar Ding ums Regiment dieser Welt, so einen politisch moralischen Grindkopf nur halbe weege zu säubern und in Ordnung zu halten. Leb-wohl, grüs deine Frau. d. 5. Jan. 77.

220. An Lavater.

Ich habe zwey Packete von dir erhalten, dazwischen eine Lücke war, das erste enthielt Revision und ist fort. Das andre geht an pag. 39 mit dem dritten Fragment. Du schreibst du hättest etwas grad nach Leipzig geschickt, also wirds wohl richtig seyn, bey mir ists iezzo bis pag. 72. Diomed und Ulysses soll nicht aufgehalten werden. Es sind herrliche Sachen drinne die mir wohlgemacht haben. Wenn mir nur nicht der Lavaterianismus: das Hezzen, Trümfe drauf sezzen, Schimpfen, Aengstlichkeit, mit Wolcken fechten, mir gleich wieder den guten Eindruck verschunden hätten.

Ausgestrichen hab ich die Anzeige was von mir sey, ich weis gar nicht was es bedeuten soll. Mit der Dedi-cation mags fortgehn, die ist nun schon gedruckt, verspaarts biss auf den vierten etwa — In meinem iezzigen Leben weichen alle entfernte Freunde in Nebel, es mag so lang währen als es will so hab ich doch ein Musterstückgen des bunten treibens der Welt recht herzlich mit genossen. Ver-druss, Hoffnung, Liebe, Arbeit, Noth, Abenteuer, Langeweile, Hass, Albernheiten, Thorheit, Freude, Erwartetes und Un-versehnes, flaches und tiefes, wie die Würfel fallen, mit Festen, Tänzen, Schellen, Seide und Flitter ausstaffirt es ist eine treffliche Wirthschaft. Und bey dem Allen lieber Bruder Gott sey Danck in mir, und in meinen wahren Entzwecken ganz glücklich. Ich habe keine Wünsche als die ich würcklich mit schönem Wanderschritt mir entgegen kommen sehe. Es ist dein Schicksaal daß ich an dir diese Freude nicht erleben soll. Leb wohl grüs alles. Vor Weimar im Garten. d. 8. Jan. 77. G.

Dein Durst nach Crist. hat mich gejammert. Du bist übler dran als wir Heiden, uns erscheinen doch in der Noth unsre Götter.

Auch entstand im Dez. und Jan. das Drama „Lila“, das am 30. Jan., zum Geburtsfest der Herzogin Louise, aufgeführt werden sollte

12. Vgl zu 242,11. 16. Auch später verleugnete Goethe nach Möglichkeit seine Mitarbeiterschaft. Vgl. zu 174,22. 269,1. 270,7. 32. Ein Gedicht „Durst nach Christuserfahrung“. 34. Vgl. 279,1.

221. An Lavater.

Da hast du von dem herrlichen Lindau einige Blätter. Zimmermann schreibt mir er sey todt ich glaube kein Wort davon.

Deine Phisiognomick geht immer richtig durch meine Hände, ich kann nichts dafür thun als hie und da ausstreichen. Bey Raphael hab ich einen großen Schnitt gemacht, und mir selbst von einem Tag zum andern versprochen den Riss wieder auszufüllen, es ging aber nicht.

Ich lebe ganz glücklich in anhaltendem Reiben und Treiben des Lebens, und bin stiller in mir als ie, schreibe niemanden, höre von niemanden, mich kümmert ausser meinem Kreis nun gar nichts.

Kaufmann ist wieder da, ich hab ihn nur einen Blick gesehn, er sizt bei Lynckern auf dem Gute.

Lindaus Petern erwart ich mit dem Frühjahr, ich will sehn ob's glückt was ich mit ihm vorhabe.

Herder ist wohl und vergnügt.

Leb wohl, grüs dein Wibele. Bäben und Kaysern.

Weimar d. 19. Febr. 77. G.

Nachts in meinem Garten, in einem Warmen Stübgen da mir draussen über Schnee und hellen Mondenschein, Waldhörner übers Thal herüber blasen.

222. An Johanna Fahlmer.

Ihr Brief liebe Tante hat mir recht wohl in meiner verwirrten Einsamkeit gethan. Schreib sie mir irgend wenn's ihr wohl macht. Ich bin beschränckter als iemals, sizze im Schnee im Thal, und brüte über mir selbst, die bunte, dumme, und tolle Wirthschafft um mich fühl ich gar

---

1. Der Hannoveraner Heinrich Julius v. Lindau war 1775 in der Schweiz mit Goethe bekannt geworden, hatte ihn im Jan. 1776 in Weimar besucht und war kürzlich als hessischer Offizier im amerikanischen Kriege gefallen. 13. Der schweizerische Kraftapostel und Vegetarianer Christoph Kaufmann (1753—95), eine von Lavater verherrlichte bedenkliche Persönlichkeit, hatte schon im Herbst 1776 Weimar unsicher gemacht. 14. Lyncker s. zu 255, 30. 15. Peter im Baumgarten, geb. 1776 in Meiringen, ein armer, vaterloser Knabe, wurde von dem oben genannten Lindau in dem Philanthropinum zu Marschlins untergebracht, der ihm auch vor seinem Abgang nach Amerika ein Legat aussetzte. Baumgarten verließ jedoch Marschlins, und Goethe sorgte nun mit unermüdlicher Treue für ihn bis zu seinem Tode im Jahre 1793. Vgl. Nr. 229. 256. 262.

kaum. Sag sie der Frau Aya sie mag mir mit dem Frühjahr wieder Flaschen Alten Weins schicken. Der erste Transport ist kaum die Hälfte getruncken, ich halt ihn werth. Ihr sollt manchmal von mir hören. Adieu grüs sie die Mädels. Grüss sie Frizzen und lebt wohl.

d. 21. Febr. 77. G.

223. An Lavater.

Lieber Bruder deine Papiere gehn ziemlich ordentlich nach Leipzig, ich thue nichts dran, davon es nicht schlimmer werden wird. Dein Fragment über Wolfen habe weggelassen. Es ging gar nicht. Es wäre hier unendlich lächerlich geworden. Das Kupfer ist zwar wie der Kerl nie ist, doch giebt mich's Wunder dass du dadrinn das mancherley fatale nicht bemerckt hast. Mir dünckt wenn ich auch nichts von ihm gewust hätte hätt ich gesagt dass das wohl ein Virtuos nie aber ein Componist seyn könne. Die garstige Selbstgefälligkeit ohne Drang und Fülle und Dumpfheit.

Ich hatte gehofft mich würdest du herauslassen, da ich dich doch so höflich drum gebeten hatte, und du nicht einen leidlichen Zug von mir hast, indess da es ein Gericht ist das über manche ehrliche Kerls ergeht mags denn seyn.

Herder wird dir auch den Hals voll schelten über sein polirtes Milchgesicht, und den Colofonien Bliz des Fragments dazu.

Adieu. Behalt mich im Herzen. Mir gehts nach dem Rathschlusse der Götter, den ich in tiefer Ahndung ehre.

Weimar d. 10. März 77. G.

224. An Charlotte v. Stein.

Hier sind Federn, und von meinem Geschreibe. Gestern hab ich einen wunderbaaren Tag gehabt, habe nach Tisch von ohngefähr Werthern in die Hand gekriegt, wo mir alles wie neu und fremd war. Bin noch Nachts ausgeritten. Adieu. Wie sind Sie heute und wo? wenn der Englische Sprachmeister einmal käme? d. 28. Apr. 77.

G.

---

9. Vgl. zu 151, 9. 18. Der dritte Band der Phys. Fragm. enthält einen besonderen Abschnitt über Goethe. 28. „Wilhelm Meister"? Am 16. Febr. hatte Goethe daran diktiert. Vgl. 274, 21. 282, 31. 33. Seit Lenz (vgl. zu 262, 23) Weimar verlassen, trieb Goethe mit Charlotte Englisch.

225. An Charlotte v. Stein.

Guten Morgen mit Spargels. Wie ists Ihnen gestern gegangen. Mir hat Philipp noch einen Eyerkuchen gebacken und drauf hab ich mich in blauen Mantel gehüllt auf die Altan, an den Boden in ein trocken Winckelgen gelegt und im Bliz Donner und Regen herrlich geschlummert, dass mir sogar mein Bett nachher fatal war. Wenn Stein noch zu Haus ist sagen Sie ihm ich möchte gern das neue Pferdgen stallmeisterlich ausreiten, er möchte es doch satteln lassen und mir's schicken und wenns ihm nicht zuwider wäre mich abholen.

Zu Tisch komm ich wohl liebstes.

d. 3. May 77. G.

Ich erziehe schon die ganze Woche an einem Straus für Sie auf Morgen.

226. An Charlotte v. Stein.

Im Garten unter freyem Himmel! Seit Sie weg sind fühl ich erst dass ich etwas besizze, und dass mir was obliegt. Meine übrigen kleinen Leidenschafften Zeitvertreibe und Miseleyen, hingen sich nur so an dem Faden der Liebe zu Ihnen an, der mich durch mein iezzig Leben durchziehen hilft, da Sie weg sind fällt alles in Brunnen.

Heut früh war ich in Belveder, und haben gefischt und auf der Stelle gebacken, ich und der Waldnern Charlott ein trefflich Essen bereitet.

Harnische werd ich puzzen und neue Einrichtungen und Ausrichtungen werd ich machen. Meine Bäume versorgen! und werde sehr von den Mücken gestochen.

Mit beschmierten Baumwachsfingern fahr ich fort. Ich habe meine Bäume versorgt, und die Räuber abgedrückt! Diese Heilung heischten sie schon Monate her und ich ging immer vorbey. Ein Poet und Liebhaber sind schlechte Wirthe! — Ists wohl weil der Poet ein Liebhaber, oder weil der Liebhaber ein Poet ist??

---

15. Nach Kochberg, wohin Goethe ihr am 14. auf zwei Tage folgte.
18. Miseleyen = Zärtlichkeiten und Scherze mit Misels = mademoiselles.
22. Das Mädchen der Hofdame v. Waldner, vgl. zu 263, 10.

Adieu beste! — Bleiben Sie mir! Wie ich Ihnen. Adieu Gold. d. 12. Juni 77.

G.

227. An Katharina Elisabeth Goethe.

Ich kan Ihr nichts sagen, als dass das Glück sich gegen mich immer gleich bezeigt, dass mir der todt der Schwester nur desto schmerzlicher ist da er mich in so glücklichen Zeiten überrascht. Ich kan nur menschlich fühlen, und lasse mich der Natur die uns heftigen Schmerz nur kurze Zeit, trauer lang empfinden lässt.

Lebe Sie glücklich, sorge Sie für des Vaters Gesundheit, wir sind nur Einmal so beysammen. Die Zeichnung von Krausen ist fertig und wird bald kommen. Adieu, liebe Mutter. Grüse Sie den armen Schlosser auch von mir. Weimar d. 28. Jun. 77. G.

228. An Auguste zu Stolberg.

Danck Gustgen dass du aus deiner Ruhe mir in die Unruhe des Lebens einen Laut herüber gegeben hast.

Alles geben Götter die unendlichen
Ihren Lieblingen ganz
Alle Freuden die unendlichen
Alle Schmerzen die unendlichen ganz.

So sang ich neulich als ich tief in einer herrlichen Mondnacht aus dem Flusse stieg der vor meinem Garten durch die Wiesen fliest; und das bewahrheitet sich täglich an mir. Ich muss das Glück für meine Liebste erkennen, dafür schiert sie mich auch wieder wie ein geliebtes Weib. Den Todt meiner Schwester wirst du wissen. Mir geht in allem alles erwünscht, und leide allein um andre. Lebe wohl grüse Henrietten! Ist das noch eine eurer Schwestern? oder Christels Frau? zwar sie hat der Brüder Handschrifft! Wenn ich einmal wieder ans Schreiben komme, will ich ja

---

4. Cornelie war am 8. Juni, vier Wochen nach der Geburt ihrer zweiten Tochter, gestorben. Goethe erhielt die Nachricht am 16. Juni. Vgl. Nr. 233 und 234. 11. Vgl. zu 234, 21. 28. Es war dieselbe Schwester, die Goethe auch 207, 5 und 210, 20 grüßen ließ. Graf Christian war seit kurzem mit Luise geb. Gräfin Reventlow vermählt. — Graphologische Betrachtungen finden sich auch in Lavaters Physiognomik.

wol sehn ob ich dadrüber was sagen kan was sie will. Grüse die Brüder und behaltet mich lieb.

Weimar d. 17. Jul. 77. Goethe.

229. An Lavater.

[Weimar, 14. August 1777.]

Da schick ich dir Briefe von Petern die du weiter spediren sollst.

Mich machts lachen, dass er zum antritt einen Spiesruthen lauffen und einen ausprügeln sieht. Das er wie er sagt nicht wieder sehn mag. Der Junge ist nun mein, und wenn ich's recht kann so soll er wenn ich die Augen zu thue, oder ihn verlasse, oder er mich, von niemanden abhängen weil er von allem abzuhängen fühlen muss. Adio man sagt immer was dummes wenn man was allgemeines, oder was künftig zu thuendes sagt.

Schreib mir ein Wort von Lindau's Vermächtniß Geld, für den Buben, ich dencke wir werden kein Kraut fett damit machen, schreib mir auch ein Wort von dir. Sag Kaysern dass ich ihm das verlangte schicken werde. Adio.

230. An Kestner.

Wartburg d. 28. Sept. 77.

Lieber Kestner, nicht dass ich euch vergessen habe, sondern dass ich im Zustande des Schweigens bin gegen alle Welt, den die alten Weisen schon angerathen haben und in dem ich mich höchst wohl befinde, indess sich viele Leute mit Mährchen von mir unterhalten, wie sie sich ehmals von meinen Mährchen unterhielten. Wenn ihrs könntet auf euch gewinnen, und mir mehr schriebt, oder nur manchmal, ohne Antwort, glaubt dass mirs ewig werth ist, denn ich seh euch leben und glücklich seyn. — Einen Rath verlangt ihr! Aus der Ferne ist schweer rathen! Aber der sicherste, treuste, erprobteste, ist: bleibt wo ihr seyd. Tragt diese oder iene Unbequemlichkeit, Verdruss, Hintansezzung u. s. w. weil ihrs nicht besser finden werdet wenn

---

5. Vgl. zu 269, 15. 16. Es waren 2000 Reichsthaler. 17. Vgl. Nr. 210. 19. Goethe war seit Ende August unterwegs: in Kochberg, in Ilmenau und Umgebung, in Eisenach und seit dem 13. Sept. auf der Wartburg. Vom 21.–28. war Merck dort bei ihm. Am 10. Okt. kehrte er nach Weimar zurück.

ihr den Ort verändert. Bleibt fest und treu auf eurem Plazze. Fest und treu auf Einem Zweck, ihr seyd ia der Mann dazu, und ihr werdet vordringen durchs bleiben, weil alles andre hinter euch weicht. Wer seinen Zustand verändert verliert immer die Reise- und Einrichtekosten, moralisch und ökonomisch, und sezzt sich zurück. Das sag ich dir als Weltmensch, der nach und nach mancherley lernt wie's zugeht. Schreib mir aber mehr von dir, vielleicht sag ich dir was bestimmt besseres.

Grüsse Lotten, und Gott erhalt euch und die Kleinen.

Ich wohne auf Luthers Pathmos, und finde mich da so wohl als er. Uebrigens bin ich der glücklichste von allen die ich kenne. Das wird dir auch genug seyn.

Addio. Grüsse Sophien. G.

231. An Charlotte v. Stein.

Warum das Hauptingrediens Ihrer Empfindungen neuerdings Zweifel und Unglaube ist begreiff ich nicht, das ist aber wohl wahr dass Sie einen der nicht fest hielte in Treue und Liebe von sich wegzweifeln und träumen könnten, wie man einem glauben machen kan er sähe blas aus und sey kranck. Gestern Abend hab ich einen Salto mortale über drey fatale Capitel meines Romans gemacht vor denen ich schon so lang scheue, nun da die hinter mir liegen hoff ich den ersten Theil bald ganz zu produziren. Addio. [Weimar] d. lezten Oktbr. Meinen Nahmenstag, auch Reformationsfest. 1777. G.

232. An Charlotte v. Stein.

... Gestern von Ihnen gehend hab ich noch wunderliche Gedancken gehabt, unter andern ob ich Sie auch wircklich liebe oder ob mich Ihre Nähe nur wie die Gegenwart eines so reinen Glases freut, darin sichs so gut sich bespiegeln lässt.

Hernach fand ich dass das Schicksaal da es mich hierher pflanzte vollkommen gemacht hat wie mans den Linden thut man schneidet ihnen den Gipfel weg und alle schöne

14 Lottes Schwester, geb. 1760. 21. Vgl. zu 270, 28. 282, 31.

Aeste dass sie neuen Trieb kriegen sonst sterben sie von oben herein. Freylich stehn sie die ersten Jahre wie Stangen da. Adieu. Ich kam von ohngefähr über den Kalender von vorm Jahr da stund beym 7. November: Was ist der Mensch dass du sein gedenckest pp.

d. 8. Nov. 77. G.

233. An Katharina Elisabeth Goethe.

Sagen kann ich über die seltsame Nachricht Ihres Briefs gar nichts. Mein Herz und Sinn ist zeither so gewohnt dass das Schicksaal Ball mit ihm spielt dass es für's neue es sey Glück oder Unglück fast gar kein Gefühl mehr hat. Mir ists als wenn in der Herbstzeit ein Baum gepflanzt würde, Gott gebe seinen Seegen dazu, dass wir dereinst drunter sizzen, Schatten und Früchte haben mögen. Mit meiner Schwester ist mir so eine starcke Wurzel die mich an der Erde hielt abgehauen worden, dass die Aeste, von oben, die davon Nahrung hatten, auch absterben müssen. Will sich in der lieben Falmer wieder eine neue Wurzel, Theilnehmung und Befestigung erzeugen, so will ich auch von meiner Seite mit euch den Göttern dancken. Ich bin zu gewohnt von dem um mich iezzo zu sagen: das ist meine Mutter und meine Geschwister pppppp. Was euch betrifft so seegnet Gott, denn ihr werdet auf's neue erbaut in der Nähe und der Riss ausgebessert.

Schlosser soll mir das Buch Stuarts Finanz System von Lenzen, auch seine Schrifft über die Gesezgebung schicken. Der Vater kann ihm Poetas Graecos minores schicken sie stehen noch zu Hause in folio denck ich. Den Sophokles soll er mir schencken, ich hab ihn verlohren, oder soll ihn zu Geld anschlagen ich will ihn mit dem was ich für Petern restire bezahlen.

Meine Zahn und Backenwirthschafft will nichts be-

---

4. Vgl. zu 228,13. Statt des „pp." steht im Tagebuch: „und das Menschenkind dass du dich sein annimmst". 7. Schlosser hatte sich fünf Monate nach Corneliens Tod (vgl. zu 272,4) mit Johanna Fahlmer verlobt (Hochzeit am 27. Sept. 1778). 20 f. Ev. Matth. Kap. 12 V. 49. 24. Wohl James Denham Steuart (1712—80), ein hervorragender englischer Nationalökonom (Merkantilist und Verfechter der indirekten Steuern). Von seinem hier aus der Erinnerung ungenau citierten Hauptwerk „An inquiry into the principles of political oeconomy" erschienen 1769 zwei deutsche Uebersetzungen, von J. U. Pauli und einem Ungenannten (im Cotta'schen Verlag). 30. Vgl. zu 269,15. 31. Während der zu 273,19 erwähnten Reise hatte Goethe heftig daran gelitten.

deuten, es hat sich ein Knötgen in der Kinlade gesezzt gehabt das aber nicht schmerzte und iezt vergeht.

Mein Haushalt fängt an sich zu ordnen, es ist einem in dem Gartenhüttgen bald wie in einem Schiff auf dem Meere. Adieu. [Weimar, 16.] Nov. 77.

G.

234. An Johanna Fahlmer.

Gott seegne dich, und lasse dich lang leben auf Erden, wenn dir's wohl geht. Mir ists wunderlich auf deinen Brief, mich freuts und ich kans noch nicht zurecht legen. Ich bin sehr verändert, das fühl ich am meisten, wenn eine sonst bekannte Stimme zu mir spricht, ich eine sonst bekannte Hand sehe.

Dass du meine Schwester seyn kannst, macht mir einen unverschmerzlichen Verlust wieder neu, also verzeihe meine Thränen bey deinem Glück. Das Schicksaal habe seine Mutterhand über dir und halte dich so warm, wie's mich hält, und gebe dass ich mit dir die Freuden genieße, die es meiner armen ersten versagt hat. Leb wohl, grüse Schlosser und sag was leidlichs Frizzen, ich bin gar stumm. [Weimar, 16.] Nov. 77. G.

235. An Merck.

[Weimar] den 11. Jan. 78.

Die Kupfer sind sehr zur rechten Zeit angekommen und haben uns grose Freude gemacht. Der Herzog hat sich recht dran ergözt; es ist wunderbar wie sich sein Gefühl an diesen Sachen geschwind aufschliest. Die Suyderhofs hab ich noch gar nicht gekannt und ich bin über die Treue, Reinheit, Rundheit und über das Kräftige in der bedächtigen Manier erstaunt. Solltest du einige von denen Gondts nach Elsheimer erwischen können, so kauf sie. Uebrigens aber nichts als dezidirte Meisterstücke. In der

---

19. Jacobi. 21. In die erste Hälfte des Dez. 1777 fällt Goethes winterliche Harzreise, über die er in langen Tagebuchbriefen an Charlotte v. Stein berichtete (vgl. 282, 35). In der zweiten Hälfte setzte er den „Triumph der Empfindsamkeit" fort, den er schon im Sept. begonnen, für die Aufführung am Geburtsfest der Herzogin (30. Jan.). 26. Das Interesse für die niederländischen und französischen Künstler des 17. Jahrhunderts begleitete Goethe durch sein Leben und führte zu einer wertvollen Sammlung besonders von Kupferstichen. Vgl. 245, 25.

Folge einmal die Callots. Der Mutter hab ich selbst geschrieben. Hier ein Abdruck von einer der Platten, ein wenig durchgegangen. Die Götter haben mir im Zeichnen neuerdings grose Eröffnungen gethan. Adieu. Schreib manchmal. Die Gegend um meinen Garten wird aufs Frühjahr unendlich schön, ich hab einige seltsam romantische Fleckchen ge- und erfunden. Möchtest du kommen können. Der Herzog hatte etlichemal grose Lust dich als Cammerrath nach Eisenach zu haben, aber ich sagte ihm, alte Bäume verpflanzten sich nicht gut. Leb wohl.

236. An Charlotte v. Stein.

Statt meiner kommt ein Blätgen. Da ich von Ihnen wegging, konnt ich nicht zeichnen. Es waren Arbeiter unten, und ich erfand ein seltsam Pläzgen wo das Andencken der armen Cristel verborgen stehn wird. Das war was mir heut noch an meiner Idee misfiel, daß es so am Weeg wäre, wo man weder hintreten und beten, noch lieben soll. Ich hab mit Jentschen ein gut Stück Felsen ausgehölt, man übersieht von da, in höchster Abgeschiedenheit, ihre lezte Pfade und den Ort ihres Tods. Wir haben bis in die Nacht gearbeitet, zulezt noch ich allein bis in ihre Todtes Stunde, es war eben so ein Abend. Orion stand so schön am Himmel als wie wir von Tiefurth fröhlich herauf ritten. Ich habe an Erinnerungen und Gedancken iust genug, und kan nicht wieder aus meinem Hause. Gute Nacht Engel, schonen Sie sich und gehn nicht herunter. Diese einladende Trauer hat was gefährlich anziehendes wie das Wasser selbst, und der Abglanz der Sterne des Himmels der aus beiden leuchtet lockt uns. Gute Nacht, ich kans meinen Jungen nicht verdencken die nun Nachts nur zu dreyen einen Gang hinüber wagen, eben die Saiten der Menschheit werden an ihnen gerührt, nur geben sie einen rohern Klang.

d. 19. Jan. 78. G.

---

11. Am **17.** hatten Goethes Leute (i. u.) in der Ilm zwischen seinem und Charlottens Haus den Leichnam der Christiane v. Lasberg, Tochter eines weimarischen Obersten, gefunden; sie war, „Werthers Leiden“ in der Tasche, in den Tod gegangen. 17. Hofgärtner Gentzich. 26. Vgl. die Ballade vom Fischer. 29 Peter im Baumgarten (263, 15), Philipp Seidel (251, 6) und Christoph Sutor, den Goethe unlängst als zweiten Diener angenommen.

237. An Kestner.

. Viel Glück zur Vermehrung und Entblatterung der Familie. Es wird doch artig seyn, wenn ich euch einmal besuche und ihr mir mit einem halbduzzend solcher Figürgen aufwarten könnt.

Grüse Lotten, und wenn ich auch im Styl mit unter Geheim Räthisch werde, so bleibt doch leider das übrige ziemlich im alten. Grüse Sophien.

Adieu. d. 23. Jan. 78.

Apropos ist denn Lotte immer noch so schnippisch? Schickt mir doch einmal Eure Silhouetten, und Sophies und der Kinder.

238. An Merck.

Die Kupfer hab ich wohl erhalten — die Dürers kriegst du zurück der Herzog hat sie schon. Geld auch bald. Ich will auch Bertucchio schinden.

Beyliegend kriegst du von der Mutter meine neuste Tollheit, daraus du sehn wirst dass der Teufel der parodie mich noch reitet. Denck dir nun dazu alle Ackteurs bis zur Carrikatur phisiognomisch. Von den Kleidern sieh ein Echantillon bey der Mutter auf einer Zeichnung von Krause. Adieu das Blättgen von mir du meinst doch die Ruinen für Schr. sollst du haben. Dein *Oheim* ist sehr gut. Besonders da nur in der Folge die Ostentation der Einfalt der Leute in der Manier des Geschichtschreibers und nicht in ihnen lag.

Neuerdings Bruder hab ich überhaupt über allerley Kunst schöne Aufschlüsse die ich dir mögt in allerley Werck-lein sehn lassen. Auch mach ich manches in der Dumpfheit das wohl oft das beste ist. Hast du ein Lustspiel in I Ackt von mir gesehn? Die *Geschwister*?

Jezt macht uns aber der Eindringende Krieg ein ander Wesen. Da unser Kahn auch zwischen den Orlogschiffen

14. Bertuch, den Schatullier des Herzogs, vgl. zu 231, 3. **16.** „Triumph der Empfindsamkeit", vgl. zu 276, 21. **21.** Wohl v. Schrautenbach-Lindheim, hessischer Diplomat und Biograph Zinzendorfs. — Mercks „Geschichte des Herrn Oheims" im neusten „Merkur". Vgl. zu 282, 23. **28.** Vgl. zu 266, 30. **30.** Der im Sommer wirklich ausbrechende bayrische Erbfolgekrieg. Vgl. Nr. 240 bis 242.

gequetscht werden wird. Gott sey danck ich hab schönen Muth, und freyes Leben.

d. 18. März 78. G.

239. An Charlotte v. Stein.

Weil sich des heutigen Tages Christen untereinander erfreuen sollen, schick ich Ihnen bey schönem Morgenschein einige Blumen meines Gartens. Wenn sie lieblich sind lieben Sie mich.

d. 1. Ostertag [19. April] 78. G.

240. An Charlotte v. Stein.

Wörliz, Donnerst. [14. Mai 1778.] Nach Tische gehn wir auf Berlin über Pozdam. Hier ists iezt unendlich schön. Mich hats gestern Abend wie wir durch die Seen Canäle und Wäldgen schlichen sehr gerührt wie die Götter dem Fürsten erlaubt haben einen Traum um sich herum zu schaffen. Es ist wenn man so durchzieht wie ein Mährgen das einem vorgetragen wird und hat ganz den Charackter der Elisischen Felder, in der sachtesten Manigfaltigkeit fliest eins in das andre, keine Höhe zieht das Aug und das Verlangen auf einen einzigen Punckt, man streicht herum ohne zu fragen wo man ausgegangen ist und hinkommt. Das Buschwerck ist in seiner schönsten Jugend, und das ganze hat die reinste Lieblichkeit. — Und nun bald in der Pracht der königlichen Städte im Lärm der Welt und der Kriegsrüstungen. Mit den Menschen hab ich, wie ich spüre weit weniger Verkehr als sonst. Und ich scheine dem Ziele dramatischen Wesens immer näher zu kommen, da michs nun immer näher angeht, wie die Grosen mit den Menschen, und die Götter mit den Grosen spielen. Adieu. Schreiben Sie mir ia nach Leipzig. Grüsen Sie die Herzoginn, Stein, Waldnern, Prinzen und Knebeln, des leztern wir oft erwähnen obs ihm gleich nicht gesund wäre herzukommen.

---

4 Vgl. 268, 34. 9. Schloß und Park des Fürsten Franz von Dessau (1740—1817), mit dem Goethe, der Herzog und Wedel am 10. Mai in Leipzig zusammengetroffen waren. Die Reise hatte politische Zwecke, vgl. zu 278, 30. 31. In seine einstige Umgebung, nach Potsdam.

241. An Charlotte v. Stein.

Berlin. Sontag d. 17. [Mai] Abends. In einer ganz andern Lage als ich Ihnen den Winter vom Brocken schrieb, und mit eben dem Herzen wenige Worte. Ich dacht heut an des Prinzen Heinrichs Tafel dran dass ich Ihnen schreiben müsste, es ist ein wunderbarer Zustand eine seltsame Fügung dass wir hier sind. Durch die Stadt und mancherley Menschen Gewerb und Wesen hab ich mich durchgetrieben. Von den Gegenständen selbst mündlig mehr. Gleichmut und Reinheit erhalten mir die Götter aufs schönste, aber dagegen welckt die Blüte des Vertrauens, der Offenheit, der hingebenden Liebe täglich mehr. Sonst war meine Seele wie eine Stadt mit geringen Mauern, die hinter sich eine Citadelle auf dem Berge hat. Das Schloss bewacht ich, und die Stadt lies ich in Frieden und Krieg wehrlos, nun fang ich auch an, die zu befestigen, wärs nur indess gegen die leichten Truppen.

Es ist ein schön Gefühl an der Quelle des Kriegs zu sizzen in dem Augenblick da sie überzusprudeln droht. Und die Pracht der Königstadt, und Leben und Ordnung und Ueberfluss, das nichts wäre ohne die tausend und tausend Menschen bereit für sie geopfert zu werden. Menschen, Pferde, Wagen, Geschüz, Zurüstungen, es wimmelt von allem. Der Herzog ist wohl, Wedel auch und sehr gut. Wenn ich nur gut erzählen kan von dem grosen Uhrwerck das sich vor einem treibt, von der Bewegung der Puppen kan man auf die verborgnen Räder besonders auf die grose alte Walze Fr. R. gezeichnet mit tausend Stiften schliesen die diese Melodieen eine nach der andern hervorbringt.

Berlin d. 19. Wenn ich nur könnte bey meiner Rückkunft Ihnen alles erzählen, wenn ich nur dürfte. Aber ach die eisernen Reifen mit denen mein Herz eingefasst wird treiben sich täglich fester an, dass endlich gar nichts mehr durchrinnen wird. — Wenn Sie das Gleichniss fortsezzen wollen, so liegt noch eine schöne Menge Allegorie drinn.

So viel kann ich sagen: ie gröser die Welt desto

---

1. Vgl. 33, 19. 215, 10. 4. Prinz Heinrich (1726–1802), Bruder Friedrichs des Großen, welcher selbst sich im Feldlager in Schlesien befand. 27. In der Handschrift ein Zirkel für Fridericus Rex.

garstiger wird die Farce, und ich schwöre, keine Zote und Eseley der Hanswurstiaden ist so eckelhafft als das Wesen der Grosen Mittlern und Kleinen durch einander. Ich habe die Götter gebeten dass sie mir meinen Muth und grad seyn erhalten wollen biss ans Ende, und lieber mögen das Ende vorrücken als mich den lezten theil des Ziels lausig hinkriechen lassen. Aber den Werth, den wieder dieses Abenteuer für mich, für uns alle hat, nenn ich nicht mit Nahmen. — Ich bete die Götter an und fühle mir doch Muth genug ihnen ewigen Hass zu schwören, wenn sie sich gegen uns betragen wollen wie ihr bild die Menschen.

Potsdam d. 21. Durch einen schönen Schlaf hab ich meine Seele gereinigt. Gestern Abend sind wir wieder hier angekommen. Wir wollen uns noch umsehen und dann wohl morgen weiter. Mein Verlangen steht sehr vorwärts nach hause.

Dessau Sonntag d. 24. Endlich kann ich Ihnen die Zettelgen schicken und Ihnen sagen dass ich Sie immer lieb habe, mich wieder nach Hause sehne obgleich auch in der weiten Welt alles nach Wunsch geht. Hier haben Sie auch wie mich die Karschin beverset hat. In Leipzig werd ich Ihre Briefe wohl nicht abhohlen, wir gehn über Alstädt nach hause. Sagen Sies aber nicht weiter. Wenn der Herzog sich Pferde entgegen schicken lässt schicken Sie mir doch auch ein Zettelgen mit. Adieu liebe. Grüsen Sie die Herzoginn die Waldnern und Steinen. G.

242. An Merck.

[Weimar] den 5. August 1778.

Es hält jetzt sehr schwer, daß ich aus mir herausgehe, an dem ruhigen Abend sollst du doch ein Paar Worte haben. Wie ich hörte, daß du mit der Herzogin wärst, reist ich immer mit euch, denn ich wußt, was unter euch werden würde, und wie du ihnen würdest leben helfen und genießen. Und du hast denn auch wieder einmal Athem geschöpft; es geht nun wieder eine Weile im Leben weg.

---

21. Vgl. Nr. 158 und 212. Goethe hatte sie, durch einen launigen Brief in Versen aufgefordert, am 18. in Berlin besucht. 26. Am 1 Juni erfolgte die Rückkehr nach Weimar. 30. Die Herzogin Mutter machte in Begleitung Mercks eine Rheinreise, die sie auch nach Frankfurt in Goethes Elternhaus führte. Am 2. August war sie nach Weimar zurückgekehrt.

Wenn du mit der Mutter auf künftig Frühjahr kommen kannst, so richts ein; sie sagen vom Winter, das ist nichts. In meinem Thal wirds immer schöner, das heißt es wird mir näher und Andern und mir genießbarer, da ich die vernachläßigten Plätzchen alle mit Händen der Liebe polstre und putze, und jederzeit mit größter Sorgfalt die Fugen der Kunst der lieben immer bindenden Natur zu befestigen und zu decken übergebe. Das herzige Spielwerk ist ein Kahn, auf dem ich oft über flache Gegenden meines Zustandes wegschwimme. Im Innersten aber geht alles nach Wunsch. Das Element, in dem ich schwebe, hat alle Aehnlichkeit mit dem Wasser; es zieht jeden an und doch versagt dem, der auch nur an die Brust hereinspringt, im Anfange der Athem; muß er nun gar gleich tauchen, so verschwinden ihm Himmel und Erde. Hält mans dann eine Weile aus und kriegt nur das Gefühl, daß einen das Element trägt und daß man doch nicht untersinkt, wenn man gleich nur mit der Nase hervorguckt, nun so findet sich im Menschen auch Glied und Geschick zum Froschwesen, und man lernt mit wenig Bewegung viel thun. Bäume pflanz ich jetzt, wie die Kinder Israel Steine legten zum Zeugniß. Und apropos vom Baumpflanzen zum Herrn Oheim. Du weißt, daß er mir lieb seyn muß und ich bitte dich, endig ihn rund und ohne etwaige fremde Ingredienzien, wie es einem am Schlusse leider oft geht. Und dann erlaube mir, daß ich ihn hier zusammendrucken lasse. In dem Sau Merkur ists doch, als ob man was in eine Cloake würfe, es ist recht der Vergessenheit gewidmet, und so schnitzelweis genießt kein Mensch was. Auch hab ich eine Bitte, daß, wenn du mehr so was schreibst, daß du mir weder direct noch indirect ins theatralische Gehege kommst, indem ich das ganze Theaterwesen in einem Roman, wovon das erste Buch, dessen Anfang du gesehn hast, fertig ist, vorzutragen bereit bin.

Von meinen Reisen muß ich dir auch was sagen. Letzten Winter hat mir eine Reise auf den Harz das reinste Vergnügen geben. Du weißt, daß so sehr ich hasse, wenn

---

23. Vgl. zu 278, 21. Mit Bezug auf die Darstellung des Landlebens in Mercks Erzählung, die übrigens nie als Buch erschien. 31. Vgl. 270, 28. 274, 21. Die späteren „Lehrjahre" hießen ursprünglich „Wilhelm Meisters theatralische Sendung". Von dieser ältesten Gestalt ist nur ein ganz kleines Fragment, als Citat in Knebels Tagebuch, erhalten. 32. Auf der Wartburg im Sept. 1777.

man das Natürliche abenteuerlich machen will, so wohl ist mirs, wenn das Abenteuerlichste natürlich zugeht. Ich machte mich allein auf, etwa den letzten November, zu Pferde, mit einem Mantelsack und ritt durch Schloßen, Frost und Koth auf Nordhausen den Harz hinein, in die Baumannshöhle, über Wernigerode, Goslar auf den hohen Harz, das Detail erzähl' ich dir einmal, und überwand alle Schwierigkeiten und stand den 8. Dez., glaub ich, Mittags um eins auf dem Brocken oben in der heitersten, brennendsten Sonne, über dem anderthalb Ellen hohen Schnee, und sah die Gegend von Teutschland unter mir, alles von Wolken bedeckt, daß der Förster, den ich mit Mühe persuadirt hatte, mich zu führen, selbst vor Verwunderung außer sich kam, sich da zu sehen, da er viel Jahre am Fuße wohnend das immer unmöglich geglaubt hatte. Da war ich vierzehn Tage allein, daß kein Mensch wußte, wo ich war. Von den tausend Gedanken in der Einsamkeit findest du auf beyliegendem Blatt fliegende Streifen.

Auch in Berlin war ich im Frühjahr, ein ganz ander Schauspiel! Wir waren wenige Tage da, und ich guckte nur drein wie das Kind in Schön-Raritäten Kasten. Aber du weißt, wie ich im Anschaun lebe, es sind mir tausend Lichter aufgangen. Und dem alten Fritz bin ich recht nah worden, da ich hab sein Wesen gesehn, sein Gold, Silber, Marmor, Affen, Papageien und zerrissene Vorhänge, und hab über den großen Menschen seine eignen Lumpenhunde räsonniren hören. Einen großen Theil von Prinz Heinrichs Armee, den wir passirt sind, Manoeuvres und die Gestalten der Generale, die ich hab halb dutzendweis bey Tisch gegenüber gehabt, machen mich auch bey dem jetzigen Kriege gegenwärtiger. Mit Menschen hab ich sonst gar Nichts zu verkehren gehabt und hab in preußischen Staaten kein laut Wort hervorgebracht, das sie nicht könnten drucken lassen. Dafür ich gelegentlich als stolz pp. ausgeschrieen bin. —

Die Raphaels, die mir die Herzogin mitgebracht hat, machen mir viel Freude. Ich treib jetzt allerley Bildnerey. Noch hier hab ich einen alten Steinbruch wieder aufgerührt, den wohl seit hundert Jahren Niemand gebraucht; am alten Schloß waren Quadraturen davon an Portals; in

---

18. Das Gedicht „Harzreise im Winter" 23. Vgl. zu 280, 4. 39. Dem im Mai 1774 eingeäscherten, vgl. zu 168, 21. Der Hof behalf sich mit dem soge-

den Stein läßt sich mit der höchsten Delicatesse arbeiten, was du willt; er ist sehr hart, läßt sich aber leicht schaben und raspeln, hat keine Klüfte, nimmt kein Wasser an und seine Farbe ist das schöne grau, dem man so ängstlich nachläuft, und es so selten findt. Französische Dosen habens, es ist nicht blau, noch gelblich; es ist ein Waldstein, die Mittelsorte zwischen dem gemeinen und dem Marmor. Adieu Alter, nun hast du wieder was von mir. Sag mir auch was, behalt mich lieb. Wenns nicht Krieg gibt, besuch ich Euch wohl.

243. An Charlotte v. Stein.

Eisenach d. 10. Sept. 78.

Da Sie weg waren spürt ich, ich müsse die Dekoration verändern. Ging erst nur zum Stadthalter, und bey leidlichem Wetter hierher, wo ich im grosen Fürstenhause ganz allein wie ein Spenst mit einem Diener wohne. Erst 6 Uhr kam ich an. Der Herzog ist in Wilhelmsthal. Morgen früh will ich hinaus. Viel Ruhe wirds nicht geben, also heut wenigstens dies Wort und für heut Gute Nacht.

Eisenach. Sonnt. d. 13. S.

Die Zeit bin ich auf der Wartburg mit dem Prinzen seshafft gewesen, und wir hatten so viele Drollerey zusammen dass ich in keine Ruhe kommen bin. Die Felsen hab ich truz dem bösen Wetter gemessen. Mit dem Jagen wirds morgen schweinisch werden, und Vier bis fünf Herzoge von Sachsen in einem Zimmer machen auch nicht die beste Conversation. Eben komm ich von Wilhelmsthal wo die Herzoge von Meiningen seit früh 10 sind, unterweegs hab ich viel mit Ihnen lieb Gold geredt, was ich viel schreiben wollte. Jezt ists schon wieder vorbey.

Allerley Krickeleyen (Disapointments) hab ich wieder gehabt, wie Sie wohl dencken können, da ich die schöne Hoffnung auf mein 30. Jahr habe, weil ich im 29. noch so ein Kind bin.

---

nannten Fürstenhaus und benachbarten Gebäuden, bis das alte Schloß 1789 f. unter Goethes Leitung wieder aufgebaut wurde. Im Sept. 1778 notierte dieser im Tagebuch „Gedanken über künftige Vorräthe zum Bauwesen. Grillen zu neuem Schloßbau".

12. Theater, Schauplatz, Aufenthalt. 13. Nach Erfurt, vgl. zu 235, 6. 20. Constantin von Weimar. 27. Die gemeinsam regierenden Brüder Karl (1754–82) und Georg (1761–1803), vgl. 227, 24. 32. Goethe hatte das 30. Lebensjahr bereits am 28. Aug. 1778 begonnen.

Offt schüttl ich den Kopf und härte mich wieder, und endlich kom ich mir vor, wie ienes Ferckel dem der Franzos die knupperig gebratne Haut abgefressen hatte, und es wieder in die Küche schickte, um ihm die zweite anbraten zu lassen.

244. An Krafft.

Dem, der sich mit den Wellen herumarbeitet, ists wohl der schlimmste Herzensstos, wenn der Willige am Ufer nicht Kräffte genug hat, alle zu retten, die der Sturm gegen seine Küste treibt. Wenn der, dem ein Menschengeschöpf die reichste Beute des Strandrechts wäre, mit wenigen sich begnügen und die andern untergehn sehn muß.

In der Vorstellung, die ich mir von Ihnen aus den Briefen mache, glaub ich mich nicht zu betrügen, und was mir am wehsten thut, ist, daß ich einem Mann, der so genügsam verlangt, weder Hülfe noch Hoffnung geben kann. Um diesen Teich, den ein Engel nur selten bewegt, harren Hunderte viele Jahre her, nur Wenige können genesen, und ich bin der Mann nicht, zwischen der Zeit zu sagen: Steh auf und wandle.

Nehmen Sie das wenige, was ich Ihnen geben kann, als ein Bret, das ich Ihnen in dem Augenblick zuwerfe, um Zeit zu gewinnen.

Bleiben Sie in der Jahrszeit wo Sie sind, ich will in der Folge gern für eine kleine Beyhülfe sorgen. Melden Sie mir die Ankunft des Gelds und wie weit Sie damit zu reichen dencken.

Ist Ihnen mit einem Kleid, Ueberrock, Stiefeln, warmen Strümpfen gedient, so schreiben Sie, ich habe zu entbehren.

Nehmen Sie diese Tropfen Balsams aus der kompendiosen Reiseapotheck des dienstfertigen Samariters, wie ich sie gebe.

W. d. 2. Nov. 78. G.

245. An Krafft.

Einen Ueberrock, Stiefel und Strümpfe erhalten Sie in diesem Pack und etwas Geld. Mein Plan für Sie diesen Winter ist folgender:

---

5. Die Briefe an Krafft (s. Adressatenverzeichnis) sind so charakteristisch für Goethe, daß sie hier fast vollständig gegeben werden. 15. Vgl. Ev Joh. 5, 2 f.

In Jena ist wohlfeil leben. Ich will mich umthun lassen nach einem Quartier, Tisch pp. aufs genauste eingerichtet für jemanden (will ich sagen), der mit einer geringen Pension, die er zu geniesen hat, in der Stille leben will.

Wenn das geschehn ist, schreib ichs Ihnen und Sie gehen hin, ziehen ein und ich schicke Tuch und Futter und Geld zu einem Rocke, den lassen Sie sich machen, und ich will dem Rektor sagen lassen, Sie wären mir empfohlen, wünschten auf der Akademie in der Stille zu leben einige Zeit, und möchten eingeschrieben seyn.

Dann müssen Sie einen leidlichen Roman erfinden, allenfalls den Titel Sekretair behalten pp., sich einschreiben lassen und dann fragt Niemand mehr nach Ihnen, kein Burgemeister und Amtmann. Einen Rock von mir hab ich Ihnen drum nicht geschickt, weil man den in Jena erkennen möchte. Schreiben Sie mir erst über die Idee, und wofür Sie sich allenfalls ausgeben wollen.

W. d. 11. Nov. 78. G.

Durch eine Nachläßigkeit ist das Pack liegen blieben, der Brief kann aber noch fort.

Also antworten Sie mir auf das was vorsteht, eh will ich das Packt nicht fortschicken. Vielleicht ists gut wenn Sie grad nach Jena in einen Gasthof gehen. Scheuen Sie sich dort vor nichts.

Und fassen Sie wieder Fuß auf der Erde! Man lebt nur einmal.

Ich weis im ganzen Umfang, was das heißt: sich das Schicksal eines Menschen mehr, zu den übrigen Lasten auf den Hals binden, aber Sie sollen nicht zu Grunde gehen.

G.

246. An Krafft.

Ihre Briefe vom 17. und 18. November habe ich heute den 23sten zusammen erhalten, und bin ihrem Inhalt insoweit zuvorkommen, daß ich mich für Jemanden, der mir empfohlen sey, der in Jena eng und still unter dem Schutz der Akademie leben wolle, um das Genauste erkundigt habe.

Bis die Antwort kommt, bleiben Sie ja in Gera

ruhig, übermorgen will ich ein Päckchen an Sie abschicken und Ihnen mehr sagen.

Sie sind mir nicht zur Last, vielmehr lehrt michs wirthschaften, ich vertändle viel von meinem Einkommen, das ich für den Nothleidenden sparen könnte. Und glauben Sie denn, daß Ihre Thränen und Ihr Segen nichts sind? Der der hat, darf nicht segnen, er muß geben, aber wenn die Grosen und Reichen dieser Welt Güter und Rangzeichen austheilen, so hat das Schicksal dem Elenden zum Gleichgewichte den Segen gegeben, nach dem der Glückliche zu geizen nicht versteht.

Vielleicht findet sich bald, wo Sie mir nützlich seyn können, denn nicht der Projecktmacher und Versprecher, sondern der im Geringen treue Dienste anbietet, ist dem willkommen, der so gern was Guts und Dauerhaftes thun möchte.

Hassen Sie die armen Menschenfreunde mit Clauseln und Cautelen nicht, man muß recht fleisig beten, um bey so viel widrigen Erfahrungen den jugendlichen guten Willen, Muth und Leichtsinn (die Ingredienzien des Wohlthuns) zu erhalten. Und es ist mehr eine Wohlthat von Gott, wenn er uns, da man so selten was thun kann, einmal einen würcklich Elenden erleichtern heißt.

Bleiben Sie ruhig, bis Sie mehr von mir hören, lassen Sie sich mit Altenburg nicht ein; sollte sonst was vorkommen, so schreiben Sie mir. Ihre Briefe sind sehr lang gelaufen. Schreiben Sie mir, wann dieser ankommt, ich schicke ihn ab d. 23. Nov. 78. G.

247. An Krafft.

Ihren Brief vom 7. Dezember erhalte heut Freitags d. **11.** früh.

Und zuerst zu Ihrer Beruhigung, Sie sollen in nichts gezwungen seyn, Sie sollen die hundert Thaler haben, wo Sie sich aufhalten, nun aber hören Sie mich.

Ich weiß, daß dem Menschen seine Vorstellungen Würcklichkeiten sind, und obgleich das Bild, das Sie sich von Jena machen, falsch ist, so weiß ich doch, daß sich nichts weniger als solch eine hypochondrische Aengstlichkeit wegraisonniren läßt. Jena hielt ich aus viel Ursachen für den besten Aufenthalt für Sie. Die Akademie und Stadt hat lang ihre alte Herrlichkeit und Wildheit verloren, die Studenten sind nicht schlimmer wie überall und viele darunter recht hübsche Leute. Man ist das Auf- und Abgehen so mancher Menschen gewohnt, daß ein einzelner nicht merckwürdig ist. Es leben viele Leute kümmerlich daselbst, daß Armuth kein Merckzeichen und Verachtung ist. Es ist doch immer eine Stadt, wo das Nothwendige eh zu haben ist, wer auf dem Lande im Winter kranck würde ohne Wartung, wie elend wäre das. Ferner die Leute, zu denen ich Sie wies, sind gute Hausleute, die auch um meintwillen Ihnen gut würden begegnet seyn. Bey allem, was Ihnen vorkommen konnte, war ich im Stand, Ihnen durch diesen oder jenen zu helfen. Sodann sasen Sie gewiß fest. Ich konnte Ihnen bey Ihrer Einrichtung behülflich seyn, brauchte jetzt nur für Wohnung und Tisch gut zu sagen und erst nachher zu bezahlen. Ich hätte Ihnen auf Neujahr ein Weniges gegeben, das Uebrige mit Credit gemacht. Sie wären mir näher gewesen. Jeden Markttag konnt ich Ihnen was schicken, manchmal an Wein, Viktualien, Geräthe, das mich nicht mehr kostete und Ihnen leidlicheres Leben machte, ich hätte Sie an meine Haushaltung näher anknüpfen können. Wie fatal ist die Communication mit Gera, nie kommt was zur rechten Zeit an und kostet Geld, das Niemand genießt. Sie wären vielleicht ein halb Jahr in Jena gewesen, ohne daß Sie Jemand bemerckt hätte. Dies ist die Lage, die mir Jena vor allem vorziehen ließ, Sie würden eben das thun, wenn Sie das Verhältniß mit ungetrübten Augen sähen. Wie wärs, wenn Sie eine Probe machten? Doch ich weiß, daß den Menschen von zitternder Nerve eine Mücke irren kann und daß dagegen kein Reden hilft.

Ueberlegen Sies, Sie würden sichs und mir erleichtern, ich verspreche, daß Sie in Jena gut aufgehoben seyn sollen. Können Sies aber nicht über sich gewinnen, so bleiben Sie in Gera. Auf Neujahr sollen Sie 25 Thlr. haben und so die Vierteljahre jederzeit pränumerirt, Ostern, Johanni und Michäl. Anders kann ich meine Einrichtung nicht machen. Da es mir an meinem Platz so leicht ist, Geld zu haben, muß ich desto strenger in meiner Wirthschaft seyn. Auch das, was ich Ihnen bisher gegeben habe, da es am Ende des Jahrs und ganz unerwartet kam, hat mir eine Lücke gemacht, die ich wieder flicken muß. Schreiben Sie mir doch, wie viel's war? ich habe einen Posten nicht aufgeschrieben und finde einen Verstoß in meiner Rechnung.

Wenn Sie in Jena wären, könnt ich auch eher einigen Auftrag und vielleicht einiges Geschäfte Ihnen geben, Sie persönlich kennen lernen und so weiter.

Handeln Sie aber ganz nach Ihrem Herzen, und wenn meine Gründe nicht in Ihr Herz übergehen, Ihnen mit der Ueberzeugung nicht auch Ruhe und getrosten Muth in Jena versprechen, so bleiben Sie in Ihrer jetzigen Stille. Fangen Sie bald an, Ihr Leben zu beschreiben und schicken mir's stückweise, und seyn Sie überzeugt, daß mir alles recht ist, was Sie beruhigen und zufriedenstellen kann, und daß ich Jena blos wählte, weil ich auf die bequemste und leichteste Art für mich, Ihnen das leidlichste Leben zu verschaffen hoffte. G.

248. An Charlotte v. Stein.

Meine Seele löst sich nach und nach durch die lieblichen Töne aus den Banden der Protokolle und Ackten. Ein Quatro neben in der grünen Stube, sizz ich und rufe die fernen Gestalten leise herüber. Eine Scene soll sich heut absondern denck ich, drum komm ich schwerlich. Gute Nacht. Einen gar guten Brief von meiner Mutter hab ich kriegt.

d. 22. Febr. [1779] Abend. G.

249. An Charlotte v. Stein.

Dornburg d. 2. März. Wenn ich an ein Ort komme wo ich mit Ihnen gewesen bin, oder wo ich weis dass Sie waren, ist mir's immer viel lieber. Heut hab ich im Paradiese an Sie gedacht, dass Sie drinn herumgingen eh Sie mich kannten. Es ist mir fast unangenehm dass eine Zeit war wo Sie mich nicht kannten, und nicht liebten. Wenn ich wieder auf die Erde komme will ich die Götter bitten dass ich nur einmal liebe, und wenn Sie nicht so feind dieser Welt wären, wollt ich um Sie bitten zu dieser lieben Gefährtinn. Noch etwas hätten Sie mir mit geben können,

---

18. Am 14. hatte Goethe die Ausarbeitung der „Iphigenie“ in Prosa begonnen; auch an diesem Tage schrieb er an Charlotte: „Musick hab ich mir kommen lassen, die Seele zu lindern und die Geister zu entbinden.“ 25. Anlagen an der Saale bei Jena. 29. Vgl. 247, 4.

einen Talisman mehr, denn ich habe wohl allerley und doch nicht genug. Wenn Sie ein Mijel wären hätt ich Sie gebeten das Westgen erst einmal eine Nacht anzuziehn und es so zu transsubstantiiren, wie Sie aber eine weise Frau sind muss ich mit dem Calvinischen Sakrament vorlieb nehmen.

Knebeln können Sie sagen dass das Stück sich formt, und Glieder kriegt. Morgen hab ich die Auslesung, dann will ich mich in das neue Schloss sperren und einige Tage an meinen Figuren posseln. Am 5ten treff ich in Apolda ein, da verlang ich aber einen Boten von Ihnen zu finden, und viel geschriebnes, und sonst allerley Sachen.

Jetzt leb ich mit den Menschen dieser Welt, und esse und trincke, spase auch wohl mit ihnen, spüre sie aber kaum, denn mein inneres Leben geht unverrücklich seinen Gang.

Indem ich das Blat umwende bedenck ich dass ich Ihnen diesen Brief gleich schicken, und morgen um diese Zeit schon Antwort von Ihnen haben kan. Wenn sie einigermassen können, schreiben Sie mir Viel. Grüsen Sie den Herzog. Adieu Liebste. Schreiben Sie mir dass Sie wohl sind. Adieu.

Abends halb neune. G.

Nach Apolda erwart ich eben auch einen Brief von Ihnen.

250. An Knebel.

Ehrlicher alter Herr König ich muss dir gestehen dass ich als ambulirender Poeta sehr geschunden bin, und hätt ich die paar schönen Tage in dem ruhigen und überlieblichen Dornburger Schlössgen nicht gehabt so wäre das Ey halb angebrütet verfault.

Denn von hier an seh ich keine gute Hoffnung, vielleicht in Alstädt! Doch sind die guten Geister offt zu Hause wo man sie nicht vermuthet. Hier machen mich den ganzen Abend ein paar Hunde toll, die ich mit Befehlen und Trinckgeldern nicht stillen kan.

---

2. Vgl. zu 271, 18. 8. Anfang 1779 hatte Goethe die Kriegs- und Wegebaukommission übernommen. Beide Geschäfte verbanden sich, indem das der Soldatenaushebung ihn nach allen größeren Orten des Herzogtums führte und somit die beste Gelegenheit zur Straßenbesichtigung gab. 25. Bei der ersten Aufführung der „Iphigenie" (in Ettersburg am 6. April) spielte Knebel den Thoas, Goethe den Orest, Prinz Constantin den Pylades und Corona Schröter die Iphigenie.

Lass etwas von dir hören. Montags den 8ten bin ich in Buttstädt, sag es der Stein vielleicht giebt sie was mit, dahin schick mir etwa einen Boten mit irgend einer Narrenspoſſe, dass meine Seele ergözt werde. Dafür bring ich euch auch was mit dass der König und die Königinn sagen sollen mein liebes Löwgen brülle noch einmal. Apolde d. 5ten [März] Abends. G.

251. An Charlotte v. Stein.

[Apolda] d. 6. März.

Den ganzen Tag war ich in Versuchung nach Weimar zu kommen, es wäre recht schön gewesen wenn Sie gekommen wären. Aber so ein lebhafft Unternehmen ist nicht im Blute der Menschen die um den Hof wohnen. Grüsen Sie den Herzog und sagen ihm dass ich ihn vorläufig bitte mit den Rekrouten säuberlich zu verfahren wenn sie zur Schule kommen. Kein sonderlich Vergnügen ist bey der Ausnehmung, da die Krüpels gerne dienten und die schönen Leute meist Ehehafften haben wollen.

Doch ist ein Trost, mein Flügelmann vor allen (11 Zoll 1 Strich) kommt mit Vergnügen und sein Vater giebt den Seegen dazu.

Hier will das Drama gar nicht fort, es ist verflucht, der König von Tauris soll reden als wenn kein Strumpfwürcker in Apolde hungerte.

Gute Nacht liebes Wesen. Es geht noch eben ein Husar. G.

252. An Karl August.

Buttstädt d. 8. März 79 auf dem Rathhause.

Indess die Pursche gemessen und besichtigt werden, will ich Ihnen ein Paar Worte schreiben. Es kommt mir närrisch vor da ich sonst in der Welt alles einzeln zu nehmen und zu besehen pflege, ich nun nach der Phisiognomick des Reinischen Strichmaases alle Junge Pursche des Lands klassifizire. Doch muss ich sagen dass nichts vortheilhaffter

---

5. Wie im „Peter Squenz" des Andreas Gryphius (vgl. Shakespeares „Sommernachtstraum"). Dasselbe Citat 236,9. 17. Ehehafte d. h. echte, ausreichende Gründe zur Befreiung vom Militärdienst. 32. Vgl. an Charlotte v. Stein, Dornburg d. 4. März 1779: „Mit denen Leuten leb ich, red ich und

ist als in solchem Zeuge zu kramen, von oben herein sieht man alles falsch, und die Dinge gehn so menschlich dass man um was zu nuzzen sich nicht genug im menschlichen Gesichtskreis halten kan.

Uebrigens lass ich mir von allerley erzählen, und alsdenn steig ich in meine alte Burg der Poesie und koche an meinem Töchtergen. Bey dieser Gelegenheit seh ich doch auch dass ich diese gute Gabe der himmlischen ein wenig zu kavalier behandle und ich habe würcklich Zeit wieder häuslicher mit meinem Talent zu werden wenn ich ie noch was hervorbringen will.

Nach Weimar wär ich vorgestern gern gekommen, es war mir vor der Zerstreuung bange.

Lassen Sie das kleine menschliche Wesen nur erst ein bissgen herankommen. Die Umstände erziehen alle Menschen, und man mache was man will, die verändert man nicht. Lassen Sie's nie an der väterlichen Sorgfalt mangeln dass wirs nur gesund erhalten, bis es eine Menschenstimme vernimmt, werden wir noch manches drüber zu dencken und zu reden veranlasst werden.

Gott gebe uns den äussern und innern Frieden, so wird Ihnen und Ihrem Land noch gut zu helfen seyn.

Ich habe mir allerley gemerckt lustigs und ernsthafftes das ich zu erzählen habe.

Ueber diesem hat mich Knebel angetroffen der mir hat grosen Spas gemacht.

Leben Sie wohl. Er wird mehr erzählen. Morgen früh geh ich nach Allstädt. G.

253. An Krafft.

Diesen Monat bin ich wenig nach Hause gekommen und finde nunmehr Ihren Aufsatz. Ihrer Noth habe ich

---

lass mir erzählen. Wie anders sieht auf dem Plazze aus was geschieht, als wenn es durch die Filtrir Trichter der Expeditionen [= amtlicher Schriftstücke] eine Weile läufft. Es gehn mir wieder viele Lichter auf, aber nur die mir das Leben lieb machen. Es ist so schön dass alles so anders ist als sich's ein Mensch dencken kann." Und am 4. Dez. 1777 aus dem Harz an dieselbe: „Wie sehr ich wieder, auf diesem dunklen Zug, Liebe zu der Classe von Menschen gekriegt habe, die man die niedre nennt! die aber gewiss für Gott die höchste ist." Vgl. 171, 8.

7. Der „Iphigenie". 9. Durch die vielen kleinen satirischen und höfischen Gelegenheitsdichtungen. Im Mai nahm Goethe den aus Frankfurt unfertig mitgebrachten „Egmont" wieder auf. 14. Am 3. Febr 1779 war das erste Kind des herzoglichen Paares geboren, Prinzessin Luise Auguste Amalie, die nach glücklicher Entwicklung schon im April 1784 plötzlich starb.

nicht vergessen. In Ilmenau hab ich mich nach einem Aufenthalt für Sie umgethan, und das nothwendige würden Sie daselbst für 100 Thlr. haben, wofür ich mich von Viertel- zu Vierteljahren verbürgen würde; einiges Taschengeld würde sich denn auch finden. Nur muss ich Ihnen aufrichtig wiederholen, zu keinem guten Dienste kann ich Ihnen nicht Hoffnung machen; sollten Sie mir in herrschaftlichen Aufträgen, deren ich in jener Gegend habe, an Hand gehen können; so würde ich im Falle seyn, Ihnen auch etwas dafür zu reichen, es wäre eine Erleichterung und ein Anfang. Vielleicht fügt sich etwas weiter. Ihre Wohnung wäre in einem Bürgerhaus, allein Ihr Tisch auswärts bey andern rechtdenckenden braven Leuten, Jedermann würde Ihnen gut begegnen und es wäre wenigstens ein Schritt näher. Denn in Lotterie-Sachen ist wohl schwerlich bey uns zu hoffen. Dabey gesteh ich Ihnen, daß ich wünsche, daß das Wenige, was Sie von mir haben, in des Herzogs Landen verzehrt werde, da ich es von daher nehme.

Hier schick ich das Osterquartal, sehe aber wohl, daß Sie die Zeit her wieder schuldig worden seyn werden, und daß es höchstens zur Reise hinreichen mag.

Entschliesen Sie sich bald. Der Vorschlag wird Sie wenigstens der Ruhe näher bringen, wenn er Ihnen auch weiter keine Aussichten giebt, an äußerlicher Achtung und Wartung in Kranckheit wird's Ihnen nicht fehlen. Wir hoffen, daß das Bergwerck wieder in Umtrieb kommen soll, vielleicht giebt's dabey etwas zu thun. Um alsdenn empfohlen werden zu können, ist's nothwendig, daß Sie schon einige Zeit im Lande sind. Antworten Sie mir bald, erkundigen Sie sich nach dem Wege. Alsdenn sollen Sie das Nähere von mir hören.

Ihre Schrift über Lottos ist recht sehr gut, sie zeugt von Ihren guten Einsichten und Gesinnungen.

Ich darf Ihnen die Geduld empfehlen, da Sie überzeugt sind, daß ich gern das Mögliche für Sie thue.

Weimar d. 26. März 1779. G.

---

6. Einer ordentlichen Anstellung im Staatsdienst.

254. An Krafft.

Mit dem wenigen Geld, was ich schicken kann, bitt ich zu wirthschaften. Ende Juni will ich gleich Ihnen Wohnung und Tisch Geld schicken und noch etwas dazu. Ich wünsche, daß es Ihnen unter denen Bergen leidlich gehn möge. Bücher will ich schicken, nur bitt ich, da ich sie selbst zusammen borgen muß, sie bald und ordentlich transportweise zurück. Dem Boten hab ich gesagt, er soll bey Ihnen jederzeit anfragen, ob Sie etwas an mich haben. Dem neuen Amtmann, der hinaufkommt, will ich gleich von Ihnen sagen. Hauptmann Castrop weiß nichts mehr von Ihnen als die andern, und von Ihrem Verhältniß zu mir gar nichts; ich sagt ihm nur: Ihre Gelder gingen durch meine Hände und so könnt ich für Logis und Tisch gut sagen. Es ist ein gefälliger dienstfertiger Mann, er wird ehstens zu Ihnen kommen. Er ist Artillerie-Hauptmann und beim Wegebau, und ich habe an ihm, da mir die Direktion des Militar und Strasen Wesens übergeben ist, einen fleisigen und braven Mann. Schreiben Sie doch, wenn Sie ruhig sind, mehrere Anekdoten zu Ihrem Leben auf; was Sie in verschiednen Ländern bemerkt haben, gehn Sie sie einzeln durch; es ist auch eine Zerstreuung und mich vergnügts. Der junge Dr. Scherf ist ein geschickter Medikus, es wäre vielleicht nicht übel, wenn Sie ihn gelegentlich konsultirten; wenn Sie wollen, will ich Sie ihm auch empfehlen lassen.

d. 22. May. G.

255. An Wolfgang Heribert v. Dalberg.

Hochwohlgebohrner Freyherr

Der Innhalt derer mir zugeschickten Papiere war mir ganz neu, ich kan versichern dass von allem was mit Müllern in Rom vorgegangen ist, und was sich etwa davon nach

---

4. In Ilmenau. 9. Heinr. Anton Ackermann. 10. Jean Antoine de Castrop, Ingenieur und Hauptmann der weimarischen Artillerie. 17. Vgl. zu 290, 8. 29. Friedrich Müller („Maler Müller", 1749—1825) lebte seit 1778 in Rom, von Mannheim und Weimar aus durch Pensionen unterstützt; da er auch dort in den ersten Jahren hauptsächlich seinen poetischen Neigungen nachging, erfüllte er die von seinen Gönnern auf seine Künstlerschaft gesetzten Hoffnungen nicht.

Deutschland verbreitet haben mag, nicht das mindeste bis zu uns gekommen ist.

Sie werden die Güte haben ihn und seine Freunde darüber völlig zu beruhigen. Wir hoffen noch immer eben dasselbe von seinem mahlerischen Geiste, der gewiss, wenn er sich auf diese Kunst beschränckt, etwas sonderlichs hervorbringen wird.

Erlauben Sie mir dass ich bey dieser Gelegenheit Ihnen den Hofbildhauer Glauer, der vielleicht schon in Mannheim eingetroffen ist, auf das angelegentlichste empfehle.

Mit aller Hochachtung nenne ich mich

Weimar d. 1. Juni 1779.

Ew. Hochwohlgebohrnen
ganz gehorsamsten Diener
Goethe.

256. An Krafft.

Mir ist sehr lieb, daß Castrop den Contrackt auf diese Weise berichtigt hat und Sie nunmehr allein mit Hoes zu thun haben; diese verlangen hundert Thaler jährlich und ich will diesen Leuten vierteljährig die 25 Thlr. garantiren, und auch sorgen, daß Sie mit Ende Juli ein bestimmtes Taschengeld empfangen. Was ich in natura schicken kann, als Papier, Federn, Siegellack pp. will ich auch thun; hier sind indeß Bücher, die ich nach der Designation zurück bitte.

Für Ihre Nachrichten danck ich, fahren Sie fort. Der Wunsch, Gutes zu thun, ist ein kühner, stolzer Wunsch; man muß schon sehr danckbar seyn, wenn einem ein kleiner Theil davon gewährt wird.

Nun hab ich einen Vorschlag. Wenn Sie in Ihrem neuen Quartier sind, wünscht ich, daß Sie einem Knaben, für dessen Erziehung ich zu sorgen habe, und der in Ilmenau die Jägerey lernt, einige Aufmercksamkeit widmeten. Er hat einen Anfang im Französchen, wenn Sie ihm darinne weiter hülfen! Er zeichnet hübsch, wenn Sie ihn dazu anhielten! Ich wollte Zeiten bestimmen, wenn er zu Ihnen kommen sollte; Sie würden mir viel Sorge, die ich oft um ihn habe, benehmen, wenn Sie ihn in freundlichen

---

9. Martin Klauer, seit 1774 in Weimar, † 1803. 18. Vgl. 293, 12. 29. Peter im Baumgarten, vgl. zu 269, 15.

Unterredungen ausforschten, mir von seinen Gesinnungen Nachricht gäben und auf sein Wachsthum ein Auge hätten. Alles kommt drauf an, ob Sie eine solche Beschäftigung mögen. Wenn ich von mir rechne, der Umgang mit Kindern macht mich froh und jung. Wenn Sie mir darauf antworten, will ich Ihnen schon nähere Weisung geben. Sie würden mir einen wesentlichen Dienst erzeigen, und ich würde Ihnen von dem, was zu des Knaben Erziehung bestimmt ist, monatlich etwas zulegen können.

Möchte ich doch im Stande seyn, Ihren trüben Zustand nach und nach auszuhellen und Ihnen eine beständige Heiterkeit zu erhalten.

W. d. 13. Jul. 1779.

Die Nachrichten über Erfurt hab ich richtig erhalten, auch die übrigen Packete völlig rein an Siegeln.

Ich schicke hier einen Contrackt in duplo, den Sie mit Riethen auswechseln können. Sie wären also für dies nächste Jahr vor dem äusersten Mangel geschützt, und ich bitte Sie, sich möglichst zu beruhigen, und sich zu überzeugen, daß ich gern stufenweise für Sie thun will, was ich kann. Den Contrackt, unter den ich meine Garantie gesetzt habe, unterschreiben Sie an dem Platz, wo das X mit Bleystift steht und geben ihn an Ried.

Ihr Brief ist mir gestern richtig überbracht worden.

W. d. 17. Jul. 1779. G.

257. An Karl Theodor v. Dalberg.

Ew. Excell. dancke nochmals aufs beste für den Mercken überschickten Kopf, seine Freude wird sehr gros seyn.

Was die Mittheilung meiner Iphigenie betrifft halt ich mir vor Ew. Excell. mündlich meine Bedencklichkeiten zu sagen. Ein Drama ist wie ein Brennglas: wenn der Ackteur unsicher ist, und den focum nicht treffend findet, weis kein Mensch was er aus dem kalten und vagen Scheine machen soll. Auch ist es viel zu nachlässig geschrieben als daß es von dem gesellschafftlichen Theater sich

16. Vgl. 293, 13. 26. Ende Mai war Goethe bei dem Adressaten mit Merck zusammengetroffen, der zum Besuch der Herzogin Amalie nach Ettersburg kam und bis Mitte Juli blieb. 28. Zur Aufführung in Mannheim. 34. Dem Liebhabertheater der Hofgesellschaft, vgl. zu 290, 25.

sobald in die freyre Welt wagen dürfte. Ich wünsche bald Gelegenheit zu haben es Ew. Excell. selbst vorzulesen.

Den Brief leg ich hier wieder bey, und bitte mich dero Herrn Bruder bestens zu empfehlen und für sein Zutrauen zu dancken. Wäre ich in Mannheim und kennte Truppe und Publikum, mit Vergnügen wollt ich was man verlangte versuchen, aber ohne diese Data, halt ich für mein geringes Talent unmöglich etwas treffendes hervorzubringen, wie ein Dekorations Mahler schweerlich einen Platfond würde anzugeben wagen, wenn er nicht die Form des Gewölbes und die Weite des Standpunctes und andre lokale Umstände bestimmt wüsste und beherzigt hätte.

Behalten mir Ew. Excell. dero Gewogenheit. Weimar d. 21. Jul. 1779. Goethe.

258. An Krafft.

Seyn Sie unbesorgt, wenn Sie nicht immer von mir hören. Der Bote hat Packet und den Brief vom 2. August wohl überbracht.

Meine Gesinnungen und Handlungen werd ich nie gegen Sie ändern, wie ich's auch von Ihnen hoffe. Behalten Sie Ihre Freymüthigkeit und schreiben mir Alles, was Ihnen vorkommt, ohne Furcht, mich zu beleidigen.

Hier sind Gelehrte Zeitungen und 6 Thlr. Münze.

Tuch zu einem Kleide sollen Sie nächstens haben, auch vor dem Winter sonst noch das Nöthige; ich komme vielleicht selbst nach Ilmenau, wo wir mehr sprechen können.

Wegen Rieds werd ich sehn was mir die Umstände zu thun erlauben. Sonst rath ich in solchen Fällen nicht leicht zu Ausnahmen. Wegen des Knabens will ich nächstens weitläufiger schreiben.

Hierbey kommt auch Leinwand zu ein halb Dutzend Hemden.

W. d. 7. Aug. 1779. G.

Ein junger Mensch Namens Seidel, der mein Hauswesen versieht, wird bey Ihnen einsprechen und wegen des jungen Peter im Baumgarten das nöthige mit Ihnen abreden, auch sonst besorgen, weil zu schreiben es zu weitläufig ist. G.

---

4. Vgl. Nr. 255. 33. Vgl. zu 251, c.

259. An Katharina Elisabeth Goethe.

Mein Verlangen Sie einmal wiederzusehen, war bisher immer durch die Umstände in denen ich hier mehr oder weniger nothwendig war, gemäsigt. Nunmehr aber kann sich eine Gelegenheit finden, darüber ich aber vor allem das strengste Geheimniss fordern muss. Der Herzog hat Lust den schönen Herbst am Rein zu geniesen, ich würde mit ihm gehen und der Cammerherr Wedel, wir würden bey Euch einkehren, wenige Tage da bleiben um den Messfreuden auszuweichen, dann auf dem Wasser weiter gehn. Dann zurück kommen und bey euch unsre Städte aufschlagen um von da die Nachbaarschafft zu besuchen. Wenn Sie dieses prosaisch oder poetisch nimmt so ist dieses eigentlich das Tüpfgen aufs i, eures vergangnen Lebens, und ich käme das erstemal ganz wohl und vergnügt und so ehrenvoll als möglich in mein Vaterland zurück. Weil ich aber auch mögte dass, da an den Bergen Samariä der Wein so schön gediehen ist, auch dazu gepfiffen würde, so wollt ich nichts als dass Sie und der Vater offne und feine Herzen hätten uns zu empfangen, und Gott zu dancken der Euch euren Sohn im dreisigsten Jahr auf solche Weise wiedersehen lässt. Da ich aller Versuchung widerstanden habe von hier wegzuwitschen und Euch zu überraschen, so wollt ich auch diese Reise recht nach Herzenslust geniessen. Das unmögliche erwart ich nicht. Gott hat nicht gewollt dass der Vater die so sehnlich gewünschten Früchte die nun reif sind geniessen solle, er hat ihm den Apetit verdorben und so seys. Ich will gerne von der Seite nichts fordern als was ihm der Humor des Augenblicks für ein Betragen eingiebt. Aber Sie mögt ich recht fröhlich sehen, und Ihr einen guten Tag bieten wie noch keinen. Ich habe alles was ein Mensch verlangen kan, ein Leben in dem ich mich täglich übe und täglich wachse, und komme diesmal gesund, ohne Leidenschafft, ohne Verworrenheit, ohne dumpfes Treiben, sondern wie ein von Gott geliebter, der die Hälfte seines Lebens hingebracht hat, und aus Vergangnem Leide manches Gute für die Zukunft hofft, und auch für künftiges

---

16. Vgl. Prophet Jeremia 31, 5. Als Goethe im Dez. 1768 schwer krank war, suchte die Mutter Trost durch ein Orakel aus der Bibel und fand diesen Spruch. (Vgl. 76, 27 und an Charlotte v. Stein, 9. Dez. 1777.)

Leiden die Brust bewährt hat. Wenn ich euch vergnügt finde, werd ich mit Lust zurück kehren an die Arbeit und die Mühe des Tags die mich erwartet. Antworte Sie mir im ganzen Umpfang sogleich — wir kommen allenfalls in der Hälfte Septembers, das nähere bis auf den kleinsten Umstand soll Sie wissen wenn ich nur Antwort auf dies habe. Aber ein unverbrüchlich Geheimniss vor der Hand auch gegen den Vater Mercken Bölling pp allen muss unsre Ankunft Ueberraschung seyn, ich verlasse mich drauf. Hier vermuthet noch niemand nichts. d. 9. Aug. 1779.

G.

Wie ich mir unsre Quartiere gedacht habe und was wir brauchen pp das alles soll in meinem nächsten Brief folgen wenn Sie mir erst ihre Ideen geschrieben hat.

260. An Katharina Elisabeth Goethe.

[Mitte August.]

So eine Antwort wünscht ich von Ihr liebe Mutter, ich hoffe es soll recht schön und herrlich werden. Also eine nähere Nachricht von unsrer Ankunft. Ohngefähr in der Hälfte September treffen wir ein und bleiben ganz still einige Tage bey Euch. Denn weil der Herzog seine Tanten und Vettern die auf der Messe seyn werden nicht eben sehen möchte wollen wir gleich weiter und auf dem Mayn und Rhein hinab schwimmen. Haben wir unsre Tour vollendet; so kommen wir zurück und schlagen in forma unser Quartier bey Ihr auf, ich werde alsdenn alle meine Freunde und Bekannte beherzigen, und der Herzog wird nach Darmstadt gehen und in der Nachbaarschafft einigen Adel besuchen. Unser Quartier wird bestellt wie folgt. Für den Herzog wird im kleinen Stübgen ein Bette gemacht, und die Orgel wenn sie noch da stünde hinausgeschafft. Das grose Zimmer bleibt für Zuspruch, und das Entree zu seiner Wohnung. Er schläfft auf einem saubern Strohsacke, worüber ein schön Leintuch gebreitet ist unter einer leichten Decke.

(Das Papier schlägt durch drum fahr ich hier fort.)

Das Caminstübgen wird für seine Bedienung zurecht gemacht, ein Matraze Bette hinein gestellt.

---

8. Vgl. zu 151, $_{31}$. 266, $_{7}$. **31.** „Entree" unleserlich. **35.** Auf der dritten Seite mit Ueberschlagung der zweiten.

Für Herrn v. Wedel wird das hintere graue Zimmer bereitet, auch ein Matrazze Bette pp.

Für mich oben in meiner alten Wohnung auch ein Strohsack pp wie dem Herzog.

Essen macht ihr Mittags vier, Essen, nicht mehr noch weniger, kein Geköch, sondern eure bürgerlichen Kunststück aufs beste, was ihr frühmorgens von Obst schaffen könnt wird gut seyn.

Darauf reduzirt sichs also dass wir das erstemal wenn wir ankommen iedermann überraschen, und ein paar Tage vorbeygehn eh man uns gewahr wird, in der Messe ist das leicht. In des Herzogs Zimmern thu Sie alle Lustres heraus, es würde ihm lächerlich vorkommen. Die Wandleuchter mag Sie lassen. Sonst alles sauber wie gewöhnlich und ieweniger anscheinende Umstände ie besser. Es muss Ihr seyn als wenn wir 10 iahr so bey Ihr wohnten. Für Bedienten oben im Gebrochnen Dach bey unsren Leuten sorgt Sie für ein oder ein Paar Lager. Ihre Silbersachen stellt Sie dem Herzog zum Gebrauch hin, Lavor, Leuchter pp. Keinen Caffe und dergleichen trinckt er nicht. Wedel wird Ihr sehr behagen, der ist noch besser als alles was Sie von uns Mannsvolck gesehen hat.

Also immer ein tiefes Stillschweigen, denn noch weis kein Mensch hier ein Wort. Was Ihr noch einkommt schreibe Sie mir. Ich will auf alles antworten, damit alles recht gut vorbereitet werde.

Merck darf noch nichts wissen.

261. An Charlotte v. Stein.

Ich muss wohl aushalten, merck ich, es ist nicht anders. Heut Abend hofft ich bey Ihnen zu seyn, der Mond scheint recht schön und hätte mich gut bis in Ihre Berge gebracht, den Montag wollt ich zurück, das soll mir auch nicht werden. Denn der Herzog ist seit gestern weg, und kommt erst Morgen, und da sind Sachen wenn sie nicht Montags früh in Bewegung gehn, geschehn sie die ganze Woche nicht. Dem Fürsten wird eine Stunde nach der andern gestohlen, und dagegen ist er offt in der Noth uns ganze Tage zu rauben.

---

29. In Kochberg. 32. In Neunheiligen unweit Langensalza, bei dem ehemaligen spanischen Gesandten Grafen Werthern, s. zu 301, 13.

Diese Woche hat die Last die ich trage wieder stärcker gedrückt. An Orten wo die Weiber Vicktualien und andres in Körben auf dem Kopfe tragen, haben sie Kringen wie sies nennen von Tuch mit Pferdehaar ausgestopft, dass der harte Korb nicht auf den Scheitel drückt, manchmal wird mirs als wenn mir eins das Küssen wegnähme und manchmal wieder unterschöbe. Steinen seh ich wenig, er ist nie zu hause wenn ich nach ihm frage. Ihre Tauben wissen gar nicht wie ihnen geschicht dass das Fenster sich nicht öffnen will. Das Eichhörngen ist wohl. In mein Haus kommt nun gar kein Mensch, ausser dem schönen Misel, wir sind gar artig zusammen, denn wir sind in gleichem Falle, mir ist mein liebstes verreist, und ihr fürstlicher Freund hat andre Weege gefunden.

Sonst seh ich recht wie ich von allen Menschen, und alle Menschen von mir fallen. Knebeln besuch ich manchmal, von Herdern hör ich gar nichts. Indess ist ein neu Drama unterweegs, und Sie werden ia auch wieder kommen. Gute Nacht wenigstens schrifftlich. d. 21. Aug. Sonnab. 1779. G.

262. An Krafft.

Was Sie an Petern thun, danck ich Ihnen vielmals, denn der Junge liegt mir am Herzen, es ist ein Vermächtniß des unglücklichen Lindaus. Thun Sie nur gelassen Gutes an ihm. Wie Sie ihm ankommen können! Ob er liest, ob er französch treibt, zeichnet pp. mir ist alles recht, nur daß er für die Zeit etwas thue und daß ich von ihm höre wie Sie ihn finden und was Sie über ihn dencken. Gegenwärtig lassen Sie ihn ja den Jägerstand als sein erstes und letztes betrachten und hören Sie von ihm, wie er sich dabey benimmt, was ihm behagt, was nicht und was weiter. — Denn glauben Sie mir, der Mensch muß ein Handwerck haben, das ihn nähre.

Auch der Künstler wird nie bezahlt, sondern der Handwercker. Chodowiecki der Künstler, den wir bewundern, äße schmale Bissen, aber Chodowiecki der Handwercker, der die elendsten Sudeleyen mit seinen Kupfern illuminirt,

11. Corona Schröter. 13. Karl August; in Bezug auf dessen Verehrung für die Gräfin Werthern (s. o.). 18. Wahrscheinlich ist keine eigne Dichtung gemeint, sondern eine Novität des Ettersburger Liebhabertheaters. 34. Vgl. zu 261, 36. 36. Auch den Himburgschen (Berliner) Nachdruck des „Werther".

wird bezahlt. Wähnen Sie ja nicht, Peter habe die Geduld und das Ausharren zum Künstler, jetzt da er in den Wald soll, will er zeichnen, er würde eine Begier nach dem Holz haben, wenn er an die Staffeley sollte.

Ich verreise von hier auf einige Wochen und schicke etwas klein Geld. Castrop hat den Auftrag, die 25 Thlr. an Rieds zu bezahlen.

Wenn ich wieder komme, sollen Sie von mir hören.

W. d. 9. Sept. 1779. G.

263. An Lavater.

Thun d. 8. Oktbr. 79.

So nah bin ich bey dir lieber Bruder wie dir der Ruf schon wird gemeldet haben.

Wir sind im Begriff auf die Gletscher so weit es die Jahrszeit erlaubt zu gehen. Dann solls noch durch einen Umweeg zu dir.

Schreibe mir doch mit umlaufender Post nach Bern in den Falcken ein Wort ob etwa in Bern Lausanne Genf Luzern Zug pp einige Menschen sind die du kennst und die zu kennen mir auch Freude machte, ich will sie besuchen und von dir grüsen, und dir ihre Grüse bringen.

Ja lieber Bruder dich wieder zu sehen, ist einer meiner beständigsten Wünsche diese vier Jahre her und wird nun auch bald erfüllt.

Ich habe dir viel zu sagen, und viel von dir zu hören, wir wollen wechselsweis Rechnung von unserm Haushalten ablegen, einander seegnen, und für die Zukunft stärcken, wieder ganz nah zusammenrücken, und uns freuen dass wir noch in einer Lufft athemholen. Von dem was ich mitbringe unterhalt ich dich nicht im Voraus.

Mein Gott dem ich immer treu geblieben bin hat mich reichlich geseegnet im Geheimen, denn mein Schicksaal ist den Menschen ganz verborgen, sie können nichts davon sehen noch hören. Was sich davon offenbaaren lässt, freu ich mich in dein Herz zu legen. Adieu Bruder. Bisher sind

---

5. Die Reise, deren Ziel ursprünglich nur Frankfurt und dessen Nachbarschaft gewesen zu sein scheint (vgl. Nr. 259 und 260) führte den Herzog, Goethe und Wedel über Kassel, Frankfurt, Speier, Straßburg (— Wiedersehen mit Friederike und Lili —) und Emmendingen in die Schweiz. Umfangreiche Briefe von dieser winterlichen Fahrt sind vor allen an Charlotte v. Stein gerichtet und in den „Briefen aus der Schweiz" verarbeitet, die Goethe später dem „Werther" anhängte.

wir glücklich gereist, bete auch dass uns die himmlischen Wolcken günstig bleiben, und wir an allen Gefahren vorüber gehn. G.

264. An Merck.

Bern, den 17. Oct. 1779.

Wir hatten immer das glücklichste Wetter gehabt. In Speier mit Beroldingen gegessen, einen ganzen Nachmittag mit ihm. In Emmendingen Alles recht gut und brav; hinter Freiburg in die Hölle, einen guten Tag mit Schlossers und den Mädels. In Basel Mechel; bei ihm interessante Wiener Portraits pp., Gegend, Bibliothek, Holbeins pp., Antiquitäten, Fabriken pp. Durch Münsterthal, eine herrliche Felsgegend, abwechselnd, durch Münster auf Biel. In die Weinlese kamen wir, da, wo die Trauben berühmt sind; halbstürmischen, schönen Tag auf dem See, nach Rousseau's Insel, eben im Weinlesen begriffen, für drei Jahr Trauben gessen. Auf Anet, sodann wieder bis Blaise, am Neuburger See einen Mittag gefeiert, hohe Sonnenblicke auf Murten, der einzige Regentag. Auf Bern; nach einer kleinen gedruckten Anweisung Wyttenbachs auf die Glätscher. Ueber Thun, Unterseen ins Lauterbrunn, Staubbach, auf den Steinberg, die Glätscher gegenüber bis ans Tschingelhörn, zurück, dann in Grindelwald, die beiden Glätscher und unbeschreibliche Tage über den Scheideck ins Oberhasli durch den Grund bis Guttanen, zurück auf Meyringen. In der höchsten Klarheit des Himmels, Wärme und Kühle, ein Grün über alles, und Farben an den abstehenden noch ganz beblätterten Bäumen!! In Tracht bei Brienz schlafen. Mit Sonnenaufgang auf den Brienzer See. Ueber Unterseen auf den Thuner, nach Thun, auf Bern, auf Langenau. Beim alten Micheli eine Nacht, auf Hindelbank das Grab der Langhans, nach Bern zurück, immer vollkommen Wetter! Die Bibliothek, das Zeughaus, Sprünglin's Sammlung, höchst interessant. Bei Wytten-

---

6. Dem litterarisch und künstlerisch gebildeten Domherrn Joseph v. Beroldingen (geb. 1738). 8. Das Höllenthal. — Vgl. zu Nr. 227, 233 und 234. 9 Der Kupferstecher Christian v. Mechel (1737–1817). 15 Der Petersinsel im Bieler See, auf der R. im Sommer 1765 kurze Zuflucht gefunden hatte. 19. Des Berner Predigers und Naturforschers Jakob Samuel W. (geb 1748), mit dem Goethe nachmals korrespondierte. 30. Dem Bauern und Wunderdoktor Michael Schüppach in Langnau. 31. Das damals berühmte, von dem Bildhauer Nahl gefertigte Grabdenkmal der 1751 gestorbenen Frau des Pfarrers L. 33. Das ornithologische Kabinett des Pfarrers Sp.

bachen war ich diesen Morgen drei Stunden, er ist sehr instructiv. Er hat von allen Bergen und Enden der Schweiz die Steinarten zusammengelesen, ist ein recht artiger Mann. Allerlei Leute besucht. Aberli, ein Mahler! Der junge Wocher wird recht brav. In Biel einen kennen lernen, Hartmann, von dem ich mitbringe. Ueber alles, was sich denken läßt, zeichnet der junge Schütz, der jetzt bei einem Handelsmann, Burkhardt in Basel, ist. Aberli macht seine Studien nach der Natur in Oel trefflich.

Wir sind wohl, mit unter recht lustig, der Herzog grüßt und Wedel. Von Lavatern hab ich mir allerlei interessante Menschen nennen lassen pp. So viel im Vogelflug von unserer Tour, daß du folgen kannst und siehst, daß bisher die Götter mit uns waren. Morgen gehen wir auf Lausanne.

Eben da ich so schrieb, sah ich durch die Schornsteine, daß die Sonne untergieng, und lief schnell auf die Terasse hinter dem Münster. Sie war schon untergegangen und an den Schneebergen stand noch das Roth, und der Mond oben darüber, du kennst den Anblick. Adieu. Schick diesen Brief, wenn du ihn gelesen hast, meinen Eltern. Adieu.

Meine Mutter soll künftig alle Packete an Herrn Gedeon Burkhardt in Basel adressiren. Was sie bisher abgeschickt hat, haben wir zu verschiedenenmalen erhalten. Es ist uns nachgekommen.

265. An Lavater.

Genf d. 28ten Oct. Lieber Bruder deinen Brief hat mir Tobler gegeben, der mich nur in Gegenwart Diodatis gesprochen hat wo's ihm nicht so von der Brust will, und ich bin auch nicht so, in Gesellschafft mich aufzuknöpfen.

Wir ziehen langsam bis iezt noch mit schönem Glück und Vorteil, sind vorgestern in der Vallee du lac de Joux und auf der Dole gewesen, beym schönsten Wetter und Umständen. Heut warten wir das Trübe in Genv ab.

Noch weis ich nicht wenn wir kommen, du sollst noch mehr von mir hören. Ich halte sonst viel vom über-

---

4 f. Joh. Ludw. Aberli, Landschaftsmaler (geb. 1723), Marquard Wocher, Joh. Hartmann (geb. 1753) und Franz Schütz aus Frankfurt (geb. 1751). 27. Joh. Christoph Tobler aus Zürich, Theolog und Schriftsteller. — Diodati, Pastor und Bibliothekar in Genf.

raschen, diesmal ist das herumziehen eh wir uns sehn auch gut. Nicht allein vergnüglich sondern geseegnet uns beyden soll unsre Zusammenkunft seyn. Für ein Paar Leute, die Gott auf so unterschiedne Art dienen, sind wir vielleicht die einzigen, und dencke wir wollen mehr zusammen überlegen und ausmachen als ein ganz Concilium mit seinen Pfaffen und Mauleseln. Eins werden wir aber doch wohl thun dass wir einander unsre particular Religionen ungehudelt lassen. Du bist gut darinne, aber ich bin manchmal hart und unhold, da bitt ich dich im Voraus um Geduld.

Denn z. E. da hat mir Tobler deine Offenbarung Johannis gegeben, an der ist mir nun nichts nah als deine Handschrifft, darüber hab ich sie auch zu lesen angefangen. Es hilft aber nicht, ich kan das göttliche nirgends und das poetische nur hie und da finden, das Ganze ist mir fatal, mir ists als röch ich überall einen Menschen durch der gar keinen Geruch von dem gehabt hat der da ist A. und O. Siehst du lieber Bruder wenn nun deine Vorerinnerung grade das Gegentheil besagt und unterm 24. September 1779!! da werden wir wohlthun wenn wir irgend ein sittsam Wort zusammen sprechen, ich bin ein sehr irdischer Mensch, mir ist das Gleichniss vom ungerechten Haushalter, vom Verlohrnen Sohn, vom Saemann, von der Perle, vom Groschen ppp. göttlicher (wenn ia was göttlichs da seyn soll) als die sieben Bischoffe Leuchter Hörner Siegel Sterne und Wehe. Ich dencke auch aus der Wahrheit zu seyn, aber aus der Wahrheit der fünf Sinne, und Gott habe Geduld mit mir wie bisher. Gegen deine Messiade hab ich nichts, sie liest sich gut, wenn man einmal das Buch mag, und was in der Apokalypse enthalten ist, drückt sich durch deinen Mund rein und gut in die Seele, wie mich dünckt. Das willst du da, wozu denn aber die ewigen Trümpfe mit denen man nicht sticht, und kein Spiel gewinnt, weil sie kein Mensch gelten lässt. Du siehst Bruder ich bin immer der alte, dir wieder von eben der Seite wie vormals zur Last. Auch bin ich in Versuchung gewesen das Blat wieder zu zerreisen. Doch da wir uns doch sehn werden so mags gehn.

---

12. Lavater pflegte seine Arbeiten vor der Veröffentlichung handschriftlich im Freundeskreis zu verbreiten. Im Herbst 1780 erschien seine poetische Paraphrase der Offenb. Joh. im Druck unter dem Titel „Jesus Messias oder die Zukunft des Herrn", erst 1783—86 die vierbändige Dichtung „Jesus Messias oder die Evangelien und Apostelgeschichte in Gesängen".

Vom Herzog sag ich dir nichts voraus, noch haben ihn die gescheutsten Leute falsch beurtheilt. Du sollst ihm das Haupt salben wie mit köstlichem Balsam, und ich will mich mit dir im stillen über ihn freuen, denn weis Gott ausser der Sonne und dem Mond und den ewigen Sternen lass ich neuerdings niemand zu Zeugen des was mich freut oder ängstet.

Du bist ein bescheidener Mensch dass du nur eine Ahndung von meinem Biss auf das neue Systema Naturae in deinen Gliedern gespürt hast. Sey nur ruhig alter Paradiesvogel man darf dich wohl mit anderm raren Vieh für gleiches Geld sehen lassen.

Dein Strumpfwürcker ist von Franckfurt aus besorgt und wird sein Geld haben. Nun leb wohl. Es ist spät, verzeih mir mein Wesen, und sieh an dem Brief wie wohl mirs ist dir nahe zu seyn, und nach der ganzen Schweiz noch den reinen Eindruck von dir mit fortzunehmen.

Grüs dein Weib, sey hübsch fleisig, vor 14 Tagen kommen wir noch nicht. Du hörst indess wieder von mir. Ich liebe dich wie ich lieben kan.

d. 29. früh.

NB. in Lausanne habe ich die gar liebliche Branckoni zwey mal gesehn, und über sie den Brandes vernachlässigt, und den Dubois vergessen. Sie war so artig mir wenigstens glauben zu machen dass ich sie interessire, und ihr mein Wesen gefalle, und das glaubt man diesen Sirenen gerne. Mir ist herzlich lieb dass ich nicht an Matthäis Plaz bin, denn es ist ein verfluchter Posten das ganze Jahr par devoir wie Butter an der Sonne zu stehn.

Grüs mir herzlich die Schulthess und Pfenningern und Kaysern. Was von Füesli bey dir ist zu sehen verlangt mich sehnlich. Adieu. Schreib mir doch ein Wörtgen auf Luzern, früh oder spat find ich's da.

---

2. Auch in einem späteren Briefe (21. Aug. 1790) schrieb Goethe über Karl August: „Er hat das Unglück, daß die Welt gern alberne Märchen auf seine Rechnung erzählt." 9. Wohl in Beziehung auf Lavaters Kampf gegen Steinbarts aufklärerisches „System der reinen Philosophie und Glückseligkeitslehre des Christentums". 13. In Apolda, wie Goethes Rechnungen zeigen; vgl. 291, 23. 22. Vgl. zu 213, 1. 23. 24. Vgl. 304, 12. 27. Karl Mattei war der Erzieher des jungen Grafen Forstenburg, Sohnes des Herzogs von Braunschweig und der Marquise Branconi. 30 f. Vgl. zu 217, 5. Nr. 105. 210. 199, 20. 308, 26.

266. An Lavater.

Genf den 2. Novbr. 1779.

Eh ich von hier weggehe noch einige Worte lieber Bruder eh wir uns tiefer in die Gebürge verlieren, in die wir unter Garantie des Herrn de Saussure einen Versuch wagen, von hier aus gehts in die Savoiischen Eisgebürge und ins Wallis . .

Nun noch ein herzlich Wort der Sehnsucht an dich, und der Hoffnung, sie wird alle Tage stärcker. Lass uns ia einander bleiben, einander mehr werden, denn neue Freunde und Lieben mach ich mir nicht.

Mit Toblern weis ich nicht wies war. Er hat wohl Nähe und Vertrauen zu mir. Aber leider fühl ich meine 30 Jahr und Weltwesen!! schon einige Ferne von dem werdenden, sich entfaltenden, ich erkenns noch mit Vergnügen, mein Geist ist ihm nah aber mein Herz ist fremd. Grose Gedancken, die dem Jüngling ganz fremd sind, füllen iezt meine Seele, beschäfftigen sie in einem neuen Reiche, und so kann ich nicht als nur geborgt nieder ins Thal des Thaus und der Morgenbegattung lieblicher Turteltauben. Er sagt dir vielleicht wie's ihm mit mir war. Wohl ists uns zusammen nicht worden.

Adieu guter. Meine Seele ist immer bey dir.

G.

267. An Knebel.

Lieber Bruder ich hatte gehofft du würdest aus deiner Einsamkeit einmal ein Wörtgen zu mir herüber reden, so aber seh ich wohl ich muss anklopfen, und aus meiner Zerstreuung dir zurufen. So schön und glücklich dass man sich nicht unterstehn darf zu preisen ist unsre Reise bisher gewesen. Helfe die willige Glücksluft weiter und führe uns gesund wieder zu Euch. So wohl mir's geht, so manigfaltig das Leben ist, sehn ich mich wieder nach Hause, und ausdrücken kan ich dir nicht wie lieb ihr mir täglich werdet, und wie ich Gott bitte dass er uns auch wenn wir wieder näher rücken, immer fort möge fühlen und geniessen

---

4. Horace Benoit de Saussure, Naturforscher in Genf (1740—99), hatte die winterliche Hochgebirgstour für ungefährlich erklärt. 11. Vgl. zu 304,27.

lassen was wir an einander haben. Dass die ehrenen, hölzernen und pappenen Schaalen die uns offt trennen, mögen zertrümmert und auf ewig ins höllische Feuer geworfen werden. Wann werden wir lernen uns der eingebildeten Uebel entschlagen und die wahren alsdann einander zutraulich im Momente ans Herz legen. Hebe diesen Brief auf ich bitte dich und wenn ich unhold werde zeig mir ihn vor dass ich in mich kehre.

Hier bin ich bey Lavatern, im reinsten Zusammengenuss des Lebens, in dem Kreise seiner Freunde ist eine Engelsstille und Ruh, bey allem Drange der Welt und ein anhaltendes mitgeniessen von Freud und Schmerz, da hab ich deutlich gesehen dass es vorzüglich darinn liegt dass ieder Sein Haus, Frau, Kinder, und eine reine menschliche Existenz in der nächsten Nothdurft hat: das schliest an einander, und speut was feindlich ist sogleich aus. Von der Reise selbst lass dir doch die Stein die Tour durch die Savoyer Gletscher zeigen. Den Zug durchs Wallis hoff ich auch ehstens zu schicken.

Lavater ist und bleibt ein einziger Mensch, den man, nur 3 Schritte von ihm, gar nicht erkennen kan. Solche Wahrheit, Glauben, Liebe, Gedult, Stärcke, Weisheit, Güte, Betriebsamkeit, Ganzheit, Manigfaltigkeit, Ruhe pp ist weder in Israel noch unter den Haiden. Von Kunstsachen haben wir eine Menge mit uns gerollt. Treffliche Sachen mit unter. Ich habe per fas et nefas einige Fueslische Gemählde und Skizzen erwischt, über die ihr erschröcken werdet, grüs Herdern, und gieb ihm seinen Theil von diesem Briefe.

Leb wohl und vergnügt, und thut das eurige wenn wir zurückkommen, dass es uns wohl bleibe, wie wir ganz in der Stimmung sind, euch freundlicher als iemals entgegen zu gehen. Adieu Alter lass mir nach Franckfurt etwas hören.

Zürch d. 30. Nov. 79. G.

---

35. Mit dem Bekenntnis der Empfindung, daß er gereift an einem Wendepunkt des Lebens stehe (Nr. 266), und den dieser Empfindung verwandten Betrachtungen und Wünschen in Nr. 267 mögen die Briefe des *jungen* Goethe schließen.

Adressatenverzeichnis.

(Vgl. die „Vorbemerkungen".)

Behrisch, Ernst Wolfgang, geb. 1738, bis Okt. 1767 Hofmeister des Grafen Lindenau in Leipzig, dann Prinzenerzieher in Dessau, wo er 1809 als Hofrat starb. Nr. 18. 20—24.

Boie, Heinr. Christian (1744—1806), Dichter und litterarischer Unternehmer, 1769—76 in Göttingen, dann in verschiedenen Aemtern, zuletzt dänischer Etatsrat. Nr. 98. 125.

Brion, Friederike Elisabeth, geb. 1751 oder 1752, Tochter des Pfarrers in Sesenheim bei Straßburg, starb unvermählt 1813. Nr. 43.

Buff, Charlotte, s. Kestner.

Buff, Hans, der älteste von Charlottens sämtlich jüngeren Brüdern (geb. 1757). Nr. 76.

Bürger, Gottfried August (1748—94), der Dichter, war kurz bevor Goethe zum erstenmale an ihn schrieb, durch seine „Lenore" berühmt geworden. Nr. 100. 132. 167. 182.

Buri, Ernst Karl Ludwig Ysenburg v., geb. 1747 in Bierstein bei Frankfurt a. M., † als Obristwachtmeister in Gießen 1806. Verfasser mehrerer Dramen, besonders dreier Trauerspiele aus der Revolutionsgeschichte (Die Zerstörung der Bastille, 1791. Ludwig Capet, 1793. Marie Antonie von Oesterreich, 1794). Auch Gedichte erschienen von ihm, 1784. Nr. 1. 2.

Dalberg, Karl Theodor v. (1744—1817), seit 1772 erzbischöflich-kurmainzischer Statthalter in Erfurt, später Koadjutor des Erzbistums Mainz, Bischof von Konstanz, Erzkanzler und Kurfürst von Mainz, Erzbischof von Regensburg, 1806 Fürst-Primas des Rheinbundes, 1810 Großherzog von Frankfurt. Nr. 257.

Dalberg, Wolfgang Heribert v. (1750—1806), Bruder des Vorigen. Jurist, dann Intendant des Mannheimer Theaters, später Minister und Oberhofmeister in Karlsruhe. Nr. 255.

Fabricius, Katharina, aus Worms. Eine nicht näher bekannte Freundin der Cornelie Goethe, im Sommer 1767 in Frankfurt. Nr. 39. 42.

Fahlmer, Johanna Katharina Sybilla, geb. 1744 in Düsseldorf, seit 1771 in Frankfurt. Sie bildete als Tante der Brüder Jacobi, die übrigens älter als sie waren, die Verbindung zwischen deren Düsseldorf-Pempelforter Kreis und Goethe. Nach dem Tode von Goethes Schwester Cornelie (Juli 1777) heiratete sie, im Sept. 1778, Joh. Georg Schlosser und starb 1821. Nr. 77. 89. 93. 104. 130. 134. 135. 137. 146. 148. 160. 169. 174. 183. 184. 186. 187. 194. 222. 234.

Fritsch, Jakob Friedrich v. (1731—1814), Geheimer Rat und 1772—1800 Präsident des Geheimen Konseils in Weimar, in das Goethe im Mai 1776 nach heftigem Widerstand F.s eintrat. Nr. 207.

Goethe, Johann Kaspar (1710—82), Enkel eines Hufschmiedes, Sohn eines Schneiders, der später Gastwirt „Zum Weidenhof" in Frankfurt wurde und 1730 starb. Johann Kaspar, der Vater des Dichters, hatte die Rechte studiert, lebte aber, mit dem Titel eines Dr. jur. und Kaiserlichen Rates, als Privatmann in Frankfurt. Nr. 4 (Nachschrift).

Goethe, Katharina Elisabeth (1731—1808), des Dichters Mutter, Tochter des Wirkl. Geheimrats und Stadtschultheißen Dr. jur. Johann Wolfgang Textor in Frankfurt, 1748 vermählt mit Johann Kaspar Goethe. Nr. 217. 227. 233. 259. 260.

Goethe, Cornelie Friederike Christiane (7. Dez. 1750 bis 8. Juni 1777), des Dichters Schwester, heiratete am 1. Nov. 1773 den Dr. jur. Johann Georg Schlosser, des Bruders Jugendfreund, und folgte ihm nach Emmendingen in Baden, wo er die Stelle eines Amtmanns bekleidete. Nr. 3. 4. 6—8. 10. 14—17. 19.

Haugwitz, Christian August Heinrich Curt v. (1752—1831), Studiengenosse der Brüder Stolberg, nach großen Reisen ein Jahrzehnt lang auf seinen schlesischen Gütern, 1792—1806 preußischer Staatsminister. Nr. 163.

Herder, Joh. Gottfried (1744—1803), war nach weiten Reisen Anfang Sept. 1770 als Erzieher und Reiseprediger eines Prinzen von Holstein-Eutin nach Straßburg gekommen. Von dort ging er im April 1771 als Hofprediger nach Bückeburg und wurde 1776 auf Goethes Veranlassung nach Weimar berufen. Nr. 51. 52. 56. 70. 128. 140. 145. 170. 173. 176. 180. 203. 209.

Hermann, Christian Gottfried (1743—1813), studierte in Leipzig, ward dort im Mai 1767 zum Dr. jur. promoviert, im Herbst d. J. Assessor und Senator, später Bürgermeister. Nr. 36. 84.

Jacobi, Friedrich Heinrich (1743—1819), anfangs Kaufmann, seit 1772 Rat bei der jülich-bergischen Hofkammer, 1779 vorübergehend Geheimer Rat im Ministerium in München, dann wieder in Düsseldorf, 1794—1805 in Eutin und Hamburg, dann Präsident der Akademie der Wissenschaften in München. Romanschriftsteller (Allwill 1775, Woldemar 1777) und Philosoph. Nr. 116. 117.

Jacobi, Elisabeth, geb. v. Clermont, Frau Friedr. Heinr. Jacobis, † 1784. Nr. 92. 94. 97. 99. 113. 114.

Karl August, Herzog zu Sachsen-Weimar und Eisenach (1757 bis 1828). Nr. 172. 190. 197. 252.

Karsch, Anna Louise (1722—91), Tochter eines niederschlesischen Bauerngastwirts Dürbach; Viehmagd; mit einem Wollspinner verheiratet, der starb, dann mit dem Schneider Karsch, der sie verließ; als Dichterin entdeckt und nach Berlin gebracht; von dem Aesthetiker Sulzer gebildet, von dem Dichter Gleim u. A., zuletzt auch von Friedrich Wilhelm II. unterstützt. Nr. 158. 212.

Kayser, Philipp Christoph (1755—1823), Komponist und Liederdichter, Sohn eines Organisten in Frankfurt, aber erst seit 1770 mit Goethe bekannt und 1775 von diesem als Musiklehrer nach Zürich empfohlen. Nr. 210.

Kestner, Joh. Christian (1741—1800), kurfürstlich hannoverischer Legationssekretär, seit 1767 an der von Joseph II. verordneten Visitation des Reichskammergerichts in Wetzlar beteiligt, mit Charlotte Buff seit 1768 verlobt und im Mai 1773 verheiratet, seit diesem Jahre Archivarius und später Hofrat in seiner Vaterstadt Hannover. Nr. 57—59. 62. 63. 65—67. 69. 71—74. 78—83. 85—87. 96. 103. 106. 107. 119. 120. 122. 230. 237

Kestner, Charlotte Sophie Henriette (1753—1828), Tochter des Deutsch-Orden-Amtmanns Heinrich Adam Buff (geb. 1711) in Wetzlar, seit dem Tode ihrer Mutter (1770) Vorsteherin des großen Haushalts und Erzieherin ihrer zahlreichen kleinen Geschwister. Nr. 60. 61. 64. 79 (Beilage). 90. 111. 118. 150.

Klettenberg, Susanna Katharina v. (1723 bis 13. Dez. 1774), eine entfernte Verwandte von Goethes Mutter, das Vorbild der „schönen Seele" im „Wilhelm Meister". Sie führte Goethe, nach seiner Rückkehr aus Leipzig, in die Frankfurter Herrnhutischen Kreise ein und zog ihn zugleich in ihr Interesse für mystisch-alchimistische Probleme, Studien und Experimente. Nr. 41.

Klopstock, Friedrich Gottlieb (1724—1803), lebte, als Goethe zuerst an ihn schrieb, als Pensionär des Königs von Dänemark in Hamburg, folgte für den Winter 1774/75 einem Ruf des Markgrafen von Baden nach Karlsruhe, kehrte dann aber für immer nach Hamburg zurück. Nr. 108. 143. 198.

Knebel, Karl Ludwig v. (1744—1834), nach juristischen Studien Offizier in Potsdam, 1774 Gouverneur des Prinzen Constantin von Sachsen-Weimar. Nr. 126. 142. 147. 166. 250. 267.

Krafft, Johann Friedrich († 1785). Ein Mann, auf dessen Leben irgend ein dunkler Schatten lastete, den aber Goethe seiner ganz besonderen Fürsorge und eines nicht geringen Vertrauens wert hielt. Ueber seine Herkunft und Vorleben ist nur bekannt, daß er „Sekretär" und in Lotteriegeschäften thätig war, ehe er Goethes Hilfe anrief. Nr. 244—247. 253. 254. 256. 258. 262.

La Roche, Sophie v., geb. Gutermann (1731—1807), Verwandte und Jugendfreundin Wielands, Gattin des kurtrierischen Geheimen Staatsrats Georg Michael Frank v. La Roche (1720—89) in Coblenz. Dort besuchte Goethe die Familie zuerst im Herbst 1772, eingeführt durch Merck. Nr. 68. 101. 102. 109. 110. 115. 121. 124. 133. 138. 141. 149. 152. 165.

Lavater, Joh. Kaspar (1741—1801), 1769 Diakonus, 1775 Pfarrer an der Waisenhauskirche in Zürich. Nr. 105. 123. 154. 157. 159. 162. 171. 178. 185. 214. 220. 221. 223. 229. 263. 265. 266.

Limprecht, Joh. Christian (1741—1812), war Goethes Zimmernachbar in Leipzig, damals ein sehr armer Kandidat der Theologie, 1780 von der Zimmervermieterin (Frau Straube) testamentarisch reichlich bedacht. Unter seinem Einfluß begann im Sommer 1768 Goethes in Frankfurt lebhaft gesteigerte Wendung zur Religiosität. Nr. 38.

Merck, Joh. Heinrich (1741—91), Steuerbeamter mit dem Titel Kriegsrat in Darmstadt, ein Mann, der alle litterarischen Interessen und das ganze Wissen seiner Zeit umfaßte, von reicher, aber nie auf ein großes Werk konzentrierter produktiver und kritischer Thätigkeit. Nr. 155. 164. 175. 179. 206. 215. 218. 219. 235. 238. 242. 264.

Moors, Wilhelm Karl Ludwig, geboren am gleichen Tag mit Goethe in Frankfurt, wo sein Vater Schöff und Bürgermeister war, gestorben daselbst 1806 als Stadt- und Gerichtsschreiber. Nr. 13.

Oeser, Adam Friedrich (1717—99), Direktor der Malerakademie und Zeichenschule in Leipzig, hervorragender und einflußreicher Lehrer in Kunst und Kunstgewerbe, Gegner des Rokoko und Anhänger Winckelmanns im Kampf für die Ideale der antiken Kunst. Nr. 25. 30. 192.

Oeser, Friederike Elisabeth, des Vorgenannten Tochter (1748 bis 1829). Nr. 29.

Orville, Rahel d', geb. Bernard, Frau des Jean George d'Orville in Offenbach, Onkels der Lili Schönemann. Nr. 156.

Pfenninger, Joh. Konrad (1747—92), Prediger in Zürich. Nr. 105.

Reich, Philipp Erasmus (1717—87), Chef der Weidmann-Reichschen Buchhandlung in Leipzig. Goethe setzte seine dort angeknüpften Beziehungen mit ihm fort, besonders als er 1774 f. den Druck der „Physiognomischen Fragmente“ Lavaters besorgte. Nr. 37.

Riese, Joh. Jakob (1746—1827), gehörte zum engeren Freundeskreis des Knaben Goethe und blieb in mehrfach erneuter Beziehung zu ihm. Später war er Verwalter der Armenkasse in seiner Vaterstadt Frankfurt, mit dem Titel „Kastenschreiber“. Nr. 5. 9.

Röderer, Joh. Gottfried (1749—1815), Pfarrer in Straßburg, Freund Lavaters. Nr. 50. 91.

Salzmann, Joh. Daniel (1722—1812), Dr. jur. und Aktuar in Straßburg, präsidierte in einer von zwei alten Jungfern Lauth geführten Pension dem Mittagstisch, an dem Goethe teilnahm. Er war ein vermögender, sehr angesehener, verdienstvoller Mann von zierlichem Wesen. Nr. 45—49. 53 bis 55. 75. 88.

Schönborn, Gottl. Friedr. Ernst (1737—1817), Jurist und Dichter, mit dem Göttinger Hainbund und besonders mit Klopstock befreundet, wurde 1773 zum dänischen Konsulatssekretär in Algier ernannt und besuchte auf der Reise dorthin Goethe. Nr. 112.

Schönkopf, Christian Gottlob, Weinhändler und Wirt in Leipzig (1716—91), dessen Gasthaus zur Zeit der Messen von Frankfurtern viel besucht wurde, da seine Frau Katharina Sibylla geb. Hank aus Frankfurt stammte. Nr. 27.

Schönkopf, Anna Katharina, der Vorgenannten Tochter (22. Aug. 1746—1810), im Mai 1769 verlobt und Ostern 1770 verheiratet mit Dr. jur. Christian Gottlob Kanne (1744—1806), späterem Ratsherrn in Leipzig. Nr. 26. 28. 31—35.

Steche, Joh. Georg Christoph, Dr. jur. und Advokat in Göttingen. Nr. 95.

Stein, Charlotte Albertine Ernestine v. (25. Dez. 1742—1827), Tochter des Hofmarschalls v. Schardt, 1758—64 Hofdame der Herzogin Amalia, dann mit dem Stallmeister v. Stein-Kochberg verheiratet, bis 1773 Mutter von sieben Kindern, von denen zur Zeit von Goethes Ankunft in Weimar nur noch drei Knaben lebten. Nr. 177. 181. 188. 189. 191. 196. 200—202. 204. 205. 208. 213. 216. 224—226. 231. 232. 236. 239—241. 243. 248. 249. 251. 261.

Stolberg-Stolberg, Christian Graf zu (1748—1821), nach juristischen Studien in Halle und Göttingen, wo er Mitglied des Dichterbundes wurde, auf Reisen, dann dänischer Beamter. Nr. 163.

Stolberg-Stolberg, Friedrich Leopold Graf zu (1750—1819), nach gleichem Studiengang mit seinem Bruder Christian Beamter in Dänemark und benachbarten Staaten, trat 1800 zum

Katholizismus über und in den Ruhestand. Als Dichter bedeutender und fruchtbarer als sein Bruder. Nr. 163.

Stolberg-Stolberg, Auguste Louise Gräfin zu (1753—1835), Schwester der Vorgenannten, 1783 mit ihrem verwitweten Schwager, dem dänischen Minister Grafen Andreas Peter Bernstorff († 1797) vermählt. Nr. 129. 131. 136. 139. 144. 151. 153. 161. 168. 193. 199. 211. 228.

Textor, Anna Margareta geb. Lindheimer (1711—83), Goethes Großmutter. Nr. 44.

Trapp, Augustin, aus Worms gebürtig, ein Vetter der Charitas Meixner (s. Anm. zu 5, 28), war zur Zeit der aus Leipzig an ihn gerichteten Briefe Goethes noch Gymnasiast in Frankfurt. Näheres über ihn ist nicht bekannt. Nr. 11. 12. 40.

Voigts, Jenny v. (1752—1814), Tochter Justus Mösers, Frau des Justizrates v. Voigts in Osnabrück. Nr. 127.

Wieland, Christoph Martin (1733—1813), seit 1772 Erzieher des Erbprinzen Karl August, nach dessen Regierungsantritt (1775) als Hofrat ohne bestimmte Stellung in Weimar. Nr. 195.

Herders Ausgewählte Werke. Mit Einleitung von Joseph Lautenbacher. In 6 Leinenbänden zu je 1 Mark.

Band 1. Cid. Gedichte in Auswahl. 2. Volkslieder. 3. Kleinere Dichtungen. Prosaaufsätze u. Schulreden. 4—6. Ideen z. Philos. d. Gesch. d. Menschheit. I—III.

E. Th. A. Hoffmanns Ausgewählte Werke. Mit Einleitung von Joseph Lautenbacher. In 4 Leinenbänden zu je 1 Mark.

Band 1. Goldene Topf. Nußknacker u. Mausekönig. Klein Zaches. 2. Ritter Gluck. Öde Haus. Majorat. Fermate. Artushof. Rat Krespel. Don Juan. Bergwerke zu Falun. 3. Fräulein v. Scudery. Meister Martin. Spielerglück. Vetters Eckfenster. Doge und Dogaresse. 4. Kater Murr.

Hölderlins Gesammelte Dichtungen. Mit Einleitung von Berthold Litzmann. In 2 Leinenbänden zu je 1 Mark.

Band 1. Gedichte. 2. Hyperion. Empedokles.

Homers Werke. Deutsch von J. H. Voß. Mit Einleitung von Joseph Lautenbacher. In 2 Leinenbänden zu je 1 Mark.

Horaz' Sämtliche Dichtungen. Deutsch von E. Günther u. Chr. M. Wieland. Mit Einl. v. Hermann Fleischer. 1 Lnbd. 1 Mark.

Jean Pauls Ausgewählte Werke. Mit Einleitung von Rudolf Steiner. In 8 Leinenbänden zu je 1 Mark.

Band 1. 2. Vorschule der Ästhetik. I. II. 3. 4. Flegeljahre. I. II. 5. Quintus Fixlein. 6. 7. Siebenkäs. I. II. 8. Katzenbergers Badereise. Klagelieder der Männer. Wunderbare Gesellschaft.

Immermanns Ausgewählte Werke. Mit Einleitung von Franz Muncker. In 6 Leinenbänden zu je 1 Mark.

Band 1. Cardenio u. Celinde. Friedrich II. Merlin. 2. Andreas Hofer. Alexis. Ghismonda. 3. Tulifäntchen. Tristan und Isolde. 4. 5. Münchhausen. I. II. 6. Jugend vor 25 Jahren. Fränkische Reise. Düsseldorfer Anfänge.

H. v. Kleists Sämtliche Werke. Mit Einleitung von Franz Muncker. In 4 Leinenbänden zu je 1 Mark.

Band 1. Gedichte. Familie Schroffenstein. Zerbrochene Krug. 2. Amphitryon. Penthesilea. Käthchen von Heilbronn. 3. Hermannsschlacht. Prinz von Homburg. R. Guiskard. 4. Erzählungen. Politische Aufsätze. Kl. vermischte Schriften. Briefe.

Klopstocks Gesammelte Werke. Mit Einleitung von Franz Muncker. In 4 Leinenbänden zu je 1 Mark.

Band 1. 2. Messias. I. II. 3. Oden und geistliche Lieder. 4. Tod Adams. Hermannsschlacht. Hermanns Tod. Epigramme.

Körners Sämtliche Werke. Mit Einleitung von Hermann Fischer. In 4 Leinenbänden zu je 1 Mark.

Band 1. Gedichte. I. Dramatische Spiele. Szenen und Fragmente. 2. Gedichte. II. Epische Fragmente. Erzählungen. 3. Zriny. Die Sühne. Toni. Rosamunde. Hedwig. Joseph Heyderich. 4. Grüne Domino. Braut. Nachtwächter. Gouvernante. Vetter aus Bremen. Vierjährige Posten. Kampf mit dem Drachen. Fischermädchen. Bergknappen. Alfred d. Große.

Lenaus Sämtliche Werke. Mit Einleitung von Anastasius Grün. In 4 Leinenbänden zu je 1 Mark.

Band 1. Gedichte. I. 2. Gedichte. II. Dichterischer Nachlaß. Lyrische Nachlese 3. Klara Hebert. Marionetten. Anna. Mischka. Ziska. Faust. 4. Savonarola. Albigenser. Dramatischer Nachlaß: Don Juan. Helena.

Lessings Sämtliche Werke. Mit Einleitungen von Hugo Göring. In 20 Leinenbänden zu je 1 Mark.

Band 1. Gedichte. Fabeln. Abhandl. ü. d. Fabel. 2. Damon. Junge Gelehrte. Misogyne. Alte Jungfer. Freigeist. 3. Juden. Schatz. Sara Sampson. Philotas. Minna von Barnhelm. 4. Emilia Galotti. Nathan. 5. Dramatische Entwürfe. Fragmente. 6. Beiträge z. Historie u. Aufnahme d. Theaters. Neuestes a. d. Reiche

Lessings Sämtliche Werke.

d. Witzes. Briefe. Vorrede zu „Verm. Schriften d. H. Chr. Mylius". 7 8. Theatral. Bibliothek. I. II. etc. 9. Briefe, neueste Literatur betr. 10. Laokoon. 11 Sophokles. Hamburg. Dramaturgie. I. 12. Hamburg. Dramaturgie. II. Dramat. Entwürfe u. Fragmente. 13. Meusels Apollodor. Briefe antiqu. Inhalts. Wie d. Alten d. Tod gebildet. Kl. Schriften u. Nachlaß. 14 Kl. Schriften verm. Inhalts. Rezensionen. 15. Kl. Philolog. Abhandlg. 16. Kl. Abhandlg z. deutschen Sprache u Literatur. Vorreden Rezensionen. 17. Theolog. Abhandlg. 18. Theolog. Streitschriften u. -Nachlaß. 19. Rezensionen. Philosoph. Schriften u. -Nachlaß. 20. Kollektaneen

Lessings Leben von Hugo Göring. 1 Leinenband 1 Mark.

Manzoni, Die Verlobten. Deutsch von E. v. Bülow. Mit Einleitung von Ludwig Fränkel. In 2 Leinenbänden zu je 1 Mark.

Molières Ausgewählte Werke. Deutsch von F. S. Bierling. Mit Einleitung von Paul Lindau. In 3 Leinenbänden zu je 1 Mark.

Band 1. Lächerl. Preziösen. Männerschule. Frauenschule. Kritik d. Frauenschule. Don Juan. Menschenfeind. 2. Arzt wider Willen. Tartüffe. Amphitryo. Geizige. 3. G. Dandin. Adelige Bürger. Gelehrte Frauen. Kranke in der Einbildung.

Das Nibelungenlied. Bearbeitet und eingeleitet von Roman Woerner. 1 Leinenband 1 Mark.

Platens Sämtliche Werke. Mit Einleitung von Karl Goedeke. In 4 Leinenbänden zu je 1 Mark.

Band 1. Gedichte. I. 2. Gedichte. II. Dramatisches. 3. Gläserne Pantoffel. Schatz des Rhampsinit. Turm mit sieben Pforten. Treue um Treue. Verhängnisvolle Gabel. Romantische Ödipus. Liga von Cambrai. 4. Abbassiden. Rosensohn. Das Theater als National-Institut betrachtet. Die Hohenstaufen. Geschichten des Königreichs Neapel. Ursprung d. Carraresen. Lebensregeln. Anhang.

Racines Sämtliche dramatische Werke. Mit einer biograph.-literarhistor. Einleitung v. Heinrich Welti. In 4 Leinenbänden zu je 1 Mark.

Band 1. Thebais. Alexander d. Gr. Prozeßsüchtigen. 2. Andromache. Britannicus. Berenice. 3. Bajazet. Mithridat. Iphigenia. 4. Phädra. Athalia. Esther.

Rousseaus Ausgewählte Werke. Deutsch von J. H. G. Heusinger. Mit Einleitung v. Ph. A. Becker. In 6 Leinenbänden zu je 1 Mark.

Band 1—3. Bekenntnisse. I—III. 4. 5. Emil. 6. Gesellschaftsvertrag. Ursprung der Ungleichheit unter den Menschen.

Rückerts Werke. Herausgegeben von Ludwig Laistner. In 6 Leinenbänden zu je 1 Mark.

Band 1. Liebesfrühling. Agnes' Totenfeier. Amaryllis. 2. Geharnischte Sonette. Vermischte Gedichte. 3. Vermischte Gedichte. 4. Die Verwandlungen des Abu Seid v. Serug, oder die Makamen des Hariri. 5. 6. Die Weisheit des Brahmanen. I. II.

Schillers Sämtliche Werke. Mit Einleitungen von Karl Goedeke. In 16 Leinenbänden zu je 1 Mark.

Band 1. Gedichte. 2. Räuber. Fiesko. Kabale u. Liebe. 3. Don Karlos. Semele. Menschenfeind. 4. Wallensteins Lager u. Tod. Piccolomini. 5. Maria Stuart. Jungfrau v. Orleans. 6. Wilhelm Tell. Huldigung d. Künste. Braut v. Messina. 7. Iphigenie in Aulis. Szenen a. d. Phönizierinnen d. Euripides. Macbeth. 8. Turandot. Parasit. Neffe a. Onkel. Phädra. 9. Geschichte d. Abfalls d. Niederlande. 10. 11. Geschichte des 30jähr. Kriegs. I. II. 12. Prosaische Schriften. 13—15. Kleine Schriften vermischten Inhalts. I—III. Rezensionen. Anhänge. 16. Dramatische Entwürfe und Fragmente, zusammengestellt von Gustav Kettner.

Schillers Leben von Karoline v. Wolzogen. 1 Leinenband 1 Mark.

Schopenhauers Sämtliche Werke. Mit Einleitung von Rudolf Steiner. In 12 Leinenbänden zu je 1 Mark.

Band 1. Über die vierfache Wurzel des Satzes vom zureichenden Grunde. 2. u. 3. Welt als Wille und Vorstellung. 1.—4. Buch. 4—6. Kritik der Kantischen Philosophie. Ergänzungen zum 1.—4. Buch der Welt als Wille und Vorstellung. 7. Die beiden Grundprobleme der Ethik. 8—11. Parerga und Paralipomena. I—IV. 12. Farbenlehre. Aus dem Nachlaß.